Widmung

Dieses von unserem Verbandstrainer Josef Čapla herausgegebene Schriftwerk stellt eine Grundlage für die Arbeit im Eishockeysport dar.
Es sollte der Basisarbeit dienen zur Weiterentwicklung in unserem Sport.

Bayerischer Eissport-Verband e. V.

Ernst Gabriel
Präsident

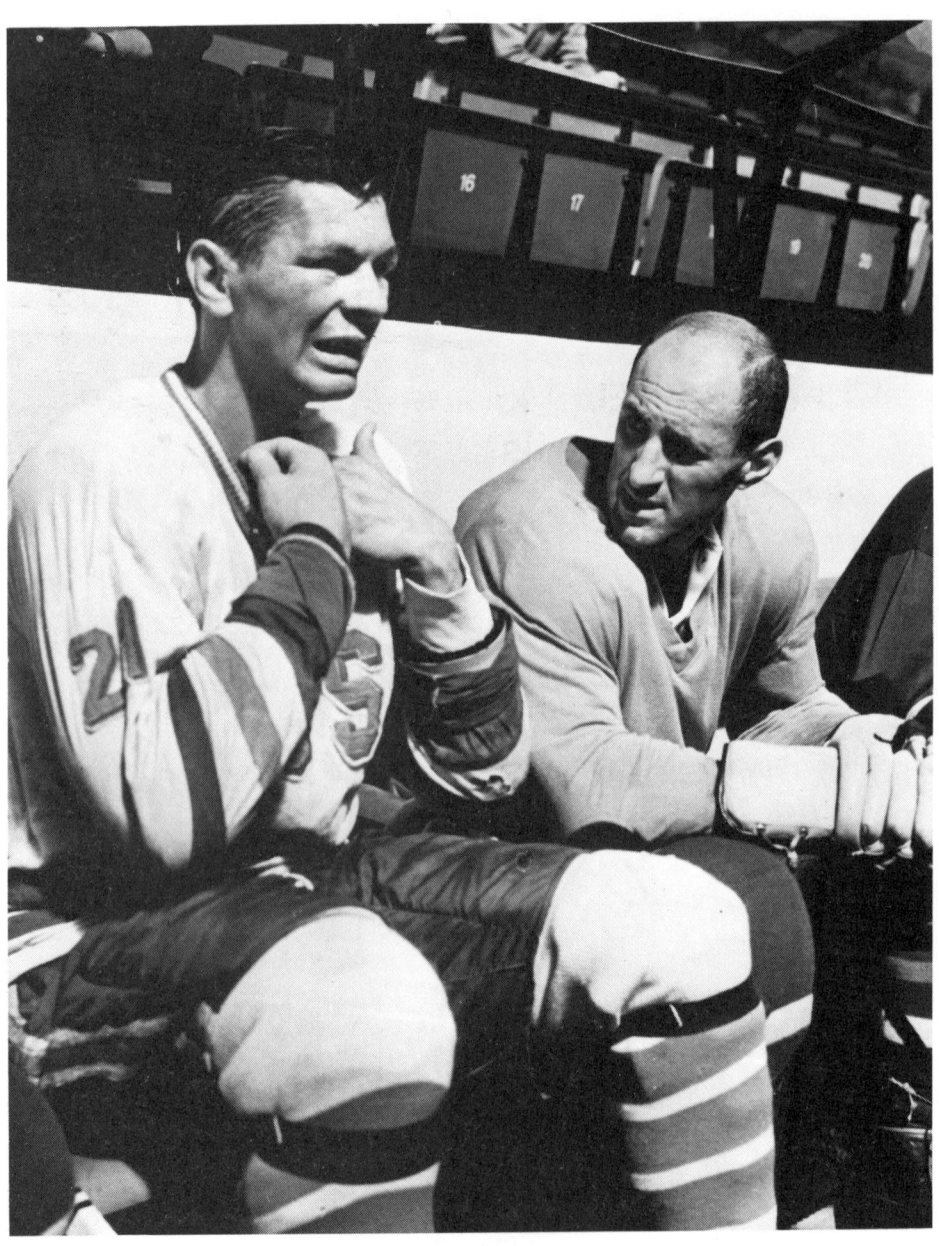

Josef Čapla (rechts) als Spieler der tschechoslowakischen Nationalmannschaft, mit Stan Mikita (Kanada).

Josef Čapla

EISHOCKEY

Lauf- und Stocktechnik, Körperspiel Taktik, Ausrüstung und Regeln

CIP-Kurztitelaufnahme der Deutschen Bibliothek

Čapla, Josef:
Eishockey: Lauf- u. Stocktechnik, Körperspiel,
Taktik, Ausrüstung u. Regeln / Josef Čapla. –
Niedernhausen/Ts.: Falken-Verlag, 1983.
(Falken-Bücherei)
ISBN 3-8068-0414-1

ISBN 3 8068 0414 1

Titelbild und Fotos: Foto-Trux, Rosenheim, Archiv des Autors
Illustrationen: Wally Löw
Satz: Uhl + Massopust GmbH, Aalen
Druck: ODZ, Bad Salzuflen

817 2635 4453 6271

Inhalt

6

7

Eishockey-Symbole

Eigene　Gegnerische
Mannschaft

Eigene	Gegnerische
①	⟨1⟩
②	⟨2⟩
③	⟨3⟩
④	⟨4⟩
⑤	⟨5⟩
⑥	⟨6⟩
⟨3⟩	⟨5⟩

• Scheibe

⊕ Trainer (T)

◫ Schiedsrichter (SR)

✕ oder ♉ Hilfsmittel
auf dem Eis

Spieler

TW Torwart
RV rechter Verteidiger
LV linker Verteidiger
RA Rechtsaußen
MS Mittelstürmer
LA Linksaußen
⟨6⟩ Spieler mit neuer
Position
◖ Spieler mit der
Scheibe

Die eigene Abwehrzone
ist immer links oder
unten

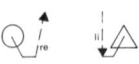 Stockhaltung
des Spielers

 Fanghand des
Torwarts

 Schlittschuh-
stellung

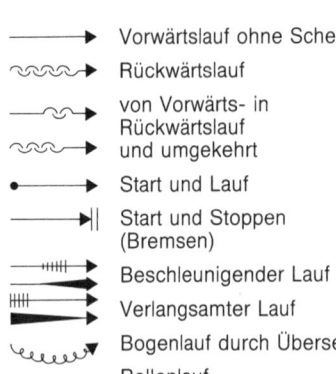

⬭△ Manndeckung

(○ △) Raumdeckung

⫿⫿⊢ Raumdeckung

◠ begrenzte Zone

——➤ Vorwärtslauf ohne Scheibe

∿∿∿➤ Rückwärtslauf

——∿∿➤ von Vorwärts- in
Rückwärtslauf
∿∿∿➤ und umgekehrt

•——➤ Start und Lauf

——➤| Start und Stoppen
(Bremsen)

——⫿⫿➤ Beschleunigender Lauf

⫿⫿——➤ Verlangsamter Lauf

⟶⟶⟶▼ Bogenlauf durch Übersetzen

⟶∿▼ Rollenlauf

——⟨ Blockierung

∿∿⟶ Lauf mit der Scheibe
(Scheibenführung)

----➤ Zuspiel – Paß

====➤ Schuß

∿∿⊣⊢➤ Überlassen der Scheibe
Droppaß

∿∿⟶ Paß-Antäuschung

∿∿∿⟶ Körpertäuschung

∿∿⟶ Bluffschuß

⇒⇒➤ Abgefälschter Schuß
Tip-in

——⟨ Bodycheck

∿∿⟶ Schuß-Antäuschung

——⊣ Abwehrangriff

Vorwort

Eishockey ist ein anspruchsvoller Mannschaftssport, der an bestimmte Regeln und Gesetzmäßigkeiten gebunden ist. Beim Spiel überwiegen schlittschuhläuferische, technische und taktische Fähigkeiten, physische und konditionsgebundene Tüchtigkeit, aber auch schöpferisches Denken und Einfallsreichtum der Spieler und des Trainers sowie eine mannigfaltige Improvisation während des Spiels.

Da es sich um ein schnelles, hartes, attraktives Sportspiel handelt, bietet es dem Zuschauer in rascher Folge viel Anregung und Spannung, die er beim Ansturm auf die Tore und während der Zweikämpfe zwischen den einzelnen Spielern miterleben kann.

In letzter Zeit nimmt das Interesse für diese Sportart, besonders bei der Jugend, ständig zu. Dies ist bedingt durch die ausgewogene körperliche Anstrengung bei diesem Spiel, die der Jugend eine physische und psychische Betätigung ermöglicht. Die Tatsache, daß das Interesse für diese Sportart auch in den Ländern Westeuropas ständig wächst, ist auch daran festzustellen, daß im Winter auf den zugefrorenen Seen und Flüssen Tausende neuer Interessenten diesen Sport betreiben.

Natürlich gibt es große Unterschiede zwischen den leistungsstarken Eishockeyländern und solchen, in denen eben die grundlegende, unentbehrliche Voraussetzung für eine markante Aufwärtsentwicklung fehlt.

Dieses niedrige Leistungsniveau ist bedingt durch folgende objektive Ursachen:

1. *Eine geringe Wachstumsbasis:* Es fehlt die Massenerziehung junger Spieler, die eine Auswahl talentierter Spieler für die Seniorenmannschaft ermöglicht.

2. *Unausgereifte Eislauftechnik:* Viele Junioren, die in die Seniorenmannschaft eintreten, haben Schwierigkeiten mit dem Eislaufen; es fehlt ihnen hierzu die ausgefeilte Technik.

3. *Mangelhafte physische Tüchtigkeit:* Viele Mannschaften vernachlässigen das physische Trockentraining – die sogenannte Sommervorbereitung.

4. *Unsystematische theoretische und methodische Arbeit im Eishockey.*

5. *Zu wenig Training, bescheidene Trainingsmöglichkeiten.*

6. *Ungenügende Nutzung der Trainingseinheiten.*

7. *Zu wenig ausgebildete Lehrkräfte bzw. Eishockeytrainer.*

Nur die wichtigsten Ursachen wurden hier angeführt, die in erster Linie beseitigt werden müssen, sonst kann das Eishockeyspiel für Einzelspieler und Mannschaft nicht verbessert werden. Die Popularität dieser Sportart kann nur durch eine Anhebung des Niveaus gefördert werden.

Gegenwärtig werden an das moderne Eishockeyspiel – schon im Hinblick auf das in der ganzen Welt erzielte Niveau – große Ansprüche gestellt. Es muß betont werden, daß diese Ansprüche auch der Zuschauer stellt.

Nicht nur die Tore allein begeistern den Zuschauer, er will mehr bewundern. Gute Lauftechnik der Spieler, wohlüberlegte Taktik und ausgereiftes Spielsystem der Mannschaft, physische Tüchtigkeit sowie eine perfekte Stocktechnik. Mit einem Wort: Ein Eishockeyspiel soll dem Besucher eine »Schau« bieten, ein in Bewegung und Taktik sehenswertes, kämpferisches Erlebnis werden. Natürlich sind die Würze eines jeden Spieles die schließlich erzielten Tore und damit die Siege.

9

Eishockey hat bereits aufgehört, nur Saisonsport zu sein. Durch den Bau von Kunsteisflächen in Stadien und Eishallen wird es ein Sport für jede Jahreszeit. Vielleicht können wir Eishockey in kurzer Zeit zu den sogenannten Hallensportarten rechnen. Zuerst müssen wir uns aber bewußt sein, daß dies alles erhöhte Anforderungen an die Vorbereitung der Spieler – physische Tüchtigkeit – stellt. Dies kann aber nur durch eine zielbewußte und systematische Heranbildung der Spieler erreicht werden, die schon in den Schülermannschaften beginnen muß. Darum bemühe ich mich, besonders für diese Gruppe Eishockey theoretisch im Detail zu beschreiben. Dies ist die Basis für den richtigen Verlauf in der Ausbildung des Eishockeynachwuchses.

Erlauben Sie mir, zum Schluß noch ein paar Worte über meine persönliche Einstellung zu diesem Sport zu sagen:
Eishockey wurde für mich zum Lebensinhalt. Es hat mir bittere, aber auch ungewöhnlich glückliche Stunden bereitet. Ich hatte das Glück, in fast allen europäischen und sehr vielen überseeischen Stadien spielen zu können, wodurch ich viele Persönlichkeiten des Eishockeysportes kennenlernte.
Weil mir dieser Sport so sehr am Herzen liegt, werde ich mich wohl kaum mehr von ihm trennen können. Meine langjährigen Erfahrungen und Erkenntnisse als Spieler und Trainer habe ich in diesem Buch festgehalten. Es ist mein größter Wunsch – möge das Werk all jenen zum Nutzen werden, die sich diesem Sport mit Leib und Seele verschreiben wollen.

Abb. 1: Josef Čapla

Kurzer geschichtlicher Abriß

Sind es Kämpfe, die ich sehe?
Sind es Spiele?
         Johann Wolfgang von Goethe

Wann, wo, wie Eishockey entstand, ist nicht restlos geklärt. Verschiedene Länder, wie Holland, England, Frankreich, Schweden, Norwegen und hauptsächlich Kanada, wollen uns mit unterschiedlichen Versionen über die Entwicklung des Eishockey in ihrem Lande überzeugen. Vorläufer des Eishockey – Stockballspiele – sind uralt. Auf alten Gemälden und Stichen sind Menschen auf dem Eis dargestellt, mit und ohne Schlittschuhe, die einen gekrümmten Stock halten, der unserem heutigen Hockeyschläger täuschend ähnlich sieht.

Wir müssen in zwei Richtungen forschen:
– Beginn des Eislaufens
– Beginn des Eishockey

Beginn des Eislaufens

Es läßt sich nicht feststellen, wer der Erfinder des Schlittschuhes ist. Doch Funde bei Ausgrabungen beweisen, daß vermutlich schon in der Steinzeit der Mensch sich eines Hilfsmittels bediente, um sich schneller auf zugefrorenen Flüssen und Seen fortbewegen zu können. Diese Vermutung wird dadurch erhärtet, daß vorwiegend bei Pfahlbauten Knochenfunde gemacht wurden, die eindeutig durch ihre geschliffenen Flächen beweisen, daß es die Ahnen des modernen Schlittschuhes sind.
Knochenfunde dieser Art, aus Pferde-, Rinder-, und Rentierknochen wurden vor allem in wasserreichen Ländern mit langen Winterzeiten gemacht: Skandinavien, England und Holland. Doch auch in Deutschland, Österreich, Ungarn und der Schweiz wurden Urschlittschuhe ausgegraben. Der Steinzeit-Eisläufer stellte sich auf die geschliffenen Knochen, und sein Speer oder ein spitzer Stock diente der Vorwärtsbewegung.

Ebenfalls in die Stein- sowie Bronzezeit fallen Knochenfunde, die bereits mit 2 oder 3 Durchbohrungen versehen waren! Nun konnte auf dem Eis und gefrorenen Schnee schon geschritten werden, denn diese Kufen waren sehr breit geschliffen, um einen sicheren Stand zu bieten. Der Knochenschlittschuh wurde mit Fett eingerieben, was – mit Hilfe des Stockes – beachtliche Geschwindigkeiten ermöglichte.
Der germanische Gott des Winters »Ullr« durcheilte, nach der nordischen Mythologie, teils auf Schlittschuhen, teils auf Skiern die nordischen Jagdgründe. Eine ähnliche Zuneigung zu diesen winterlichen Fortbewegungsmitteln vereinigte die Wanengöttin »Skadi« mit ihrem früheren Gatten »Niord«.
Die Germanen nannten das antike Eislaufen »skrida a isleggjum" – wörtlich übersetzt – »Schreiten auf Eisknochen«.
Machen wir einen großen Sprung aus der prähistorischen Zeit in die Niederlande. Hier stand vermutlich die Wiege des Holz-

Eisen-Schlittschuhes. Holzschnitte von Brugman über das Leben der hl. Lydvina zeigen einen Eisunfall der Heiligen im Jahre 1396. Auf diesen Holzschnitten aus dem 15. Jahrhundert sind Holz-Eisen-Schlittschuhe erkennbar.

Doch schon ein Jahrhundert vor der Geburt der hl. Lydvina hatten die Pariser Schlittschuhmacher zwei römische Märtyrer zu ihren Schutzheiligen erkoren, Crispin und Crispinian. Dies erwähnt E. Boileau in »Le livre des Metiers«, das 1268 erschien. Es spricht manches dafür, daß Anfang des 13. Jahrhunderts im nordwesteuropäischen Raum der Holz-Eisen-Schlittschuh den Knochenschlittschuh verdrängt hatte.

Beginn des Eishockey

Die nordeuropäischen Länder sprechen von der Entstehung des Eishockey, und zwar über Eislaufen mit dem Ball. Mit einem Krummstab wurde dieser hin und her geschoben. Daraus entwickelte sich das sog. »Bandy«-Spiel, das schon im 11. Jahrhundert in England auf dem Land gespielt wurde. Dieses Spiel war sehr beliebt und wird in den skandinavischen Ländern und in der Sowjetunion noch immer gespielt. Erste Hinweise aus Kanada beschreibt der französische Missionar Fabrie Segard im Jahr 1632 in seinem Buch »Die weite Reise in das Land der Huronen« (heutige Provinz Ontario in Kanada). Er schilderte ein Spiel, das von jungen Indianern auf festgestampftem Schnee betrieben wurde. Mit einem gekrümmten Stab wurde ein leichter Holzklotz bewegt.

Die Bezeichnung Hockey läßt sich aus dem französischen Wort für den gekrümmten Stock des Schäfers ableiten – hoguet.

Einen Baustein in der Geschichte des Eishockey haben auch die Soldaten der königlich-kanadischen Garnison geliefert. Beim Schneekehren haben sie sich gefundene Gegenstände (Steine, Holz, gefrorene Roßäpfel) mit dem Besen zugespielt. Mit großer Begeisterung wurde dieses »Arbeitsspiel« von den Soldaten ausgeübt. Später wurde diese Betätigung dann zum reinen Spiel. Um beweglicher zu sein, banden sich die Soldaten Kufen unter die Schuhe, aus dem Besen wurde ein Stock, aus dem zufällig gefundenen Gegenstand ein Ball.

Nur kurz ist jetzt der Weg zum Eishockey. Durch Austauschen des Balles in einen Puck (aus Hartholz abgesägte Scheibe), durch einen angepaßten Schläger, das Aufstellen von zwei Mannschaften und zwei Toren sowie das Einhalten der vorgeschlagenen Regeln verwandelte sich das Bandy-Hockey in das kanadische Eishockey.

In Europa gab es verschiedene Bezeichnungen für das gleiche Spiel. Die Engländer nannten ihr Spiel »Shinny«, die Schotten »Shanty« und die Iren »Hurtling«.

Das *erste Eishockeyspiel,* in dem ein Puck (damals noch aus Holz) den bisher üblichen Ball ersetzte, fand am 3. März 1875 im Victoria-Skating-Ring in Montreal statt.

Die *ersten Spielregeln* arbeiteten die Spieler der McGill-Universität in Montreal aus. 11 Spieler bildeten eine Mannschaft. Kein Spiel endete ohne Verletzte. Oftmals spielte eine Mannschaft nur mit 8 Leuten, da die anderen verletzt waren. Deshalb reduzierte man die Anzahl der Spieler, die sich auf dem Eis befinden durften, zunächst auf 7. Damit kam man der heutigen Regelung – 6 Spieler auf dem Eis – schon sehr nahe. Verletzte Spieler konnten auch damals schon ausgewechselt werden.

Die *erste organisierte Eishockeyliga* wurde

in der Saison 1885/86 mit 4 Klubs in Kingston, die »Ontario Hockey Association« wurde 1890 gegründet.
Der englische Gouverneur von Kanada, Lord Stanley, stiftete 1893 den nach ihm benannten und bis heute umkämpften »Stanley-Cup«.

Schon 1906 hören wir vom professionellen Eishockey, das sich in kurzer Zeit auch in den USA ausbreitete.
Im Jahre 1917 wurde dann eine Organisation »NHL« gegründet.

Wie wurde Eishockey in Europa bekannt?
von Willi Penz – Vorstandsmitglied des DEB

Auch in Europa wurde Bandy gespielt. Es ist bekannt, daß 1880 britische Kurgäste in der Schweiz Bandy spielten. Es ist aber doch ein Unterschied zwischen Bandy und Eishockey. Eishockey mit den kanadischen Regeln kam über England, bereits 1903 wurden die London Canadians erster Eishockeymeister von England und damit erster nationaler Meister in Europa.
Im Mai 1908 wurde der *Internationale Eishockey Verband* gegründet (Ligue Internationale de Hockey sur Glace – LIHV). Französisch war die erste Amtssprache des Verbandes.
Noch 1908 traten die Länder Frankreich, Böhmen, Schweiz und Belgien der LIHG bei. 1909 folgte Deutschland als 6. Mitglied. Im Februar 1911 wurde Rußland aufgenommen, aber bereits im September 1911 wurde dies wieder rückgängig gemacht. 1912 traten Luxemburg, Österreich und Schweden der LIHG bei. 1920 wurden Deutschland und Österreich als Verlierer des Krieges aus der LIHG ausgeschlossen, Böhmen wurde in Tschechoslowakei umbenannt; Kanada und die USA (Amateure) traten dem Verband bei.
Englisch wurde zweite Amtssprache, dadurch wurde der zweite Name, der heute noch verwendet wird (International Ice Hockey Federation – IIHF), eingeführt. Zur Amtssprache noch ein kleiner Hinweis:

Von 1908 bis 1939 war Französisch die erste, Englisch die zweite Amtssprache, von 1946–1975 galt Englisch als erste und Französisch als zweite Amtssprache, bereits 1953 wurde von dem polnischen Delegierten der Antrag gestellt, Deutsch als Amtssprache einzuführen, da die meisten Delegierten der osteuropäischen Länder Deutsch, aber nicht Englisch sprachen. Dieser Antrag wurde mit 1 Stimme abgelehnt, da der österreichische Delegierte dagegen stimmte. Als dieses Ergebnis in englischer Sprache bekanntgegeben wurde, bat der polnische Delegierte um Übersetzung in Deutsch.
Da Frankreich beim Eishockey immer mehr Einfluß verlor, wurde 1975 Deutsch zur offiziellen Sprache erklärt. Seit dieser Zeit sind Englisch und Deutsch die offiziellen Sprachen der IIHF/IEHV (Internationaler Eishockey Verband), Französisch wurde gestrichen, doch kann heute jeder Eishockeydelegierte bei einem Kongreß seine Muttersprache benutzen, wenn er einen Dolmetscher stellt.
1923 trat Spanien dem Verband bei.
1924 wurde Österreich unter der Bedingung, keine Länderspiele gegen Deutschland und Ungarn auszutragen, wieder aufgenommen. Den Vereinsmannschaften war es gestattet, gegeneinander zu spielen.

13

1925 trat Schweden aus Protest, weil Deutschland nicht aufgenommen wurde, aus der IIHF aus.

1926 wurde Deutschland wieder in den Verband aufgenommen und Schweden trat wieder ein. Es würde hier zu weit führen, alle Länder mit der Jahreszahl des Eintritts aufzuführen. Nur noch einige wichtige Anmerkungen:

1939 war die Mitgliederzahl auf 25 Staaten angewachsen.

1946 wurde Deutschland und Japan aus dem Verband ausgeschlossen. Estland, Lettland und Litauen wurden gestrichen, weil sie nicht mehr existierten. Österreich wurde als selbständiger Verband wieder aufgenommen, Dänemark kam als neues Mitglied hinzu. In der LIHG/IIHF waren 20 Mitglieder organisiert, zur Zeit sind es 31 Verbände, die dem Internationalen Eishockey Verband angehören.

Noch einige wichtige Zahlen:

1910 erste Europameisterschaft in Les Avant/Montreux.

1920 Eishockey wird in das olympische Programm aufgenommen.

1930 wurden die Welt- und Europameisterschaften zusammengelegt.

Die BRD wurde 1951 wieder in den IIHF aufgenommen, die DDR 1954.

1975 Einführung der Junioren-Weltmeisterschaft.

1977 Einführung der Europameisterschaften der Junioren.

Die Entwicklung des Eishockeysports in Deutschland

Wann in Deutschland der Eishockeysport begonnen hat, ist nicht genau nachgewiesen. Deutsche Gründlichkeit führte aber bereits 1888 zur Gründung des Deutschen nationalen Eislaufverbandes, der 1890 in *Deutscher Eissport-Verband* (wie er heute noch heißt) – DEV – umbenannt wurde. Mit Eishockey hatte er zu diesem Zeitpunkt nichts zu tun. Einige Vereine spielten Bandy, aber noch nicht Eishockey. Es wird gesagt, daß das erste echte Eishockeyspiel 1897 in Berlin gespielt wurde. Gibt es in Kanada Auseinandersetzungen darüber, in welcher Stadt zuerst Eishockey gespielt wurde, ist es sicher, daß die Wiege des Eishockey in Deutschland in Berlin stand. 1908 wurde Eishockey in den DEV aufgenommen, 1909 trat der DEV dem Internationalen Eishockey Verband als 6. Mitglied bei. 1909 fand in Berlin das erste internationale Turnier auf deutschem Boden statt. 1910 nahm Deutschland an der ersten Europameisterschaft teil und belegte den 2. Platz hinter England. 1911 fand die Europameisterschaft in Berlin statt.

In vielen Statistiken ist Deutschland 1912 als Europameister angegeben, dies entspricht nicht den Tatsachen. Wegen der Teilnahme Österreichs, das zum damaligen Zeitpunkt noch nicht Mitglied der LIHG war, wurde die Europameisterschaft annulliert, Böhmen war Sieger vor Deutschland und Österreich.

1913 fand die Europameisterschaft in München und 1914 in Berlin statt, auch hier wurde von Deutschland der 3. bzw. 2. Platz belegt. Es sollte bis 1932 dauern, bis wieder eine Europameisterschaft in Deutschland stattfand.

1936 fanden in Garmisch-Partenkirchen die olympischen Spiele statt, die Ergebnisse wurden für die Welt- und Europameisterschaft gewertet. 1955, 1975 und 1983 wurden die Weltmeisterschaften in der Bundesrepublik Deutschland ausgetragen. Die größten Erfolge unserer Nationalmann-

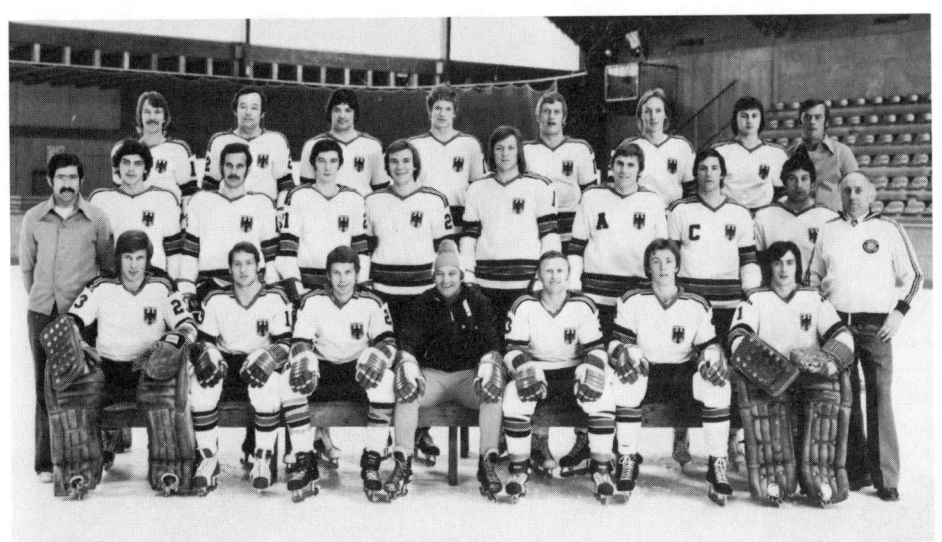

Abb. 2: Die bundesdeutsche Nationalmannschaft gewann bei den olympischen Spielen 1976 die Bronzemedaille.

schaft waren: 1930 und 1934 Europameister, 1932 und 1976 wurden bei den olympischen Spielen der 3. Platz belegt und somit eine Bronzemedaille gewonnen (Abb. 2).

Doch nun zum nationalen Geschehen. Wie bereits erwähnt, soll 1897 das erste Eishockeyspiel stattgefunden haben. Bis 1912 spielten die Mannschaften ohne Meisterschaft, erst 1912 wurde die erste deutsche Meisterschaft durchgeführt. Erster deutscher Meister wurde der Berliner Schlittschuhclub.

Ich will hier keine Chronik führen, sondern nur die Mannschaften nennen, die 10 Meisterschaften und mehr erringen konnten:
Berliner Schlittschuhclub 19mal,
EV Füssen 16mal,
SC Riessersee 10mal.

Bis 1963 war Eishockey eine Sparte im Deutschen Eissport-Verband. Am 16. 6. 1963 haben 8 Landesverbände und 32 Vereine in Krefeld den *Deutschen Eishokkey-Bund* als selbständigen Fachverband unter dem Dach des DEV aus der Taufe gehoben.

Nachforschungen in den Unterlagen der Paßstelle haben ergeben, daß damals 1414 Senioren, 1257 Jugendspieler und 1072 Schülerspieler spielberechtigt waren, dies ergibt insgesamt 3743. Betrachtet man heute die Spieleranzahl, so ist eine Steigerung um 300% zu verzeichnen, und zwar: 5487 Senioren, 1500 Junioren, 1558 Jugend-, 1687 Schüler-, 1162 Knaben-, 774 Kleinschüler, 393 Kleinstschüler-, dies sind 12561 Spieler.

1963 gehörten 8 Landeseissportverbände und 32 Vereine dem DEB an, 1982 waren es 10 Landeseissportverbände und 75 Vereine, und 145 Mannschaften führten Meisterschafts- oder Freundschaftsspiele auf unteren Ebenen durch.

In 165 Stadien wird Eishockey gespielt, davon sind 96 überdacht bzw. Hallen, 57 Kunsteisbahnen und in Bayern noch 12 Natureisbahnen.

15

Abb. 3

Eishockey (EH)

Eishockey ist eine der schnellsten und attraktivsten Mannschaftssportart der ganzen Welt, nicht nur wegen der Spielerbewegung auf dem Eis, sondern auch wegen der Kombinationen und Pässe sowie wegen Angriffsabschluß und Schüssen.

Eishockey hat gegenüber anderen Sportarten viele Sondererscheinungen:

Eislauf unter erschwerten Bedingungen, Bewegung auf Schlittschuhen in verschiedenen Richtungen (azyklischer Lauf), bei erlaubtem Körperangriff des Gegners (Blockierung, Bodycheck).

Beherrschung des Pucks durch Benutzung von speziellem Gerät (Eishockeyschläger) bei angezogener schwerer und komplizierter Eishockeyausrüstung (Abb. 3).

Dies alles auf einem durch Banden begrenzten Spielfeld, erstere in jüngster Zeit durch Plexiglaswände noch erhöht. Durch Bandenpässe ist Eishockey gegenüber anderen Sportarten (Fußball, Handball, Basketball) wesentlich schneller, da kaum Unterbrechungen auftreten.

Der erlaubte Spielerwechsel im Spielverlauf sowie das Spiel auch hinter dem Tor sind typische Wesenszüge, die man nur im Eishockey findet.

Dominierende Eigenschaften im modernen Eishockey sind: brillantes Schlittschuhlaufen, Stocktechnik, Kraft, Schnelligkeit und Geschicklichkeit, öfterer Wechsel von Ruhe und maximaler Anstrengung mit Körperspiel beim Kampf um die Scheibe.

16

Charakteristik des Eishockey

Eishockey ist eine Mannschaftssportart, der Kampf zweier Gegner um die Scheibe mit dem Körper und als zusätzliches Hilfsmittel der Eishockeyschläger. Die scheibeführende Mannschaft bemüht sich, die Scheibe ins gegnerische Tor zu bringen. Sieger ist diejenige Mannschaft, welche mehr Tore erzielt.

Das Ganze wird nach den offiziellen Eishockeyregeln von *Schiedsrichtern* (SR) geleitet.

Eine *Eishockeymannschaft* besteht aus 18 Feldspielern plus 2 Torhütern. Bei internationalen Veranstaltungen ist ein Einsatz von 18 Feldspielern erlaubt. Der Einsatz von 20 Feldspielern – 4 Blöcke – wird jedoch in naher Zukunft realisiert werden.

Während des Spielablaufs sind auf dem Eis nur 5 Feldspieler und ein Torwart erlaubt. Die Spieler können zu jeder Zeit ausgewechselt werden.

Die Spieler werden bezeichnet:

Spielposition (Abb. 4)
TW – 1 = Torwart
RV – 2 = rechter Verteidiger
LV – 3 = linker Verteidiger
RA – 4 = Rechtsaußen
MS – 5 = Mittelstürmer
LA – 6 = Linksaußen

Abb. 4: Eishockeyspielfeld und Mannschaftsaufstellung.

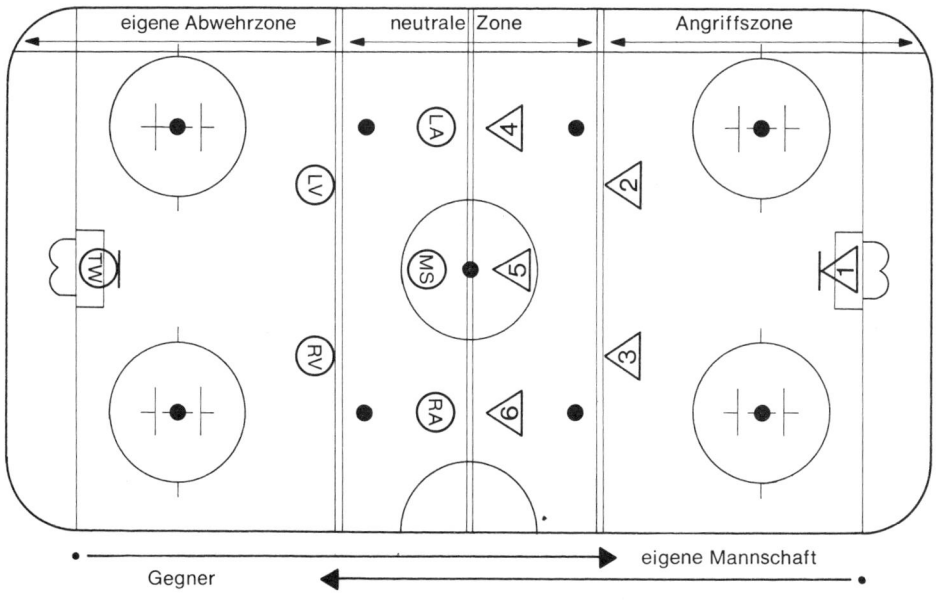

Die Abmessungen

Die Abmessungen der Eisfläche bewegen sich zwischen einem Höchstmaß von 61 m Länge und 30 m Breite sowie einem Mindestmaß von 56 m Länge und 26 m Breite. Die Ecken des Spielfeldes sind mit einem Radius von 8,5 m abgerundet.

Eine Wand aus Holz oder Kunststoff, die sog. *Bande* muß das Feld begrenzen. Gemessen ab der Oberfläche des Eises darf diese Wand nicht niedriger als 1,15 m und nicht höher als 1,22 m sein.

Über die ganze Breite des Spielfeldes sind

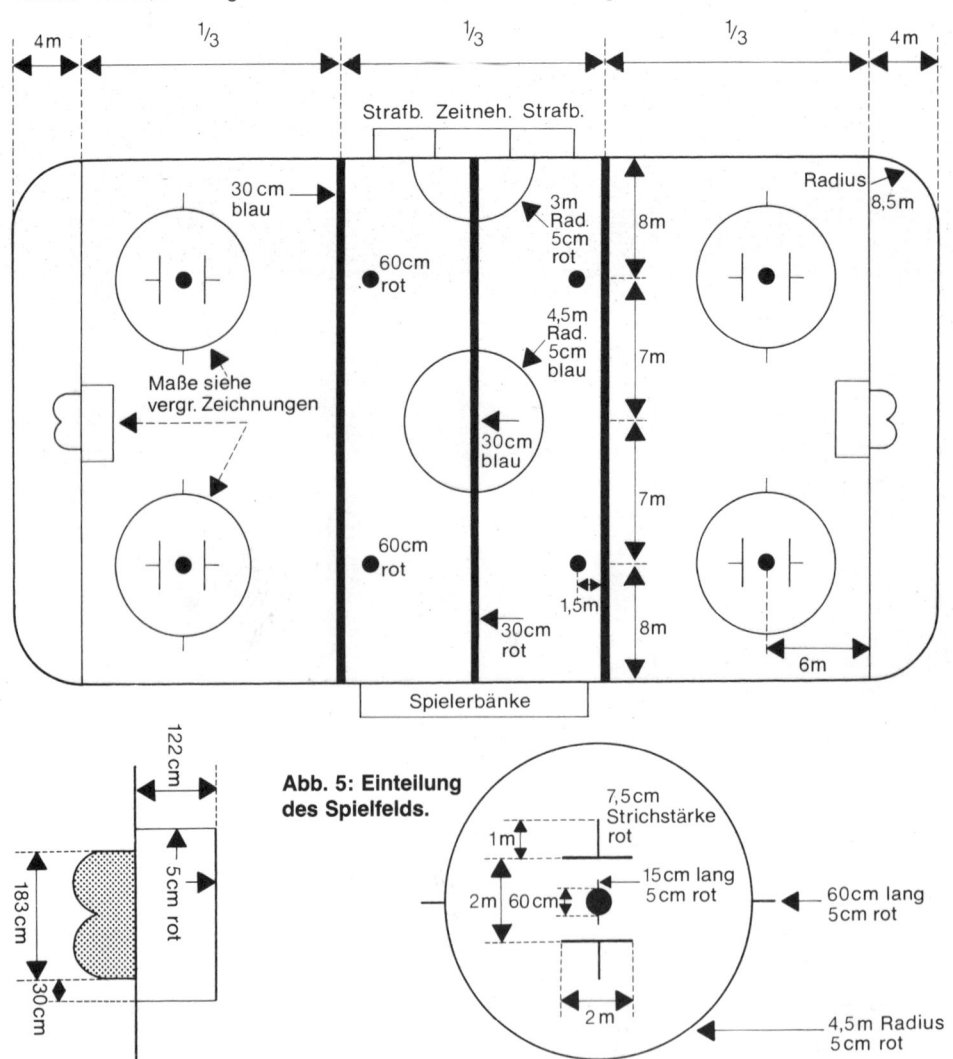

Abb. 5: Einteilung des Spielfelds.

5 cm breite rote Linien gezogen. Eine in der Mitte des Spielfeldes und je eine im Abstand von 4 m von der Endbande (Torlinie). Außerdem teilen 2 blaue Linien das Feld in drei Drittel.

Das Tor an der Torlinie hat eine lichte Höhe von 1,22 m und eine Breite von 1,83 m (Abb. 5).

Einteilung des Spielfeldes

Die rote Mittellinie teilt das Spielfeld in die eigene und die gegnerische Hälfte.
Die zwei blauen Linien teilen das Spielfeld in drei Zonen:
1. eigenes Drittel (Abwehr- oder Verteidigungszone)
2. mittleres Drittel (neutrale Zone)
3. gegnerisches Drittel (Angriffszone)
Unmittelbar hinter der Bande, entlang der neutralen Zone, stehen für beide Mannschaften Spielerbänke für mindestens 14 Personen. Ein Durchgang in der Bande muß für den Spielerwechsel vorhanden sein. Die Strafbänke für beide Mannschaften befinden sich auf der anderen Seite des Spielfeldes, gegenüber den Spielerbänken.
Die effektive Spielzeit beträgt 3 x 20 Minuten, bei Knaben und jüngeren Spielern (12 Jahre und jünger) 3 x 15 Minuten.

Abb. 6: Schiedsrichter.

Das Spiel wird geleitet von 2 Schiedsrichtern (2-System) oder 3 Schiedrichtern (3-System) (Abb. 6).
Gespielt wird mit einem *Puck* aus vulkanisiertem Gummi. Er ist 2,54 cm dick und hat einen Durchmesser von 7,62 cm. Er ist überwiegend in schwarzer Farbe. Der Puck darf nicht weniger als 156 g und nicht mehr als 170 g wiegen (Abb. 7).

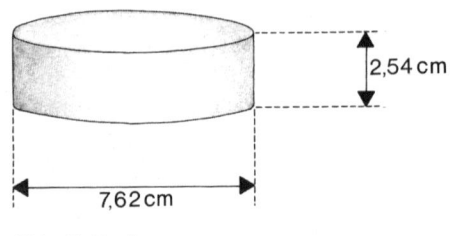

Abb. 7: Puck.

Der Eishockeyspieler

Eishockey ist eine der wenigen Sportarten, bei denen vom Spieler eine doppelte Geschicklichkeit verlangt wird – die der Beine sowie die der Arme und Hände.
Für den Eishockeyspieler wird die Spielweise dadurch erschwert, daß er nicht wie bei anderen Spielen (Tennis, Fußball, Handball, Basketball) auf seinen Füßen läuft, sondern sich auf Schlittschuhen bewegt.
Die erste Selbstverständlichkeit, die von einem Eishockeyspieler verlangt wird, ist eine vollendete Beherrschung der Eislauftechnik.
Die zweite Anforderung ist eine vollkommene Beherrschung der Stocktechnik.
Ein dritter Punkt ist die Anwendung des Körperspiels, welches im Eishockey wie in kaum einer anderen Sportart erlaubt ist.
Es werden also zwei sportliche Leistungen – das Eislaufen und das Spiel mit dem Eishockeyschläger – zu einer Spielart zusammengestellt. Es gibt Spieler, die eine ausgezeichnete Eislauftechnik beherrschen, doch eine schwache Stocktechnik bringen. Das gleiche gilt auch im umgekehrten Sinn.
Im Eishockey darf weder das eine noch das andere unterschätzt werden. Beides hängt eng zusammen, um erfolgreich Eishockey zu spielen.
Im Hinblick auf die Geschicklichkeit und die

physische Anforderung ist Eishockey eine der anspruchsvollsten Sportarten. Obwohl Eishockey zu den harten Sportarten gezählt wird, stehen die Eishockeyspieler nicht auf den ersten Plätzen der Verletzungsstatistik.

Was wird von einem ausgereiften Eishockeyspieler verlangt?

1. Ausgereifte Lauftechnik,
2. ausgereifte Stocktechnik,
3. gutes Körperspiel,
4. Kenntnis der Taktik von Kombinationen, Systemen, Regelkunde,
5. Trainings- und Spieldisziplin sowie große Moral und Willensstärke,
6. sportmotorische Eigenschaften.

Schon der individuelle Ablauf der Vorbereitung ist für den Eishockeyspieler sehr wertvoll. Ablauf und Charakteristik eines Eishockeyspiels führen den Spieler zum Bewältigen von Angewohnheiten, bedingt durch die Verbindung von körperlicher und geistiger Tätigkeit. Deshalb beeinflußt die Vorbereitung im Eishockey die persönliche Entwicklung des Spielers nach allen Richtungen.
Der Sinn in der Erziehung eines Eishockeysportlers liegt im Mannschaftsspiel. Aus diesem Grund müssen die Grundre-

20

Abb. 8: Freude und Enttäuschung liegen oft nahe beieinander.

geln des Spiels beachtet werden. Weil im Eishockeyspiel von den Regeln her ein gewisses Maß an hartem Körpereinsatz von Mann gegen Mann erlaubt ist, fördert dies im besonderen Maße Charakter, Disziplin und Persönlichkeitsbildung, denn hier wird von den Spielern Selbstbeherrschung und ein Fair-Play-Verhalten verlangt.

Beim Überschreiten der Regeln gegenüber Gegenspielern, Schiedsrichtern oder Zuschauern werden die Spieler mit Zeitstrafen belegt. Gerade in unserer heutigen modernen Fassung des Eishockeyspiels ist es notwendig, daß ein Spieler alle Persönlichkeitswerte haben muß, d. h. keine Angst, körperliche Tüchtigkeit, läuferische Reife, Stocktechnik, Kombinationsverständnis, Körperspiel.

Die ständige Konfrontation zweier verschiedener Ausprägungen des Eishockeys in Kanada und in Europa ergeben das letzte Bild des modernen Eishockey: durchdachte Kombinationen in Bewegung mit Kraft, Schnelligkeit und Zweikämpfen während des gesamten Spiels auf der ganzen Eisfläche.

Wir versuchen deshalb, schon die Anfänger im Eishockey zu einem schöpferischen Spiel, Einsatzfreudigkeit und Leistungsbereitschaft sowie Willenskraft und Mut zu erziehen. Als Mannschaftssportart fördert Eishockey das kameradschaftliche Verhalten und den Teamgeist, das Einfügen in die

Gruppe, in der jeder durch seine Zuverlässigkeit und sein Verantwortungsbewußtsein gleich wichtig ist.

Vom physiologischen Standpunkt aus betrachtet ist ein Eishockeyspieler mit wechselnder Intensität belastet, schnelle Reaktion bei wechselnden Situationen. Es wurde bewiesen, daß die Gesamtbelastung im Spiel äußerst groß ist im Vergleich mit anderen sportlichen Spielen. Eishockey weist einen sehr schnellen Ablauf auf, darum wird Eishockey das »schnellste Mannschaftsspiel der Welt« genannt. Der rasche Wechsel von starker Belastung und Ruhepausen auf der Auswechselbank erfordern einen gesunden Organismus, der durch intensives Training optimal vorbereitet werden muß. Die relativ kleine Spielfläche und die ständige Bewegung aller Spieler braucht eine Grundlage an schneller Orientierung der Spieler, Wahrnehmung und Reaktion. Vielleicht wurde deshalb Eishockey eine beliebte Unterhaltungssendung im Fernsehen.

Alle angeführten Tatsachen führten dazu, daß sich Eishockey auf der ganzen Welt ausbreitet, so in Japan, China, Korea, Südafrika, Arabien usw. Zu Recht hat es sich einen »Stammplatz« in Europa, auch in der Bundesrepublik Deutschland, in Österreich und der Schweiz gesichert.

Abb. 9: Voraussetzungen für einen guten Eishockeyspieler.

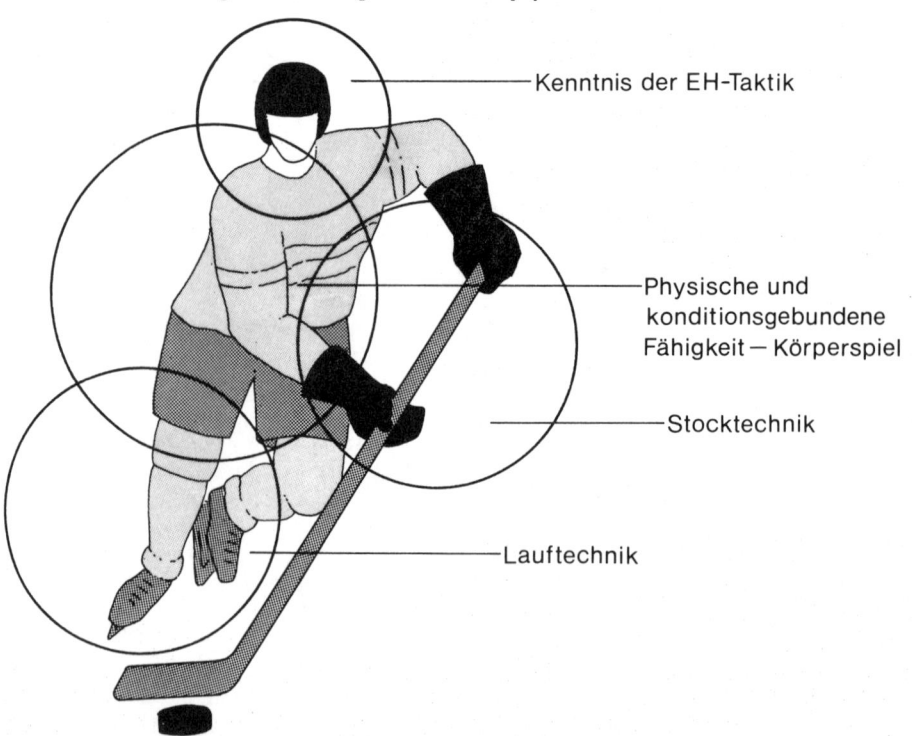

Kenntnis der EH-Taktik

Physische und konditionsgebundene Fähigkeit — Körperspiel

Stocktechnik

Lauftechnik

Schlittschuhlaufen – Lauftechnik – mechanische Beschreibung

Beim Eishockey verliert alles andere an Bedeutung, wenn der Spieler kein guter Eisläufer ist. Gerade das Eislaufen macht Eishockey zu einer der schwersten und schnellsten Mannschaftssportarten. Beim Training muß deshalb das Eislaufen an erster Stelle stehen – sei es nun beim Trainieren einer Nachwuchsmannschaft oder beim Trainieren einer Seniorenmannschaft. Kein Spieler kann von sich behaupten, daß er das Eislaufen perfekt beherrscht – es gibt immer noch etwas zu verbessern. Schon im Kindesalter – zwischen 4–6 Jahren – soll mit dem Eislaufen begonnen werden (Abb. 10, 11). Die Grundlagen der Eishockey-Lauftechnik* sollten 6jährige schon beherrschen. Die Grundlagen des Eislaufens mit dem Stock und der Scheibe sollten 6- bis 9jährige Kinder beherrschen.

---

* Eishockey-Lauftechnik = Schlittschuhlaufen mit dem Eishockeyschläger.

Die Grundlagen des Eishockey-laufens

a) Eislaufen vorwärts
b) Eislaufen rückwärts
c) Wendungen
Natürlich kommen wir beim Eishockey mit dem einfachen Eislaufen vorwärts und rückwärts nicht aus. Hier treten schon anspruchsvolle Kombinationen in den Vordergrund.
a) Lauf vorwärts
  a1) Grundstellung
  a2) Eislaufen vorwärts im 3-Phasen-Schritt (Eislaufschritt)
  a3) Bremsen
  a4) Bogenlaufen
  a5) Starten vorwärts
b) Schlittschuhlaufen rückwärts
  b1) Grundstellung
  b2) Eislaufen rückwärts
  b3) Start zum Rückwärtslauf
  b4) Bremsen
  b5) Auslaufen des Bogens

Abb. 10: Paarweise.

Abb. 11: Mit Hilfsmittel.

c) Wendungen
  c1) Wendung vom Vorwärtslauf zum
      Rückwärtslauf
  c2) Wendung vom Rückwärtslauf zum
      Vorwärtslauf
  c3) Fertigkeit
Doch bevor wir zu Übungen zum Erlernen des Eislaufens kommen, einiges über die Prinzipien hierüber.
Eislaufen ist die grundlegende Bewegung des Menschen auf dem Eis. Der Eisläufer kommt dadurch in Bewegung, daß er sich abwechselnd mit dem linken oder rechten Fuß abstößt, wobei anschließend das Gleiten auf dem anderen Fuß erfolgt. Bei dieser Bewegung, hauptsächlich beim Eislaufen vorwärts, geht es um das sog. Auffangen des nach vorne fallenden Körpers im Anschluß an das Abstoßen.
Dies bedeutet praktisch, nach dem Abstoß würde der Körper nach vorne fallen, was durch das Auftreten mit dem anderen Fuß verhindert wird. Am typischsten kommt dies beim Start oder beim schnellen Laufen zum Ausdruck. Eislaufen ist also vor allem ein Abstoßen und Gleiten.
Als Schulbeispiel hierfür stellen wir uns Kinder vor, die einen Tretroller fahren. Obwohl es sich hier um ein Abstoßen immer mit dem gleichen Bein handelt, ist das Prinzip das gleiche: Abstoßen – Vorwärtsbewegung. Je stärker der Abstoß, desto länger und schneller ist die Fortbewegung – die Fahrt bzw. das Gleiten (Abb. 12).
Wir wollen nun die Grundarten des Eislaufens analysieren. Betont muß werden, daß wir uns auf die Art des Eislaufens des Eishockeyspielers einstellen. Das Eislaufen der Eiskunst- und Eisschnelläufer unterscheidet sich wesentlich vom Eislaufen der Eishockeyspieler.
Schon für jede Eislaufsportart unterschiedliche Schlittschuhmodelle bestätigen uns eine differenzierte mechanische Bewegung der Eisläufer.

Abb. 12: Gleiten mit Hilfsmitteln.

a) Schlittschuhlaufen vorwärts

a1) Grundstellung ⟶

Den guten Eisläufer erkennen wir schon an der Grundstellung, die seine bessere Stabilität auf dem Eis erkennen läßt. Die Grundstellung besteht aus einem Einknikken beider Knie (Federn).

Abb. 13: Grundstellung.

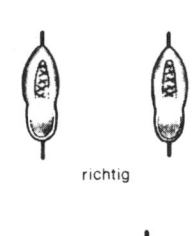

richtig

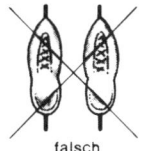 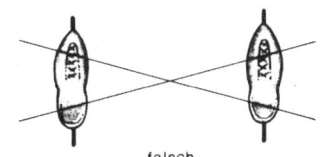

falsch   falsch

Abb. 14

Praktisch ist diese Grundstellung ein »Halbsitz«, wobei Becken und Schultern nach vorne gebeugt werden. Die Arme befinden sich in Hüfthöhe. Beim Eislaufen mit dem Stock ist dies die natürliche Haltung: Blick nach vorne – Kopf aufrecht (Abb. 13).
In Grundstellung stehen die Füße (Fußsohlen) leicht voneinander entfernt, etwa 1–2 Fußbreiten bis Hüftbreite (Abb. 14).
Auf die Fußspitze ist mehr Druck als auf die Ferse zu geben. Das Körpergewicht ist gleichmäßig auf beide Beine zu verteilen. Der Spieler steht auf der ganzen Lauffläche der Schlittschuhe (Abb. 16).

a2) Vorwärtslauf im 3-Phasen-Schritt

Durch Abstoßen mit dem Fuß kommt der Eisläufer in Fahrt, und es folgt das Gleiten auf dem anderen Fuß. Abstoß- und Gleitphase sind die zwei wichtigsten Elemente des Eislaufschrittes. Wenn wir den sog. toten Punkt hinzurechnen, d. h. den Wechsel des Fußes nach dem Abstoßen ins Gleiten, kennen wir den ganzen Ablauf der zyklischen* Bewegung beim Eislaufen, den 3-Phasen-Schritt.

Abb. 15: Falsche Grundstellung.

Abb. 16: Richtige Grundstellung.

---

* griechisch – regelmäßig wiederkehrend.

a2.1) Abstoß

In der Mechanik des Eislaufens ist die Ursache der Bewegung, ihre Entstehung, am wichtigsten. Aus der Grundstellung kommt es zum Abstoß, welcher die Ursache für die Schnelligkeit des Laufes ist. Der Abstoß ist die dominierende Bewegung des ganzen Eislaufschrittes. Je stärker der Abstoß, desto größer die erzielte Schnelligkeit.

Aus der Grundstellung wird das Abstoßbein um 45–60 Grad abgebogen. Der Fuß stößt mit der Innenkante des Schlittschuhes ab. Der Druck aus dem angezogenen Bein verläuft durch energisches Anspannen des Beines im Knie- und Hüftgelenk schräg nach hinten. Der letzte Druck, noch bevor sich der Schlittschuh vom Eis abhebt, geht durch den Knöchel von der Spitze des schon gestreckten Abstoßbeines aus (Abb. 17).

Abb. 17

Der Abstoß wird im allgemeinen als Veränderung der Masse in Raum und Zeit charakterisiert. Die Stärke des Abstoßes – des Abstoßbeins (f) des Eishockeyspielers, der im Winkel von 45 Grad abstößt – berechnen wir mit Hilfe des Unterschiedes der Kraft, die in Bewegungsrichtung (F) wirkt, und der Kraft, die in Gegenrichtung (P) wirkt. Um die Stärke des Abstoßes ausrechnen zu können, müssen wir noch das Gewicht des Hockeyspielers (G) kennen.

Wir gehen bei unserer Berechnung von einem Gewicht von 75 kg aus.

Mathematisches Beispiel zur Berechnung der Kraft des Abstoßbeines:

$$f = F - P$$
$$F = \frac{G}{\sin 45} = \frac{75}{0,7} = 107 \text{ kg}$$
$$p = G \cdot \cos 45 = 75 \times 0,7 = 52,5 \text{ kg}$$
$$f = F - P = 107 - 52,5 = 54,5 \text{ kg}$$

Nach dieser theoretischen Berechnung ist also der günstigste Abstoßwinkel für den Hockeyspieler 45 Grad. Vergrößern wir diesen Winkel, dann vergrößern wir die Belastung des Abstoßfußes. Bei einem Winkel von 90 Grad käme diese Belastung dem Gewicht des Eishockeyspielers gleich. Von dieser Berechnung ausgehend ergibt sich, daß der optimale Winkel des Abstoßbeines zwischen 45° und 60° liegt.

a2.2) Gleiten

Zur selben Zeit, in der das Abstoßbein seine Leistung beendet hat und der sog. tote Punkt beginnt (Körper neigt sich nach vorne), setzen wir das vorher im Kniegelenk abgewinkelte (90–120 Grad) andere Bein auf das Eis. Durch diesen spitzen Winkel kann die Fußsohle einen Punkt erreichen, der sich über der Knielinie befindet (Abb. 18).

Abb. 18

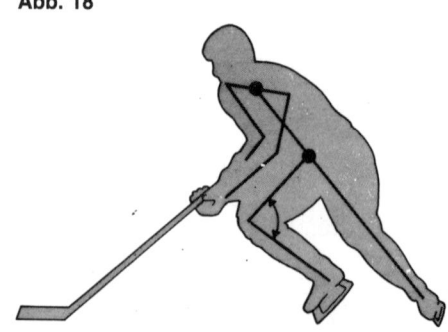

Abb. 19

Abb. 20

Abb. 21

Abb. 22

Der Fuß wird in einem bestimmten Winkel auf das Eis aufgesetzt, der der Schnelligkeit des Spielers angepaßt ist (Abb. 19–22).

Schräg nach vorn, der Schlittschuh wird auf der Außenkante aufgesetzt (Abb. 23). In diesem Moment verlagert sich das Körpergewicht auf das Gleitbein, der zugehöri-

Abb. 23 a–c

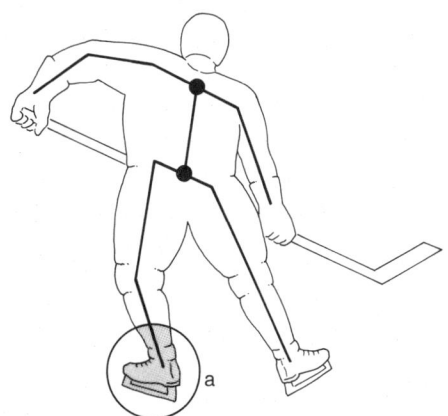

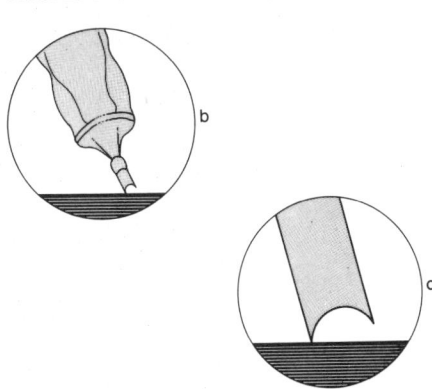

ge Arm wird gleichzeitig mit dem Fuß nach vorne gedreht.

Sehr wichtig ist auch die Arbeit mit dem Becken, da das Becken der Schwerpunkt des Schlittschuhläufers ist.

Die Reichweite der Beckenbewegung beim Schlittschuhlaufen differiert mit der Beckenbewegung beim normalen Laufen – in der Vertikalen um 10–15 cm, in der Horizontalen um 30–45 cm. Dies wird von der Körpergröße des Spielers bestimmt.

Der Gleitfuß zeichnet auf dem Eis einen leichten Bogen. Erster Teil des Bogens: vom Körper weg – auf der Außenkante. Zweiter Teil des Bogens: zum Körper her – auf der Innenkante des Schlittschuhs.

Bei harmonischen zyklischen Bewegungen im Vorwärtslauf beschreibt der Schwerpunkt des Beckens die Strecke einer liegenden Acht (Abb. 24).

Abb. 24

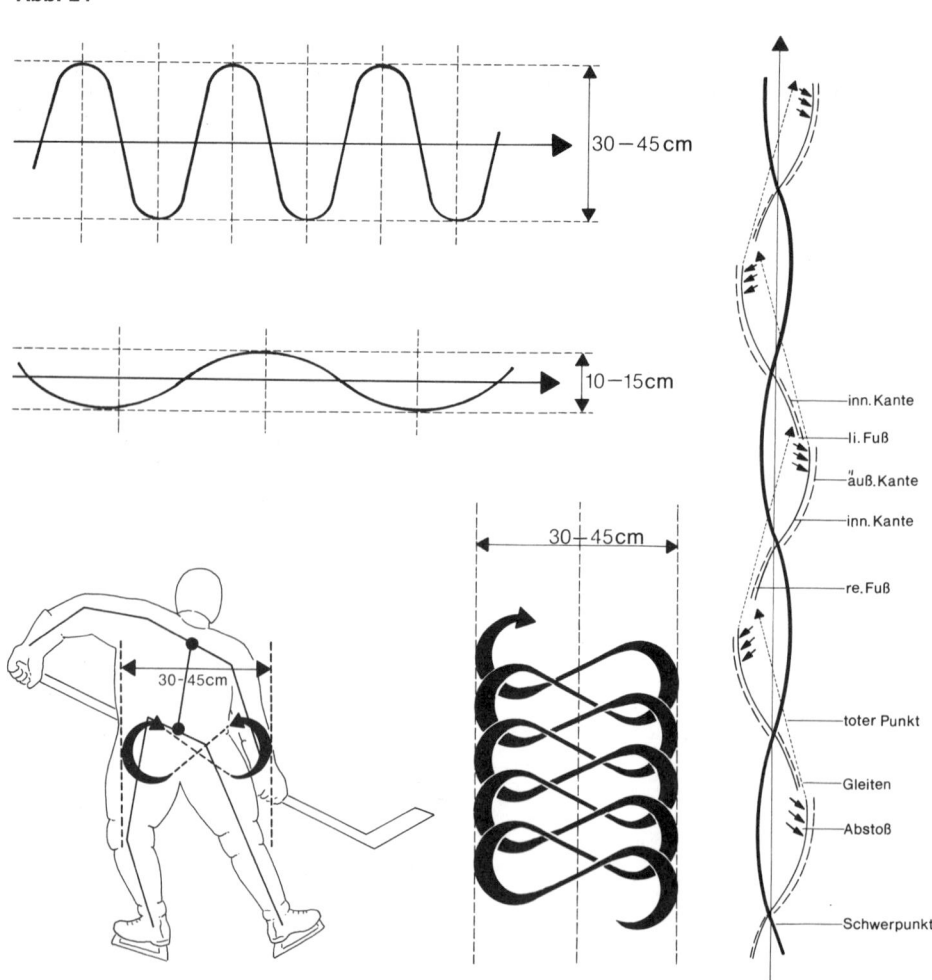

Abb. 25

Nach Abschluß des Gleitens geht der Fuß in einem Winkel von 45–60 Grad wieder zum Abstoß über.

a.2.3) Der tote Punkt – Ruhephase des Abstoßbeines

Das Abstoßbein beendet die Bewegung in gestreckter Stellung (Abb. 25) und befindet sich auf dem toten Punkt zwischen zwei Leistungen. Die Abstoßleistung ist beendet, und die Vorbereitung zum Gleiten beginnt. Der Fuß verläßt das Eis, indem das Bein angezogen wird. Die Muskeln lockern sich, und dies ist eigentlich der einzige Ruhemoment der Muskelpartien der unteren Extremitäten. Die Fußsohle bewegt sich anschließend direkt über dem Eis, am Gleitfuß vorbei, nach vorne.

In dem Augenblick, in dem sich der Gleitfuß am Ende des gezeichneten Bogens befindet – schon auf der Innenkante des Schlittschuhs – wird der vordere Fuß zum nächsten Gleiten aufgesetzt. Das Gleitbein beendet seine Phase, und der ausgeruhte Fuß setzt zum nächsten Gleiten auf das Eis auf.

Eine ständige Wiederholung dieser Leistungen – Eislaufschritte – ist das zyklische Eislaufen. Eislaufen ist überwiegend ein Gleiten, deshalb sind auch die Bewegungen beim Eislaufen gleitend. Das geschmeidige Aufsetzen des Fußes auf dem Eis erfolgt nicht aus einer gewissen Höhe wie beim Gehen oder Laufen. Der Abstoßfuß geht ins Gleiten über, dicht über dem Eis direkt neben dem Gleitfuß. Es entsteht keine »breite Spur«. Es entstehen keine ruckartigen Bewegungen, der ganze Körper harmoniert in der Bewegung und hilft

Abb. 26–33

mit – vor allem Becken, Arme, Hände (Abb. 26–33).

Natürlich wird beim Eislaufen während des Eishockeyspiels nicht immer nur derselbe Eislaufschritt benutzt. Tempo und Länge müssen je nach Bedarf verändert werden. Beim Start oder bei der Beschleunigung sind kürzere Schritte mit schnellerem Wechsel der Füße (frequent) notwendig, beim Laufen wird ein längeres Gleiten angewendet.

a3) Bremsen – Anhalten beim Laufen vorwärts ⟶►|

Kein anderer Eisläufer muß so viel bremsen wie der Eishockeyspieler während eines Spieles. Für ihn ist es äußerst wichtig, im richtigen Augenblick bremsen zu können. Viele Spieler haben gerade mit dem Stoppen aus voller Fahrt ihre Schwierigkeiten. Einen guten Eisläufer erkennen wir schon an der Länge seiner Bremsspur. Für das Bremsen während des Laufs vorwärts nützen wir mehrere Möglichkeiten:

1. Bremsen durch Einstemmen eines Fußes (Halbschneepflug),
2. Bremsen durch Einstemmen beider Füße (Schneepflug),
3. Bremsen durch Einsatz beider Schlittschuhe,
4. Bremsen durch Einsatz eines Schlittschuhes.

a3.1) Bremsen durch Einstemmen eines Fußes
Es handelt sich hier um die einfachste Art des Bremsens, die sich besonders für den Unterricht bei Anfängern anbietet. Doch auch von Eishockeyspielern wird diese Bremsart genutzt zum sog. Abbremsen. Vor dem Bremsen durch Einstemmen eines Fußes bewegt sich der Spieler nicht mehr im Eislaufschritt, sondern gleitet auf beiden Kufen (fährt) und befindet sich in gleicher Körperhaltung wie in der Grundstellung: die Knie eingeknickt, der Kopf

erhoben, Schultern und Arme nach vorn geneigt. Das Körpergewicht verteilt sich gleichmäßig auf beide Beine.

Den gewählten Bremsfuß entlasten wir dadurch, daß wir das Körpergewicht auf das zweite Bein verlagern. Das entlastete Bein sowie Arm und Schulter schieben wir weiter nach vorne, die Fußspitze drehen wir nach innen.

Auf den so vorgeschobenen und verdrehten Fuß verlegen wir immer mehr Körper-

Abb. 34–36

gewicht, wobei uns Schulter und Arm helfen. Je mehr wir das Gewicht des Körpers verlagern, desto mehr benutzen wir die Innenkante des Schlittschuhs zum Bremsen. Das gebeugte Bein streckt sich aus (Abb. 34–36).
Dieses Bremsen durch Ausstemmen eines Fußes gleicht dem Stemmbogen beim Skilaufen. Dieser »Halbschneepflug« kann sowohl mit dem linken als auch mit dem rechten Fuß zum Bremsen angewandt werden. Ein Anfänger muß bemüht sein, diese Bremsart in beiden Richtungen zu erlernen und zu beherrschen.

a3.2) Bremsen durch Einstemmen beider Füße
Der Bewegungsablauf ist der gleiche wie beim Bremsen im »Halbschneepflug«. Aus dem zyklischen Vorwärtslauf im 3-Phasen-Schritt gehen wir zum Gleiten (Fahrt) auf

Abb. 37

Abb. 38

2 Kufen über. Das Körpergewicht liegt auf beiden Beinen. Die Knie werden gegeneinandergedrückt, der Oberkörper neigt sich nach vorne.
Das Bremsen beginnt durch eine leichte Abwinkelung beider Füße auf die Innenkanten. Der Begriff »Schneepflug« beim Skilaufen wurde im Eishockey übernommen. Ein guter Eishockeyspieler benutzt diese Technik auch im Spielablauf, z. B. zur Korrektur seiner erreichten Schnelligkeit.
Es ist für den Anfänger wichtig, das Bremsen mit dem »Schneepflug« zu erlernen und zu beherrschen (Abb. 37, 38).

a3.3) Bremsen mit beiden Schlittschuhen
Dies ist die wirksamste Bremsart mit dem minimalsten Bremsweg. Diese Technik kann im schnellen Lauf angewandt werden. In tiefer Vorlage, mit gebeugten Knien – diese Haltung wendet der Eishockeyspieler im schnellen 3-Phasen-Schritt an – entlasten wir plötzlich die Fersen der Schlittschuhe dadurch, daß sich der Körper streckt und in den Hüften aufrichtet. Durch eine schnelle Schulterdrehung, bei der auch das Becken mitwirkt, drehen wir gleichzeitig beide Schlittschuhe quer zur Fahrtrichtung (Abb. 39).
Die Drehrichtung der Schlittschuhe bestimmt der Spieler je nach Bedarf. Es ist deshalb wichtig, daß der Spieler nach beiden Richtungen zu bremsen versteht. In dem Moment, in dem die Schlittschuhe das Eis wieder berühren, werden die Beine in den Knien abgewinkelt. Wichtig hierbei ist die Haltung des Beckens, der Arme und der Schultern. Der Kopf ist aufgerichtet.
Das Bremsen beginnt auf der ganzen Gleitfläche der Schlittschuhkufen, wobei folgendermaßen gehandhabt wird: Innenkante des Schlittschuhs auf der Außenseite, Außenkante des Schlittschuhs auf der Innenseite (Abb. 40).
Je heftiger das Bremsen ausgeführt wird, um so kräftiger müssen die Knie in Rich-

Abb. 39

tung Eis gedrückt werden. Hierdurch verlagert sich das Körpergewicht in die Fußspitzen und bewirkt, daß die Endphase des Bremsens auf den Schlittschuhspitzen verläuft.

Der Kontakt mit dem Eis verläuft im Vorderteil der Schlittschuhkufen, und die Knöchel fangen die ganze Belastung des Körpers ab. Das Körpergewicht verlagert sich überwiegend auf den Vorderteil des Fußes.

Da diese Bremsart die wirksamste ist, wird

sie beim Eishockey überwiegend verwendet, doch gibt es nicht viele Spieler, die diese Technik 100prozentig in beiden Richtungen anwenden können.

Beim Üben achten wir besonders auf:
- schnelle Halbwendung des gebeugten Körpers,
- Entlastung der Schlittschuhe,
- neues Aufsetzen der Schlittschuhe in der Wendung,
- richtige Nutzung der jeweiligen Kante,
- Verlagerung des Körpergewichts auf die Fußspitzen,
- symmetrische Drehung des Körpers mit den Fußspitzen,
- Verlagerung des Körpergewichts auf die Schlittschuhe.

a3.4) Bremsen mit einem Fuß
Dies ähnelt dem Bremsen auf beiden Kufen. Der Unterschied besteht darin, daß

Abb. 41, 42

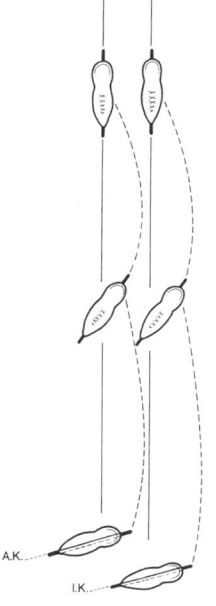

Abb. 40

nach der Entlastung der Schlittschuhe nur der Bremsfuß auf das Eis aufgesetzt wird, während der zweite, freie Fuß dicht über dem Eis schwebt, oder zur Ausbalancierung des Gleichgewichts dient (Abb. 41, 42). Bei dieser Technik sind Bremswirkung und Stabilität geringer.

Diese Bremsart eignet sich bei nicht zu schnellem Lauf und wenn nach dem Bremsen gleich seitwärts gestartet werden soll

Abb. 43–45

Abb. 46–48

(Scheibenführung – Dribbling) (Abb. 43–45).

Dies wird folgendermaßen durchgeführt:
1. *Beim Bremsen* auf einem Bein, wenn der Spieler in tiefer Hocke *auf der Innenkante* des Schlittschuhs steht, befindet er sich praktisch in einer Lage, die der Beginn des Abstoßes in den Eislaufschritt ist. Es genügt deshalb, sich mit dem geknickten Bein abzustoßen und den zweiten Fuß für die geänderte Fahrtrichtung aufzusetzen, wobei man Becken und Schulter zu Hilfe nimmt (Abb. 46–48).

2. *Beim Bremsen* auf einem Bein, wenn der Spieler in Rücklage *auf der Außenkante* steht, befindet er sich praktisch in einer Lage, die ein Teil des Abstoßes in den Rückwärtslauf ist. Es genügt deshalb, aus dieser Stellung abzustoßen und den zweiten Fuß aufzusetzen, um in den Rückwärtslauf oder mit sog. Seitwärtsschritten in den Vorwärtslauf zu kommen. Diese sog. azyklische Fahrt wird vorwiegend von den Verteidigern benutzt (Abb. 49–56).

Abb. 49–52

Abb. 53–56

a4) Bogenlaufen – Lauf in verschiedenen Richtungen

Beim Eishockey ist eine schnelle Änderung der Fahrt-/Laufrichtung äußerst wichtig. Dies wird folgendermaßen praktiziert:
1. Auslaufen des Bogens auf einem Fuß,
2. Auslaufen des Bogens auf beiden Füßen, sog. Bogenlaufen oder Kanadierlauf,
3. Auslaufen des Bogens durch Rollenlauf,
4. Auslaufen des Bogens durch sog. Übersetzen,
5. Auslaufen des Bogens durch Abbremsen.

a4.1) Auslaufen des Bogens auf einem Fuß
Der Bogen auf einem Fuß kann nach innen und außen gelaufen werden. Für den Innenbogen wird die Innenkante, für den Außenbogen die Außenkante des Schlittschuhs benutzt. Den Körper bringen wir mit

Abb. 57, 58

Hilfe des zugehörigen Arms sowie der Schultern in die entsprechende Laufrichtung.

Diese Art des Bogenlaufens ist eine der leichtesten, sie ist praktisch ein Teil des Gleitens. Der Spieler hat dabei eine geringere Standfestigkeit, die Bögen haben einen großen Radius, und die Schnelligkeit im Lauf verringert sich (Abb. 59).

Abb. 59

a4.2) Auslaufen des Bogens auf beiden Füßen, Bogenlaufen oder Bogensetzen – Kanadierlauf
Diese Art des Bogenlaufens sichert dem Spieler eine gute Stabilität und wird deshalb für kleinste Bögen verwendet. Der Kanadierlauf ist die erste Technik zur Beweglichkeit, eine gleitende Richtungsänderung.

Abb. 60

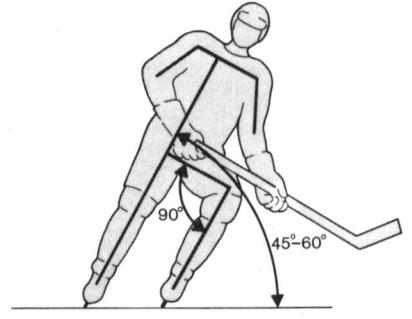

Vor und während des Bogenlaufs läuft der Spieler nicht mehr im Eislaufschritt, sondern er gleitet (fährt) auf beiden Kufen. Beim Einbiegen schiebt er den Körper vor, beugt das Innenbein bis ca. 90 Grad. Beim Einbiegen z. B. nach rechts ist das rechte Bein das Innenbein. Gleichzeitig wird der größte Teil des Körpergewichts auf Innenbein und Fuß verlagert (Abb. 60).

Parallel mit dem Vorschieben des Fußes und dem Beugen des Knies wird die dazugehörige Schulter mit Arm nach vorne verlegt. In dieser Stellung neigt sich der Körper in einem Winkel von 45–60 Grad zum Eis (Zentrifugal- und Zentripedalkraft) je nach Laufschnelligkeit und Radius des gefahrenen Bogens. Beim Auslaufen des Bogens wird die Außenkante des Innenschlittschuhs und die Innenkante des Außenschlittschuhs benutzt (Abb. 61).

Abb. 61

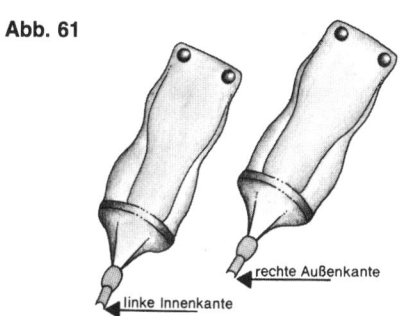

rechte Außenkante

linke Innenkante

Wichtig ist die Schlittschuhführung. Weit voneinander geführt (breite Spur) bringt geringe Wendigkeit. Doch auch wenn die Schlittschuhe in schmaler Spur geführt werden und sie sich hintereinander befinden, ist die Stabilität gering (Abb. 62).

Abb. 62

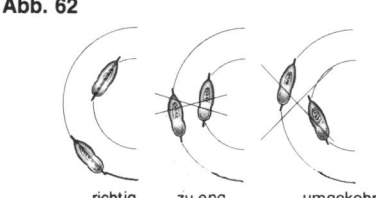

richtig   zu eng   umgekehrt

Bei dieser Bogentechnik ist der Eishockeyspieler im Rumpf gelockert, Arm und innere Schulter werden zur Mitte des Bogens gedreht. Die Standfestigkeit sichern die Knie und Fußgelenke, wobei letztere die richtige Richtung einhalten (Abb. 63–66).

Abb. 63–66

Ein Mangel der beiden beschriebenen Arten des Bogenlaufens ist der Verlust an Schnelligkeit, da es eine Entwicklung aus dem Gleiten ist.

Dieser Lauf wird angewandt bei extrem kleinen Bögen, bei der Scheibenführung und bei Zweikämpfen.

Theoretisch wird die Reibung der Schlittschuhe beim Gleiten (T) durch Multiplizieren des senkrechten Drucks (= Gewicht des Spielers [G]) mit dem Reibungskoeffizienten, der beim Eisläufer ca. 0,01 ausmacht, errechnet. Wir nehmen für den Eishockeyspieler ein Gewicht von 80 kg an.

$T = G \cdot k = 80 \cdot 0,01 = 0,8$ kg

Wenn also dieser Bogenlauf benutzt wird, ist es wichtig, gleich danach in voller Fahrt, im 3-Phasen-Schritt, weiterzulaufen.

a4.3) Auslaufen des Bogens durch sog. Treten – Rollenlauf

Dies ist eine wenig angewandte Art des Bogenlaufens, obwohl sie besonders bei Führung der Scheibe (Abdecken der Scheibe mit dem Körper) sehr wirksam ist und von guten Spielern deshalb praktiziert wird. Kurz gesagt, es ist eine Technik, die zwischen dem Bogenlauf mit dem Kanadierlauf und dem Übersetzen liegt.

Beim schrittweisen Treten des Bogens ist das Körpergewicht nicht gleichmäßig verteilt. Der überwiegende Teil des Körpergewichts liegt auf dem eingeknickten Innenbein – beim Bogenlauf nach außen –, der Körper neigt sich im Halbsitz zum Inneren der Bogens, und der Abstoß erfolgt mit der Innenkante des Außenfußes. Dabei hebt der Fuß nicht vom Eis ab, sondern wird nach dem Abstoß in einem kleinen Kreisbogen wieder zum nächsten Abstoß nach vorne geführt (Abb. 67–69).

Der Rollenlauf ist deshalb sehr wirksam, weil der Eishockeyspieler nichts von seiner Schnelligkeit verliert.

In der Methodik ist der Rollenlauf die Vorstufe für die Übungen des Übersetzens.

a4.4) Auslaufen des Bogens durch Übersetzen

Dies ist die effektvollste Art des Bogenlaufens. Dabei verliert der Eishockeyspieler nicht an Schnelligkeit, da das Tempo im Eislaufschritt nicht unterbrochen wird (Abb. 70). Durch Übersetzen kann ein guter Spieler auch die kleineren Bögen auslaufen. Wir bemühen uns, den Anfänger in dieser Art des Bogenlaufens zu schulen,

Abb. 67–69: Rollenlauf.

Abb. 70: Beschleunigung im Bogenlauf mit Übersetzen.

vom Eishockeyspieler wird sie unbedingt verlangt.

Den Bogen durch Übersetzen läuft der Eishockeyspieler mit dem gleichen Schnelligkeitstempo aus, das er als Schlittschuhläufer mitbringt, er kann sogar die Geschwindigkeit erhöhen. Der Eislaufschritt unterscheidet sich etwas vom 3-Phasen-Schritt, den wir beim einfachen Vorwärtslaufen anwenden. Je nach Bogenrichtung wird hier der Außenfuß ganz über dem Innenfuß aufgesetzt.

Im Spiel muß ständig die Richtung geändert werden. Entweder, um dem Spielablauf zu folgen, oder um das Spiel zu machen. Aus diesem Grund muß jeder Spieler seine Beweglichkeit nach links und rechts

Abb. 71: Die 3 wichtigsten Phasen im Bogenlauf mit Übersetzen.

1   2   3

gleichmäßig entwickeln, sowohl beim Kanadierlauf als auch beim Übersetzen. Das Achterfahren ist hierfür die beste Übung. Der Eislaufschritt beim Auslaufen des Bogens durch Übersetzen z.B. nach links wird folgendermaßen ausgeführt:

Beim Laufen auf dem linken Fuß, auf der Außenkante des Schlittschuhs, neigt sich der Eishockeyspieler zur Mitte des Bogens (1). Er setzt den rechten über den linken Fuß, wobei das Bein im Knie abgewinkelt ist und im gleichen Augenblick als Abstoßbein gestreckt wird (3). Das Gewicht verlagert sich hierbei auf den rechten Außenfuß (2), Abb. 71. Der Schlittschuh wird mit der ganzen Innenkante auf das Eis aufgesetzt. Schulter- und Armarbeit muß mit dem rechten Bein in Einklang stehen (Drehen der rechten Außenschulter nach innen).

Nach dem Abstoßen (der letzte Abdruck des gestreckten Beines kommt von der großen Zehe) verläßt der linke gestreckte Innenfuß das Eis, das Bein wird dicht über dem Eis, im sog. toten Punkt, eingeknickt und schiebt sich dicht neben dem Außenfuß nach vorne.

Der rechte Fuß beendet das Gleiten und übernimmt die Funktion des Abstoßbeines mit der Innenkante des Schlittschuhs.

Anschließend geht das linke geknickte Bein in Gleiten auf der ganzen Außenkante des Schlittschuhs über. Der rechte Fuß beendet den Abstoß und geht in den toten Punkt über (Abb. 72–75).

Beim Auslaufen des Bogens durch Übersetzen wird immer nur der Außenfuß übergesetzt, der Eishockeyspieler stößt sich aber abwechselnd mit dem Innen- oder Außenfuß ab. Anfänger neigen dazu, nur mit dem Außenfuß abzustoßen. Dies ist falsch, und dieser Mangel muß rechtzeitig behoben werden. Am Abstoß auch mit dem Innenfuß erkennen wir den perfekten Eisläufer. Jene Eishockeyspieler, die diesen zweifachen Abstoß beherrschen und durch ein harmonisches Körperspiel – Hüfte, Ar-

Abb. 72

Abb. 73

Abb. 74

Abb. 75

me, Schultern – ergänzen, gehören zu den technisch besten Eisläufern, auch beim Führen der Scheibe.

Beim Auslaufen des Bogens durch Übersetzen wirkt der ganze Abstoßfuß als Zentripedalkraft. Damit die Zentrifugalkraft den Eisläufer nicht aus dem Bogen »herausträgt«, muß sich der Körper nach innen neigen. Die Neigung beim Laufen soll sich in einem Winkel zwischen 45 und 60 Grad bewegen d. h., je kleiner der Bogen, je größer die Schnelligkeit – desto stärker die Neigung.

$$P = m \cdot a$$

$$a = \frac{v^2}{r}$$

$$tg = \frac{P}{G} = \frac{am}{mg} = \frac{v^2}{g \cdot r} = \frac{49}{50} = 1$$

In geometrischer Funktion stellen wir fest, daß bei $tg\,\beta = 1$; Winkel $\beta = 45°$.

Für den praktischen Gebrauch sind die Beziehungen zwischen Schnelligkeit /v/, Bahn /s/ und Zeit /t/ eminent.

$$v = \frac{s}{t}$$

$$s = \frac{t}{v}$$

$$t = \frac{s}{v}$$

Mit Hilfe dieser Formel berechnen wir die Durchschnittsgeschwindigkeit, resp. max. Geschwindigkeit des Eishockeyspielers.

a4.5) Auslaufen des Bogens durch Abbremsen

Wenn der Eishockeyspieler in schnellem Tempo einen sehr kleinen Bogen machen

40

möchte, ohne dabei an Schwung zu verlieren, wendet er diese Art des Bogenlaufens an. Mit dieser Technik ist es möglich, einen Bogen mit dem kleinsten Radius zu beschreiben. Hierbei wird ebenso wie beim Bogenlaufen vorgegangen. Grundsätzlich bremst der Spieler im Bogen mit dem vorderen Fuß, wodurch er die Richtung ändert und dann im normalen Eislaufschritt in der neuen Richtung weiterläuft (Abb. 76, 77).

Abb. 76

Abb. 77

Es handelt sich praktisch um einen Bewegungsablauf, der zwischen dem Bogenlaufen nach innen auf einem Fuß und dem Bremsen auf einem Fuß mit der Außenkante liegt.

Es ist äußerst wichtig, daß der Bogenlauf von den Eishockeyspielern in beiden Rich-

tungen beherrscht wird. Eine gewisse Schwäche in der Technik des Bogenlaufens ist darauf zurückzuführen, daß es üblich ist, auf den Eisflächen während des öffentlichen Eislaufs immer nur mit Bögen nach links zu fahren.

a5) Start vorwärts

Nach der Beschreibung des ganzen läuferischen Ablaufs schildern wir nun den Start in den Lauf nach vorwärts.

Der Start ist die Kombination einiger Abstöße, durch welche der Eishockeyspieler die erwünschte, brauchbare Startschnelligkeit erreichen kann. Diese sportliche Leistung ist im Prinzip mit verschiedenen anderen Sportarten vergleichbar (Leichtathletik, Motorsport, Schwimmen). Wer schneller starten kann, hat einen enormen Vorteil gegenüber seinem Kontrahenten. Beim Starten kommt es darauf an, die Spitzengeschwindigkeit so schnell wie möglich zu erreichen.

Der Abstoß ist ein Teil aus dem zyklischen Vorwärts- oder Rückwärtslauf im sog. 3-Phasen-Schritt.

a5.1) Frontaler Start
Aus der Grundstellung (Abb. 78) drehen sich beide Fußspitzen in einen optimalen

Abb. 78

41

Abb. 79

Winkel von 45–60 Grad nach außen in die Ausgangsposition (Abb. 79). Nun ist die Bereitschaft für einen schnellen Start gegeben, und zum Start rechnet man gewöhnlich die ersten 6–8 Schritte. Diese sind absolut notwendig, um den größtmög-

lichen Abstoß (über die Fußgelenke) aus den Schlittschuhkufen zu holen.

Die Beine sind gebeugt, Kopf und Oberkörper befinden sich in Vorlage, die Arme werden nach vorne gehalten. Der Eishockeyschläger wird mit einer Hand oder beiden Händen umfaßt, das Schlägerblatt befindet sich in Richtung zum Eis.

Das Körpergewicht wird auf die Innenkante im vorderen Teil beider Füße verlagert. Aus dieser Position erfolgt der Start so schnell wie möglich.

Einfache Übung: Partner schieben oder Druck gegen die Bande zwingt den Spieler, die richtige Fußgelenkbewegung zu üben (Abb. 80–83).

Ein »Fallenlassen« des Körpers zwingt den Läufer zum ersten Abstoß, egal durch welches Bein. Ein Vorteil ist es, wenn der Spieler kein sog. Abstoßbein bevorzugt,

Abb. 80

Abb. 81

Abb. 82

Abb. 83

42

wie dies in anderen Sportarten praktiziert wird, wie z. B. in der Leichtathletik (Sprint, Hochsprung, Weitsprung, Dreisprung), sondern mit beiden Beinen einen gleich starken Abstoß ausführen kann. Nur so ergibt sich die Möglichkeit, im schnellen Spielablauf auch zur Seite zu starten (Abb. 84–86).

Der erste Abstoß, auf der Innenkante des Schlittschuhs, erfolgt mit voller Kraft, der letzte Abdruck muß von der Fußspitze ausgehen. In der Zwischenzeit setzt der zweite Fuß, ebenfalls auf der Innenkante, schon auf dem Eis auf. Beim Start fehlt die Gleitphase.

Die ersten 2–4 Abstöße werden in kurzer, schneller Frequenz gelaufen, so daß es kaum möglich ist, die Beine voll durchzustrecken. Dieser Bewegungsablauf wird von den Schultern unterstützt. Je näher der Spieler, nach seinem explosiven Start, zu seinem Ziel – der gewünschten Startgeschwindigkeit – kommt, desto länger werden die Schritte (Abstöße). Der Läufer geht in den normalen Vorwärtslauf im 3-Phasen-Schritt über (Abb. 87–93).

Abb. 84–86

Abb. 87, 88

a5.2) Seitlicher Start

Für den Spieler ist es oft notwendig, gerade in die entgegengesetzte Richtung zu starten als die, in welcher er steht. In dieser Situation führt er den Seitwärtsstart durch. Mit 1–3 Übersetzschritten kommt der Läufer aus seiner Stellung in die gewünschte Richtung. Dann erfolgt die gleiche schnelle Abstoßphase wie beim frontalen Start (Abb. 94–99).

Abb. 89–95

Es ist wichtig, den seitlichen Start nach beiden Richtungen zu beherrschen (Abb. 100).

Abb. 100

Ein guter Start ist im Eishockey von großer Bedeutung. Wir achten besonders auf zwei Punkte, die dem Spieler weiterhelfen (Abb. 101–104): physische Verbesserung und technische Verbesserung.

Abb. 96–99

Abb. 101, 102

Abb. 103

Abb. 104

Jeder Eishockeyspieler hat in der Lauftechnik seine besondere Note, seinen »eigenen Stil«. Wir achten nicht nur auf die »Schönheit« bzw. genauen technischen Bewegungen, sondern auch auf die Leistung. Wir kennen in der Praxis bekannte Eishockeyspieler, die keine hervorragende Laufschnelligkeit haben, doch eine herausragende Startschnelligkeit bringt ihnen Vorteile.

Ein reifer, präziser Spieler erreicht seine maximale Geschwindigkeit nach dem Start mit 6–8 Schritten (Abstößen). Doch auch über ein durchschnittliches Ergebnis von 8–12 Schritten kann der Trainer zufrieden sein.

Ein schneller Start ist immer ein großer Vorteil für jeden Eishockeyspieler. Auf diese Weise kann man mit der Scheibe am Gegner vorbeiziehen, sich vom Gegner lösen, sich für einen Paß anbieten, zu einem Nachschuß kommen, dem scheibeführenden Spieler die Scheibe abnehmen, oder man kann sich ganz einfach wieder schneller ins Spiel bringen. Im Eishockey ist alles schnell und auf kurze Entfernung entscheidend (3–6 s bzw. 10–13 m). Darum muß für diesen sportlichen Teil ein intensives Training eingesetzt werden. Nur Erlernen und Üben reicht nicht aus.

Wegen der Verletzungsgefahr ist es nicht zu empfehlen, beim Erlernen und Üben des Startens freie Hilfsmittel (Eishockeyschläger, Scheiben usw.) überspringen zu lassen.

b) Rückwärtslauf 〰〰→

Beim Eishockey ist das Eislaufen rückwärts ebenso wichtig wie das Eislaufen vorwärts. Einem guten Eishockeyspieler darf weder das eine noch das andere Schwierigkeiten bereiten.

Eislaufen rückwärts ist besonders für die Verteidiger die wichtigste Bewegungsart auf dem Eis. Nur so können sie den Angreifer mit der Scheibe beobachten und ihm einen Angriff auf das Tor unmöglich machen. Selbstverständlich müssen auch alle anderen Spieler den Eislauf rückwärts beherrschen, und beim Training ist dieser Übung besondere Aufmerksamkeit zu schenken. Für die Verteidiger wird nach einem zusätzlichen speziellen Trainingsprogramm gearbeitet.

Abb. 105–106   ↓ Abb. 107–108

b1) Grundstellung

Die Grundstellung des Eishockeyspielers beim Eislaufen rückwärts ist noch stabiler als diejenige beim Eislaufen vorwärts. Die Spur ist hierbei auch breiter (Hüftbreite bis Schulterbreite), der Spieler befindet sich mehr im Halbsitz, Schultern und Arme sind nach vorne geneigt, der Kopf ist aufgerichtet (Abb. 105, 106).

Wichtig ist es, daß der Spieler in der Grundstellung fest auf der ganzen Fläche der Schlittschuhe steht, um nicht nach vorne oder nach hinten abzufallen (Abb. 107, 108).

b2) Eislaufen rückwärts

Beim Rückwärtslauf bleiben die Füße ständig auf dem Eis. Wie beim Vorwärtslauf handelt es sich auch hier um ein ständiges Abstoßen und Gleiten (Powerskating). Allerdings gibt es Unterschiede zwischen den beiden Lauftechniken (Abb. 109).

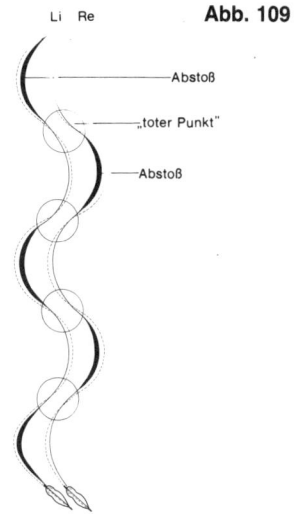

Li Re   **Abb. 109**

Abstoß

„toter Punkt"

Abstoß

Abb. 110–117

Eislaufschritt beim Eislaufen rückwärts
Aus der Grundstellung kommt der Eishok-
keyspieler durch Abstoßen in Bewegung.
Der Abstoßfuß zeigt mit der Ferse nach
außen und stößt in Richtung zur Ferse nach
außen ab. Dadurch entwickelt sich ein
Halbkreis auf dem Eis.
Der Abstoß geht von der Innenkante des
Schlittschuhs aus, hierbei ist das Hüftgelenk abgebogen und das Knie gebeugt. Ein
Strecken des Kniegelenks unterstützt den
Abstoß.
Die Kraft des Abstoßes geht von der Hüfte
über das Kniegelenk in die Fußspitze über,
wo der Abstoß endet. Die dazu benötigte
Körperarbeit besteht aus einem Drehen
von Hüfte und Schultern nach hinten.
Unterstützt wird die Wirkung des Abstoßes
durch ein wiederholtes Beugen und Strek-
ken des Knies, vor allem aber durch den
Schlußabstoß, der von der Fußspitze ausgeht. Die Schlußphase des Abstoßes endet für den Eishockeyspieler in einem Bogen nach außen (Abb. 110–117).
Nach dem perfekten Abstoß beschreibt der
schon entlastete Abstoßfuß (das Körpergewicht wird mehr auf den Gleitfuß übertragen) im folgenden Teil einen Bogen nach
innen.
Nach dieser Phase ist der Körper des Spielers aufgerichtet, der Abstoßfuß kaum belastet, der Bogen wird immer auf der Innenkante des Schlittschuhs bis zur Spitze gelaufen. Manche Eishockeyspieler heben in
dieser Phase sogar den Schlittschuh vom
Eis, doch ist die hier beschriebene Art des
Eislaufschritts sicherer und effektiver.
Beim Aufsetzen des Abstoßbeines geht die
Gleitbewegung in beide Füße über, diese
sind nun nur hüftbreit voneinander entfernt.
Das sog. Gleitbein geht etwas später in die
Bewegung über, bleibt geknickt und übernimmt am Ende des Abstoßes die Körper-
belastung. Auch der Gleitfuß beschreibt
einen Bogen nach außen. Dieser ist etwas
kleiner als der des Abstoßbeines. Er wird

auf der ganzen Gleitfläche des Schlittschuhs auf der Außenkante gelaufen und
folgt in leichter Wellung der Bewegung des
Abstoßfußes.
Das anschließend folgende kurze Gleiten
können wir mit dem »toten Punkt« des
Vorwärtslaufs vergleichen. Der Eishockeyspieler ist in »Fahrt« auf beiden Füßen, auf
allen Kanten, der Körper ist aufgerichtet. Es
kommt jetzt der gegengleiche Abstoß mit
dem anderen Bein.
Die Reichweite der Bewegung des
Schwerpunkts im Rückwärtslauf, im Vergleich mit der Reichweite im Vorwärtslauf,
ist in vertikaler Richtung größer (15 bis
25 cm).

b3) Start zum Rückwärtslauf

Durch den normalen Abstoß ist es nicht
möglich, eine hohe Startschnelligkeit zu
erreichen. Die einfachste Weise, das Tempo beim Start zum Rückwärtslauf zu erhöhen, ist wie beim Vorwärtslauf das Auslas-
sen der sog. Gleitphase, ein kürzerer Abstand beim Abstoß linker/rechter Fuß. Diese Startform wird nur im Bedarfsfall angewendet, z. B. bei Scheibenführung oder im
taktischen Verhalten (Sichtkontakt mit dem
Gegner). Sie wird von den Anfängern praktiziert. Aber auch manche »Leistungsspie-
ler« (Stürmer) benutzen diese Art des
Starts. Allerdings bringt sie bei genügen-
dem Trainingsfleiß und ausdauernder
Übung auch ein gutes Ergebnis im Hinblick
auf die Schnelligkeit (Abb. 118).

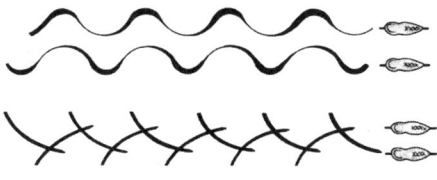

Abb. 118

49

Etwas schwieriger aber wesentlich erfolgreicher ist der Start zum Rückwärtslauf mit Übersetzung. Jeder gute Spieler muß dies beherrschen, für die Verteidiger ist es eine selbstverständliche Notwendigkeit. Zur leichteren Verständlichkeit vergleiche ich den Start zum Rückwärtslauf mit Übersetzung mit dem Vorwärtslauf (Zickzacklauf). Um die benötigte Schnelligkeit (Verteidiger – Stürmer) aus dem Stand zu erreichen, benutzen die Eishockeyspieler nach dem

Abb. 119–121

Abb. 122–125

ersten Abstoß kurze »Übersetzungsschritte« links-rechts (Abb. 119–125).
Mit dieser Technik kann die verlangte Schnelligkeit am besten erreicht werden. Das Einüben und die Verbesserung dieser Technik darf bei keinem Training fehlen. Ein spezielles Training für die Verteidiger ist empfehlenswert.
Beim taktischen Verhalten, wenn der Spieler in keinem Augenblick den Gegner aus der Sicht verlieren darf, oder falls es die Spielsituation erlaubt (taktisches Verhalten), für einen kurzen Moment den Sichtkontakt aufzugeben (größerer Abstand), wird der Start vorwärts-seitwärts benutzt. So erreicht der Spieler sehr schnell die nötige Schnelligkeit, und mit perfekten Wendungen (beide Seiten) kann der Gegner im Rückwärtslauf verfolgt werden, z. B. nach einer Angriffsaktion und Übergang in die Abwehr (Verteidiger auf der blauen Linie) (Abb. 126–134).

Abb. 126, 127

Abb. 128–131

lenk über das Knie und dem ausgestreckten Bein bis in die Fußspitze übergeht;
- fließende Zeichnung der Bögen;
- richtige Verlagerung des Körpergewichts beim Abstoßen und Gleiten;
- genügende Vorlage;
- wiederholtes Abstoßen mit beiden Füßen, ohne zu große Zwischenpausen;
- starten aus jeder Position (Abb. 135–140).

Abb. 135–137

Abb. 132–134

Im Lauf (azyklischer Lauf) bestehen die größten Unterschiede zwischen Verteidiger und Stürmer. Trotzdem lassen wir alle Spieler in den Trainingseinheiten gemeinsam üben.

Beim Einüben und bei der Korrektur des Eislaufens rückwärts beachten wir folgendes:
- richtige Durchführung des ganzen Abstoßes (Drehung der Schultern und Hüften), starker Abstoß, der aus dem Hüftge-

b4) Bremsen im Lauf rückwärts

Es werden zwei Techniken angewendet:
1. Bremsen grätschbeinig,
2. Bremsen seitlich.

b4.1) Bremsen grätschbeinig

Dies ist für den scheibeführenden Spieler die günstigere Bremsart, da er dabei die Kontrolle über die Scheibe nicht verliert.
Beim Bremsen werden die Beine gespreizt, die Füße werden aus der Richtung der Fahrtachse bis um 60 Grad mit den Spitzen nach außen herausgedreht.
Je stärker die Bremswirkung sein soll, um so mehr werden die Fußspitzen nach außen gedreht und die Vorlage des Körpers verstärkt. Es wird mit der Innenkante beider Schlittschuhe gebremst, hauptsächlich mit den Spitzen der Schlittschuhe, auf denen das Körpergewicht ruht, und durch einen starken Druck der gebeugten Knie in Richtung zum Eis (Abb. 141).

Abb. 138–140

Abb. 141

Besonders aus dieser Stellung kann wirkungsvoll – mit dem frontalen Start – zum Lauf nach vorwärts gestartet werden.

b4.2) Bremsen seitlich
a) Bremsen durch Einstemmen beider Füße (beidbeinig)
Hier handelt es sich um eine sehr wirkungsvolle Bremsart, doch bedarf es dazu einer langwierigen Vorbereitungsphase.
Der Läufer dreht sich im Rückwärtslauf zuerst mit den Füßen in die gewünschte Bremsrichtung (wie Bogenlauf rückwärts – Fahrtrichtung rechts, rechter Fuß und umgekehrt). Dabei läuft der Spieler in einem Winkel bis zu 90 Grad gegen die Richtung der Fahrtachse (142–144).
Gebremst wird mit dem Außenfuß, auf der Innenkante des Schlittschuhs (ähnlich dem

Abb. 142   **Abb. 143**   **Abb. 144**

Bremsen im Vorwärtslauf). Das Körpergewicht verlagert sich über die gebeugten Beine in die Fußspitze, so daß praktisch mit dem Vorderteil der Schlittschuhkufe (Innenkante) gebremst wird.

Der zweite Fuß hilft beim Bremsen mit der Außenkante des Schlittschuhs insoweit mit, wie Körpergewicht auf ihn verlagert wird.

Leider gibt es nicht viele Spieler, die ein perfektes Bremsen in beiden Richtungen beherrschen, was hauptsächlich für die Verteidiger sehr wichtig wäre.

Die Vorbereitung zum Bremsen und die »Bremsspur« müssen kurz sein.

Diese Bremsart wird beim Körperangriff eingesetzt. Beim Erlernen und im Training soll immer beidseitig geübt werden, mit dem Schläger zum Eis.

Abb. 145   **Abb. 146**   **Abb. 147**

b) Bremsen durch Einstemmen eines Fußes (einbeinig)

Der Bewegungsablauf ist der gleiche wie im Vorwärtslauf. Aus dem Rückwärtslauf dreht sich der Läufer auf der Innenkante des Schlittschuhs gegen die Richtung der Fahrtachse, bis zu 90 Grad. Das Körpergewicht völlig in dem gebeugten Bein zur Fußspitze hin, so daß praktisch, bei starkem Bremsen, nur mit dem vorderen Teil der Innenkante des Schlittschuhs gebremst wird. Der zweite, freie Fuß »hängt« oder berührt leicht das Eis (Abb. 145–148). Diese Bremstechnik begünstigt einen Start zu einem Lauf zur Seite.

Vorteil: für scheibenführende Spieler (Dribbling).

Nachteil: schwache Stabilität.

b5) Auslaufen des Bogens im Lauf rückwärts

Beim Lauf rückwärts kann der Bogen auf zwei Arten gelaufen werden:

1. Auslaufen des Bogens durch sog. Bogenlauf (Bogensetzen),

Abb. 149, 150

2. Auslaufen des Bogens durch sog. Übersetzen.

b5.1) Auslaufen des Bogens durch Bogenlauf (Bogensetzen)

Diese Art ist besonders für Verteidiger wichtig, da vorwiegend sie die Möglichkeit zum Bodycheck mittels Hüfte/Becken haben.

Beim Bogensetzen rückwärts befindet sich der Spieler noch tiefer im Halbsitz als beim Bogensetzen vorwärts. Das Becken ist ins Innere des Bogens vorgedrückt, die Spur zwischen den Schlittschuhen ist breiter, der Außenfuß besser gestreckt.

Das Innenbein – auf der Außenkante – ist besser eingeknickt, die äußere Schulter nach hinten gedreht (Abb. 149, 150). Das Bogensetzen wird überwiegend mit dem Außenbein (Innenkante) ausgeführt,

Abb. 148

55

Abb. 151   Abb. 152

Abb. 153–158: 2 verschiedene Übungsmethoden für Rückwärtslauf.

56

das Innenbein ist hierbei etwas behilflich. Beim Training verlangen wir von den Spielern, diese Technik in beiden Richtungen zu üben. Es sind viele Verteidiger zu beobachten, die das Bogensetzen nur nach einer Seite hin beherrschen. Dieses Manko, aus der vorgeschriebenen Fahrtrichtung im öffentlichen Lauf stammend, muß überwunden werden.

b5.2) Auslaufen des Bogens durch Übersetzen

Diese Art des Bogenlaufens ist eine der schwersten Eislaufübungen. Der Eishockeyspieler kann aber auf diese Weise die engsten Kurven (Bögen) beschreiben, ohne dabei an Tempo zu verlieren.

Beim Übersetzen im Rückwärtslauf ist die Stellung des Eishockeyspielers stabiler als beim Vorwärtslauf. Seine Spur ist breiter, er läuft in der Hocke, sein Körper neigt sich zum Innern des Bogens. Der Abstoß erfolgt abwechselnd mit dem inneren oder äußeren Fuß.

Technik des Übersetzens:

Aus der Hocke, in der Fahrt auf beiden Beinen, stößt das geknickte Innenbein, auf der Außenkante des Schlittschuhs, in Richtung hinter das Außenbein ab. Das Bein streckt sich langsam, so daß der endgültige Abstoß aus der Spitze des Schlittschuhs kommt. In dem Moment, in dem der Abstoßfuß (innen) die Laufrichtung des ausgestreckten Außenfußes überschneidet, wird auch das Körpergewicht auf den Außenfuß übertragen.

Gleichzeitig erfolgt ein zweiter Abstoß mit dem geknickten Innenbein, auf der Innenkante des Schlittschuhs, in Richtung Bogeninneres. Der Innenfuß wird dicht über dem Eis oder leicht auf dem Eis wieder in Ausgangsstellung gebracht, es erfolgt ein erneuter Abstoß mit dem Innenfuß.

Unterstützt wird das Übersetzen im Rückwärtslauf durch eine Schulterdrehung zur Mitte des Bogens, durch ein Heben und Senken des Beckens (Abb. 153–158).

Will der Eishockeyspieler im Lauf rückwärts seine Schnelligkeit vergrößern, gelingt ihm dies durch den gewundenen »Slalomlauf« Zickzacklauf, bei welchem er 1 oder 2 Schritte nach beiden Seiten hin übersetzt.

Die Beherrschung dieser Technik ist für die Verteidiger wichtig und notwendig, nur so können sie annähernd die Schnelligkeit des vorwärtsstürmenden Gegners erreichen.

c) Wendungen

Beim Eishockeyspiel ist es für den Spieler unvermeidlich, sich im schnellsten Lauf zu wenden, um den Lauf in gleichem Tempo in eine andere Richtung fortsetzen zu können. Diese Art des Eislaufens – Wendungen vom Vorwärts- in den Rückwärtslauf und umgekehrt – ist für die Verteidiger besonders wichtig. Sie wird von ihnen praktisch während des ganzen Spiels angewendet (azyklischer Lauf).

c1) Wendung vom Vorwärtslauf zum Rückwärtslauf ⟶

Der Spieler richtet sich während des Vorwärtslaufs mit Hilfe des Abstoßfußes auf, dadurch »erleichtert« er den Körper.

Er dreht dabei den Körper mit Kopf und Schultern in die gewünschte Richtung, unterstützt von einer Mithilfe der Arme und Hüften.

Abb. 159   **Abb. 160**   **Abb. 161**

Durch eine Halbwendung auf der Schlitt-schuhspitze, die dabei einen »Dreier« be-beschreibt, fährt der Spieler im Rückwärtslauf weiter. Der entlastete Fuß, der sich dicht über dem Eis befindet, hilft bei der Wen-dung mit; er wird nach der Wendung auf dem Eis aufgesetzt und beginnt so den nächsten Eislaufschritt (Abb. 159–162). Eishockeyspieler sollten die Wendungen auf beiden Füßen und nach beiden Rich-tungen gut beherrschen.

Zum besseren Verständnis folgt eine Skiz-zierung der beiden Wendemöglichkeiten, z. B. Drehung nach rechts.

a) aus dem rechten Fuß
b) aus dem linken Fuß

Mechanische Beschreibung
a) Nach dem letzten Abstoß mit der Innen-kante (I. K.) des linken Fußes erfolgt eine Körperverlagerung auf die Außenkante (A. K.) des rechten Fußes zum Bogenlauf nach außen. Im Drehmoment, der überwie-gend auf der Fußspitze gelaufen wird, be-schreibt der Schlittschuh einen sog. Dreier. Anschließend wird der entlastete, schon umgedrehte linke Fuß auf das Eis aufge-setzt und erneut aus dem Gleiten (rechter

Fuß) auf der Innenkante im Rückwärtslauf abgestoßen.

b) Beim letzten Abstoß mit der Innenkante des rechten Fußes erfolgt eine Körperver-lagerung auf die Innenkante des linken Fußes zum Bogenlauf nach innen. Im Drehmoment, überwiegend auf der Fuß-spitze gelaufen, beschreibt der Schlitt-schuh einen sog. Dreier (der entlastete rechte Fuß wird in umgekehrter Richtung auf das Eis gesetzt), und nach sofortigem Abstoß (A. K.) kommt es zur Fahrt im Rück-wärtslauf.

Durch den ganzen Körpereinsatz (Kopf, Arme, Becken sowie des zeitweise freien Beines) werden diese beiden Wendungen schnell und sicher verwirklicht.

Aus der Skizze ersehen wir, daß der Ab-stoß in jedem Moment möglich ist, und diese Drehung kann vom linken oder rech-ten Fuß ausgeführt werden.

Die Wendungen sollen schnell sein, die Fahrt flüssig, damit sich das Tempo nicht vermindert.

Die andere Wendetechnik mit dem sog. »Scheren« (Zwischenschritt) kommt vor-wiegend bei der Drehung vom Rückwärts-in den Vorwärtslauf zum Einsatz.

58

Abb. 162

c2) Wendung vom Rückwärtslauf zum Vorwärtslauf

a) Beim Rückwärtslauf wird die Wendung aus dem Abstoßfuß (I. K.) in die erforderliche Richtung durchgeführt. Der zweite Fuß wird in Richtung der Wendung gedreht, wobei das Becken und die betreffende Schulter helfen.

Auf den so umgedrehten Fuß wird das Körpergewicht übertragen, mit der Außenkante auf das Eis aufgesetzt, und dann gleitet man im Vorwärtslauf weiter (Abb. 163–166).

b) Eine zweite Technik des Wendens vom Rückwärts- in den Vorwärtslauf ist das sog. »Scheren« (Schneiden).

Abb. 163

Abb. 165

Abb. 164

Abb. 166

Hierbei wird noch ein schneller seitlicher Übersetzungsschritt ausgeführt, während der Läufer gleichzeitig das andere Bein in die neue Fahrtrichtung vorschiebt. Der Spieler, der diese Wendeart benutzt, verliert dabei weder an Schnelligkeit noch an Stabilität. Ein guter Verteidiger ist ohne Beherrschung dieser Technik nicht vorstellbar (Abb. 167–170).

Bei einem guten Eishockeyspieler wird vorausgesetzt, daß er beide Wendetechniken, nach beiden Seiten hin, gut beherrscht. Es ist besonders bei einem Verteidiger undenkbar, daß er sich nur nach einer Seite umdrehen kann.

Deshalb wird das Einüben der Wendungen nach beiden Seiten sowie das Einüben schneller Wendungen ein Hauptbestandteil der Eislaufübungen im Rahmen des Trainings sein. Ein besonderes Augenmerk ist auf die schwierigere Wendung c2 zu richten.

Im sog. azyklischen Lauf ist der Bewegungsablauf vom Vorwärts- in den Rückwärtslauf und umgekehrt die größte Schwierigkeit. Darum muß man schon mit den Anfängern in der richtigen methodischen Reihenfolge arbeiten und eventuelle Fehler mit Nachdruck korrigieren.

c3) Fertigkeit

Schlittschuhläuferische Gewandtheit und Geschicklichkeit

Für einen Eishockeyspieler genügt es nicht, nur den beschriebenen Lauf zu beherrschen. Es kommen in einem Spiel oft Situationen vor, die eine besondere läuferische Gewandtheit und Geschicklichkeit erfordern (Abb. 171).

Beim Spiel 1–1 passiert es, daß der Verteidiger den Schläger seitlich herausstreckt, um noch an die Scheibe zu kommen. Hat der angreifende Spieler die nötige läuferische Gewandtheit, kann er über den Schläger springen. Nicht nur für den Verteidiger ist es wichtig, Drehungen zu beherrschen, auch der Stürmer muß jederzeit anspielbar sein, dies erfordert oft Drehungen im Stehen (vor dem Tor) oder im Kampf um die Scheibe (an der Bande).

Ein Eishockeyspieler sollte möglichst wenig zu Fall kommen und auf dem Eis liegen.

Abb. 167   **Abb. 168**   **Abb. 169**

Hierfür ist eine läuferische Stabilität erforderlich. Es kommt jedoch oft vor, daß der Spieler im Kampf auf das Eis stürzt (Bodycheck).
Zwei Fertigkeiten muß der Eishockeyspieler bei einem Sturz beherrschen:
a) Orientierungssinn – nach einem Körperangriff muß er wissen, wo er sich befindet.
b) Schnelles Aufstehen aus jeder Position.

Die vollkommene Beherrschung aller Eislaufübungen, die ich in diesem Kapitel beschrieben habe, ist die allererste Pflicht des Eishockeyspielers. Ich gehe von der Voraussetzung aus, daß ein erstklassiger Spieler alle Übungen im Griff hat, daß er beim Training nicht erst Eislaufen lernt, sondern die Eislauftechnik verbessert, die Schnelligkeit erhöht, an Sicherheit gewinnt, Wendigkeit und Geschicklichkeit erlangt, die Kondition verbessert. Aus all diesen Gründen muß das Eislaufen ein fester Bestandteil des Trainingsplans sein. Der Trainer beobachtet aufmerksam die Lauftechnik der Spieler, macht diese auf

Abb. 171, 172

Abb. 170

ihre Fehler aufmerksam und korrigiert dieselben. Er benutzt dabei verschiedene Hilfsmittel, wie Filmstreifen, Diapositive, Fernsehaufzeichnungen, Videorekorderaufnahmen, mit deren Hilfe er den Spielern die falsche und richtige Technik des Eislaufens vorführen kann.
Ideal wäre es, wenn der Trainer Aufzeichnungen vom Eislaufen seiner Spieler hätte. Er könnte ihnen so ihre eigenen Fehler vor Augen halten.
Physische Kondition und Eislaufschnelligkeit erlangen die Spieler hauptsächlich während der Saison auf dem Eis. Es muß betont werden, daß die modernen Trainingsmethoden aber auch ein spezielles Training ohne Schlittschuhe das ganze

61

Jahr über erfordern. Anzahl und Art der Trainingseinheiten bestimmt der Trainer, je nach Umstand und Bedarf.

Natürlich gestaltet sich das Training der 6- bis 8jährigen Anfänger wieder anders als das der Fortgeschrittenen. Da die Schüler alle Arten des Eislaufens mit Stock bzw. auch mit Scheibe lernen müssen, ist hier das Eislaufen der Schwerpunkt des Trainings.

Wenn die Jungen ihre erste Eishockeysaison beginnen, können sie meistens nicht mehr als das übliche Eislaufen. Alles andere müssen sie lernen. Auf die Persönlichkeit des Trainers kommt es nun besonders an. Er muß seine Zöglinge für sich gewinnen, ihnen die einzelnen Übungen und Bewegungen theoretisch erklären und praktisch auf dem Eis vorführen. Es ist wichtig, den Jungen zu erklären, welche Fehler sie machen, warum sie diese machen und welche Folgen diese Fehler, in der Praxis auf dem Eis, haben können. Dadurch regt der Trainer seine Schüler zum Nachdenken an, und so bekommen diese die richtige Vorstellung vom Eislau-

fen und der praktischen Funktion jeder einzelnen Bewegung.

Bei den Anfängern macht das Einüben der einzelnen Arten des Eislaufens bis zu 70 % des Trainings aus. Natürlich wird mit den einfachsten Übungen begonnen und nach und nach zu den schwierigeren übergegangen. Aufmerksam beobachtet der Trainer jeden einzelnen Schüler und bemüht sich, gleich am Anfang jede schlechte Angewohnheit auszumerzen, die in späteren Jahren kaum noch zu beseitigen wäre.

Sehr wichtig ist auch die inhaltliche Gestaltung des Trainings: Nach Vorträgen, die der Theorie gewidmet sind und auf die praktische Übungen folgen, muß der spielerische, auf den Wettbewerb ausgerichtete Teil des Unterrichts folgen, bei welchem die Jungen die Freude an der Bewegung und an erzielten persönlichen Erfolgen genießen können.

Der Trainer darf nie vergessen, daß das einzige stimulierende Motiv für die Anstrengungen seiner Zöglinge sein Lob, seine Anerkennung, seine Zufriedenheit mit ihren Bemühungen ist.

Was verursacht die Unterschiede im Eislaufstil, in der Schnelligkeit und Wendigkeit der Eishockeyspieler?

Obwohl die Mechanik des Schlittschuhlaufens überall gleich gehandhabt wird, sei es im Rahmen einer Klubmannschaft, einer Städte- oder Nationalmannschaft, können wir doch bei den einzelnen Spielern Unterschiede im Stil, in der Schnelligkeit und Wendigkeit auf dem Eis feststellen, die verschiedene Ursachen haben. Hierzu einige Beispiele:

Wir können Unterschiede im Eislaufen innerhalb gleichaltriger Gruppen, die gut ausgebildet sind, beobachten. Der eine Spieler ist z. B. klein, der andere groß im Wuchs. Der kleine Spieler läuft mit kurzen

Schritten, sein Gleiten ist minimal, er erzielt keine große Schnelligkeit. Dafür hat er aber einen guten Start, er ist wendig und bewegt sich mit einer ausgezeichneten Stabilität. Der große Spieler ist meist ein guter Eisläufer, ist sehr schnell, doch weniger wendig und hat Schwierigkeiten mit der »Beherrschung des eigenen Körpers«, was wiederum eine geringere Stabilität beim Eislaufen zur Folge hat. Allerdings kann man diese Beobachtung nicht zur allgemeingültigen Regel machen.

Den Eislaufstil beeinflußt zweifellos auch die Umgebung, in welcher sich der Spieler von Jugend auf bewegt. Die Spieler aus den skandinavischen Ländern, aber auch aus Kanada und der Sowjetunion, sind gute Eisläufer und haben einen ausgezeichneten Laufstil. Diese Spieler verbringen besonders in der Jugendzeit einen großen Teil ihrer Freizeit auf dem Eis. Klima und Landschaft spielen auch hierbei eine entscheidende Rolle. Flüsse und Seen werden im Winter zu Natureisflächen, wovon es in manchen Ländern unzählige gibt. In Toronto/Kanada gibt es z. B. etwa 1000 Natur-Eisflächen.

Der Eislaufstil dieser Spieler bringt das sichtbar zum Ausdruck: Der völlig entspannte Körper, der harmonische Eislaufschritt, die Schnelligkeit, die sich auf den großen Flächen entwickeln kann.

Dadurch, daß lange Strecken gelaufen werden, kommt allerdings die Wendigkeit zu kurz und wird erst später, im Laufe vieler Spiele, erworben.

Spieler, die aus Ländern stammen, die mehr oder weniger auf Kunsteis angewiesen sind (ČSSR, Deutschland, Italien, Österreich, Schweiz), unterscheiden sich in ihrer Technik von den Spielern der skandinavischen Länder wegen der Möglichkeit, die ihnen geboten wird, in ihrer Freizeit eiszulaufen.

Außerhalb des Trainings kommen sie nur auf das Eis, wenn die Winterstadien der Öffentlichkeit zugänglich sind, also dann, wenn die Eisfläche mit Menschen überfüllt und die Möglichkeit zum Eislaufen beeinträchtigt ist. In solchen Situationen ist das Laufen mit langen Schritten nicht möglich, schnelles Eislaufen und Spiele sind nicht gestattet. Es bleibt nur eine Möglichkeit, sich zwischen den vielen Menschen geschickt hindurchzuwinden, was zur Übung geschickten, wendigen Eislaufens nützlich ist. Doch dadurch, daß in den Stadien das Eislaufen meist nur in einer Richtung vorgeschrieben ist, wird die Wendigkeit (beim Bogenlaufen, Übersetzen, Bremsen) wieder nur einseitig eingeübt.

Jüngere Spieler, besonders Anfänger, ahmen beim Eislaufen mit Vorliebe ihre Vorbilder nach – den Trainer, den besten Spieler der Mannschaft, einen Repräsentanten. Sie ahmen diese aber oft falsch nach oder kopieren auch manche schlechte Angewohnheit. Dies hat auf die Eislauftechnik einen negativen Einfluß.

Es gibt also viele Ursachen, die den Eislaufstil eines Eishockeyspielers beeinflussen können. Die Pflicht des Trainers ist es aber, die Mängel, die beseitigt werden können, in Zusammenarbeit mit dem Spieler auszumerzen.

Eishockeyspieler aus jenen Ländern, in welchen auf die Heranbildung des Nachwuchses großer Wert gelegt wird, sind sehr gute Eisläufer. Durch die hohe Anzahl von Trainingsstunden und die ausgetragenen Spiele werden sie in verhältnismäßig jungen Jahren schon zu versierten Eisläufern herangebildet (Kanada, Tschechoslowakei, Sowjetunion, Schweden).

Zur Erreichung eines gehobenen Niveaus im Eishockey ist eine gute Eislauftechnik die unentbehrlichste Voraussetzung. Für manche Mißerfolge müssen die Gründe in einer mangelnden Beherrschung der Lauftechnik gesucht werden.

Spezifische Belastung im Eishockey in Training und Wettkampf

Eishockey gehört in die Gruppe der Mannschaftssportarten. Die Kenntnis über die Gesetzmäßigkeiten, nach denen der Spielablauf verläuft, ermöglicht das Erfassen des Wesens des Spieles und erleichtert das Kennenlernen seines Inhalts.

Die Steigerung der Schnelligkeit und der Härte im modernen Eishockey, in welchem der Spieler mit Intervallbelastung arbeitet und in kürzeren Zeitbelastungen (40-70 Sek. Pulsfrequenz 190–200) bis zu seiner physischen Grenze geht, erfordert, daß die größte Aufmerksamkeit der Spielkondition des Eishockeyspielers gewidmet wird. Voraussetzung für die genaue und konkrete Ausarbeitung des Trainingsplans – hauptsächlich zur Entwicklung der Bewegungseigenschaften und -fähigkeiten – ist Kenntnis über den Ablauf des Eishockeyspiels sowie über die Belastbarkeit der Spieler (Spielanalyse).

Notwendig und sogar bestimmend für die Theorie und Methodik bei jeder Sportart ist die Analyse und Auswertung der größten Sportveranstaltungen, z.B. Bundesliga I, Play-off-Spiele, Pokal der Landesmeister, Länderspiele, Weltmeisterschaften. Natürlich gilt das auch für Eishockeyspiele. Zur Erläuterung einige Spielanalysen von den besten Spielern der Welt. Insgesamt wurden 28 Spieler beobachtet.

Durchschnittliche Geschwindigkeit der Spieler im Spielverlauf
Die Ergebnisse der Analyse sind nach Spielpositionen der Spieler unterteilt.

Gesamte Spieleinsätze im Spiel*	Gesamte Zeit in Minuten	Gesamte Strecke im Spiel in m.	Ø m/s	Ø m/min.	Ø km/h
Verteidiger					
16–21	19–24 Ø 20:62	5500–7080 Ø 6370	4,83–5,57 Ø 5,15	289–334 Ø 310	17,8–20,5 Ø 19,1
Stürmer					
18–22	16–22 Ø 19:35	5900–8500 Ø 6850	5,43–5,99 Ø 5,80	325–358 Ø 347	19,5–23,0 Ø 21,5

* Spiele mit 3 Blöcken durchgeführt.

Arithmetische durchschnittliche Geschwindigkeit der beobachteten Spieler

Spielposition	1963–65	1972	1973
Verteidiger	4,33	4,97	5,21
Mittelstürmer	4,91	5,76	5,95
Außenstürmer	5,52	5,79	6,11
total	4,92 m/s	5,50 m/s	5,76 m/s

Aus der Tabelle geht hervor, daß die arithmetische Durchschnittsgeschwindigkeit der beobachteten Spieler 5,50 m/s betrug. Im Vergleich zu den Beobachtungen 1963 bis 1965 wurde die durchschnittliche Geschwindigkeit in den folgenden 10 Jahren beträchtlich gesteigert.
Die arithmetische Durchschnittsgeschwindigkeit der Verteidiger ist etwas niedriger. Dies wird beeinflußt durch:
a) Aufgaben und Tätigkeitsmerkmale (offensiv – defensiv)

b) azyklischen Lauf
(ein Drittel der Fahrt verläuft rückwärts)
Ein Beispiel:
Der Spieler Zygankow (UdSSR) führte während eines Spiels folgende Bewegungen aus:

37mal bremsen mit schnellem Start,
52mal Wendungen im Lauf,
80mal kleine Bögen,
12mal knien und Sturz (Fall) gegen die Schußrichtung,
6mal Körperspiel.

Das Erreichen der optimalen Durchschnittsgeschwindigkeit hängt nicht von der Länge der durchlaufenen Strecke, sondern von der Dauer des Aufenthalts auf dem Eis während eines Spiels ab.

Zur Ausarbeitung der Trainingspläne werden folgende abgerundete Werte der Aufenthaltsdauer auf dem Eis während eines Spiels sowie die gefahrene Streckenlänge angenommen:

Stürmer	20 Minuten	7500 m
Verteidiger	20 Minuten	6800 m

Bemerkung:
Die o. a. Werte ergaben sich aus den Beobachtungen von Mannschaften, die in drei Blöcken spielten – 3 Stürmerformationen, 3 Verteidigerpaarungen – und wurden 1972 ermittelt.

Schon ein Jahr später, bei der Weltmeisterschaft 1973 in Moskau, wurde eine höhere Durchschnittsgeschwindigkeit der Spieler festgestellt. Diese Steigerung betrug damals 0,26 m/s. Die Hypothese wird also bestätigt, daß sich die Entwicklung im Eishockey stetig in Richtung Geschwindigkeitspotential der Spieler steigert.

Auswertung des Schlittschuhlaufens
Beim Schlittschuhlauf der Mittelstürmer (MS) überwiegt der Vorwärtslauf, weniger der Rückwärtslauf.

Die Mittelstürmer benutzen überwiegend: kleine Bogen mit Kanadier, für Richtungsänderungen kombiniert mit Übersetzungslauf;
Stoppen und schnelles Starten in Gegen- und Seitenrichtung (Dribbling oder Abwehrtätigkeit);
Übersetzen in beiden Richtungen.

Der Spieler Petrow (MS, UdSSR) hat in einem Spiel folgendes ausgeführt:

36mal kleiner Bogenlauf (mit Kanadierlauf),
53mal großer Bogenlauf mit Übersetzen,
35mal Zweikampf,
44mal Spiel mit der Scheibe,
9mal Schüsse auf das Tor.

Die Außenstürmer (AS) benutzen den Vorwärtslauf noch häufiger als die Mittelstürmer. Dies ist das größte Handikap bei einer Umschulung zum Verteidiger, da die Außenläufer relativ ungeübt im Rückwärtslauf sind. Bei ihnen kommt es sehr oft zu schnellen Starts in Gegenrichtung: Beschleunigung der Fahrt beim Entfliehen mit der Scheibe – kleine Bögen mit Kanadierlauf – Bremsen (Freimachen) – Sprints, fast über die ganze Länge des Spielfeldes (Abwehrtätigkeit – Backchecking).

Die Außenstürmer benutzen den Übersetzungslauf selten, wenn aber doch, dann größtenteils nur in Richtung zum Tor. Häufige Zweikämpfe an der Bande erfordern eine große Wendigkeit und Stabilität beim Schlittschuhlaufen.

Die Verteidiger (V) wenden die gleiche Lauftechnik wie die Stürmer an, doch vom Gesamtlauf fahren sie ca. $\frac{1}{3}$ im Rückwärtslauf. Die Verteidiger praktizieren schnelles Starten – Rückwärtslauf in kleinen Bogen (Bodycheck) – Knien – Hinlegen im Lauf (Abwehren der Schüsse) jeweils nach beiden Seiten. Große Bogenläufe mit Übersetzen kommen weniger zur Anwendung.

Die während eines Spiels geleistete Arbeit ist enorm. Die energetische Verausgabung und Anstrengung im Eishockey ist, gegenüber dem normalen Eislaufen, wegen folgender Faktoren wesentlich erhöht: azyklische Bewegungen bei mehrmaliger Wiederholung der Belastung, Zweikämpfe, Start und Stoppen, Wendungen usw. Die Belastung durch das Gewicht der Ausrüstung (6–10 kg beim Spieler, 11–16 kg beim Torwart) erhöht noch zusätzlich den Energieaufwand während des Spiels.

Eishockeyspieler verbrauchen während eines Spiels 800–1100 Kalorien, und das Körpergewicht sinkt um 2–4 kg. Während einer 90minütigen Trainingseinheit ist der Energieverbrauch natürlich höher, je nach Intensität des Trainings bis zu 2500 Kalorien.

Wenn es während des Spiels zu kurzfristigen Schnelligkeitsbelastungen maximaler und submaximaler Intensität kommt, ist der Organismus nicht in der Lage, den Sauerstoffmangel zu kompensieren. Bei Forschungen hat sich gezeigt, daß sich bei den Spielern $\frac{2}{3}$ des Energieverbrauchs anaerob freisetzen.

Die maximale Pulsfrequenz (PF) bewegt sich zwischen 181 und 200 m/min. Die Arbeitskapazität liegt bei 170 m/min. bei 272–292 W. Die maximale Minutenventilation ist 130–142 l/min.

Stocktechnik und Körperspiel

Taktik
Stocktechnik } Eishockeytechnik
Eislauftechnik
Körperspiel

Wenn wir von der Eishockeytechnik des Spielers sprechen, verstehen wir darunter drei technische Elemente:

1. Technik des
   Eishockey-
   laufens   } Einzeltätigkeiten
2. Stocktechnik   des Spielers
3. Körperspiel

Die angeführten Elemente sind alle gleich wichtig und im Eishockeyspiel voneinander nicht zu trennen.
Die Technik des Eishockeylaufens wurde bereits beschrieben. In diesem Kapitel wenden wir unsere Aufmerksamkeit der Stocktechnik und dem Körperspiel zu.

Unter *Stocktechnik* verstehen wir die Art und Weise der Beherrschung oder Gewinnung der Scheibe durch ein spezielles Sportgerät – den Eishockeyschläger. Grundelement im Spiel ist die Spieltätigkeit eines jeden Spielers. Unter dieser Tätigkeit verstehen wir das Zusammenspiel durchdachter Bewegungen auf dem Eis, durch die der Spieler die gegebene Situation im Eishockeyspiel löst. Neben der Technik des Spielers kommt noch ein weiteres Element zum Einsatz – das Denken, das taktische Verhalten des Spielers.
Die Taktik des Spielers ist das Ergebnis eines psychischen Prozesses – das Spieldenken des Spielers –, durch das er die besten technischen Möglichkeiten zur Lösung einer Spielsituation wählt. Die Verwirklichung der taktischen Ziele ist durch das taktische Können des Spielers gegeben. Die Anwendung technischer Elemente ohne ein gleichzeitiges taktisches Denken ist für das Spiel wirkungslos.

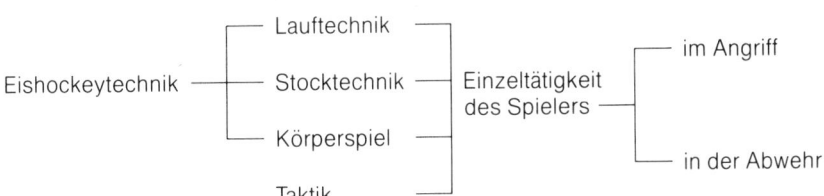

Taktik und Technik sind zwei untrennbare Elemente für einen Eishockeyspieler. Wir können dies an vereinfachten Beispielen darstellen:

1. Taktik und Eislauftechnik
Der Spieler fährt in größter Schnelligkeit mit der Scheibe zum Tor des Gegners. Unerwartet kommt ihm der Torwart, direkt

in Fahrtrichtung, entgegen. Der Spieler überlegt blitzschnell: Soll er vor dem Torwart bremsen oder ihn im Bogen umgehen? Er wählt den zweiten Weg, umgeht den Torwart – und schießt ein Tor. In diesem Beispiel handelt es sich also um die taktische Auswahl zwischen zwei Möglichkeiten der Eislauftechnik.

2. Taktik und Stocktechnik
Wieder läuft der Spieler mit der Scheibe gegen das Tor des Gegners an. Seitlich von ihm läuft ein Mitspieler seiner Mannschaft. Vor dem Spieler steht aber der Verteidiger des Gegners. In dieser Situation überlegt der Spieler taktisch: Soll er unerwartet, vorbei am Verteidiger, den Torwart mit einem Schuß überraschen, oder soll er in geeigneter Form den Verteidiger umspielen, um allein vor das Tor zu kommen, oder soll er die Scheibe dem freien Mitspieler, in besserer Position, zuspielen. Er entschließt sich für die dritte technische Möglichkeit – er spielt die Scheibe seinem Mitspieler zu, der ein Tor schießt.
In diesem Beispiel handelt es sich um die taktische Auswahl zwischen drei technischen Möglichkeiten.
Jeder Spieler hat seine individuellen Vorzüge, entweder in der Stocktechnik oder beim Eislaufen. Den wirklich idealen Spieler, der in beiden technischen Disziplinen vollkommen ist, gibt es in der Praxis nicht. Natürlich bemüht sich jeder Spieler, vor allem die Vorzüge seiner Technik zur Geltung zu bringen.
1. Der gut schießende Spieler bemüht sich, aus jeder Position zu schießen.
2. Ein Spieler mit ausgezeichneter Eislauftechnik und Schnelligkeit bemüht sich, sich blitzschnell vom Gegner zu befreien.
3. Ein Spieler mit ausgezeichneter Stocktechnik bemüht sich, den Gegner durch Dribbling zu überfordern.
Da es natürlich ist, daß die Spieler ihre Vorzüge zur Geltung bringen, ist es Aufgabe des Trainers, bei den Spielern jene Elemente der Eishockeytechnik zu verbessern, die vom Spieler weniger gut beherrscht werden. Nur mit einem Team vielseitig ausgebildeter Spieler können im Eishockey Spitzenerfolge erzielt werden.
Um sich die jeweiligen Arten der Stocktechnik aneignen und richtig begreifen zu können, müssen wir erst einmal die einzelnen Arten und die üblichen Modelle der Eishockeyschläger kennenlernen. Diesem Thema ist im Kapitel »Spielgeräte und Ausrüstung« ein eigener Abschnitt gewidmet.

Stocktechnik des Spielers

Die Spieltätigkeit des Spielers beim Eishockey unterscheiden wir:
1. Angriff
2. Abwehr
1) Der Sturm, die Angriffstätigkeit des Spielers, ist eine komplex durchdachte Bewegungstätigkeit in einer Situation, in welcher der Spieler oder die Mannschaft im Besitz der Scheibe ist.
Bei der Angriffstätigkeit unterscheiden wir:
a) Tätigkeit mit Scheibe
b) Tätigkeit ohne Scheibe

2) Die Abwehrtätigkeit des Spielers ist eine komplex durchdachte Tätigkeit, in welcher der Spieler oder die Mannschaft um die Scheibe kämpft.

Bei der Abwehrtätigkeit unterscheiden wir:
a) direkter Kampf um die Scheibe
b) indirekter Kampf um die Scheibe
3) Eine ganz spezielle Sondertätigkeit ergibt sich beim Einwurf *(Bully)* der Scheibe. Wir können diese technische Tätigkeit zur Angriffs- oder Abwehrtätigkeit rechnen.

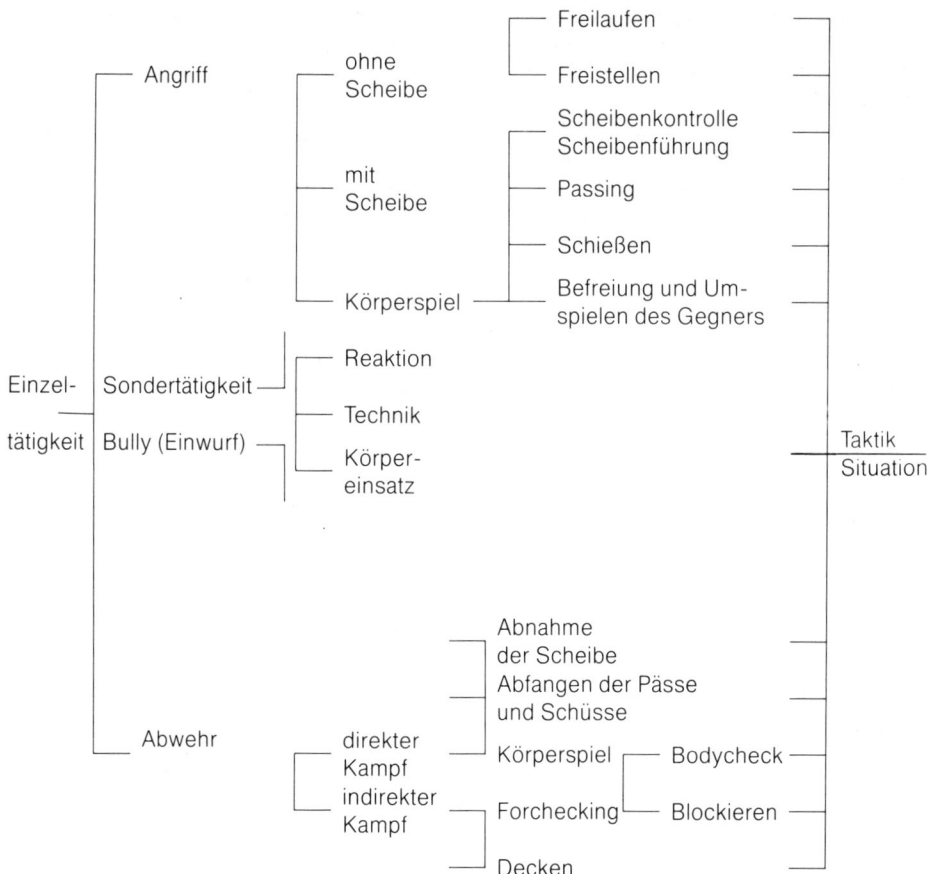

Grundlegende Arten der Stocktechnik und ihre Anwendung

a) Angriffstätigkeit des einzelnen Spielers mit der Scheibe

1. Scheibenkontrolle – Scheibenführung
2. Zuspiel und Annahme des Passes (Passing)
3. Schießen
4. Freispielen mit der Scheibe und Umspielen des Gegners

b) Angriffstätigkeit des einzelnen Spielers ohne Scheibe

Diese besteht darin, daß sich der Spieler eine gute Ausgangsposition verschafft, in welcher ihm der Mitspieler die Scheibe zuspielen kann. Bei dieser Tätigkeit handelt es sich um das Freistellen vom Gegenspieler. Dies wird auf der ganzen Spielfläche praktiziert. Wo und wie dieses Freistellen am wirksamsten durchgeführt werden kann, hängt von der Taktik (Denken) des einzelnen Spielers ab (siehe Kapitel »Taktik«). Die Angriffstätigkeit des Spielers ohne Scheibe hängt von seiner Eishockeylauftechnik und Taktik ab.

Bei der Erläuterung der einzelnen Arten der Schlägertechnik beschreibe ich die Angriffs- und Abwehrtätigkeit des Spielers. Im Rahmen dieser Beschreibung kommt es auch, informativ am Rande, zu Schilderungen, die in das Gebiet der Lauf- und nicht der Stocktechnik fallen.

a) Abwehrtätigkeit der einzelnen Spieler – direkter Kampf um die Scheibe
1. Abnehmen der Scheibe
2. Abfangen der Pässe und Schüsse
3. Körperspiel (Körperangriff des Einzelspielers)

b) Abwehrtätigkeit der einzelnen Spieler – indirekter Kampf um die Scheibe
1. Angriff auf den scheibenführenden Gegner
2. Decken des Gegners

Angriffstätigkeit des einzelnen Spielers mit Scheibe

1) Scheibenführung

Sie ist das grundlegende Ziel des Angriffs des einzelnen Spielers.

Nach der Grundschule der Eislauftechnik lernen deshalb die Anfänger die Lauftechnik mit dem Schläger (Eishockeylauftechnik) und die gezielte Arbeit mit der Scheibe (Scheibenkontrolle – Scheibenführung). Nur so kann eine Perfektion im Eishockey erreicht werden wie Passing, Schießen, Herausspielen des Gegners usw. Es handelt sich hier um Körperkoordinationen (Lauf-Stock-Technik), wobei der Eishockeyschläger der verlängerte Arm des Spielers ist.

1.1 Schlägerhaltung
1.2 Scheibenführung im Stand
1.3 Blickkontrolle zur Scheibe – Scheibenkontrolle
1.4 Scheibenführung im Lauf

1.5 Befreien und Umspielen des Gegners
– Dribbling

1.1) Schlägerhaltung

Während des Spiels halten wir den Eishockeyschläger mit beiden Händen oder mit einer Hand.

Das *Halten des Schlägers mit beiden Händen* wird am häufigsten angewendet – beim Dribbling, beim Paß und bei der Annahme des Passes, beim Schießen, bei Zweikämpfen. Die obere Hand umschließt das Ende des Stiels im Ristgriff, die untere Hand den Stiel des Schlägers im Kammgriff (Abb. 173).

Abb. 173

Manche Spieler umfassen beim Einwurf der Scheibe den Schläger mit beiden Händen im Ristgriff (Abb. 174).

Abb. 174

Je nach beidhändiger Stockhaltung unterscheiden wir bei den Spielern Links- und Rechtshänder. Die untere Hand gibt hierbei den ausschlagenden Hinweis (Abb. 175).

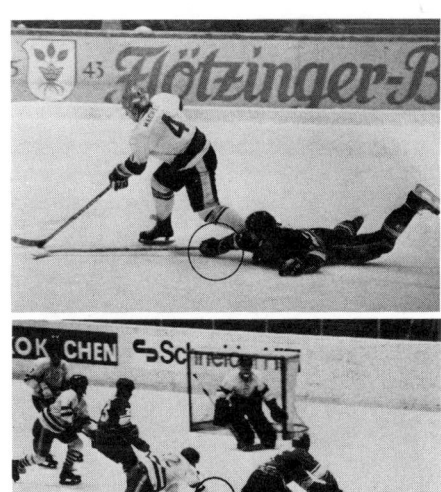

Abb. 175

Das Halten des Schlägers mit einer Hand: Die hier am häufigsten angewendete Art ist das Halten mit der oberen Hand am Ende des Griffs. Diese Schlägerhaltung wird bei manchen Finten, bei Abwehraktionen, beim Mischen, beim Führen der Scheibe mit einer Hand sowie beim Laufen ohne Scheibe angewendet (Abb. 176, 177).

Abb. 176, 177

Abb. 178, 179

In speziellen Fällen wird der Schläger nur mit der unteren Hand gehalten, z. B. wenn die obere Hand zum Abfangen der Schüsse oder zur Abdeckung der Scheibe benötigt wird (Abb. 178). Wir unterscheiden von der normalen Schlägerhaltung mit beiden Händen, im allgemeinen in Schulterbreite (Abb. 179):
breites Halten des Schlägers und oberes Halten des Schlägers
Beim *breiten Halten* des Schlägers (Abb. 180, 181) greift die untere Hand den Stiel mehr als in Schulterbreite von der oberen Hand entfernt. Breites Halten wird meist bei krafterfordernden Bewegungen der Schlägertechnik verwendet – beim Schießen, bei Annahme eines starken Passes, beim Einwurf (Bully) und bei Zweikämpfen.

Abb. 182

Abb. 180, 181

Abb. 183

Beim *oberen Halten* des Schlägers (Abb. 182, 183) greift die untere Hand den Stiel ca. 10–30 cm von der oberen Hand entfernt. Oberes Halten wird vorwiegend bei der technischen Arbeit mit der Scheibe angewendet – bei Scheibenführung, beim Dribbling und Passing.

Beim Spiel werden also verschiedene Arten der Schlägerhaltung angewendet, und je nach Bedarf wird die untere Hand am Stiel teleskopartig verschoben, so, wie es für die gegebene Aufgabe am günstigsten ist.

Bei der Steuerung der Scheibe bewegt der Spieler den Schläger in beiden Richtungen.

Vorhand (Abb. 184) ist eine Bewegung, bei der die untere Hand den Schläger in Richtung der Handinnenfläche bewegt und die Scheibe sich an der Innenseite der Schlägerschaufel befindet.

Abb. 184

Rückhand (Abb. 185) ist eine Bewegung, bei der die untere Hand den Schläger in Richtung Handrücken bewegt und die Scheibe sich an der Außenseite der Schlägerschaufel befindet.

Die Schlägerhaltung zwischen Links- und Rechtshändern unterscheidet sich darin, daß sie genau seitenverkehrt ist.

Abb. 185

1.2) Scheibenführung im Stand

Das Mischen der Scheibe ist die grundlegende technische Aufgabe der Arbeit mit der Scheibe. Es wird vom Spieler als vorbereitendes Mittelglied benutzt, nach welchem die geplante Aufgabe ausgeführt wird, wie Scheibenführung, Zuspiel, Schießen, Dribbling usw.

Wir üben zuerst das Mischen der Scheibe im Stand. Wird dies gut beherrscht, üben wir das Mischen in der Bewegung.

Beim Mischen halten wir den Stock mit beiden Händen. Gute Spieler bevorzugen hierbei die obere Stockhaltung. Die wichtigste technische Aufgabe übernimmt die untere Hand, die durch das Bewegen der Schlägerschaufel – in Vor- oder Rückhand – die Scheibe in die gewünschte Richtung bewegt.

Die Bewegung der Scheibe wird wie folgt abgeschlossen: Wir bringen die Schlägerschaufel dicht über der Scheibe in Gegenrichtung und decken mit ihr die Scheibe. Durch eine entgegengesetzte Bewegung der Hand schiebt die Stockschaufel die Scheibe in die Gegenrichtung (Abb. 186–189).

Abb. 186–189

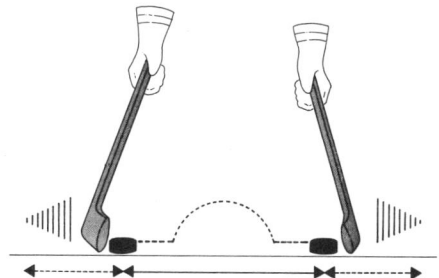

Zudecken der Scheibe mit der Schaufel
Bewegung der Hand
Bewegung der Schaufel
Durch die Handbewegungen (Vorhand/ Rückhand) bewegt sich die Scheibe von der einen Schaufelseite zur anderen. Bei der Scheibenführung können verschiedene Richtungen gewählt werden. Außer dem horizontalen Bewegen unterscheiden wir:

vorwärts und rückwärts vertikal (Abb. 190, 191) und diagonal (Abb. 192).

Das Mischen der Scheibe mit großer Reichweite wird so praktiziert, daß bei der Vorhandbewegung die untere Hand den Schlägergriff losläßt und die obere Hand in der Bewegung bis zum Ausstrecken der Hand fortfährt (Abb. 193), d. h., die Scheibe wird seitlich »ausgelassen«. Eine weitere Bewegung wird dadurch verhindert, daß wir die Schaufel in Gegenrichtung dicht über die Scheibe legen und sie zudecken. Durch einen Zug nach rückwärts kommt die Scheibe in Gegenrichtung, und beim Festhalten des Schlägers mit der unteren Hand erfolgt die Rückhandbewegung.

Abb. 193

Wichtig ist, daß der Spieler nach »ablassen« der Scheibe in seitlicher Richtung diese mit der Stockschaufel festhält. Hierzu ist ein festes Halten des Schlägers und somit die nötige Kraft im Handgelenk Bedingung, sonst geht die Scheibe unter der Schaufel verloren.
Während des Spiels kann die Scheibe in drei Richtungen gemischt werden. Eine spezielle Bewegung, die eine »liegende Acht« auf das Eis zeichnet, muß zuerst im Stand mit Drill geübt werden (Abb. 194). Durch verschiedene Kombinationen während der Steuerung der Scheibe, beson-

Abb. 190–192

74

Abb. 194

ders im schnellen Lauf, kommt es dann zur Anwendung der technischen »Finten«, Zickzacklauf, Kombinieren von Lauf und Scheibenmischen bis Dribbling.

1.3) Blickkontrolle zur Scheibe

Der Spieler kontrolliert und verfolgt jede technische Arbeit mit der Scheibe mit den Augen. Wir unterscheiden eine zentrale und eine periphere Blickkontrolle. Bei der *zentralen Blickkontrolle* (Abb. 195) verfolgt der Spieler nur die Arbeit von Scheibe und Stock, nicht aber das übrige Geschehen auf dem Eis. Dies bewirkt, daß der Spieler sich nur wenig an den Kombinationsaktionen der Mannschaft beteiligt, da er hierüber schlecht orientiert ist.

Abb. 195

Eine zentrale Blickkontrolle wird besonders von Anfängern und Spielern mit schwacher Stocktechnik durchgeführt, die noch kein ausreichendes »Gefühl« für die Scheibe haben und denen die Bewegungstechnik noch nicht »ins Blut« übergegangen ist. Diese Blickkontrolle ist beim Spiel ungeeignet und falsch. Sie kann dem Spieler nur im Training, beim Einüben neuer Spielhandlungen, erlaubt werden. Nach deren Beherrschung muß der Trainer darauf bestehen, daß der Spieler so bald wie möglich zu der peripheren Blickkontrolle übergeht. Bei der *peripheren Blickkontrolle* (Abb. 196) bleibt der Stock mit der Scheibe im Blickfeld des Spielers, der aber gleichzeitig das ganze Geschehen auf dem Eis verfolgt, d. h., er beobachtet indirekt den Schläger mit Scheibe und verfolgt gleichzeitig mit den Augen das Ziel seiner Tätigkeit, z. B. beim Paß den Stock des Mitspielers, beim Schuß den freien Raum im Tor u. ä. Jeder gute Eishockeyspieler muß diese Art der Blickkontrolle anwenden.

Abb. 196

Automatische Arbeit mit der Scheibe (Abb. 197). Ein Spieler mit guter Stocktechnik, das Ergebnis eines zielbewußten Drilltrainings, versteht es, Schläger und Scheibe ohne direkte Blickkontrolle zu beherrschen, d. h., er arbeitet »blind« mit der Scheibe. Bei der Scheibenführung ist der

75

Abb. 197

Kopf aufgerichtet, die Stockhaltung hoch, der Spieler fühlt die Scheibe am Schlägerblatt.

Ein Spieler, der blind mit der Scheibe arbeitet, hat einen ausgezeichneten Überblick über die Spielsituation. Er versteht es, im richtigen Augenblick zuzuspielen, erfaßt jeden Fehler des Gegners, paßt und schießt ohne Vorbereitung. Spieler, die in dieser Weise trainiert werden, entwickeln sich zu den besten Technikern auf dem Eis.

1.4) Scheibenführung im Lauf

Der Spieler muß die Scheibenführung in jeder Situation des Eishockeylaufs beherrschen – beim Eislaufen nach vorn, nach rückwärts, im Bogen, im Start, beim Stoppen, Überspringen, bei Wendungen usw. Er führt die Scheibe mit aufgerichtetem Kopf, wobei er je nach Notwendigkeit periphere, manchmal auch zentrale Blickkontrolle anwendet.

Scheibenführung durch Schieben
(Abb. 198)
Diese Scheibenführung wird vor allem beim bloßen Eislaufen benutzt, wenn der Spieler den Gegner nicht kontrolliert, ebenso nach dem Start, wenn der Spieler an Schnelligkeit zunehmen muß.
Hierbei hält der Spieler den Schläger überwiegend mit der oberen Hand vor sich, der Arm ist im Ellenbogen eingeknickt. Die untere Hand hilft mit schnellen schwingenden Bewegungen die Schnelligkeit zu vergrößern. Ist eine stärkere Korrektur der Scheibe notwendig, hält der Spieler den Schläger auch mit beiden Händen.
Die Scheibe wird, ungefähr in der Mitte der Schlägerschaufel, vor dem Spieler hergeschoben. Will er die Richtung der Scheibe ändern, legt er die Schaufel an die andere Seite der Scheibe oder korrigiert mit beiden Händen.
Falsch ist es, die Scheibe mit zu großem Abstand vor dem Körper oder der Schlägerschaufel herzuschieben. Dieser Fehler muß schon beim Einüben abgestellt werden.

Abb. 198

Abb. 199

Scheibenführung durch Ziehen (Abb. 199)
Diese Scheibenführung wird meistens im Bogenlauf angewendet. Dabei kann im Lauf mit Eishockeylaufschritten durch Übersetzen weitergefahren werden, ohne daß der Spieler an Schnelligkeit verliert. Dies kann durch ein- oder beidarmiges Halten des Schlägers in Vorhand- oder Rückhandtechnik praktiziert werden.
Der Spieler führt die Scheibe seitlich schräg von sich, so daß er diese mit seinem Körper deckt und mit der Schlägerschaufel zudeckt, damit sie bei kleinen Bögen oder bei großer Schnelligkeit nicht vom Schläger abrutscht.
Bei Scheibenführung durch Ziehen kann man den Schläger außer in der üblichen Art – mit beiden Händen – auch mit einer Hand führen, wenn der Spieler den Schläger mit der oberen gestreckten Hand hält und die Scheibe mit dem eigenen Körper abdeckt. Die Schaufel muß stark an die Scheibe angedrückt werden, der Schläger wird mit oberer oder unterer Hand gehalten.

Diese Art der Scheibenführung wird oft beim Umlaufen des Gegenspielers angewendet. Vorteilhaft hierbei ist, daß der Spieler die Scheibe seitlich vom Gegenspieler zu sich zieht und dabei mit dem eigenen Körper deckt (Abb. 200-204).
Bei Änderung der Fahrtrichtung wird die Schlägerschaufel über die Scheibe auf die andere Seite der Scheibe gehoben.

Abb. 200, 201

Abb. 202–204

77

Das Führen der Scheibe durch Ziehen im Rückwärtslauf:
Ziehen der Scheibe vor dem Körper, Ziehen der Scheibe zur Seite.
Diese beiden Arten werden meistens beim geraden Eislaufen rückwärts angewendet (Abb. 205, 206).

Abb. 205, 206

Es ist besonders für die Verteidiger wichtig, dem Einüben dieser Scheibenführung besondere Beachtung zu widmen. Ebenso wichtig ist es, daß der Spieler auch beim Stoppen die Gewalt über die Scheibe behält, damit sie den Schläger nicht verläßt. Deshalb stoppen wir die Scheibe, indem wir sie mit der Schlägerschaufel »abdekken«.

Scheibenführung durch Mischen im Lauf
Beim Zickzacklauf und Manövrieren wird die Scheibe durch Mischen geführt. Sie wird mit einer speziellen Schlägerbewe-

gung angezogen, wobei auf dem Eis eine »liegende Acht« beschrieben wird. Dies kann auf zweierlei Art geschehen:
● Mischen,
● Mischen mit großer Reichweite.
Hierbei wird die Scheibe vom Schläger abgelassen, wie beim Vor- und Rückwärtslauf (Abb. 207–210).
Dadurch, daß der Spieler im Lauf die Scheibe von einer zur anderen Schlägerblattseite mischt, täuscht er den Gegenspieler. Der Angreifende kann die weiteren Absichten des scheibenführenden Spielers nicht durchschauen.
Diese Technik wird benutzt, wenn der Spieler das Ziel verfolgt, sich mit der Scheibe freizuspielen. Er versucht den Gegenspieler zu umgehen, vor das Tor zu gelangen und in der Endphase ein Tor zu schießen.
Beim Mischen der Scheibe im Lauf verwendet der Spieler die periphere Blickkontrolle, damit er – außer der Scheibe am Schlägerblatt – auch seine Umgebung kontrollieren kann. Nur so ist es möglich, sofort auf die Aktionen des Gegners zu reagieren.
Im geeigneten Moment wird der Spieler durch verschiedene technische »Finten« seine Aufgabe erfüllen: den Gegenspieler mittels Schleife zu umgehen, zu passen, aufs Tor zu schießen, durch »Bluffschuß« ein Tor erzielen u. ä.
Die Beherrschung der Techniken auf dem Eis – wie Starten mit der Scheibe nach vorn, Scheibenführung im Slalomlauf vorwärts, Stoppen mit Halten der Scheibe am Stock und Zickzacklauf rückwärts mit Stoppen – müssen für jeden Spieler eine Selbstverständlichkeit sein.

1.5 Befreiung und Umspielen des Gegners – Dribbling

Bei verschiedenen komplizierten Manövern mit häufigem Stoppen, ständiger Änderung der Fahrtrichtung, Umkehr nach

Abb. 207, 208

Abb. 209, 210

vorn oder zurück, bei Änderung der Schnelligkeit, benutzt der Spieler verschiedene täuschende Bewegungen, die er mit Schläger oder Körper ausführt = Dribbling. Dies ist eine Kombination aller Arten von Mischen und Scheibenführung im Lauf durch verschiedenste Arten des Eishokkeylaufens.

Abb. 211, 212

Abb. 213

Die Reichweite der Improvisation der technischen Handlungen hängt von der gegebenen Spielsituation und der Geschicklichkeit des Spielers ab. Deshalb kann man die Technik beim Dribbling kaum beschreiben. Sie wird je nach der gegebenen Situation und den Fähigkeiten des Spielers geübt. Beim Dribbling vermindert sich verständlicherweise die Schnelligkeit des Spielablaufs, und es ist darauf zu achten, daß durch rechtzeitige Abgabe der Scheibe an den Mitspieler die Aktionen flüssig bleiben (Abb. 211–213). (In vielen Literaturangaben wird schon das Scheibenmischen Dribbling genannt.)

Je besser der Spieler technisch ausgebildet ist, um so erfolgreicher, täuschender sind seine Bewegungen bei der Führung der Scheibe. Der Spieler muß die Scheibenführung mit Vorhand und Rückhand beherrschen. Die Arbeit des Trainers beim Einüben der Scheibenführung hat das Ziel, daß der Spieler die Scheibe automatisch »blind« führt, d.h. ohne Blickkontrolle zur Scheibe.

2) Zuspiel und Annahme des Passes (Passing)

Es ist eine zielbewußte Tätigkeit zwischen zwei Partnern, eine einfache, aber sehr wirkungsvolle, durchdachte Angriffskombination = Zuspiel (Paß) und Paßannahme.

Das Zuspiel (Paß)

Die Angriffstätigkeit der Mannschaft unterstützen, außer dem scheibenführenden Spieler, auch die anderen Mitspieler dadurch, daß sie sich in richtiger Weise freimachen, d.h., sie suchen sich den notwendigen Platz und nehmen die Stellung zur Annahme des Passes ein. Der Spieler mit der Scheibe übergibt diese dann dem am günstigst plazierten Mitspieler.
Das Zuspiel (der Paß) besteht aus einem technischen und einem taktischen Teil, d.h., daß der zuspielende Spieler – mit Rücksicht auf die Stellung des Mitspielers, der den Paß übernehmen soll – Art, Zeit und Richtung wählt (taktischer Teil) und sein Zuspiel in geeigneter Weise verwirklicht (technischer Teil).

Taktischer Teil		Technischer Teil
Paß = Wahl des Zuspiels =	wem wann wie	Ausführung = schnelles präzises Zuspiel in der gewählten Art.

Beim Eishockey kommt es zu verschiedenen Spielsituationen, je nachdem, ob der Zuspielende im Stehen oder in Bewegung dem ausgewählten Mitspieler, der steht oder sich in Bewegung befindet, die Scheibe übergibt. Dies kann auf verschiedene Weise und in unterschiedlicher Richtung geschehen – auf kürzere oder weitere Entfernung, in den freien Raum, auf oder über dem Eis.
Zur Ausführung so vieler verschiedener Pässe müssen die Spieler mehrere Paßmöglichkeiten beherrschen. Wir unterscheiden:

Paßmöglichkeit
- mit Schläger
- mit Schlittschuhen

Paßbewegung
- flach – Scheibe rutscht glatt über das Eis
- hoch
  - gehobener Paß – Scheibe fliegt mit glatter Landung (platteln)
  - Flipp-Paß – Scheibe ist „hinausgeworfen“

Paßarten
- Vorhand
- Rückhand

Paßtechnik
- gezogene Pässe
- geschlagene Pässe

Paßrichtungen
- a) quer
- b) diagonal
  - nach vorne
  - nach hinten
- c) steil
- d) rück
- e) Droppaß
- f) Bandenpaß (Abb. 214)
- g) in den freien Raum (programmierter Paß in jede Richtung)

Bewegung der Spieler (Schwierigkeiten der Pässe siehe Ziffernfolge)

Abspielender Spieler		Anspielpartner
im Stand	1	im Stand
im Lauf	3	im Stand
im Stand	2	im Lauf
im Lauf	4	im Lauf
im Stand	5	Paß in den freien Raum
im Lauf	6	Paß in den freien Raum

Abb. 214

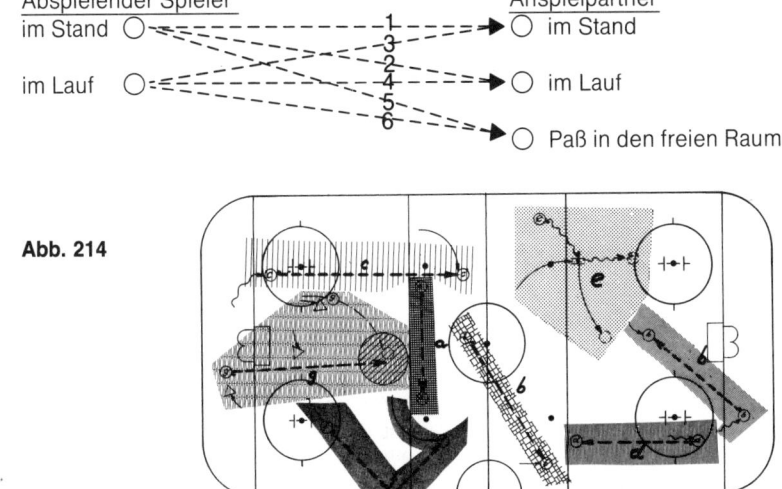

Die Paßtechnik mit dem Schläger wird im technischen Ablauf in folgende Paßarten eingeteilt:

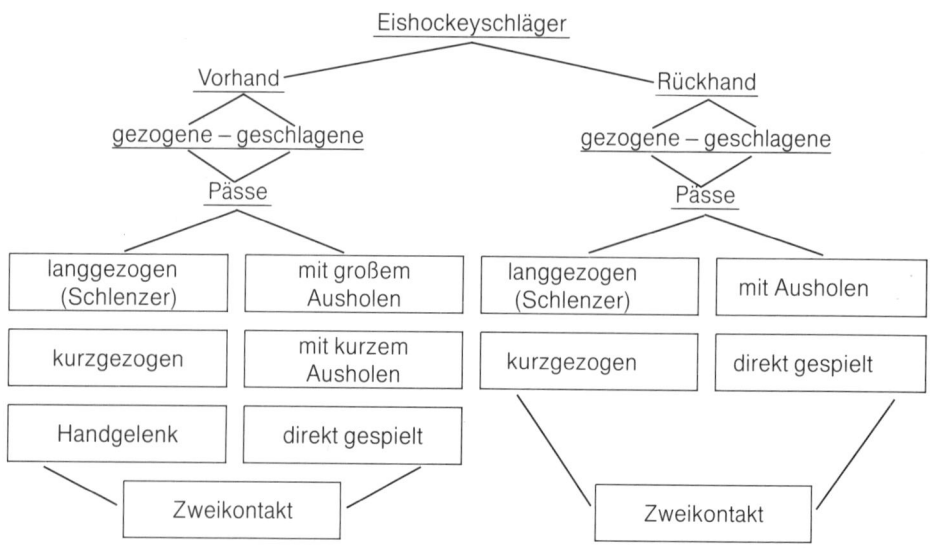

Die Paßarten sind im Grunde dieselben wie die Schußarten, werden aber nicht von allen Spielern beherrscht, und die technische Qualität wird dadurch eingeschränkt. Trotzdem sollen die Spieler mehrere Paßarten der gezogenen und geschlagenen Pässe können.

Bei den Anfängern beginnt das Erlernen grundsätzlich mit den gezogenen Arten. Der richtige Eishockeyschläger spielt hierbei eine sehr wichtige Rolle. Mit einem harten Schläger sind gezogene Pässe schwer zu spielen, deshalb neigen die Kinder dazu, die Scheibe zu »klopfen«.

Eishockey ist als die »schnellste Sportart der Welt« bekannt, nicht nur wegen den raschen Bewegungen der Spieler, sondern auch wegen der schnellen Kombinationen bzw. des Zuspielens. Der Puck fliegt mit einer Geschwindigkeit bis 90 km/h. Manche Spitzenspieler haben die Fähigkeit, ihre Pässe mit der gleichen Kraftentfaltung zu spielen, wie andere Spieler für den Schuß zur Verfügung haben. Im mechanischen Bewegungsablauf besteht praktisch kein Unterschied, d. h., wer das Passing beherrscht, hat keine Schwierigkeiten mit dem Schießen.

Das wichtigste beim Passing: Zielgenauigkeit – kein Scheibenverlust.

Die eigentliche Technik des Passes, im Stand und in der Bewegung, ist identisch. Natürlich ist es wesentlich schwerer, in der Bewegung zuzuspielen; dabei ist es wichtig, daß der Spieler seinen Lauf mit der Scheibe, mit der Bahn und Geschwindigkeit seines Partners koordiniert (Timing).

Der Paß in den freien Raum: Der zuspielende Spieler wählt für den Paß mit Absicht diejenige Stelle, zu der sein Mitspieler hinläuft, damit im Augenblick des Passes der Gegner diese nicht besetzen kann. Dies

Abb. 215: Anbieten der Mitspieler.

erfordert ein vollkommenes Zusammenspiel beider Spieler.

Der Paß ist dann erfolgreich, wenn die Scheibe den Schläger des Mitspielers erreicht, oder wenn der Mitspieler die zugespielte Scheibe erreicht und diese verarbeiten kann.

Grundsätzlich beobachten wir während des Passes den Mitspieler und nicht die Scheibe am Schläger, dadurch können wir die freie, erdachte Bahn der Scheibe kontrollieren (Abb. 215).

Wir spielen nie blind zu, auf einen Zuruf oder Klopfen des Schlägers auf dem Eis. Es kann sich dabei auch um ein taktisches Manöver des Gegners handeln, was während eines Eishockeyspiels oft vorkommt. Zwischen den Spielern gilt die Abmachung, daß der auf den Paß vorbereitete Partner dies durch ein Vorschieben der Schlägerschaufel andeutet (anbieten) (Abb. 216).

Paßarten mit dem Schläger – flach

Langgezogener Paß (Schlenze) – Vorhand
Dies ist eine grundlegende und gleichzeitig die genaueste Art des Passes.

Wir halten den Stock so mit beiden Händen, daß die Schlägerschaufel mit der ganzen unteren Kante, senkrecht zur Paßrichtung und Fußstellung, auf dem Eis liegt. Die Scheibe befindet sich an der Schaufelferse, und das Schlägerblatt ist leicht zur Scheibe geneigt.

Diese Neigung der Schaufel zur Scheibe ist automatisch schon dadurch gegeben, daß das Schlägerblatt sich in dieser Phase etwas hinter der breiten Fußstellung befindet, bei einer Körperverlagerung auf den hinteren Fuß.

In diesem Moment kontrolliert der Spieler mit einem zentralen Blick das Aufsetzen der Scheibe auf die Schaufelferse. Durch

Abb. 216: Paß in den freien Raum.

83

einen beidhändigen Zug in Richtung des Passes gelangt der Schläger vor den Körper des Spielers, die Scheibe rotiert entlang der Schaufel zur Schaufelspitze. Jetzt konzentrieren sich die Augen des Spielers schon auf das Ziel des Passes, die Scheibe wird mit peripherem Blick verfolgt. Mit einer heftigen, ruckartigen Hebelbewegung der Hände in Richtung des Passes, wobei sich die untere Hand immer in Paßrichtung bewegt und die obere Hand zum

Körper und nach hinten angezogen wird, kommt die Scheibe in Bewegung (Abb. 217–219).

Die Scheibe an der Schaufelspitze gewinnt an Schnelligkeit, und nach der Richtungsgebung durch die Schaufel und die untere Hand lösen wir die Scheibe vom Schläger. Die Hände am Schläger folgen der Scheibe so »weit wie möglich«, das Körpergewicht wird auf den vorderen Fuß verlagert (220, 221).

Abb. 220, 221

Bei der Bewegung der Hände ist auch die Arbeit des Körpers (hauptsächlich der Schultern) sowie die Beinarbeit wichtig.

Die Technik des Passes mit Schwung ist identisch mit der des langezogenen Schusses.

Vorteile des Passes in langem Schwung:

- Der Paß ist schnell und genau und wird am vorteilhaftesten bei Pässen über größere Entfernungen angewendet.

Abb. 217–219

84

- Die Scheibe bewegt sich glatt auf dem Eis, sie rotiert und kann leicht verarbeitet werden. Bei einem korrekt ausgeführten Paß rollt und springt die Scheibe niemals.
- Besonders bei schlechten Eisverhältnissen hat der Schlenzpaß seine Vorteile.

Nachteile des Passes in langem Schwung:
- Die Vorbereitung zum Paß dauert länger – Zeit.
- Zur Vorbereitung wird mehr Platz benötigt – Raum.
- Die Ausführung des Passes erfolgt meist im Stand oder in Fahrt, wenn der Spieler seinen Lauf im Eislaufschritt unterbricht – wenn er nur gleitet.

Langgezogener Paß – Rückhand
Diese Paßart ähnelt der eben beschriebenen, mit dem Unterschied, daß die untere Hand den Schläger wegzieht. Gleich ist auch das Aufsetzen der Scheibe auf die Schaufel und das Ziehen des Schlägers in Richtung des Passes, ebenso die ruckartige Hebelbewegung der Hände sowie die Körperhaltung.

Der Unterschied besteht darin, daß die Scheibe von der Schlägerschaufel etwas eher wegkommt. Bei Stocktypen mit gebogener Schaufel ist dies möglich, wenn sich die Scheibe etwa im zweiten Drittel der Schaufellänge befindet (Abb. 222–225).

Der Rückhandpaß ist etwas schwieriger auszuführen. Wegen der eigenen Körperkoordination ist er nicht so genau wie beim Zuspiel durch Vorhand.

Da es beim Eishockey wichtig ist, durch Vor- und Rückhand zuzuspielen, muß der Trainer vom Spieler verlangen, auch die beschwerlichere Art des Schlenzpasses anzuwenden, und durch ausdauerndes Training kann dies erlernt werden.

Aus psychologischen Gründen beginnen wir beim Erlernen mit beidseitigem Zuspiel – Vor- und Rückhand – (oder noch besser: Rückhand – Vorhand – Paß).

Abb. 222, 223

Abb. 224, 225

Es ist falsch, wenn ein Trainer zuerst so lange mit der Vorhand üben läßt, bis der Vorhandpaß beherrscht wird, und dann auf Rückhand übergeht. So bemerkt der Lernende sofort die Schwierigkeiten, die der Rückhandpaß in sich birgt.

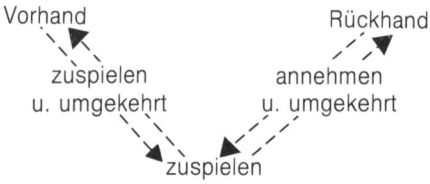

Vorhand   Rückhand
    zuspielen   annehmen
  u. umgekehrt   u. umgekehrt
              zuspielen

Abb. 226, 227

Das Aufsetzen des Schlägers auf dem Eis signalisiert, wohin der Spieler die Scheibe haben will.

Für reine Anfänger ist es sehr wichtig, daß der Trainer die Methode durch Demonstrieren und Vorführen von Lehrfilmen erklärt. Der ganze Bewegungsablauf – Schlä-

gerhaltung, Körperhaltung, Beinarbeit – wird am Anfang mit jedem einzelnen Spieler als Partnerübung gelernt.

Der Trainer soll durch viele Demonstrationen persönlich mitwirken und kann bei schwachen Spielern auch reifere Spieler zur Mithilfe einsetzen.

Abb. 228, 229

In meiner Lehrmethode Passing in der Drei-Mann-Gruppe wird grundsätzlich von beiden Arten (Vor-/Rückhand) gesprochen, und beide Arten werden gleichzeitig geübt. Bei der Einteilung ist das Aufstellen der Spieler in einer Reihe wichtig. Der Spieler in der Mitte ist gezwungen, die Scheibe nach beiden Seiten zuzuspielen, und wird dadurch gezwungen, beide Paßarten zu üben. Über den Platzwechsel der Spieler entscheidet der Trainer nach einer gewissen Zeit, je nach technischer Verbesserung, Konzentrationsschwäche usw. Je

nach technischer Fähigkeit kann der Abstand zwischen den einzelnen Spielern geändert werden.
Passingübung mit Paßgerät
Die Arbeit mit meinem selbstentwickelten Paßgerät ist wegen der Paßquantität ein Übungsdrill. Das Gerät wird zuerst vom einzelnen Spieler benutzt, später ist paarweises Üben möglich.
Zuspiel mit Paßgerät:
Wird die Scheibe dem Paßgerät leicht zugespielt, kommt sie zum Spieler zurück (Abb. 230).

Abb. 230

So wird Paß und Paßannahme in Vor- und Rückhandtechnik geübt. Diese Methode ist für das Zirkeltraining sehr nutzbringend. Der Trainer hat eine ständige Kontrolle und Korrektur zu beachten.
Danach wählt er schon eine anspruchsvollere Übung. Ein Spieler, einmal der zuspielende – einmal der annehmende, ist in Bewegung, und schließlich üben beide Spieler im Lauf Zuspielen und Annehmen des Passes.
Wenn der Spieler die Grundlagen des Passes durch Vor- und Rückhand ausreichend beherrscht, beginnen wir mit dem Einüben einer weiteren Paßart.

Paß durch kurzgezogenen Schwung – Vorhand
Beim heutigen modernen schnellen Eishockey bleibt dem Spieler nicht immer die nötige Zeit, einen Paß im langen Schwung zu spielen, welcher zur Vorbereitung Platz erfordert.
Bei schnellem, manövrierendem Lauf in bestimmten Spielsituationen, wenn der Spieler in Zeit und Platz eingeschränkt ist, also immer, wenn er rasch zuspielen muß, wählt er den Paß mit kurzem Schwung.
Unterschied:

Paß $\Big\langle$ langgezogen – genau, kraftvoll
kurzgezogen – schnell einsatzfähig

Technik des Passes:
Wir legen die Schaufel des Schlägers in Fußhöhe auf das Eis, die Scheibe nehmen wir annähernd in Schaufelmitte. Durch ruckartige Bewegung mit beiden Händen bringen wir die Scheibe in Paßrichtung in Bewegung und schleudern sie durch eine heftige Hebelbewegung der Hände im Handgelenk in Zielrichtung. Die untere Hand bewegt sich immer in Richtung des Passes, die obere Hand drückt den Schläger nach hinten zum Körper, in normaler Schlägerhaltung – schulterbreiter Abstand der Hände, evtl. schmaler.
Die Laufbahn der Schaufel auf dem Eis ist kurz, daher die Bezeichnung »kurzer Schwung«. Nach dem Loslassen der Scheibe heben wir praktisch den Schläger nicht mehr vom Eis. Durch eine Körperverlagerung erfolgt der Abstoß mit dem hinteren Fuß (Abb. 231–233).
Es handelt sich im Grunde um die Aktion von Arm und Vorderarm.
Vorteile des Passes in kurzem Schwung:
● Der Paß ist rasch einsatzfähig;
● die Vorbereitung zum Paß erfordert wenig Zeit und Raum.
Nachteile des Passes mit kurzem Schwung:
● geringere Präzision, bes. auf weitere Entfernung;

Abb. 231–233

führung des Passes, desto besser ist die Qualität des Spielers.

Paß durch kurzgezogenen Schwung – Rückhand

Diese Art ist dem Vorhandpaß mit kurzem Schwung ähnlich. Auch hier ist eine schnelle, ruckartige Hebelbewegung der Hände entscheidend, mit welcher wir die Scheibe in Paßrichtung schleudern. Der Schwung der unteren Hand wird mit Hilfe

Abb. 234–236

- die Scheibe bewegt sich langsamer als beim Paß in langem Schwung.

Diese moderne Paßart wird im Spiel wesentlich öfter verwendet als der Paß mit langgezogenem Schwung. Die besseren Spieler erzielen mit dem kurzgezogenen Schwung die gleichen Erfolge wie mit dem langgezogenen Schwung. Der Trainer verlangt deshalb nach dem Erreichen einer bestimmten Paßfertigkeit die schnellere Ausführung der Pässe mit kurzgezogenem Schwung. Je schneller und kürzer die Ausder dazugehörenden Schulter noch verstärkt (Abb. 234–236).

Handgelenkpaß – Vorhand

Schon der Name dieser Paßart weist auf die hier wichtige Funktion der Arme und Hände hin. Handgelenkpaß, das heißt noch kürzer, noch schneller.

Durch das enorm schnelle Abspielen der Scheibe, das in jedem Moment möglich ist, gibt es hier keine »Rutschbahn« wie in der vorher beschriebenen Technik, da die Scheibe nicht gezogen wird.

Beim Handgelenkpaß befindet sich die Scheibe mehr in Richtung zur Schaufelspitze. Die ganze Schubkraft kommt aus den Armen, der letzte Druck durch eine »Knickdrehung« nach vorne aus den Händen. Diese Armbewegung und hauptsächlich die Handdrehung muß äußerst kräftig ausgeführt werden, deshalb kann diese Paßart nur von körperlich kräftigen, älteren routinierten Spielern gemacht werden.

Bei den Senioren, den technisch versierten Spielern, verlangt der Trainer die perfekte Beherrschung der Scheibenführung. Die Scheibe muß immer dicht beim Schlägerblatt geführt werden, nur so kann sie in jedem Moment durch den Handgelenkpaß abgespielt werden (siehe auch Handgelenkschuß).

Vorteile der Handgelenkpässe:
- schnellstmögliche Durchführung in allen Spielsituationen und Stellungen;
- schnellstmögliche Durchführung in jeder Bewegung;
- Durchführung mit Überraschungseffekt;
- Ausnutzen der Spannkraft durch das krumme Schlägerblatt.

Nachteile der Handgelenkpässe:
- mangelnde Härte bei längeren Pässen;
- mangelnde Präzision der Paßgenauigkeit;
- mangelnde Präzision beim Flachpaß.

Der Handgelenkpaß wird überwiegend mit Vorhand ausgeführt.

Geschlagene Pässe – flach

Der flach geschlagene Paß ähnelt dem Schuß auf das Tor. Der Spieler benutzt diesen Schlagpaß z. B. bei:
- diagonalem Paß im mittleren Drittel;
- Paß der Scheibe aus einer größeren Entfernung, z. B. aus der neutralen Zone in das Angriffsdrittel;
- besonders beim Paß an den Mitspieler vor dem Tor des Gegners, der durch Querstellen des Schlägers in die Bahn der Scheibe diese zum Tor des Gegners abfälschen kann (Tip-in).

Technik – Vorhand

Beim geschlagenen Paß holen wir mit dem Schläger aus, d. h., der Spieler zieht den Schläger hinter den Körper.

Der Spieler holt aus, aber nicht unnötig weit. Durch einen Schwung des Schlägers (großer oder kurzer Ausholschwung) schlagen wir die Scheibe – etwa mit der Mitte der Schaufel – in die gewünschte Richtung.

Im Moment des Aufschlags bildet die Schlägerschaufel mit der Richtung der zugespielten Scheibe einen Winkel von 90 Grad. Durch den Aufschlag kommt die Scheibe in Bewegung – je stärker der Schlag, desto heftiger der Paß. Nach dem Schlag nimmt der Spieler die Schlägerschaufel nicht vom Eis, damit die Scheibe in eine gleitende Bewegung kommt und nicht ins »Fliegen – flippen«. Das Loslassen der Scheibe von der Schaufel erfolgt etwas später.

Da der geschlagene Paß sehr wuchtig ist, ist die Behandlung der Scheibe schwierig. Bei einem geschlagenen Vorhandpaß mit großem Ausholschwung schwingt der Schläger bis in Hüfthöhe, ebenso beim gleichen Rückhandpaß. Bei Pässen mit kurzem Ausholschwung wird der Schläger bis in Kniehöhe gehoben.

Mechanischer Bewegungsablauf: siehe Schlagschuß.

Direkt gespielter Paß
Im heutigen schnellen Spielablauf wird diese Paßart sehr oft praktiziert. Die zugespielte Scheibe wird vom Spieler, ohne den Paß anzunehmen, direkt weiter zugespielt. Mit einer Bewegung – ohne auszuholen und entgegen der Paßrichtung – bekommt die Scheibe einen kurzen Schlag in Richtung des gewünschten Ziels. Der Schläger wird festgehalten und die Scheibe mit dem Schlägerblatt abgedeckt, andernfalls hüpft (flipt) die Scheibe, und es ist für den angespielten Partner schwer, diese unter Kontrolle zu bekommen.
Diese Paßart wird bei kürzeren Entfernungen in Vor- und Rückhandtechnik angewendet.
Mechanische Beschreibung: siehe Direktschuß.

Zweikontaktpaß
Der Zweikontaktpaß wird eigentlich eher als Schußart praktiziert. Als Paßart wird er nur von den technisch besseren Spielern benutzt, um im Spielablauf – beim Umspielen des Gegners im Dribbling – durch einen kurzen Schlag auf die Scheibe diese direkt zuzuspielen. Nur gute Spieler beherrschen diese Paßart auch auf größere Distanz.
Mechanische Beschreibung: siehe Zweikontaktschuß.

Der gehobene Paß

Bestimmte Spielsituationen erfordern es, daß der Spieler auch über dem Eis zuspielt. Bei einem Paß z. B. über den Schläger des Gegners oder über einen liegenden Spieler hinweg muß der Paß genau sein, damit die Scheibe auch wirklich ca. $\frac{1}{2}$ – 1 m vor dem Mitspieler, der den Paß annehmen soll, auf die Eisfläche fällt. Beim gehobenen Paß aus größerer Entfernung, bei dem er auch an Schnelligkeit zunimmt, genügt eine solche Genauigkeit des Zuspiels, die

es dem Mitspieler ermöglicht, die Scheibe mit dem Fuß, dem Körper, der Hand oder dem Stock zu erreichen.
Wenn die Scheibe bei einem gehobenen Paß glatt auf der Breitseite landet, nennt der Eishockeyspieler dies »platteln«.
Für den gehobenen Paß werden praktisch alle Arten des Zuspiels trainiert, denn dies ist die erste Vorstufe zum Schießen. Ein Spieler, der den gehobenen Paß beherrscht, hat sich den Weg für die Schußtechnik schon geebnet.
Die Technik für alle Arten der gehobenen Pässe ist die gleiche wie für den Flachpaß. Da wir beim gehobenen Paß die Scheibe in eine fliegende Bewegung bringen müssen, erreichen wir dies durch ein unterschiedliches Loslassen der Scheibe von der Schlägerschaufel. Beim Paß mit langem oder kurzem Schwung und beim Handgelenkpaß bringen wir die Scheibe dadurch in eine fliegende Bewegung, daß wir schon vor dem Loslassen der Scheibe von der Schlägerschaufel diese ausdrehen (umkippen) (Abb. 237–239).
Schon beim Ziehen der Scheibe durch das Schaufelblatt rollt die Scheibe hoch.
Beim Zuspiel durch geschlagene Pässe heben wir die Schlägerschaufel mit der Scheibe vom Eis.
Mechanische Beschreibung: siehe geschlagene Schüsse.
Der Unterschied zwischen gehobenen Pässen und gehobenen Schüssen besteht in ihrer Härte und Schnelligkeit.

Flippaß

Der Flippaß wird in solchen Situationen angewendet, in denen die Scheibe hoch und steil zugespielt werden muß, z. B. bei Spielbedrängnis, beim Übergang – über die Abwehr – ins gegnerische Drittel, beim Überspielen eines liegenden Spielers usw. (Abb. 240–243).

Abb. 237–239

Was mit einem gehobenen Paß nicht erzielt werden kann, wird durch den Flippaß ausgeführt, der höher und steiler gespielt werden kann. Beobachtungen in der letzten Zeit ergaben, daß diese Paßart von vielen Spielern verstärkt praktiziert wird.

Mechanische Beschreibung:

Mit Vor- oder Rückhand wird die Scheibe mit dem vorderen Teil der Schlägerschau-

Abb. 240–243

91

fel kräftig hochgerissen. Der Spieler nützt hierbei auch den Trägheitsmoment der Scheibe aus. Die Paßhöhe wird durch das offen angestellte Schaufelblatt bestimmt, und der Eishockeyschläger begleitet die Scheibe so lange wie möglich.

Nachteil:
- Die Scheibe springt bei der Landung ungenau ab;
- die Paßgenauigkeit ist gering.

Der Flippaß findet besonders dann Anwendung, wenn ein Paß in den freien Raum – mit einem geplanten Nachlaufen – gespielt werden soll.

Rückpaß

Beim Rückpaß handelt es sich um ein Zuspielen der Scheibe nach hinten. Es ist günstiger, den Paß mit Rückhand zu spielen, dadurch kann die Scheibe direkt nach hinten zugespielt werden.

Dies bedeutet natürlich nicht, daß der Spieler die Scheibe nicht auch mit Vorhand nach rückwärts abgeben kann.

Beim Rückpaß muß die Scheibe dem Mitspieler direkt auf den Schläger gespielt werden, d. h., es muß darauf geachtet werden, ob der Partner Links- oder Rechtshänder ist und wie er den Schläger aufs Eis legt und wohin er den Paß bekommen will.

Droppaß   ~⌒⊢⊢▶

Beim Droppaß überläßt der Spieler im Laufen die Scheibe plötzlich einem hinter ihm laufenden Mitspieler. Er wendet dies an, wenn er keine geeignete Möglichkeit sieht, einem günstig zum gegnerischen Tor platzierten Mitspieler die Scheibe zuzuspielen, wenn er in die frontale Verteidigung des Gegners vordringt und eine taktische Wendung herbeiführen will. Den Moment der taktischen Überraschung nützt er nicht durch aktives Zuspiel, sondern durch das sog. Überlassen der Scheibe.

Das Überlassen der Scheibe erfolgt dadurch, daß der Spieler die Scheibe durch eine Schlägerbewegung in entgegengesetzter Fahrtrichtung der Scheibe anhält. Hierfür muß er der Scheibe die gleiche Kraft entgegenstellen, mit der sie sich in Fahrtrichtung bewegt. Der Kraftaufwand für die stoppende Gegenbewegung hängt von der Schnelligkeit von Spieler und Scheibe ab.

Das Überlassen der Scheibe ist nicht sehr einfach. Es erfordert ein längeres Trainieren, damit der Spieler das richtige Gefühl bekommt (Timing). Auch technisch versierten Spielern ist es schlecht möglich, die Scheibe in einen ruhenden Zustand zu bringen, meistens befindet sich die Scheibe noch in Bewegung in die ursprüngliche Richtung. Der Spieler hat mit zu wenig Gegenkraft auf die Scheibe eingewirkt, oder aber die Gegenkraft ist für ein stationäres Stoppen zu stark, und die Scheibe ändert die Richtung, ähnlich wie beim Rückpaß (Abb. 244–246).

Schlittschuhpaß

Bei einem gebrochenen Schläger oder dessen Verlust wird der Paß mit dem Schlittschuh angewendet. Diese Paßart wird ebenfalls benutzt beim Kampf um die Scheibe an den Banden oder inmitten einer Spielergruppe, wenn der Schläger nicht verwendet werden kann.

In diesen Fällen stößt der Spieler die Scheibe mit der Innenkante des Schlittschuhs in die gewünschte Richtung. Das Körpergewicht ruht dabei auf dem anderen Fuß (Abb. 247).

Den Schlittschuhpaß kann der Spieler auch als Finte zum Täuschen des Gegenspielers benutzen. Mit dem Schläger wird der Paß nur angedeutet und die Schaufel etwas

oberhalb der Scheibe geführt. Schließlich wird die Scheibe mit dem Schlittschuh einem Mitspieler zugestoßen (Abb. 248–250).

Diese Paßart kann nur über eine kurze Entfernung gespielt werden.

Das Zuspiel mit dem Schlittschuh wird auch zur Paßverlängerung zum nächsten Mitspieler angewendet, indem der Spieler den Fuß in die Bahn der Scheibe stellt und

Abb. 244–246

Abb. 247

Abb. 248–250

93

diese – nach dem Abprall vom Schlittschuh – zum nächsten Mitspieler springt.

Wie bereits erwähnt, muß es der Eishokkeyspieler verstehen, aus jeder Richtung in jede Richtung auf jede Entfernung zuzuspielen. Dabei verwendet er die verschiedensten Paßarten.

Beim Paß an den Mitspieler, der zum Schußerfolg kommen kann, ist es am wichtigsten, im richtigen Augenblick genau zuzuspielen. Der scheibenführende Spieler muß deshalb genauestens denjenigen Mitspieler beobachten, der einen Schuß auf das Tor abgeben kann. Letzterer wählt die Art des Schusses (Vor-/Rückhand) dadurch, daß er durch Zeichengeben mit dem Schläger die Scheibe »anfordert«. Der Zuspielende muß im gegebenen Augenblick die Scheibe so abgeben, wie es der augenblicklichen Position des Mitspielers entspricht. Der eigentliche Effekt ginge verloren, wenn die Scheibe zu spät kommt, da der Mitspieler in der Zwischenzeit eventuell gedeckt ist und seine günstige Stellung eingebüßt hat.

Während des Spiels muß auch über einen angreifenden Spieler zugespielt werden. In diesem Fall nützen wir die Stelle, an der der Angreifer schwerer auf die Bewegung der Scheibe reagieren kann, z. B.

- Paß durch die Beine des verteidigenden Spielers (Abb. 251);

Abb. 251

- Paß zwischen Fuß und Schläger des verteidigenden Spielers (Abb. 252);

Abb. 252

- Paß mit Hilfe des Bandenpasses (Abb. 253);

Abb. 253

- Paß über den Stock des Gegners durch Platteln oder Flippaß (Abb. 254).

Abb. 254

Da der Erfolg eines Passes von der Paßgenauigkeit und Schnelligkeit abhängt, achten wir beim Einüben darauf, daß das Ziel des Passes der Stock des Mitspielers ist.
Das Zuspiel der Scheibe muß an Schnelligkeit zunehmen und die Vorbereitung zum Zuspiel so rasch wie möglich sein.
Obwohl der Erfolg des Passes auch von der Annahme abhängt, bleibt der größte Teil der Verantwortung beim zuspielenden Spieler.
Man kann die technische Reife einer Mannschaft nach dem Erfolg ihrer Pässe beurteilen.

Annahme des Passes

Der Spieler mit der Scheibe spielt diese dem am günstigsten plazierten Mitspieler zu. Wenn dieser Mitspieler den Paß nicht richtig annimmt und verarbeitet, wenn ihm die Scheibe entgeht, verliert die ganze Mannschaft den Vorteil der Angriffsaktion und muß sich von neuem der Abwehrtätig-

keit widmen und die Scheibe erneut erkämpfen. Deshalb ist es sehr wichtig, Paß und Zuspiel richtig durchzuführen, den Paß richtig anzunehmen und zu verarbeiten und in der Angriffsaktion fortzufahren.
So wie das Zuspiel, besteht auch die Paßannahme aus einem taktischen und einem technischen Teil. Der Spieler, dem zugespielt wird, muß sich unmittelbar vor Annahme des Passes in der richtigen Weise frei machen. Er muß Platz und Art der Stellung bestimmen, damit ihn die zugespielte Scheibe am günstigsten Platz, in der günstigsten Position für eine Paßannahme erreicht.

Taktischer Teil

Die Annahme und das Verarbeiten der Scheibe in der gewählten Art ist der technische Teil der Paßannahme.
Taktische Tätigkeit des Spielers und der Mannschaft: siehe Kapitel »Taktik«.

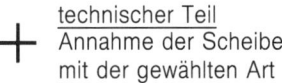

Paßannahme = taktischer Teil   technischer Teil
Wahl der Stelle   +   Annahme der Scheibe
Art der Stellung und   mit der gewählten Art
Paßannahme

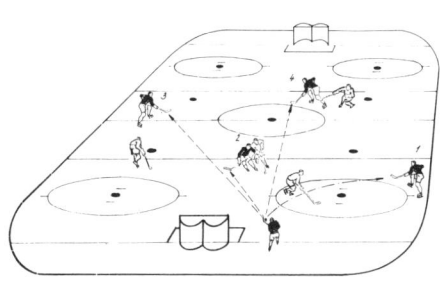

Abb. 255

Beim Freistellen ist es von großer Bedeutung, daß sich alle oder mehrere Spieler auf einmal frei stellen. Beim Einüben dieser Spielsituationen bemüht sich der Trainer, den Spielern klarzumachen, daß sie den Platz wechseln und die günstigste Stellung suchen sollen. Dadurch ermöglichen sie dem zuspielenden Spieler, den für ihn am günstigsten stehenden Mitspieler für den Paß auszuwählen, doch sind die Spielregeln immer zu berücksichtigen (Beurteilen Sie diese Spielsituation selbst!) (Abb. 255).

Da jeder sich aktiv an der Angriffstätigkeit beteiligende Spieler der Empfänger eines zugespielten Passes werden kann, müssen die Spieler lernen, bei jedem Manöver die Schlägerschaufel dicht über dem Eis zu führen.

Abb. 258: Paßannahme Rückhand, Vorhand.

Annahme und Verarbeiten des Passes

Das Auffangen der Scheibe auf der Schaufel des Schlägers bezeichnen wir als die ideale Übernahme und Verarbeitung des Passes. Natürlich ist hierfür nicht jedes Zuspiel präzis und gut genug, deshalb muß der Eishockeyspieler auch die anderen Arten des Abfangens eines Passes beherrschen – mit dem Körper, mit den Händen, mit dem Schlittschuh.

Annahme und Verarbeitung des Passes mit dem Schläger

Bei der Annahme des Passes mit dem Schläger wird die Schaufel mit der ganzen Länge der unteren Kante fest auf das Eis gedrückt. Die Scheibe darf unter der Schaufel nicht wegrutschen (Abb. 256–258).

Die Schaufelfläche steht senkrecht zum Eis, sie darf nicht geneigt werden, da sonst die Möglichkeit besteht, daß eine angehobene Scheibe über die Schlägerschaufel springt. Die Schaufel wird in einem Winkel von 90 Grad zur Richtung des Passes gestellt (Abb. 259).

Abb. 256, 257

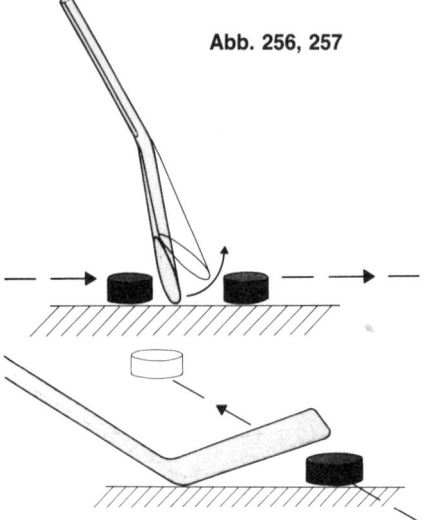

Abb. 259

Der Spieler hält den Schläger mit beiden Händen (technisch gute Spieler können den Paß auch mit nur einer Hand am Schläger übernehmen), wobei die untere Hand am Stiel nach oben geschoben wird. Bei schnellem Zuspiel wird sie in eine niedrigere Haltung gebracht, sonst könnte die Scheibe verlorengehen.

Die Annahme der Scheibe auf die Schlägerschaufel muß der Eishockeyspieler *dämpfen (*abfedern).

Abb. 260, 261

Dies sieht in der Praxis so aus: Noch vor dem Aufprall der Scheibe an der Schlägerschaufel wird diese der Scheibe in Paßrichtung entgegengestellt. Im Berührungsmoment Scheibe – Schaufel wird die Schaufel mit der Scheibe durch eine Bewegung in Paßrichtung zurückgezogen. Die untere Hand dämpft durch eine nachlassende Stockhaltung die Scheibe, und diese wird mit der Schlägerschaufel etwas zugedeckt (Abb. 260, 261).

Die Länge der Rückwärtsbewegung der Schaufel hängt von der Heftigkeit des Passes und von dem Können des Spielers in der Stocktechnik ab. Bei einem Spieler mit guter Stocktechnik ist auch die Bahn der Rückwärtsbewegung kürzer.

Mechanische Beschreibung: Die Dämpfung der Scheibe wird in der gleichen Art und Weise ausgeführt wie ein gezogener Paß, nur in der umgekehrten Reihenfolge des Ablaufs.

Beherrscht ein Spieler das Dämpfen der Scheibe nicht und bewegt oder hält bei Paßannahme den Schläger zu hart bzw. zu schwach gegen den Paß, dann springt die Scheibe ab oder rutscht unter dem Schlägerblatt durch, was den Verlust der Scheibenführung bedeuten kann.

Für technisch ausgereifte Spieler ist dieses Handeln kein Problem, es wird automatisch durchgeführt und die Scheibe mit peripherem Blick verfolgt (Abb. 262).

Abb. 262

Es ist wichtig, daß der Spieler die Annahme der Scheibe durch Vor- und Rückhand beherrscht. Eine Schwäche vieler Spieler ist besonders die Annahme der Scheibe durch Rückhand.

Beim Einüben der Scheibenannahme mit dem Schläger hat der Trainer besonders darauf zu achten, daß die Spieler:

- die Schlägerschaufel in Paßrichtung richtig einstellen;
- bei Scheibenannahme die Schlägerhaltung der unteren Hand lockern – Federn des Schlägers mit der unteren Hand;
- die Scheibe mit der Schlägerschaufel zudecken.

Die häufigsten Fehler der Spieler sind:

- Halten des Schlägers zu, vor, doch besonders hinter dem Körper;
- schräges und nicht senkrechtes Einstellen der Schlägerschaufel zur Paßrichtung;
- zu harte oder zu weiche Schlägerhaltung.

Zuspiel und Annahme der Scheibe werden zuerst im Stand mit Vor- und Rückhand geübt. Anfänger trainieren über eine kurze Entfernung (etwa 2–5 m). Die fortgeschrittenen Eishockeyspieler benutzen die ganze Breite des Spielfelds.

Ein Paß ist ungenau, wenn der annehmende Spieler die Scheibe mit dem Schläger nicht erreichen kann. Das Verarbeiten des Passes ist fehlerhaft, wenn dem Spieler die Scheibe von der Schaufel abspringt.

Jeder Spieler ist während des Trainings zu einer gewissen Selbstkontrolle verpflichtet. Er soll wissen, wie und warum er ungenau zuspielt, bzw. wie oft er den Paß nicht verarbeiten kann. Selbstverständlich muß er bemüht sein, ein schlechtes Ergebnis zu verbessern. Wenn der Spieler so handelt, hat er die richtige Einstellung zum Training. Nach dem Erreichen eines gewissen technischen Niveaus, nach der Grundschule des Passings, ist eine leichte Testkontrolle erforderlich, z. B. paarweises Passing über eine Entfernung von 6 Metern etwa 1 Minu-

te lang, Vor- und Rückhand. Die Pässe werden gezählt und die besten Ergebnisse bekanntgegeben. Dieser Test wird nach etwa einem Monat wiederholt.

Ideal wäre es, wenn die Spieler nur genaue Pässe zum Verarbeiten bekämen. Leider müssen im Eishockey auch ungenaue und schlechte Pässe verarbeitet werden, die verursacht werden durch mangelhafte Technik der Spieler, schlechte Qualität des

Abb. 263

Abb. 264, 265

Eises, Lauf- und Richtungsänderung u.ä. Es ist aber die erste Pflicht eines Eishockeyspielers, jeden Paß bestmöglichst zu verarbeiten.

Auffangen ungenauer Pässe
Bei ungenauen Pässen, die sich außerhalb der Reichweite des Schlägers befinden, bemüht sich der Spieler, die Scheibe durch Nachlaufen zu stoppen oder abzufangen. Mit ein paar schnellen Schritten oder durch Abbremsen bemühen sich gute Spieler, in Scheibennähe zu kommen. Leider wählen viele Spieler die bequemere Art und »wollen« die Scheibe nur mit dem Schläger erreichen.
Kleinere Paßungenauigkeiten korrigiert der Spieler durch Vor- oder Rückbeuge, durch Auflegen des Schlägers auf das Eis und Abfangen der Scheibe mit dem Stiel (einhändige Schlägerhaltung) (Abb. 263) oder Abfangen des Passes mit dem Schlittschuh (Abb. 264, 265).
Innen- oder Außenkante des Schlittschuhs werden so in Richtung zur Scheibe gedreht, daß diese zum Schläger des Spielers abspringt. Neuerdings wird die Paßannahme mit dem Schlittschuh auch bei einem präzisen Paß angewendet (Abb. 266).

Abb. 266

Auffangen schlechter Pässe
Pässe, bei denen die Scheibe vom Eis

Abb. 267, 268

abprallt (hüpft), hält der Spieler mit der Schlägerschaufel an, die er mit dem Fuß absichert, oder mit den Händen (Abb. 267, 268).
Diese Art des Auffangens benutzen vorwiegend die Verteidiger beim Auffangen der Schüsse vor dem Tor, evtl. beim Auffangen der Scheibe auf der blauen Angriffslinie. In Fahrt wird der Spieler eine hüpfende Scheibe mit der Hand auffangen.

Abb. 269

99

Auffangen des gehobenen Passes

In bestimmten Situationen kann die Scheibe nur über dem Eis zugespielt werden. Diese Pässe können auf dreierlei Art aufgefangen werden.

Mit dem Körper:
Hohe Schüsse und auch Pässe werden mit dem Körper aufgefangen. Die Verteidiger fangen diese Schüsse vor dem eigenen Tor ab, die Angreifer die hohen Pässe vor dem gegnerischen Tor, um sofort anschließend einen Torschuß zu versuchen (Abb. 269).

Mit dem Schläger:
Hohe Schüsse und Pässe werden mit dem Schläger aufgefangen. Durch häufiges Training bekommt der Spieler ein gewisses Gefühl und die nötige Fertigkeit, die Scheibe mit dem Schläger auf das Eis niederzuschlagen. Der Schläger darf laut Eishockeyregel nur bis Schulterhöhe gehoben werden (Abb. 270).

Mit der Hand:
Hohe Schüsse und Pässe werden mit der Hand gestoppt. Nach den Eishockeyregeln darf der Spieler die Scheibe nur mit der offenen Hand niederschlagen, aber nicht in der Hand festhalten. Außerdem erlauben die Spielregeln kein absichtliches Zuspielen der Scheibe mit der Hand an einen Mitspieler (Abb. 271).

Abb. 270:

Abb. 271:

3) Schießen

Die abschließende, wichtigste Angriffstätigkeit des Eishockeyspielers mit der Scheibe ist der Schuß auf das gegnerische Tor und als Endergebnis die Bemühungen des Spielers, ein Tor zu erzielen. Diese Tätigkeit ist das Ergebnis aller Bemühungen, da vom Erfolg des Schießens der Ausgang des ganzen Spiels abhängt.

Nicht immer gewinnt die Mannschaft, die während des Spiels öfter im Besitz der Scheibe war, oder jene, die erfolgreicher zuspielte, mehr Kilometer auf dem Eis zurücklegte oder mehr Torschüsse abgab. Gewinner ist die Mannschaft, die im Schießen erfolgreicher war, was natürlich nicht dem Niveau ihres Spiels entsprechen muß.

Die einzelnen Arten der Schüsse
Beim Eishockey werden am häufigsten Schüsse angewendet, denen folgende Technik zu Grunde liegt:

100

1. Standardschuß

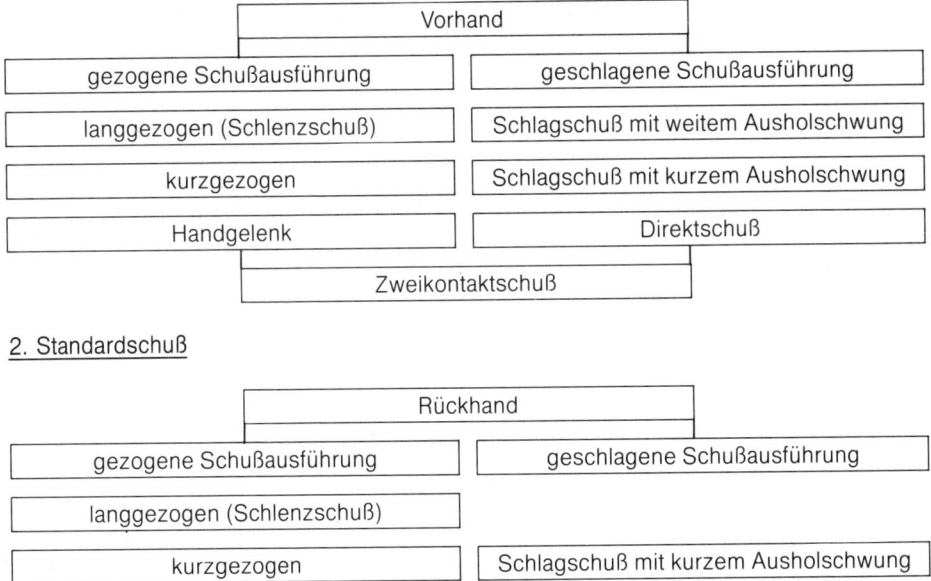

Vorhand	
gezogene Schußausführung	geschlagene Schußausführung
langgezogen (Schlenzschuß)	Schlagschuß mit weitem Ausholschwung
kurzgezogen	Schlagschuß mit kurzem Ausholschwung
Handgelenk	Direktschuß
Zweikontaktschuß	

2. Standardschuß

Rückhand	
gezogene Schußausführung	geschlagene Schußausführung
langgezogen (Schlenzschuß)	
kurzgezogen	Schlagschuß mit kurzem Ausholschwung
	Direktschuß
Zweikontaktschuß	

Bewegung der Scheibe:

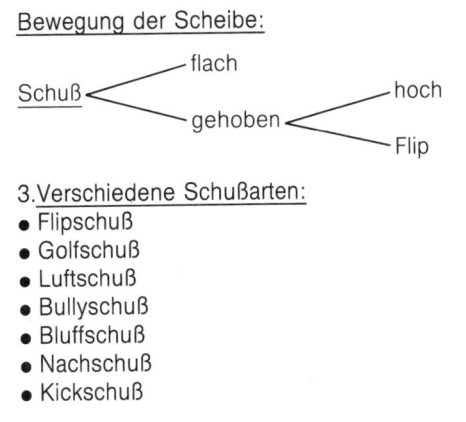

Schuß — flach — gehoben — hoch — Flip

3. Verschiedene Schußarten:
- Flipschuß
- Golfschuß
- Luftschuß
- Bullyschuß
- Bluffschuß
- Nachschuß
- Kickschuß

4. Ergänzende Schußtätigkeiten

Verschiedene ergänzende Schußtätigkeiten verhelfen dem Spieler zum Torerfolg:

Tip-in – Abfälschen der Schüsse

Blenden – den Torwart durch Sichtabdeckung stören

Diese Ergänzungen können als selbständige Angriffstätigkeiten bewertet werden.

Im Prinzip sind die Schußarten identisch mit den gleichartigen Paßarten.

So wie Zuspiel und Paßannahme aus einem taktischen und einem technischen Teil bestehen, gilt dies auch für das Schießen.

Erfolgreicher Schuß	=	Wahl zwischen

taktischer Teil + **technischer Teil**

1. der Zeit – wann
2. des Platzes – woher
3. der Art – wie
4. des Ziels – wohin

ein wuchtiger, kraftvoll, schnell ausgeführter, genau gezielter Schuß, der in der bestgewählten Art realisiert wird.

Der Begriff »erfolgreicher Schuß« wird verstanden als die Gegenüberstellung von der Anzahl der erzielten Tore und der Anzahl der abgegebenen Schüsse.

Eine Mannschaft hat z. B. im Verlauf des Spiels 6 Tore erzielt, aber es wurde 60mal geschossen.

Bilanz des Schießens: Die Mannschaft muß 10mal schießen, um 1 Tor zu erzielen.

Der Erfolg in Prozenten:

$6 : 60 = 0,1 \cdot 100 = 10$prozentiger Erfolg beim Schießen.

Um den Erfolg des Schießens abschätzen zu können, müssen wir auch die Schußgenauigkeit mit in Betracht ziehen.

Die Mannschaft schießt z. B. während des Spiels 60mal, davon 36mal auf das gegnerische Tor, wodurch 6 Tore erzielt werden. Die Spieler der Mannschaft haben 24mal nicht in Richtung auf das Tor geschossen.

Schußgenauigkeit in Prozenten:

$36 : 60 = 0,6 \cdot 100 = 60$prozentige Genauigkeit.

Schußwirksamkeit in Prozenten:

$6 : 36 = 0,16 \cdot 100 = 16$prozentige Wirksamkeit.

Weder in der Fachliteratur noch von Eishockeyexperten wird die Berechnung der Schußwirksamkeit einheitlich behandelt. Deshalb werden beide Berechnungsarten angeführt, ausgehend von:

allen abgegebenen Schüssen,

nur zum Tor gelangten Schüssen.

Natürlich gehören zu einem erfolgreichen Schuß auch die ergänzenden Schußtätigkeiten, hauptsächlich:

Nachschuß

Tip-in

Blenden

Jeder Spieler wird vom Trainer über die Genauigkeit und Wirksamkeit seiner Schüsse kontrolliert und über das Ergebnis informiert. Das Training des Spielers richtet sich dann nach diesen Beobachtungen.

Es kann immer wieder beobachtet werden, daß beim Schießen die Ungenauigkeit der »Stein des Anstoßes« ist. Die Anzahl der erzielten Tore ist im Verhältnis zur Gesamtzahl der abgegebenen Schüsse zu gering. Viele Schüsse verfehlen ihr Ziel.

Es ist wichtig, daß der Trainer einen besonderen Schwerpunkt auf das Einüben der einzelnen Schußarten legt, und zwar sowohl im Stand als auch in der Bewegung. Jeder Spieler muß unbedingt alle grundlegenden Schußarten und Angriffsarten beherrschen, durch die er zum Torerfolg kommen kann.

Als Beispiel die Eintragungen beim Bundesligaspiel der Saison 1972/73 zwischen AEV und SC Berlin. Die AEV-Mannschaft hatte folgende Schüsse abgegeben:

	auf das Tor	außerhalb des Tors
1. Drittel	10mal	11mal
2. Drittel	9mal	13mal
3. Drittel	8mal	10mal

Das ergibt insgesamt 61 Schüsse, davon 34 Schüsse außerhalb des Tors.

Prozentberechnung:

Schußgenauigkeit = 44 Prozent

Schußwirksamkeit = 5 Prozent

Insgesamt haben sich 12 Spieler an den 61 Schüssen beteiligt, was pro Spieler etwa 5 Schüsse im Verlauf des Spieles bedeutet.

Zum Vergleichen:
I. Bundesliga Saison 1982/83 – Beobachtungen im Spiel
1. 10. 1982

EV Füssen	–	ERC Schwenningen
1. Drittel		1. Drittel
$17 = {}^{10+}/_{6-}$ −1 Tor		$22 = {}^{13+}/_{7-}$ −2 Tore
2. Drittel		2. Drittel
$11 = {}^{6+}/_{4-}$ −1 Tor		$18 = {}^{13+}/_{5-}$ −0 Tore
3. Drittel		3. Drittel
$19 = {}^{11+}/_{7-}$ −1 Tor		$12 = {}^{7+}/_{3-}$ −1 Tor
$47 = {}^{27+}/_{17-}$ −3 Tore		$52 = {}^{33+}/_{15-}$ −3 Tore

10. 11. 1976
EV Rosenheim – EV Krefeld
1. Drittel $39 = {}^{29+}/_{9-}$ −1 Tor
2. Drittel $39 = {}^{30+}/_{9-}$ −0 Tore
3. Drittel $37 = {}^{27+}/_{9-}$ −1 Tor

$115 = {}^{86+}/_{27-}$ −2 Tore

Mechanik der einzelnen Schußarten

Gezogene Schüsse
Langgezogener Vorhandschuß – Schlenzer
Ähnlich wie beim Zuspielen, ist auch diese Art des Schießens die beste, genaueste und wirksamste. Es ist die grundlegendste Schußart, mit der wir mit den Anfängern üben.
Die Mechanik des Schießens mit langem Schwung ist ähnlich wie die Mechanik des Zuspiels.
Wir teilen in drei Phasen ein:
1. Aufsetzen der Scheibe auf die Schlägerschaufel
Etwas hinter dem Körperschwerpunkt des Spielers wird die Schaufel auf das Eis gelegt. Die Scheibe befindet sich auf der Schaufelferse, und die Schaufel ist leicht zur Scheibe geneigt. Bei einem Spieler im Stand befindet sich die Schlägerschaufel eventuell noch hinter dem rückwärtigen Fuß.
Der Spieler hat eine leicht gegrätschte Beinstellung, das Körpergewicht ruht auf dem nach hinten gestellten Fuß: beim Rechtshänder der rechte, beim Linkshänder der linke Fuß. Der Schläger wird vom Spieler mit beiden Händen gehalten. Eine niedrige Schlägerhaltung ist zu beachten, die Hände befinden sich bis zu 60 cm voneinander entfernt.
Die unterschiedliche Schlägerhaltung der einzelnen Spieler beruht auf der Länge der Arme, Körpergröße, physische Tüchtigkeit und Schußtechnik. Spieler mit besserer Technik können in langem Schwung schießen, auch bei hohem Halten des Schlägers (Entfernung der Hände etwa 30 cm voneinander), ebenso wie direkt aus dem Führen der Scheibe, beim Zickzacklauf (Finten), ohne daß sie die untere Hand am Stiel nach unten schieben müssen.

In dieser Stellung kontrolliert der Spieler blitzartig das Aufsetzen der Scheibe auf die Schaufel (Abb. 272). Die folgenden Bewegungen führt der Spieler schon automatisch und gefühlsmäßig durch.

Abb. 272

Mit peripherer Blickkontrolle verfolgt er die Scheibe – das Ziel seines Schusses (Abb. 273).

Abb. 273

2. Ziehen der Scheibe
Durch einen beidhändigen Stockzug in Schußrichtung, wobei sich der Spieler mit

Abb. 274

lehnen auf den Schläger. Hierbei ruht bereits das ganze Körpergewicht auf dem vorderen Fuß, das hintere Schwungbein pendelt zur Erhaltung des Gleichgewichts (Abb. 275).

Abb. 275

dem hinteren Fuß abstößt (Abb. 274), rotiert die Scheibe von der Schaufelferse bis zur Schaufelspitze. Dieses Ziehen des Schlägers wird laufend beschleunigt, dadurch gewinnt die Scheibe an Schnelligkeit.

In dieser Phase beobachtet der Spieler schon das Ziel seines Schusses. Er bestimmt die Bahn der Scheibe mit der unteren Hand und verlagert das Körpergewicht auf den vorderen Fuß. Die Hände sind bei der Führung des Schlägers leicht vor dem Körper ausgestreckt, der Spieler nützt sein Körpergewicht aus und »liegt« am Schläger.

3. Loslassen der Scheibe

Ist die Scheibe zur Spitze der Schlägerschaufel rotiert, wird der Stockzug mit einer ruckartigen Hebelbewegung der Hände beendet. Die obere Hand zieht den Schläger in Richtung zum Körper, die untere Hand schiebt den Schläger mit der Scheibe nach vorne in Schußrichtung. Bei kräftigen, schußstarken Spielern biegt sich hierbei der Schläger in Form eines Bogens.

Die Scheibe soll durch diese kurze schwingende Bewegung die größtmögliche Geschwindigkeit gewinnen. Deshalb wird der Spieler in diesem Moment sein ganzes Gewicht in den Schwung legen, er drückt die zur unteren Hand gehörende Schulter nach vorne und befindet sich im sog. An-

In dem Augenblick, in dem die Scheibe die Schaufelspitze verläßt, muß die Schaufel so ausgerichtet sein, daß sie mit dem gewünschten Ziel des Schusses einen Winkel von 90 Grad bildet. Schon eine Abweichung von 5 Grad bewirkt, daß auf eine Entfernung von 10 m die Schußrichtung um 1 m abweicht. Die Schußhöhe bestimmt

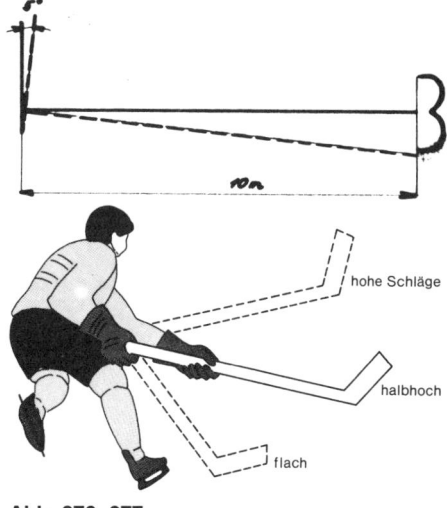

Abb. 276, 277

der Spieler beim endgültigen Loslassen der Scheibe durch das Aufdecken der Schlägerschaufel.

a) Hohe Schüsse
erreicht der Spieler dadurch, daß er die Schlägerschaufel beim Loslassen der Scheibe früher aufdeckt (etwa auf Körperebene), wobei der Spieler durch die Schlägerschaufel länger auf die Scheibe einwirkt. Der letzte Schlägerschwung soll in Schulterhöhe enden (Abb. 278).

Abb. 278

b) Halbhohe Schüsse
erreicht der Spieler dadurch, daß er die Schlägerschaufel beim Loslassen der Scheibe später aufdeckt und der letzte Schlägerschwung niedriger liegt als bei hohen Schüssen (Abb. 279).

Abb. 279

c) Flache Schüsse
erreicht der Spieler dadurch, daß er die Schlägerschaufel auch beim Loslassen der Scheibe über das Eis zieht und die Schaufel nicht aufdeckt. Im Gegenteil, er drückt die Schaufel an die Scheibe. Nach dem Loslassen der Scheibe wird der Schläger nicht unnötig hoch vom Eis abgehoben (Abb. 280).

Abb. 280: Üben von plazierten Schüssen.

Das flache Schießen über die Eisfläche muß lange geübt werden. Vielen Spielern »fliegt« die Scheibe weg. Besonders Verteidiger müssen diese Schußart beherrschen, denn sie ist sehr wirkungsvoll beim Schießen von der blauen Linie.
Vorteile des Schießens in langem Schwung (Zug):
● Schlagkraft und optimale Schußgenauigkeit auf größte Entfernungen (Spielfeldlänge).
Nachteile:
● langwierige Vorbereitung, größerer Bedarf an Raum und Zeit;
● der Torwart kann nach der Lage der Schaufel die Schußrichtung voraussehen.

Kurzgezogener Vorhandschuß
Bei der heutigen modernen Auffassung des Eishockey wird diese Schußart am häufigsten angewendet. Einmal, weil hier verhältnismäßig wenig Raum und Zeit ge-

braucht werden, zum anderen, weil wir diese Schußart beim Manövrieren mit der Scheibe in Richtung auf das Tor des Gegners benutzen können. Schon von den jüngeren Spielern, die die Technik der gezogenen Schüsse beherrschen, fordern wir Anwendung der kurzgezogenen Schüsse, d. h. alles in schnellerem und kürzerem Rhythmus.

Die Mechanik des Schusses mit kurzem Schwung teilen wir in drei Phasen:

1. Aufsetzen der Scheibe auf die Schaufel
Der Spieler setzt die Scheibe ungefähr in der Mitte des Schlägerblattes auf, welches auf der Ebene des hinteren Fußes liegt. Die Stellung der Beine ist leicht gegrätscht, das Körpergewicht wird auf den nach hinten gestellten Fuß verlagert: Rechtshänder rechter Fuß und umgekehrt. Die Schlägerhaltung ist etwa 40–60 cm breit (Abb. 281).

Abb. 281

2. Schwung
Der mechanische Bewegungsablauf ist der gleiche wie beim langgezogenen Schuß, doch in kürzerem und schnellerem Ablauf. Die Schubkraft erfolgt nach Abstoß mit dem hinteren Fuß. Die Scheibe rotiert von der Schaufelmitte bis zur Schaufelspitze (Abb. 282, 283).

3. Loslassen der Scheibe
In der Endphase wird der Zug des Schlägers durch eine Hebelbewegung der Hände beendet. Alles erfolgt in schwingender Bewegung, je kürzer – desto schneller.

Die Körperdrehung ist beim Schießen der gezogenen Arten (kurz oder lang) von Bedeutung. Beim Ziehen der Scheibe und Loslassen hat der Körper in senkrechter Richtung zum Schlägerblatt zu sein (Abb. 284), d. h., der Spieler schaut über seine Schulter auf die Schußrichtung: Rechtshänder über die linke Schulter und umgekehrt.

Abb. 282, 283

Abb. 284

Beim Schießen im vollen Lauf dreht sich der Spieler bis zu 90 Grad (Vorhand – Rückhand). Dies bringt einen Zeitverlust gerade bei den langgezogenen Schuß- arten, da der Spieler meist nicht aus dem vollen Lauf (im 3-Phasen-Schritt), sondern aus der Fahrt (gleiten) schießt.

Handgelenkschuß – Vorhand
Die heutige moderne Auffassung im Eis- hockey bewertet den Handgelenkschuß mit bestem Erfolg. Leider können nicht alle Spieler wegen ihrer noch nicht voll entwik- kelten Körperstärke diese Schußart zum Einsatz bringen. Im Junioren- und Senio- renbereich muß aber der Handgelenk- schuß in einer gewissen Perfektion ver- langt werden.
Da beim Schießen kaum Platz gebraucht wird und der Handgelenkschuß ohne Zeit- verlust ausgeführt werden kann, ist er, für jede Spielsituation in vollem Lauf, passend. Es ist die einzige Schußart, die es erlaubt, selbst unter stärkster Behinderung (Dek- kung) noch zum Schuß zu kommen.
Der Handgelenkschuß wird meistens mit Vorhand ausgeführt.
Die mechanische Bewegung
1. Aufsetzen der Scheibe auf die Schaufel
Die Scheibe wird im ersten Drittel des Schlägerblattes, auf der Ebene des vorde- ren Fußes, hingelegt. Füße und Körper arbeiten unabhängig von den Händen.

Abb. 285

Diese Schußart kann deshalb bei verschie- denen Eislaufarten und -stellungen ange- wendet werden. Die Schnelligkeit der Scheibenbewegung hängt von der Arbeit der Arme und des Handgelenks ab. Der Kopf ist bei peripherer Blickkontrolle aufge- richtet, der Spieler schießt evtl. automa- tisch, blind (Abb. 285).

2. Schwung
Der Spieler zieht mit beiden Händen den Schläger mit der Scheibe nur kurz über das Eis – vom vorderen Fuß vor den Körper –, wobei sich die Scheibe zur Schaufelspitze vorschiebt. Es folgt sofort eine schnelle Hebelbewegung der Hände und eine Dre- hung des Schlägers. Die obere Hand drückt den Schlägerstiel zum Körper, die untere Hand bewegt sich immer in Schuß- richtung, wodurch die Bahn der Scheibe in Zielrichtung gebracht wird (Abb. 286).

Abb. 286

Die Hebelbewegung muß schnell und kraftvoll sein, der ganze Körper beteiligt sich am Schwung.

3. Loslassen der Scheibe
Die Hebelbewegung und Handdrehung beenden wir durch den Schwung des Handgelenks.
Die untere Hand deckt die Schlägerschau-

fel auf, dadurch wird die Scheibe abgestoßen und fliegt von der Schaufel weg (Abb. 287).

Abb. 287

Diese Schußart kann auch aus dem sog. »falschen Fuß« praktiziert werden, da hier die Abstoßkraft fehlt.

Die Schußhöhe ist, ebenso wie beim Schuß in langem Schwung, vom Moment des Aufdeckens der Schaufel und von der Höhe, in der die Scheibe von der Schlägerschaufel losgelassen wird, abhängig.

Die Schlagkraft des Schusses setzt eine starke Umklammerung des Schlägerstiels, Schnelligkeit der Hebelbewegung und einen rasanten Schwung des Handgelenks voraus.

Schußunterschied:

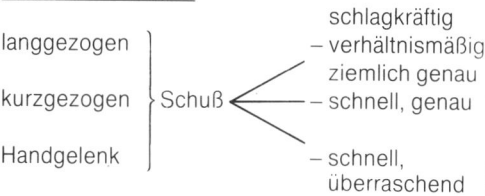

langgezogen ⎫
           ⎪   schlagkräftig – verhältnismäßig ziemlich genau

kurzgezogen ⎬ Schuß ⟵ schnell, genau

Handgelenk ⎭   – schnell, überraschend

Der Handgelenkschuß setzt sich aus der Arbeit der Schultern, der Unterarme und hauptsächlich des Handgelenks zusammen. Deshalb die Bezeichnung Handgelenkschuß. Er wird in Situationen angewen-

Abb. 288–291

det, in denen wir uns in Zeit- und Raumnot befinden. Die geringere Heftigkeit des Schusses wird durch den Überraschungseffekt ausgewogen, die Schußgenauigkeit kann verbessert werden.

Für den Handgelenkschuß ist eine Kräftigung der Hände, der Handgelenke, Arme und Schultern, besonders während des Vorbereitungstrainings (beim Sommertraining), äußerst vorteilhaft.

Geschlagene Schüsse

Schlagschuß – Vorhand
Der Schlagschuß wird oft fälschlich als »Golfschuß« bezeichnet, der aber im Kapitel »Verschiedene Arten des Schießens« beschrieben wird.

Diese neuere Schußart im Eishockey wurde von den Kanadiern eingeführt und ist schnell in Europa heimisch geworden. Im Lauf der Zeit hat es sich jedoch herausgestellt, daß diese Art des Schießens gewisse Nachteile hat und ihre Anwendung nicht immer vorteilhaft ist.

Durch den Schlagschuß können sehr schlagkräftige Schüsse abgegeben werden. In Deutschland wurden 120 bis 160 km/h gemessen, bestes Ergebnis der Welt bis 186 km/h, doch treten verschiedene Nachteile auf:

- Ungenauigkeit der Schüsse, besonders in der Höhe;
- größerer Platzbedarf, besonders im Lauf;
- langwierige Vorbereitung;
- schlechte Orientierung wegen zentraler Blickkontrolle;
- Signalisieren des Schusses.

Doch trotz der ungünstigen Eigenschaften wird der Schlagschuß im modernen Eishockey oft angewendet. Der Spieler soll ihn deshalb in einer Situation wählen, in der die Schlagkräftigkeit zum Vorteil wird.

Bei diesem Schuß kommt die Scheibe durch einen Schlag der Schlägerschaufel

in Bewegung. Die Schnelligkeit hängt von der Wucht des Schlages ab.
Die mechanische Bewegung
1. Ausholen
In leicht gegrätschter Beinstellung holt der Spieler stark aus, d. h., er schwingt den Schläger nach hinten.
Optimales Ausholen:
a) großes Ausholen bis Schulterhöhe (Abb. 292, 293)

Abb. 292, 293: Richtiges und zu hohes Ausholen.

b) kurzes Ausholen bis Knie-/Hüfthöhe (Abb. 294, 295)
Manche Spieler schwingen den Eishockeyschläger bis über die Kopfhöhe, was zwar effektvoll, aber nicht effektiv ist.
Beim Ausholen ruht das Körpergewicht auf dem hinteren Bein, der Spieler hält den Schläger beidhändig in niedriger Haltung,

Abb. 294, 295

Im Moment des Schlags neigt sich die zur unteren Hand gehörende Schulter über den Eishockeyschläger.
Schießt der Spieler in der Bewegung, muß die Scheibe im Moment des Schlags etwas vor dem Körper sein. Schießt er aus dem Stand, befindet sich die Scheibe auf der Ebene der gegrätschten Beine.

3. Loslassen der Scheibe
In der Endphase des Schlags macht der Spieler eine Hebelbewegung mit dem Handgelenk. Die Höhe des Schusses hängt vom Moment des Aufdeckens der Schaufel, des Loslassens der Scheibe von der Schaufel sowie vom Schlag auf die Scheibe ab:
● durch Schlag auf die Scheibe hinter dem

der untere Arm ist leicht geknickt. Der Kopf ist aufgerichtet, periphere Blickkontrolle.

2. Der Schlag
Nach dem Ausholen schwingt der Spieler den Schläger stark nach unten und vorne. Der untere Arm streckt sich, der Spieler neigt sich vorwärts, verlagert das Gewicht auf den äußeren vorderen Fuß und verfolgt gleichzeitig die Scheibe. Durch einen Schlag mit der vorderen Hälfte der Schlägerschaufel bringt er die Scheibe in Bewegung (Abb. 296, 297).
Die Schlägerschaufel muß wegen der Schußgenauigkeit beim Schlag auf die Scheibe so ausgerichtet sein, daß sie zur gewünschten Schußrichtung einen Winkel von 90 Grad bildet. Die Scheibe muß gleich richtig getroffen werden, nicht erst die Eisfläche.

Abb. 296, 297

111

Abb. 298–300

gung. Der Körper im sog. Anlehnen auf dem Stock, am vorderen Bein (Abb. 330a). Nach dem Loslassen der Scheibe wird der Schläger niemals unnötig hochgehoben.

Abb. 300a

Der Schlagschuß findet dann Anwendung, wenn der Spieler wuchtiger schießen soll als dies mit einer anderen Schußart möglich ist, andernfalls erzielt der Spieler mit dieser Art des Schießens nur einen rein optischen Effekt.

Der Schlagschuß ist für die Verteidiger zu empfehlen, eventuell auch für Angreifer, und zwar für einen Schuß aus größerer Entfernung. Für einen Schuß von der blauen Linie kann der Verteidiger den Schlagschuß erfolgreich anwenden, falls er nicht vom Spielgegner sofort attackiert wird.

Die Wirkung hängt von der Schußhöhe ab. Je niedriger, um so wirksamer ist der Schuß. Es wurde statistisch bewiesen, daß ein flacher Schlagschuß aus größerer Entfernung (von der blauen Linie) mit 70 Prozent am Torergebnis beteiligt ist. Um durch diese Schüsse zum Torerfolg zu kommen, hilft der Mitspieler durch Nachschuß, Tip-in oder Blenden.

Auf das Tor des Gegners anlaufende Außenstürmer sollten den Schlagschuß nicht anwenden, da die Schußvorbereitung zu langwierig ist. Das Ausholen im Gleiten unterbricht den Lauf im Eislaufschritt, beim Ausholen und Zielen befindet sich der Spieler in einer ungünstigen Schußposition, so daß die Scheibe im Augenblick des

Körper, evtl. in Körperebene, gelingt ein flacher Schuß;
- durch Schlag auf die Scheibe vor dem und vom Körper weg gelingt ein gehobener Schuß.

Der Spieler wird im Augenblick des Schießens das Schußziel anpeilen und hält durch Schwingen des hinteren Beins das Gleichgewicht, besonders beim Schuß in Bewe-

Abb. 301–303

Vorteil:
- wuchtige, kraftvolle Schüsse.

Nachteile:
- Ungenauigkeit, vor allem der höheren Schüsse,
- langwierige Schußvorbereitung,
- großer Platz- und Zeitbedarf.

Schlagschuß mit kurzem Ausholschwung
Durch das ständige Schnellerwerden des Eishockeyspiels, bei konsequenter Deckung der Spieler sowie durch die allgemeine Verbesserung der Torwarttechnik, wird auch das Schießen durch den Schlagschuß schneller, und zwar durch eine Verkürzung des Ausholschwungs.

Durch Kraftübungen, besonders während des Sommertrainings, erlangen die Spieler die notwendige Kraft in Händen und Armen, durch die beim Schießen ein unnötig langes Ausholen eingespart werden kann. Der Spieler holt bei diesem Schlagschuß deshalb nur bis in Knie-/Hüfthöhe aus (Abb. 303).

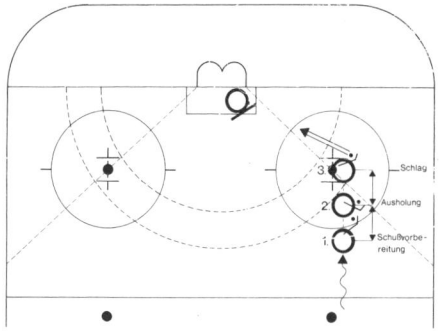

Schlags einen schlechteren Schußwinkel zum Tor hat. Außerdem wird dem Torwart durch das Ausholen der Schuß signalisiert, wodurch der Überraschungsmoment verlorengeht (Abb. 301—303).

Zweckmäßig ist es, den Schlagschuß bei größeren Entfernungen anzuwenden, z. B. Einbringen der Scheibe in das gegnerische Drittel, oder wenn der Verteidiger von der blauen Linie aus besonders flach auf dem Eis schießt.

Besonders Verteidiger und tüchtigere Spieler erreichen eine größere Schußwirkung durch den Schlagschuß mit kurzem Ausholschwung (Vorhand, Rückhand). Je nachdem, wie hoch ausgeholt wird, können wir die technische, aber auch die physische Tüchtigkeit des Spielers feststellen.

Diese neuere Art des Schießens »sollte« den Schlagschuß mit großem Ausholschwung ersetzen.

113

Direktschuß – Vorhand
Diese Technik gehört ebenfalls zu den neueren Schußarten. Die ständige Deckung der Spieler vor dem Tor und das verbesserte Spiel sowie die Ausrüstung des Torwarts erlauben dem Spieler keine langwierigen Schlagschußvorbereitungen besonders auf den langgezogenen Schuß. Deshalb wird in letzter Zeit besonders in unmittelbarer Tornähe direkt geschossen. Direkt – aus dem Zuspiel (Abb. 304),

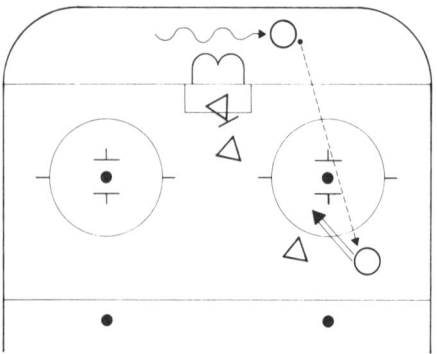

Abb. 304

als Nachschuß,
aus einem Tumult vor dem gegnerischen Tor,
bei direkter Manndeckung (Abb. 305).

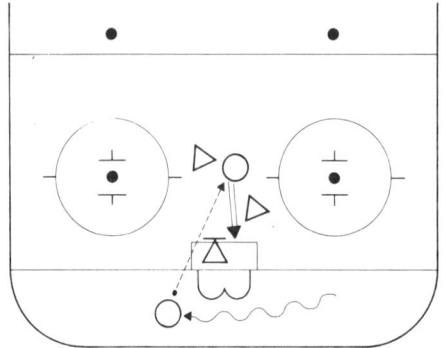

Abb. 305:

Diese Schußart ist wegen ihrer Schnelligkeit und wegen des durch sie verursachten Überraschungsmoments sehr wirksam. Da der Schuß keine Vorbereitung erfordert, reagiert der Torwart nur schwer, weil er weder den Zeitpunkt noch die Richtung abschätzen kann. Der Direktschuß wird überwiegend mit Vorhand praktiziert.

<u>Mechanik des Schusses</u>
Die Schlägerhaltung ist niedrig, bei starken Pässen ziemlich tief, die Schlägerschaufel

Abb. 306–308

Abb. 309–312

liegt auf bzw. fast auf dem Eis. Die Scheibe wird nur durch eine Hebelbewegung der Hände geschlagen (Abb. 306–308). Bei höheren Schüssen wird die Schaufel durch eine heftige Bewegung des Handgelenks (Knick) aufgedeckt. Diese explosive Hebelbewegung der Hände wird unterstützt durch die Schultern sowie das Abstoßen der Füße. Die Bewegung der Schaufel gegen die Scheibe ist kurz (20–30 cm) (Abb. 309–312).
Diese Schußart wird als die schwerste angesehen.

Nachteile des Direktschusses:
geringe Genauigkeit, hauptsächlich bei gehobenen Schüssen, die aber durch die Schnelligkeit (den Überraschungsmoment) ausgeglichen wird.

Zweikontaktschuß – Vorhand
Diese Art des Schießens ist äußerst wirksam, doch steht sie in Hinsicht auf den Schwierigkeitsgrad noch über dem Schlagschuß. Sie wird deshalb von den Spielern nur selten benutzt, nur die technisch besten Eishockeyspieler können sie anwenden.
Wegen der äußerst kurzen Vorbereitungszeit kommt der Schuß unerwartet, ist bei kurzem Schwung genau und je nach Rasanz des letzten Schlags genügend heftig. Der Zweikontaktschuß wird am günstigsten nach dem endgültigen Umspielen des Gegners, beim Manövrieren aus mittlerer Entfernung (5–8 m) angewendet. Weltspitzenspieler praktizieren diese Schußart als Verteidiger auch aus größerer Entfernung. Es handelt sich um eine Schußkombination von Handgelenkschuß bzw. kurzgezogenem Schuß mit Direktschuß, was auch

115

durch den Namen – Zweikontaktschuß – erklärt wird.

1. Auflegen der Scheibe

Das Auflegen der Scheibe ist ähnlich wie beim Schuß mit kurzem Schwung, d. h., der Spieler setzt die Scheibe in der Mitte der Schlägerschaufel auf und neigt die Schaufel leicht zur Scheibe. Der Schläger wird mit beiden Händen leicht hinter dem Körper auf dem Eis gehalten, etwa zwei Handbreit höher als beim Schlagschuß (Abb. 313).

Abb. 313

2. Erste Phase – der Schwung

Sie ist verhältnismäßig kurz, mehr andeutungsweise. Während des Schwungs rotiert die Scheibe zur Schaufelspitze, von der sie sich nur etwa 10–30 cm nach vorne entfernt (Abb. 314).

Abb. 314

3. Zweite Phase – Der Aufschlag

In die schon etwas entfernte Scheibe schlägt der Spieler die Schlägerschaufel mit einer kurzen, heftigen Hebelbewegung der Hände im Handgelenk. Die obere Hand deckt die Schaufel auf und drückt gleichzeitig den Schläger zum Körper, wodurch die untere Hand den Schlag ausführt. Die Schaufel entfernt sich mit der Ferse vom Eis, wodurch das Rotieren der Scheibe beendet wird.

Bei der Hebelbewegung verlagert der Spieler nach dem Abstoßen mit dem hinteren Fuß gleichzeitig das Körpergewicht auf den vorderen Fuß – sog. *Anlehnen auf den Schläger.*

Der Kopf ist aufgerichtet, die Augen verfolgen das Ziel des Schusses. Der Spieler läßt die Scheibe von der Schaufelspitze los, die das Eis als letztes verläßt (Abb. 315, 316).

Abb. 315, 316

116

Diese Schußart wird mehr und mehr angewendet und dürfte in der Zukunft der am meisten praktizierte Schuß sein.

Abb. 317–319

Er wird deshalb von den Spielern weniger und nicht so gern geübt. Es gibt nur wenige Eishockeyspieler, die Spezialisten in der Rückhand sind. Viele Spieler schätzen diese Schußart nicht und widmen ihr beim Einüben viel weniger Aufmerksamkeit als den Vorhandschüssen. Es gehört zur Pflicht des Trainers, das Rückhandschießen in das Trainingsprogramm aufzunehmen und die Beherrschung auch dieser Technik zu verlangen.

Beim Rückhandschießen in der Bewegung ist es am schwierigsten, den Lauf mit der Schußstellung zu koordinieren. Für Anfänger (besonders Kinder) wird die Mechanik des Schießens vereinfacht. Diese Gruppe beeinflußt die Scheibenbewegung einzig in Schußrichtung und schleudert die Scheibe praktisch in die Luft, deshalb erzielt der Schuß noch nicht die gewünschte Genauigkeit.

Schußübungen mit Rückhand werden am besten in der Bewegung, im sogenannten S-Lauf durchgeführt (Abb. 320).

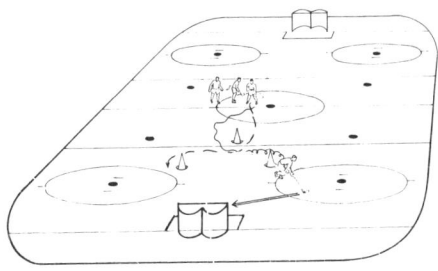

Abb. 320

Rückhandschüsse

Der Rückhandschuß ist im Hinblick auf die technische Durchführung anspruchsvoller als der Vorhandschuß.

Langgezogener Rückhandschuß
Die grundlegende Art des Schießens in der Rückhandtechnik kennen wir bereits vom Passing. Die günstigste Stellung für diesen Schuß nimmt der Spieler nach dem Aus-

117

laufen eines Bogens ein – nach einer Schleife, wenn er sich beim Umspielen seitlich vom verteidigenden Spieler befindet.

1. Aufsetzen der Scheibe
Der Spieler setzt die Scheibe an der Ferse der Schlägerschaufel auf, die hinter dem rückwärtigen Abstoßfuß auf der Eisfläche liegt. Dies ist beim Rechtshänder das linke, beim Linkshänder das rechte Bein. Die Schlägerhaltung ist etwas niedriger als beim Vorhandschuß, Schultern und Hüften drehen sich in Fahrtrichtung, die Knie sind leicht geknickt (Abb. 321, 322).

Abb. 321, 322

Diese Haltung ist beim Bogenlaufen deshalb günstig, weil der Spieler die Scheibe mit dem Körper abdeckt – mit dem vorderen Knie, Ellbogen, unterer Hand und Schulter. Das Aufsetzen der Scheibe beobachtet der Spieler durch die zentrale Blickkontrolle.

2. Zug der Scheibe
Beim Zug der Scheibe wirken beide Hände einheitlich in Schußrichtung, wobei die Scheibe zur Schaufelspitze rotiert (Abb. 323).

Abb. 323

3. Loslassen der Scheibe
Nach dem Abstoßen mit dem hinteren Bein wird das Körpergewicht auf den Innenfuß übertragen. Durch einen Schlägerzug mit der unteren Hand gewinnt die Scheibe ihre endgültige Schnelligkeit. Die obere Hand beendet die leichte Hebelbewegung.
Der Spieler bestimmt durch das Aufdecken der Schlägerschaufel die Höhe des Schusses. Der Kopf ist aufgerichtet, der Blick auf das Schußziel gerichtet. Nach dem Loslassen der Scheibe von der Schlägerschaufel wird der Eishockeyschläger nicht unnötig hoch gehoben (in Schulterhöhe) (Abb. 324, 325). Dies ist zweckmäßig und vermeidet unnötige Verletzungen.

Vorteile:
- genügend kräftig und präzis,
- ausgezeichnete Scheibenabdeckung durch den Körper in Fahrt.

Nachteile:
- Ausführung nur im Gleiten, nicht im Eishockeylaufschritt,
- langwierige Vorbereitung,

118

Abb. 324, 325

- großer Platzbedarf,
- längere Vorbereitungszeit signalisiert den Schuß, und der Überraschungsmoment geht verloren.

Trotzdem geht der Trainer erst dann zum Einüben der nächsten Rückhandschüsse über, wenn der Spieler diese grundlegende Art vollkommen beherrscht.

Kurzgezogener Rückhandschuß
Es handelt sich um eine schnelle, wirksame Schußart, deshalb kommen hier alle Nachteile zum Wegfall, die der Schuß mit langem Schwung hat. Die Vorbereitungszeit ist kürzer, ebenso der Zug und das Loslassen der Scheibe.
Die Stockhaltung mit beiden Händen liegt etwas höher als beim Schuß mit langem Schwung, was ermöglicht, daß auch während des Schießens im Eishockeylaufschritt gelaufen werden kann.

Diese Schußart ist günstig anzuwenden beim Bogenlaufen und hauptsächlich durch Übersetzen. Der Kopf ist aufgerichtet, so daß der Spieler den Überblick nicht verliert und im richtigen Augenblick schießen kann. Ein überraschender, unerwarteter Schuß nach Umspielen eines Gegners oder beim Sturm auf das gegnerische Tor ist viel wirkungsvoller als der Schuß in langem Schwung, obwohl bei diesem kräftigere Schüsse abgegeben werden können.

1. Aufsetzen der Scheibe
Die Scheibe wird auf die Ferse der Schlägerschaufel gelegt, die sich an der vorderen Ebene des Körpers auf der Eisfläche befindet.

2. Zug der Scheibe
Der Scheibenzug ist kürzer als beim langgezogenen Schuß und wird eher durch eine Hebelbewegung im Handgelenk durchgeführt. Die Scheibe wird nur bis ins zweite Drittel der Schaufel vorgeschoben, nicht bis zur Schaufelspitze wie beim langen Schwung.

3. Loslassen der Scheibe
Die Scheibe wird früher losgelassen als beim Schuß mit langem Schwung – annähernd aus dem zweiten Drittel der Schaufel –, besonders bei Eishockeyschlägern mit gekrümmter Schaufel. Dies erfolgt durch eine schnelle, ruckartige Bewegung der Hände.
Der Körper hilft hierbei durch das Abstoßen aus den geknickten Knien mit. Durch das Aufdecken der Schlägerschaufel von der Scheibe bestimmt der Spieler die Höhe des Schusses. Die Augen sind auf das Ziel des Schusses gerichtet.

Schlagschuß durch Rückhand
Diese Schußart wird meistens nach dem

Dribblingabschluß mit langer Schleife durchgeführt (Abb. 326, 327).

Abb. 326, 327

Mechanik des Schusses
Der Spieler, der mit der oberen Hand die Scheibe führt, zieht diese leicht zu sich, vor die Schlägerschaufel. Plötzlich faßt er den Schläger auch mit der unteren Hand (niedriges Halten des Schlägers) und schlägt die Scheibe kraftvoll mit der vorderen Hälfte der Schlägerschaufel. Die Stärke des Schlags wird noch durch ein Abstoßen des hinteren Fußes verstärkt.
Die Höhe des Schusses hängt vom Aufdecken der Schaufel ab, die Genauigkeit des Schusses von der Schlagrichtung auf die Scheibe. Im Moment des Schlags soll die Schaufel einen Winkel von 90 Grad zur verlangten Schußrichtung bilden.
Die Schnelligkeit eines Schusses ist abhängig von der Stärke des Schlags.

Der Schlagschuß mit Ausholschwung hat, je nach Schulter- und Hüftgelenkigkeit, einen unterschiedlichen Raumbedarf. Im Prinzip ist diese Schußart identisch mit der »Schaufelbewegung«.
Nach dem Schlag wird der Schläger nicht unnötig hoch vom Eis abgehoben. Dies ist unökonomisch und mit Verletzungsgefahren für die Mitspieler verbunden. Mit dem Blick verfolgen wir das Ziel des Schusses.
Der Rückhandschuß ist in der Technik anspruchsvoller als derjenige in Vorhandtechnik. Es ist schwieriger, den richtigen Augenblick des Schlags auf die sich bewegende Scheibe abzuschätzen. Das Abschießen der Scheibe im rechten Augenblick, besonders nach dem Umspielen des Gegners in einer langen Schleife, kommt für den Torwart sehr überraschend, er kann schlecht auf den Schuß reagieren.

Zweikontaktschuß – Rückhand
Diese Schußart wird meist nach einem kurzen Dribbling angewendet, wenn der Spieler auf kleinem Raum (5–6 m) vor dem Tor des Gegners schießen soll.
Solch ein Schuß ist nicht besonders heftig, aber wegen der kurzen Vorbereitungszeit sehr schnell.
Der Vorteil des Zweikontaktschusses besteht darin, daß der Torwart keine Möglichkeit hat, die Absicht des Spielers oder die Richtung des Schusses zu erkennen. Der Schuß geht praktisch direkt vom Körper aus (Abb. 328–331).
Die Mechanik des Schusses ähnelt derjenigen des Vorhandschusses, mit dem Unterschied, daß der Schläger um zwei Handbreiten tiefer gehalten wird.

Verschiedene Arten des Schießens

Außer den ständig angewendeten, grundlegenden Schußarten haben auch andere Schüsse ihre Bedeutung. Sie werden zwar

120

seltener praktiziert, können aber ebenfalls zu einem Torerfolg führen. Es ist deshalb notwendig, daß der Spieler sie kennt und der Trainer das Einüben ins Trainingsprogramm aufnimmt.

Flipschuß
Der Erfolg dieses Schusses hängt nicht allein von der Wucht ab, mit der er ausgeführt wird. Dieser Schuß ist eine Prüfung der Reflexe und der Nerven des Torwarts. Obwohl er nicht übermäßig heftig ist, fürchten ihn die Torhüter.

Anwendung findet der Flipschuß beim Überwerfen der Scheibe aus kurzer Entfernung in das Tor – über den liegenden Torwart hinweg (Abb. 332, 333).

Er wird ebenfalls benutzt zum Einschießen (Auswerfen) auf das gegnerische Tor, wobei die Scheibe in ungewöhnlich großer Höhe über die Spieler hinwegfliegt und vor dem Torwart auf die Eisfläche fällt. Diese Schüsse sind für den Torhüter gerade des-

Abb. 328–331

Abb. 332

halb gefährlich, weil die Scheibe vom Eis springt. Dieses Abspringen kann unterschiedlicher Art sein, je nachdem wie die Scheibe auf das Eis fällt – mit der ganzen Fläche oder mit der Kante. Das Abprallen der Scheibe ist schnell, der Torwart kann in der Regel nicht abschätzen, welchen weiteren Richtungsverlauf die Scheibe nimmt, und deshalb nicht mehr reagieren. Es ist wichtig, daß die Mitspieler dem Flipschuß nachlaufen.

Vorteilhaft wird der Flipschuß auch angewendet beim Herauswerfen aus dem eigenen Spielfelddrittel über die Gegenspieler hinweg. Bei starkem Druck des Gegners oder zahlenmäßiger Unterlegenheit wird durch diesen »Befreiungsschuß« der Kampf aus dem eigenen Drittel getragen.

Beim Flipschuß bringt der Spieler, praktisch aus dem Stand, die Scheibe folgendermaßen in die Höhe:

1. Durch eine kurze Bewegung zieht man die Scheibe mit der Schlägerschaufel zum Körper und legt sie sofort in die Gegenrichtung.
2. Durch eine kurze Hebelbewegung der Hände im Handgelenk und durch Aufdecken der Schaufel von der Scheibe hebt man diese von unten auf die Schlägerschaufel.
3. Durch eine Bewegung beider Hände nach vorne schleudert der Spieler die Scheibe in die Luft (Abb. 334).

Abb. 334

Dieser Schuß wird in Rück- und Vorhandtechnik ausgeführt, wobei die Mechanik annähernd dieselbe ist.

Der Luftschuß
Das Schießen der Scheibe direkt aus der Luft ist eigentlich das Niederschlagen eines hohen Schusses/Passes während seines Flugs auf das Tor des Gegners. Diese hohen Schüsse kann der Spieler, der sich in der Nähe des gegnerischen Tors

Abb. 335–337

befindet, entweder mit der Schaufel seines Schlägers niederschlagen, oder er kann durch ein Dazwischenschieben seines Schlägers die Schußrichtung auf das Tor ändern (Abb. 335–337).

Der Torwart kann auf diese überraschenden Aktionen meistens nicht mehr reagieren. Während ihres ganzen Flugs – bis zum Moment des Niederschlags – muß der Spieler die Scheibe mit seinem Schläger verfolgen.

Das richtige Gefühl für den Schläger in den Händen zu haben, ist eine Grundbedingung für das Niederschlagen der Schüsse. Dieses Gefühl kann nur durch ständiges Üben erlernt werden, z. B. durch Zielen und Treffen einer aufgehängten Scheibe, durch Trainieren mit der fliegenden Scheibe vor dem Tor, wobei diese immer aus derselben Richtung und Höhe kommen muß, auch durch ergänzende Sportarten, wie Tennis, Badminton, Squash.

Beim Niederschlagen der Schüsse darf der Spieler den Schläger nicht über Schulterhöhe heben, dies verbietet die Spielregel.

Bullyschuß – Schuß direkt vom Einwurf

Auch wenn der Einwurf als selbständige Spieltätigkeit des Spielers bzw. der Mannschaft bewertet wird (siehe nächsten Teil), gehört das Abschießen der Scheibe direkt aus dem Einwurf zu den verschiedenen möglichen Schußarten, die oft praktiziert werden (Abb. 338–341).

Diese Schußart wird hauptsächlich mit der Vorhandseite des Schlägers gespielt, d. h. Linkshänder aus der linken Seite, Rechtshänder aus der rechten Seite, und zwar vom Anspielpunkt in die Angriffszone vor das Tor des Gegners.

Durch eine Hebelbewegung der Hände im Handgelenk, in die der Spieler das ganze Körpergewicht verlagert (dadurch befindet er sich im sog. Anlehnen auf dem Stock), schießt er die Scheibe direkt aus dem Einwurf auf das gegnerische Tor. Es ist

Abb. 338–341

wichtig, die Scheibe auf der Vorhandseite zu gewinnen (Abb. 342).

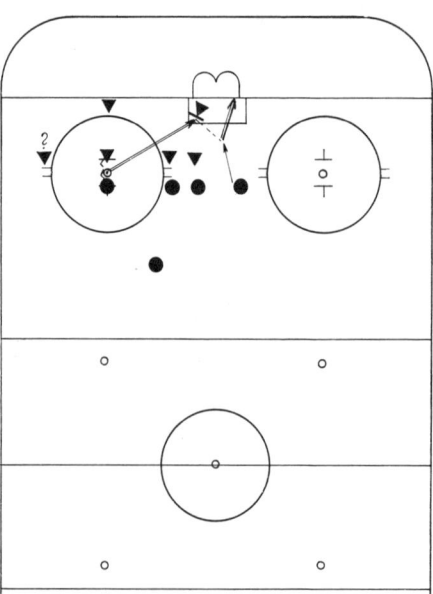

Abb. 342

Dieser Schuß wird selten benutzt, doch in einzelnen Fällen gelingt es, aus dieser Situation ein Tor zu erzielen. Für den Torwart kommt dieser Schuß sehr überraschend. Von den Spielern wird er benutzt, wenn das Spieldrittel oder der ganze Wettkampf zu Ende geht und keine Zeit mehr zum langwierigen Spielen der Scheibe zum Tor bleibt. Der Spieler bemüht sich, noch schnell ein Tor zu schießen, eventuell die vom Torwart abgewehrte Scheibe noch einmal zu schießen. Vor allem die Kanadier sind auf diese Technik spezialisiert.

Nachschuß
Die scharf geschossene Scheibe wird vom Torwart entweder aufgefangen oder abgewehrt. Die angreifenden Spieler bemühen sich, die abgewehrte Scheibe noch einmal

ins Tor zu schießen. Für den Torhüter ist gerade dieser zweite Schuß (Nachschuß) besonders gefährlich, da er bei seiner Reaktion auf den direkten Schuß aus der Grundstellung kommt und auf den Nachschuß nicht mehr reagieren kann (Abb. 343, 344).

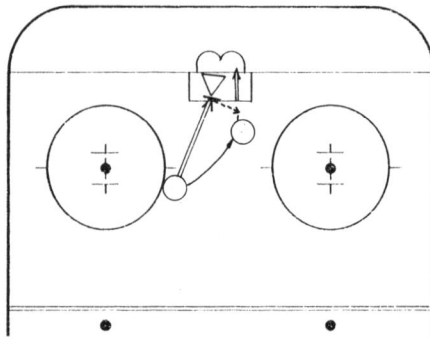

Abb. 343

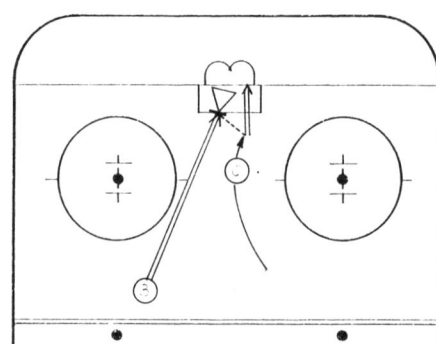

Abb. 344

Diese Angriffsart ist sehr erfolgreich, und folgender Grundsatz muß dabei strikt eingehalten werden:
Der Spieler muß nach dem Abschießen der Scheibe direkt auf das Tor zulaufen und sich bemühen, die vom Torwart abgewehrte Scheibe nochmals abzuschießen.
Noch günstiger ist es, wenn ein in Tornähe befindlicher Mitspieler die abgewehrte Scheibe noch einmal schießt.
Für den Nachschuß werden unterschied-

124

lich Vor-/Rückhand-Schußarten benutzt, am meisten solche mit kürzester Bewegung (Abb. 345).

Abb. 345

Leider wird diese Angriffstätigkeit in der Praxis verhältnismäßig wenig angewendet, obwohl dieses taktische Manöver von einigen wenigen Spielern mit großem Erfolg durchgeführt wird.

Beim Einüben des Schießens muß der Trainer von den Spielern das nochmalige Nachschießen der vom Torwart abgewehrten Scheibe verlangen.

Besonders junge Spieler sollen schon von Anfang an dazu gebracht werden, diesen Schuß einzuüben und jedem Schuß nachzulaufen.

Golfschuß
Der Golfschuß wurde vom Bandy (Eishockey mit Ball) in das Eishockey übernommen. Bandy wird in Schweden, Norwegen und in der UdSSR gespielt. Diese Schußart wird auch im Landhockey angewendet.
Mit diesem Schuß werden meist springende, sich drehende Scheiben geschossen. Man kann den Golfschuß mehr als ein Wegschießen bezeichnen, da von einer Zielgenauigkeit kaum die Rede sein kann. Der Schläger wird mit beiden Händen in höchstmöglicher Art gehalten, die untere Hand dicht an der oberen. Das Ausholen

und Schwingen erfolgt so hoch wie beim Golfspiel (daher der Name), und der Spieler schießt dabei nach hinten (Abb. 346–348).

Kickschuß
Der Kickschuß ist dem breiten Publikum relativ unbekannt. Das kommt daher, daß diese Schußart in jüngster Vergangenheit verboten war. Der Kickschuß wird – wie der

Abb. 346–348

Name schon sagt – gekickt, was zur Folge hat, daß der Schuß sehr scharf und für den Torwart unkontrollierbar wird (Abb. 349, 350).

Abb. 349, 350

Beim Kickschuß wird der Schläger nur mit der oberen Hand gehalten, wobei das Schlägerblatt geschlossen ist und somit die Scheibe abgedeckt wird. An der Stelle, an der sich bei einem Schlagschuß die untere Hand befindet, wird der Eishockeyschläger vom Schienbein des Spielers getroffen. Die erste Wucht des Trittes, die durch den Ausholschwung des Beins auf den Schläger übertragen wird, geht in das Eis. Dies läßt sich daran erkennen, daß sich der Eishockeyschläger durchbiegt; anschließend wird die Scheibe wegkatapultiert.

Dieser Schuß darf jetzt wieder angewendet, doch darf kein direktes Tor damit erzielt werden.

Bluffschuß

Diese Schußart ist der erfolgreiche Abschluß eines Alleingangs des Spielers auf den Torwart mit Täuschungsmanöver.

Dieses Täuschungsmanöver beim Umspielen des Torwarts gehört zum Dribbling und wird entweder durch Hereinstoßen der Scheibe hinter den Körper des Torwarts oder durch einen Schuß abgeschlossen. Der Spieler wendet den Bluffschuß dann an, wenn er unbelästigt vom Gegner allein mit der Scheibe auf das Tor des Gegners zuläuft. Er macht in 3–4 m Entfernung vom Torhüter eine täuschende Bewegung, durch die er, und zwar mit dem ganzen Körper (Hände, Schultern, Kopf), eine bestimmte Tätigkeit mimt, wie z.B. Schuß im Schwung, Schlagschuß (Vor- oder Rückhand) Schleife zur Seite u.ä. (Abb. 351).

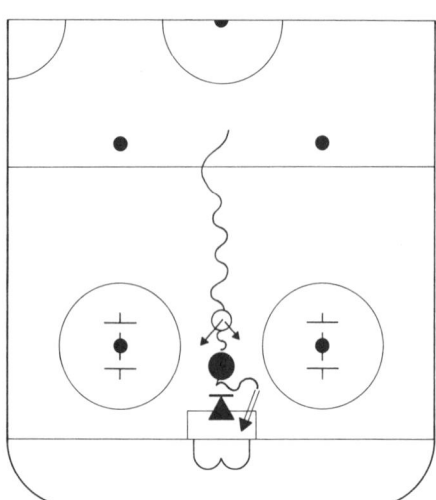

Abb. 351

Wenn der Torwart auf dieses Täuschungsmanöver reagiert, zieht der Spieler die Scheibe auf der entgegengesetzten Seite hinter dem umspielten Körper des Torwarts in dasTor oder schießt sie in der vom Torwart nicht geschützten Seite ins Tor (Abb. 352, 353).

Abb. 354, 355

Abb. 352, 353

Den Torwart kann man auch dadurch umspielen, daß der Spieler nicht im Eishokkeylaufschritt läuft, sondern nur gleitend zum Tor fährt, damit der Torwart seine Absicht nicht durchschauen kann. Der Spieler deutet eine bestimmte Bewegung an (z. B. einen Schuß), die die Scheibe nicht beeinflußt. Wenn der Torwart auf die vorgetäuschte Bewegung reagiert, schießt der Spieler die Scheibe in den ungedeckten Teil des Tors (Abb. 354, 355).
Viele Spieler wenden folgende Methode an:
In etwa 4–5 m Entfernung vor dem Torhüter laufen sie nicht mehr im Eishockeylaufschritt, sondern gleiten nur. Die Scheibe halten sie auf der Vorhandseite der Schlä-

gerschaufel. Ohne jegliche Bewegung fixiert der Spieler den Torwart, wodurch er ihn zu einer ersten Bewegung provoziert – z. B. Herauslaufen aus dem Tor, Knien, Grätschen u. ä. Auf die Bewegung des Torwarts wird mit einer Gegenbewegung reagiert, die der Spieler mit dem Einschuß der Scheibe in das Tor abschließt. Bleibt der Torhüter stehen, wird unerwartet in den freien Raum des Tors geschossen, besonders auf jene Stellen, die die Spieler »sicher« haben, d. h. jene Stellen, die sie auch blind treffen.
Oftmals wird mit der Hand eine Schleife gezogen, nach der das Einschießen der Scheibe erfolgt (Abb. 356), oder ein Schuß im Schwung durch Vorhandtechnik angedeutet, dann das Zurückziehen der Scheibe auf die Rückhandseite und das Abschie-

Abb. 356

Abb. 357–359

ßen der Scheibe in den oberen Teil des Tors (Abb. 357–359).

Es gibt kein grundsätzliches Rezept über die Anwendungsmöglichkeiten des Bluffschusses. Jeder technisch versierte Spieler sollte mehrere Varianten beherrschen und die optimale je nach der gegebenen Situation anwenden.

Der Erfolg des Bluffens hängt von der gründlichen Vorbereitung und Durchführung (bis hin zum Einschieben oder Abschießen der Scheibe in das Tor) ab. Die täuschenden Bewegungen sollen nicht unnötig viel und kompliziert sein, sonst könnte der Spieler die Scheibe verlieren oder danebenschießen, da er bereits aus dem Schußwinkel gefahren ist. Es ist von großem Vorteil, wenn der Spieler die Schwächen des gegnerischen Torwarts kennt und weiß, wie er auf die Täuschungsmanöver reagiert, z. B. bleibt er im Tor, läßt er sich im Gleiten aufs Eis fallen (Slide), läuft er aus dem Tor usw.

Wichtig ist auch zu wissen, mit welcher Hand der Torwart den Schläger hält. Die rechte Hand ist die Regel, doch gibt es auch Ausnahmen.

Der alleinlaufende, scheibenführende Spieler muß immer die Kontrolle über den nachstürmenden Gegner haben und wissen, welche Aktionen er mit der Scheibe noch ausführen kann, bevor er gestört wird.

Strafschuß – Penalty

In der eben beschriebenen Weise wird auch beim Strafschuß gehandelt. Dieser ist eine Probe für die technischen Fähigkeiten des Spielers und des Torwarts (siehe Eishockeyregeln).

Der Strafschuß im Eishockey ist schwerer als der beim Fußball in ein Tor zu verwandeln. Während im Fußball die Erfolgschancen etwa 80:20 stehen, sind sie beim Eishockey 50:50 ausgeglichen.

Beim Strafschuß (Penalty) hat der Torwart die besseren Chancen, er muß sich nur auf einen einzigen Spieler konzentrieren. Im normalen Spielverlauf besteht noch immer die Möglichkeit, die Scheibe zuzuspielen, der Spieler ist »psychisch frei«, deshalb gelingt es ihm leichter, ein Tor zu schießen als beim Penalty.

Andere Angriffsarten, durch die ein Tor erzielt werden kann

Außer durch die üblichen und die seltener angewendeten Schußarten bemühen sich die Spieler, durch ergänzende Tätigkeiten, wie Tip-in und Blenden, ein Tor zu erzielen.

Tip-in – Schußabfälschung
Diese Tätigkeit ist, wenn sie direkt vor dem Tor ausgeführt wird, für den Torwart sehr gefährlich. Der Spieler in Bewegung oder im Stand wirkt auf den von einem Mitspieler abgegebenen Schuß dadurch ein, daß er diesen durch ein Dazwischenschieben seiner Schlägerschaufel in anderer (oder gewechselten) Zielrichtung zum Tor bringt. Diese Schußabfälschung wird angewendet, wenn der Spieler – besonders der Verteidiger – aus größerer Entfernung flach auf das Tor schießt. Der Mitspieler ändert die Schußbahn dadurch, daß er die Schaufel in Schußrichtung stellt und die Scheibe in eine andere Richtung lenkt (Abb. 360).

Abb. 360
Der Mitspieler kann den Schuß auch in eine fliegende Bewegung bringen, indem er die

aufgedeckte Schaufel in Schußrichtung stellt (Abb. 361).

Abb. 361
Diese Angriffstätigkeit setzt sich immer mehr durch. Es kann behauptet werden, daß direkte Schüsse immer häufiger durch eingelenkte Schüsse (Tip-in) ersetzt werden. Natürlich muß Tip-in geübt werden. Hierbei ist es wichtig, daß der scheibenführende Spieler vor dem Schießen die Stellung seines Mitspielers vor dem Tor beachtet. Der Schuß muß flach und mit Wucht ausgeführt werden, am günstigsten in diagonaler Richtung vor dem Tor (lange Ecke) (Abb. 362, 363).

Abb. 362, 363

Zum Abfälschen der Schüsse in die Höhe (zum Flug) ist es notwendig, daß der Spieler das Gefühl für das Aufdecken der Schaufel hat, damit die abgefälschte Scheibe das gewünschte Ziel erreicht.

Die Tip-in-Schüsse sind die gefährlichsten und praktisch nicht aufzuhalten, da auf hart abgegebene Schüsse durch Stellung und Bewegung der Torwart reagiert, und das Abfälschen für ihn zu rasch erfolgt. Eine Reaktion des Torwarts auf die neue Situation ist nicht mehr möglich.

Diese Art als Spielzug wird von den Eishockeyspielern als »Signal« trainiert.

Blenden – Dem Torwart die Sicht nehmen
Ein Spieler, der sich vor dem gegnerischen Tor aufhält und darauf wartet, die abgegebenen Schüsse einzulenken, ist Gegenstand der besonderen Aufmerksamkeit der Verteidiger, die ihn sorgsam decken. Dieser Spieler, auch wenn er nicht im Besitz der Scheibe ist, hilft seinem Mitspieler beim Schießen dadurch, daß er den Torwart blendet, ihm die Sicht nimmt und einen gegnerischen Verteidiger »beschäftigt«, der versucht, ihn aus dem Raum vor dem Tor zu drängen.

Die abgeschossene Scheibe bewegt sich zwischen Spieler und Mitspieler auf das Tor zu, und der Torwart, dem die Sicht verstellt ist, kann im letzten Augenblick auf diese Schüsse nicht mehr reagieren.

Der »blendende« Spieler stellt sich absichtlich zwischen Scheibe und Torwart, läßt die Scheibe durch die gegrätschten Beine oder weicht ihr absichtlich erst im letzten Moment aus (Abb. 364, 365).

Für das Blenden eignen sich jene Spieler, die keine Angst haben, sich dem Schuß in den Weg zu stellen und einen Zusammenstoß mit einem gegnerischen Verteidiger nicht fürchten.

Da sich die Leistungen der Torhüter wesentlich verbessern, kann ein Tor in direktem Schuß aus größerer Entfernung nur mit

Abb. 364, 365

Hilfe des Blendens erzielt werden. Ohne Blenden fängt der Torwart diese Schüsse nur allzu leicht auf.

In ständigem Training kann der Spieler das Blenden üben. Der Spieler, der vom Trainer mit der Aufgabe des Blendens ausgewählt wird, muß während des Spiels in jeder Schußsituation sofort zwischen den Verteidigern auftauchen, um zu blenden. Nach einiger Zeit gewöhnt sich der Spieler automatisch an diese Tätigkeit und erhöht dadurch die Schußkraft seiner Mannschaft, obwohl er selbst nicht der Torschütze ist.

Gedanken zum Schießen

Wie schon beschrieben, werden zum Schießen die beiden Faktoren Technik und Taktik benötigt.
Schießen = Technik + Taktik
Solange der Spieler die Technik nicht be-

herrscht, braucht er sich nicht um die Taktik bemühen.

Mangelnde Technik

Der scheibenführende Spieler versucht z. B. einen Torschuß, trifft aber nur den liegenden Torwart. Auf die Kritik des Trainers, warum der Schuß ins Tor nicht hoch erfolgt sei, kommt vom Spieler die Antwort: »Ich wollte, konnte aber die Scheibe nicht heben«, d. h., er hat taktisch richtig reagiert, doch die technische Fertigkeit fehlt noch.
Folgerung: Schußtechnik verbessern.

Mangelnde Taktik

Der Torwart läuft dem scheibenführenden Spieler entgegen und verkürzt dadurch den Schußwinkel. Der Spieler schießt, trifft aber nur den Torwart. Mit einem Bluffschuß hätte er erfolgreich sein können. Er hat taktisch nicht richtig reagiert.
Folgerung: Richtige Schußart wählen, es fehlt die Spielpraxis.

Technik des Schießens

Im Training muß die Schußtechnik immer geübt, und der Wille des Spielers muß so motiviert werden, daß er sich immer noch verbessern will.
Für die Anfänger gilt: lernen, üben – lernen, üben.
Zuerst ist die Beherrschung zweier grundlegender Schußarten – Vor- und Rückhand – wichtig, erst dann wird mit dem Einüben der nächsten, schwierigeren Schußart begonnen, bis hin zu dem Punkt, an dem der Spieler alle Schußarten im Prinzip beherrscht.
Für die sogenannten »fertigen Spieler« gilt: Verbesserung aller Schußarten in jedem Training, z. B.

Schußgenauigkeit – präzise treffen

schneller schießen – Vorbereitungen zum Schießen verkürzen ⟨ zeitlich / räumlich

heftiger, härter schießen – Schlagkraft und Schnelligkeit verbessern

Blickkontrolle – alle Schußarten »blind« beherrschen, d. h. vom zentralen Blick in die periphere Blickkontrolle übergehen, bis zur automatischen Durchführung.

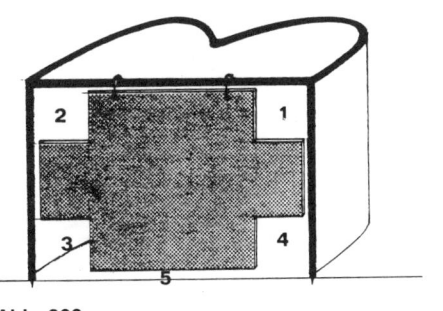

Abb. 366

Jeder Spieler jeden Alters und Spielniveaus kann sich immer noch verbessern, bzw. seine technischen Fähigkeiten im Schießen ausbauen. Im Training wird jede Technik mit Vor- und Rückhand geübt (Abb. 366).
Von einem Trainer wird verlangt, daß er immer die beste, passende Übung zeigt – nicht zu leicht, aber auch nicht zu schwer. In letzter Zeit wird das Schußtraining nur aus dem Stand vermieden – immer in Bewegung.

Ebenso wie die Verbesserung der Schußtechnik muß die physische Ertüchtigung
trainiert werden. Bei den neuesten Schuß-
methoden braucht der Spieler die meiste
Kraft im Handgelenk, im Ober- und Unter-
arm. Jede Trainingsphase hierfür läßt sich
auch ohne Eisfläche üben (Abb. 367).

Abb. 367

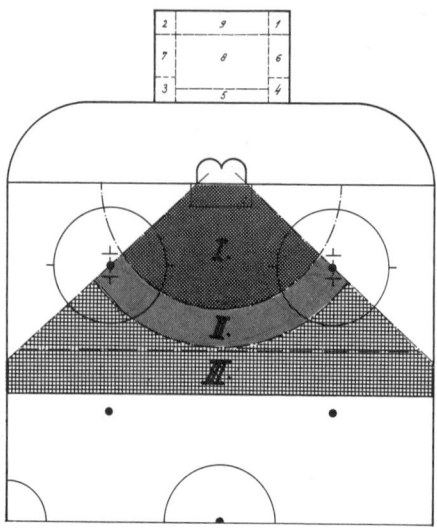

Abb. 368

Taktik des Schießens

Im Eishockey gilt grundsätzlich:

Wann schießen?
Auf das Tor sollte grundsätzlich derjenige
Spieler schießen, der sich in der vorteilhaftesten Schußposition befindet und über-
zeugt ist, daß kein anderer Mitspieler bessere Erfolgschancen hat.

Woher schießen?
Die Tormöglichkeit besteht von jeder Stelle
der Eisfläche aus. Dies wird aber durch die
momentane Stellung des Torwarts und die
Position der gegnerischen Mannschaft beeinflußt. Langzeitige, statistische Erhebun-
gen ergaben, daß die meisten geschossenen Tore aus dem sogenannten Schußraum kommen, dazu kommt noch die
Schußposition der Verteidiger von der
blauen Linie (Abb. 368).
Die günstigste Entfernung für einen Torerfolg im Schußraum ist etwa 18 m Abstand,
in einem Winkel von 45 Grad, rechts oder
links vor dem Tor.

Schußraum I: Die günstigste Entfernung
beträgt hier 5–7 m. 70–75 Prozent aller
geschossenen Tore wurden aus dieser Position erzielt.
Befindet sich der scheibenführende Spieler in diesem Raum, dazu noch senkrecht
vor dem Tor, so muß er schießen. Jedes
folgende Zuspiel ist zwecklos.
Falls der Spieler noch weiter in Richtung
zum Tor läuft, so soll er sich entscheiden
für:
● technischen Überraschungseffekt mit
genau plaziertem Schuß oder
● Bluffschuß, falls der Torwart steht oder
sich vom Tor wegbewegt.
In beiden Fällen darf nur der Torwart beobachtet werden, die Scheibenführung muß
»blind«, maximal mit peripherem Blick, erfolgen.
Schußraum II: Bei einer Entfernung von
7–9 m wurden etwa 15 Prozent der geschossenen Tore erzielt.
Will der scheibenführende Spieler aus diesem Abstand erfolgreich sein, so muß er
hart, präzis, überraschend schießen, am

besten sofort nach dem Umspielen eines Gegners. Es ist unbedingt erforderlich, der geschossenen Scheibe nachzulaufen.

Schußraum III: Bei einer Entfernung von 9–12 m sowie der Schußposition der Verteidiger wurden ca. 10–16 Prozent der geschossenen Tore erzielt. Tore durch direkte Schüsse befinden sich hier am unteren Rand der Skala – 10 Prozent.

Doch durch die neue, schnellere Spieltechnik mit präzisem Blenden, überwiegendem Tip-in sowie Nachschuß steigert sich die Produktivität. In diesem Schußraum kommt es des öfteren vor, daß sich der scheibenführende Spieler »ausfährt«, d. h., er verläßt den günstigen Schußwinkel oder verpaßt die beste Torchance.

Schüsse von der blauen Linie
Die größte Gefahr besteht hier durch das Einschießen des Gegners
● bei hochgeschossenen Schüssen (A),
● bei langwieriger Schußvorbereitung (Ausholen) und unqualifizierter Ausführung durch zentrale Blickkontrolle (B).

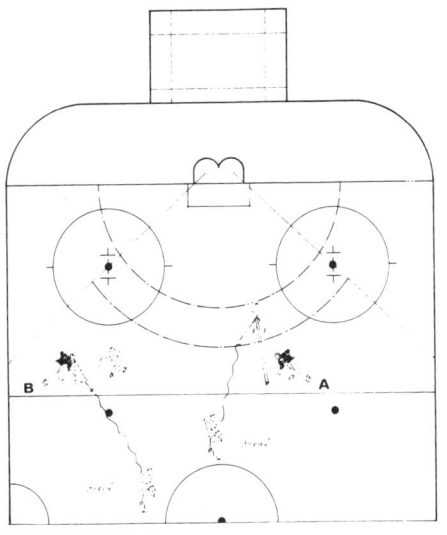

Abb. 369

Wird ein Gegner angeschossen oder gewinnt er die Scheibe, so hat er den Weg frei zum Break*. Im Eishockey wird dies als großer technisch-taktischer Fehler beurteilt.

Wie soll der Spieler schießen?
Je nach Position und Situation, in welcher sich der Spieler befindet, wählt er unter den verschiedenen Schußarten die richtige aus und führt sie präzise durch.
Die wichtigsten Faktoren: Entfernung – Zeit – Raum – Genauigkeit.

Wohin soll der Spieler schießen?
Das höchste Ziel ist es, das Tor zu treffen. Schon beim Trainieren muß der Spieler den festen Willen haben, das Tor zu treffen. Um ein Tor zu erzielen, muß der scheibenführende Spieler ein leeres Feld des Tores treffen, d. h., er muß sehen, welcher Platz frei ist, oder vorausahnen, welcher Teil des Tores frei wird (richtige Intuition).
Es ist falsch, wenn der Spieler
● zuerst die freie Stelle sucht,
● sich hernach vorbereitet und blind schießt.
● Der Spielverlauf, der sich inzwischen entwickelt hat, blieb dem Spieler unbekannt (Abb. 370).

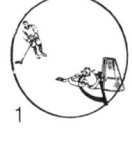

Abb. 370

* Der Ausdruck Break kommt aus der englischen Sprache und bedeutet im Eishockey: schneller Gegenstoß, Gegenangriff, überraschend vorgetragener Angriff von 1 oder 2 Spielern der gegnerischen Mannschaft nach Scheibenverlust der eigenen Mannschaft, welcher meistens vom Spieler ausgeführt wird, der sich die Scheibe erkämpft hat, oder nach einem langen Steilpaß durch einen zweiten Stürmer. Es kommt dabei oft zu Alleingängen oder zu einer Überzahlsituation.

Um ein Tor zu erzielen, darf der Spieler nur das Tor beobachten und kann in der Endphase (Loslassen der Scheibe) immer noch die letzte Richtung, je nach Bewegung des Torwarts, korrigieren.
Darum: nicht »blind« einen Zufallstreffer schießen.
Für den senkrecht vor dem Tor stehenden Spieler gelten folgende Schußeffekte:
- Schießen in die oberen oder unteren Ecken (1, 2, 3, 4,),
- Schießen flach bis 15 cm Höhe (5),
- Schießen zwischen die Beine (bei A-Stellung) oder bei Bewegung des Torwarts.
Beim Schießen muß der Spieler mit folgenden Aktionen des Torwarts rechnen:
1. Stellungsspiel
2. Reaktion
3. Bewegung
4. Routine

Schnell und hart schießen
Es ist nicht allen Spielern bewußt, daß die Schüsse nicht nur nach ihrer Schnelligkeit berechnet werden, sondern daß auch die Vorbereitungszeit und Durchführung der speziellen Technik berechnet werden muß. Folgende Reaktionszeiten der Torhüter wurden erforscht (gemessen in Kanada – NHL Torhüter):

Fanghand:	0,21–0,24 Sekunden
Schlägerhand:	0,26–0,33 Sekunden
Beine:	0,44–0,56 Sekunden

Bei diesen Messungen wurden die härtesten Schußarten verwendet, die für einen normalen Spielablauf nicht real sind.
Die besten Ergebnisse bei Messungen über die Schnelligkeit der Schüsse liegt bei 150–186 km/h (Kanada, UdSSR, ČSSR). Die Ergebnisse in Deutschland beliefen sich auf 120–160 km/h.

Schuß-geschw.	Schuß-Zeit/Entfernung			Länge	∅ Reaktionszeit bei TW		
	7 m	10 m	12 m	in 1 s	Fanghand	Schlägerh.	Beine
110 km/h	0,23 s	0,32 s	0,38 s	30,5 m	0,22 s	0,29 s	0,50 s
120 km/h	0,21 s	0,30 s	0,36 s	33,3 m	0,22 s	0,29 s	0,50 s
130 km/h	0,19 s	0,27 s	0,32 s	36,1 m	0,22 s	0,29 s	0,50 s
140 km/h	0,18 s	0,25 s	0,30 s	38,8 m	0,22 s	0,29 s	0,50 s
150 km/h	0,17 s	0,24 s	0,29 s	41,6 m	0,22 s	0,29 s	0,50 s
160 km/h	0,16 s	0,22 s	0,27 s	44,4 m	0,22 s	0,29 s	0,50 s

Torwartabwehrleistung = Reaktion + Bewegungsablauf

$$\text{Schuß} = \frac{\text{Vorbereitung}}{\text{Ausführung}} + \text{Schußgeschwindigkeit}$$

Theoretische Berechnung der Reaktionszeit des Torwarts bei einer Schußgeschwindigkeit von 120 km/h.

Entfernung		Zeit (s)	Vergleich	Fanghand	Schlägerh.	Beine
7 m	=	0,21	keine Chance	0,22	0,29	0,50
10 m	=	0,30	nur mit den Händen	0,22	0,29	0,50
12 m	=	0,36	nur mit den Händen	0,22	0,29	0,50
18 m	=	0,54	Torwart ist erfolgreich	0,22	0,29	0,50

Nach der Reaktion des Torwarts folgt seine Abwehrbewegung (z. B. Scheibe mit der Hand fangen). Die hierfür benötigte Zeit ist bei den verschiedenen Torwarten auch unterschiedlich.
Jeder Spieler braucht zum Schießen eine gewisse Zeit, in der er sich vorbereitet und den Schuß durchführt. Durch den größeren Ausholschwung ist die Vorbereitungszeit für harte Schüsse länger.

Nicht jeder Spieler begreift, daß die Gesamtzeit nicht durch den Flug verbessert werden kann, sondern nur durch die Vorbereitungs- und Schußphase. Der Torwart reagiert schon auf die erste Bewegung des Spielers, deshalb hat ein Verteidiger, der von der blauen Linie aus schießt, keine Torchance.

Beispiel:

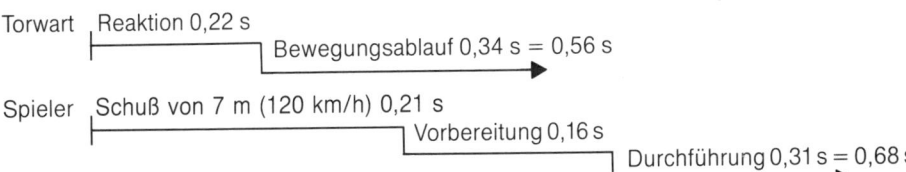

Torwart   Reaktion 0,22 s
Bewegungsablauf 0,34 s = 0,56 s

Spieler   Schuß von 7 m (120 km/h) 0,21 s
Vorbereitung 0,16 s
Durchführung 0,31 s = 0,68 s

Andere Forschungen (Horsky) bewiesen, daß aus einer Entfernung von 7 m vor dem Tor und einer Schußgeschwindigkeit von 87 km/h (Durchschnittsgeschwindigkeit bei normal geschossenen Schüssen) der Torwart einen Schuß auf eine freie Stelle im Tor nicht abwehren kann.
Dies sind theoretische Berechnungen, doch in der Praxis hat sich in letzter Zeit manches verändert. Die Ausbildung der Torwarte wurde verbessert, sie agieren und reagieren genauer, was sie sich nun mit der verbesserten Ausrüstung erlauben können. Das wichtigste aber, was den Torwart erfolgreich macht, ist, daß sie sich

bewegen, bevor der scheibenführende Spieler schießt (Spielpraxis, Routine).
Wenn deshalb der Spieler Tore erzielen will, muß er seine Schußtechnik verbessern, den Torwart und die Endphase des Schusses unter Kontrolle haben.
Bevor die anerkannten Prinzipien ausgenutzt werden, suchen wir nach wichtigen Informationen über den Torwart.

Schlägerhaltung:
Im allgemeinen halten die Torhüter den Schläger mit der rechten Hand, doch gibt es auch Ausnahmen. Der Spieler muß auf

135

jeden Fall darauf vorbereitet sein, d. h., die Vorteile gegenüber einem Torwart, der mit der linken Hand fängt, sind genau umgekehrt bei dem Torwart, der rechts fängt (Abb. 371).

Abb. 371

Körpergröße des Torwarts:
Ist der Torhüter klein, so ist es von Vorteil, hoch zu schießen, und umgekehrt.

Beweglichkeit des Torwarts:
Ist der Torhüter ein »Torlinien«-Torwart, oder geht er auch aus dem Tor usw.

Schußwirkung:
Aus der kürzesten Entfernung (Schußzone I) gegen das Tor ist es am günstigsten, hoch, in die oberen Ecken 1 oder 2 zu schießen.
Schüsse aus der Zone II oder III werden am günstigsten flach zum Pfosten geschossen oder in einer Höhe von 20–30 cm in die Torplätze 3 oder 4.
Wirkungsvoll ist ein flacher Schuß aus einem Winkel, unter dem Schläger des Torwarts hindurch, in die »lange Ecke« (in der Spielpraxis von der rechten Seite).

Es ist ein Unterschied, ob ein Links- oder ein Rechtshänder vom gleichen Platz aus schießt; wegen der unterschiedlichen Schlägerhaltung ist der Schußwinkel verschieden (Abb. 372).
Darum kommt es in letzter Zeit im Eishockey öfter vor: die Spielpositionen umgekehrt zu spielen, d. h. Rechtsaußen = Linkshänder, Linksaußen = Rechtshänder. Beim Lauf aus dem großen Winkel auf das Tor wird oft eine Finte angewendet und hoch auf die kurze Ecke geschossen. Dies kann zu einem Torerfolg führen, wenn der Torwart zu rasch auf den vorgetäuschten Schuß, aus dem großen Winkel, reagiert.
Es ist immer wichtig, daß der scheibenführende Spieler sich bemüht, eine steile Schußposition vor dem Tor zu erreichen, besonders nach einem Umspielen des Gegners. Die Beurteilung eines Außenstürmers (AS) hängt überwiegend davon ab, wie er sich vor dem Tor durchsetzen

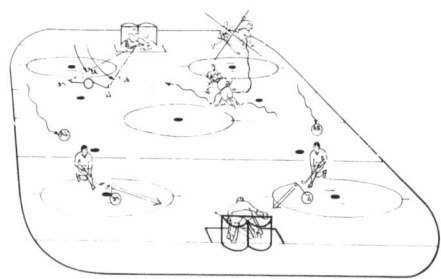

Abb. 372

(hineinzwängen) kann. Spieler, die ihren Spielzug mit der Scheibe in einer Ecke des Spielfeldes beenden, sind unproduktiv (Abb. 372, 3).

Abb. 373

Die Ungenauigkeit wird beeinflußt vom optischen Zielen und der technischen Durchführung.
a) ist nicht auf der gleichen Linie
b) ist nicht in der gleichen Höhe
An dieses Handikap muß sich jeder Spieler gewöhnen und mit »Mengenübungen« sich hierfür vervollkommnen.
Natürlich ist es von Vorteil, wenn man die Schwächen des Torhüters kennt. Deshalb wird der Torwart schon beim Einlaufen – Einschießen beobachtet, um die wichtigsten Informationen zu gewinnen, und selbstverständlich auch während des ganzen Spielverlaufs. Der Trainer soll seine Mannschaft auf diese Schwächen aufmerksam machen und die richtigen Anweisungen geben. Bei Wettbewerben, die über einen längeren Zeitraum gehen, muß sich der Trainer schriftliche Notizen über die verschiedenen Eigenheiten des Torhüters machen. Er kann diese in Zukunft immer wieder verwenden.
Natürlich werden Notizen auch über den eigenen Torwart gemacht, und im Training wird versucht, seine Schwächen zu verbessern. Außerdem wird vom Spieler verlangt, daß er selbst den gegnerischen Tor-

wart »kennenlernt« und sich ihm beim Schießen anpaßt. Glaubt ein Spieler, daß er alle seine Vorteile dem Torwart gegenüber kennt und deshalb den richtigen Schußerfolg hat, so täuscht er sich. Auch der gegnerische Torwart bekommt die gleichen Informationen über Schützen bzw. Spieler – und nur eine Mannschaft kann Sieger werden.

Abb. 374: Schon die jungen Spieler sollten durch Wettkämpfe zum Sieg motiviert werden.

Freilaufen und Umspielen des Gegners

In einem Eishockeyspiel bemüht sich jede Mannschaft, im Besitz der Scheibe, d. h. im Angriff zu bleiben.

Nur der scheibenführende Spieler, der sich freispielen kann, hat die Möglichkeit, weiter in Richtung zum gegnerischen Tor zu laufen. Hier kann er für sich oder seine Mitspieler eine vorteilhafte Position erreichen, aus der die Mannschaft ein Tor erzielen kann. Der Torerfolg ist der Sinn des ganzen Eishockeyspiels.

Die gegnerische Mannschaft bemüht sich selbstverständlich nach dem Verlust der Scheibe, diese sofort zurückzugewinnen. Deshalb ist der scheibenführende Spieler das Kampfobjekt Nummer eins. Er soll vor allem den direkten Kampf vermeiden, was die Möglichkeit eines Scheibenverlusts verringert.

Der angegriffene Spieler muß rechtzeitig einem frei stehenden Mitspieler die Scheibe zuspielen. Ist dies nicht möglich, bemüht sich der Spieler, mit der Scheibe zu flüchten, bevor er angegriffen wird. Tritt jedoch der Fall ein, daß der Spieler vom Angreifer erreicht wird, so kommt es zum direkten Kampf um die Scheibe. Von zwei Gegnern möchte jeder den Kampf erfolgreich beenden (sog. Zweikampf, Abb. 375).

Für den scheibenführenden Spieler gibt es verschiedene Möglichkeiten, sich vom angreifenden Spieler zu befreien:
- Distanzhalten vom Gegner,
- Umspielen des Gegners,
- Durchbrechen mittels Körpereinsatz.

Vor dem bzw. im Zweikampf soll der Spieler mit der Scheibe folgende technisch-taktischen, grundlegenden Tätigkeiten verwirklichen.

Hierzu gehört:
Lauftechnik

Körperarbeit ⟨ technisch − Täuschung
physisch − Scheiben-
deckung

Stocktechnik

Verschiedene Spielsituationen können diese Tätigkeiten beeinflussen:

1. Der Raum, in dem sich der scheibenführende Spieler aufhält, ist von Bedeutung. Im eigenen Abwehrdrittel ist der Angriff des Gegners noch nicht sehr aggressiv, doch der Verlust der Scheibe kann für das eigene Tor gefährlich werden.

In der neutralen Zone hat der scheibenführende Spieler mehr Raum, das Risiko bei Verlust der Scheibe ist nicht sehr groß.

Im Angriffsdrittel kann der scheibenführende Spieler zusätzlich mit seinen Mitspielern rechnen, doch hat er wenig freien Raum. Der Gegner ist im Zweikampf aggressiver, sein Körperangriff härter usw.

2. Der Platz in der Mitte des Spielfelds erlaubt dem Spieler mit der Scheibe, den Gegner auf allen Seiten, in verschiedenen Richtungen und verschiedenen Arten zu umspielen − Distanz zu halten.

An der Bande kann sich der Spieler nur nach einer Seite, meist mit Körperspiel, befreien.

In der Ecke gibt es die größten Schwierigkeiten des Freimachens.

Abb. 375

138

3. *Angriffe des Gegners,* die aus allen Richtungen kommen können.

Abb. 376

4. *Laufart des Gegners,* vorwärts, rückwärts, Wendung oder im Stand.
5. *Schlägerhaltung des Gegners* kann folgendes andeuten:

einhändiges Halten – er will die Scheibe ausstechen,

beidhändiges Halten – er sucht die Nähe des Spielers zum Zweikampf usw.

Die erwähnten Punkte sind taktische Faktoren des Eishockey, die muß man berücksichtigen.

Es ist nicht möglich, alle Tricks zu beschreiben oder gründlich zu erlernen. Es ergibt sich aus der jeweiligen Situation, wie der Spieler diese Finten (Antäuschungen – Schlingen – Dribbling usw.) am besten taktisch ausnützt.

Jeder Spieler muß, je nach Lage, selbst entscheiden, wie er am günstigsten durch seine Fähigkeiten (läuferische: Schnelligkeit, Beweglichkeit, Stabilität stocktechnisch: Dribbling sowie physische Tüchtigkeit: Scheibenabdeckung, aggressives

Durchbrechen) zu seinem Vorteil kommt. Dies kann nur nach den augenblicklichen Möglichkeiten in einer bestimmten Situation, unter Berücksichtigung der Stärke und Überlegenheit des Gegners, bewältigt werden.

Um einen Angriff erfolgreich abzuwehren, ist es wichtig, daß der scheibenführende Spieler verschiedene Variationen der Angriffsarten sowie Schüsse beherrscht und ständig »zur Hand« hat.

Obwohl keine Erfolgsgarantie für diese Varianten besteht, sind sie, besonders die Zweikämpfe, beim Zuschauer sehr beliebt, denn sie machen das Eishockey effektvoll und bringen Showelemente ins Spiel. Auch für den Spieler selbst sind diese Aktionen von Vorteil, sie geben ihm Selbstvertrauen – Souveränität.

Verschiedene Distanzhaltungen vom Gegner

Flüchten vor dem Gegner ist eine elementare Art des Freimachens – mit oder ohne Scheibe. Hier kann der Spieler seine Lauftechnik ausnützen.

Hält der Spieler den nötigen Abstand vom angreifenden Gegner, so kann er durch Schnelligkeit, Wendigkeit usw. erfolgreich sein, falls der Gegner nicht der bessere Läufer mit der besseren Kondition ist (Abb. 377).

Abb. 377

Durch verschiedene Fluchtarten kann sich der scheibenführende Spieler mit seiner läuferischen Tüchtigkeit vom Gegner befreien:

a) Das Flüchten vor dem Gegner erfolgt durch eine wechselnde Schnelligkeit – beschleunigen, verlangsamen.

b) Das Distanzhalten mit schnellem Stoppen wird häufig angewendet, besonders im Angriffsdrittel an der Bande.
Je überraschender und kürzer der Bremsweg ist, desto erfolgreicher ist seine Wirkung. Auch wenn der angreifende Gegner schnell reagiert, gewinnt der scheibenführende Spieler so viel Abstand, daß er als freier Mann in den freien Raum laufen kann.

c) Distanzhalten mit Richtungsänderung bringt dann Erfolg, wenn es in einem vom Angriffsspieler unerwarteten Moment geschieht. Der Bogenlauf wird in dem Augenblick angewendet, wenn der Gegner von hinten oder von der Seite angreifen will. Durch seine verzögerte Reaktion kommt der scheibenführende Spieler frei.

Eine oft durchgeführte Befreiung hinter dem Tor erfolgt auf der Rückhandseite des Spielers mit einem »Dreher«.

Vorher ist es für den Spieler wichtig, den Gegner »taktisch« auf seine andere Seite zu bringen.

In allen geschilderten Befreiungsarten ist der Erfolg von den läuferischen Fähigkeiten des Spielers abhängig. Doch ist eine ausgereifte Schlägertechnik ebenso wichtig. Mit jedem Scheibenverlust verliert der Spieler den Enderfolg des Freilaufens, um den er kämpft.

Umspielen des Gegners

Das Umspielen des Gegners ist eine einfache, aber sehr wirkungsvolle Kombination von Lauf- und Stocktechnik.

Ausspielen

a) Ausspielen des Gegners von der Seite
Der scheibenführende Spieler im Lauf gegen den Gegner umspielt diesen so, daß er sich die Scheibe auf einer Seite selbst vorlegt und den Gegner auf der anderen Seite umläuft.
Vorteilhaft ist es, den Gegner auf der der Schlägerseite abgewandten Seite zu umlaufen (Abb. 378 a).
Nachteil: Die Methode ist auf kleinem Raum nicht anwendbar.

b) Ausspielen des Gegners durch die Beine
Im kleinen Raum wird diese Art des Umspielens wie das Beispiel zeigt angewendet (Abb. 378 b).
Nachteil: Es besteht die Gefahr, daß der Gegner durch Körperspiel (Hüftcheck) zum Vorteil kommt.

c) Ausspielen des Gegners zwischen Schläger und Fuß
Hier gilt das gleiche wie unter b). Der Spieler muß die Schlägerhaltung des Gegners beachten, er kann nur schwer auf die Bewegung der Scheibe reagieren (Abb. 378 c, 379–383).

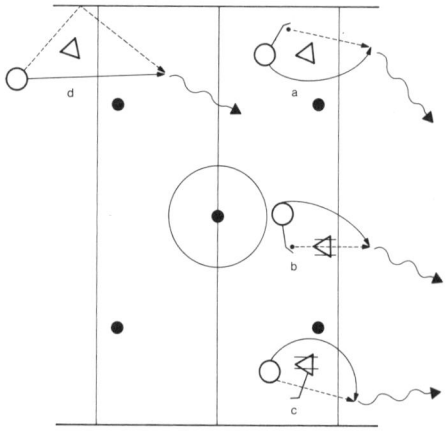

Abb. 378a–d

140

Abb. 379–382

Abb. 383

Diese Art des Umspielens kann auf kleinem Raum angewendet werden.

d) Ausspielen des Gegners mit Bandenpaß
Bei dieser Art des Umspielens paßt der scheibenführende Spieler zur Bande, umläuft mit erhöhter Schnelligkeit den Gegner und nimmt die Scheibe wieder an (Abb. 378 d).
Achtung: Der Paßwinkel muß stimmen.
Bei allen angeführten Beispielen hat der scheibenführende Spieler folgende Vorteile:

● Der Gegner läuft in entgegengesetzer Richtung des scheibenführenden Spielers.
● Nach Ausspielen muß der Gegner eine Wendung durchführen.

e) Ausspielen des Gegners mit Bandenpaß – bei einem Angriff von hinten
In der Ecke wird diese Art des Umspielens oft angewendet. Der angegriffene, scheibenführende Spieler im Vorwärtslauf paßt die Scheibe mit Rückhand (Rückpaß) nach hinten gegen die Bande. Durch einen kurzen Bogenlauf oder durch Bremsen in der Gegenrichtung gewinnt er die Scheibe wieder (Abb. 384–389).

Umspielen
Diese Befreiungsart ist für den scheibenführenden Spieler meistens anwendbar, wenn der Angriff von vorne kommt.
Die Befreiung vom attackierenden Gegner erfolgt durch ein Umspielen des Gegners,

141

Abb. 384–386

Abb. 387–389

mit einer Schleife über beide Seiten. Die erfolgreiche Durchführung ist hierbei abhängig von einer ausgereiften Stocktechnik und Präzision sowie einer guten Lauftechnik des Spielers.

Beim Umspielen des Gegners ist die Schleife ein endgültiger technischer Prozeß.

Bei komplizierten Fällen des Umspielens eines oder mehrerer Gegner wird dies auch durch Dribbling bewältigt.

Die unterschiedliche Scheibenführung beim Umspielen mit Schleife:

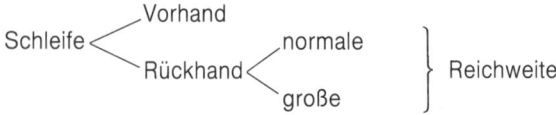

Abb. 390, 391

Abb. 392, 393

Vorhandschleife
Beim Umspielen des Gegners wird der Schläger mit beiden Händen gehalten.

Mechanische Beschreibung:
Im Lauf in Richtung zum Gegner zieht der Spieler die Scheibe mittels Rückhand zum Körper und umläuft mit der Scheibe auf der Vorhandseite den Gegner, nach Möglichkeit im vollen Lauf mit Übersetzen. So hat der Gegner keine Möglichkeit, den scheibenführenden Spieler mit dem Körper anzugreifen (Abb. 390–393). Hierbei vermindert sich auch die Schnelligkeit nicht.
Nach dem Umspielen des Gegners sollte es zu einem direkten Schuß kommen – Überraschungseffekt.
Kommt der Angreifer zu nahe an den scheibenführenden Spieler, so läuft dieser nur im Rollenlauf (Abb. 394).

Der Spieler versucht weiterhin, seine Geschwindigkeit zu halten, und deckt mit seinem Körper (Schulter, Arm, Knie) die Scheibe.
Greift der Gegner mit dem Körper an, bewegt sich der scheibenführende Spieler

Abb. 394

143

»nur« in Fahrt mit Kanadierbögen, doch deckt sein Körper die Scheibe ab. Der Schnelligkeitsverlust wird mit kleinen Bögen um den Gegner ausgeglichen.

Wie bei allen Umspielungsarten ist es notwendig, die Scheibe mit dem Schlägerblatt fest abzudecken. Darum ist eine breitere Schlägerhaltung in diesem Fall wichtig.

Rückhandschleife – mit normaler Reichweite

Die Rückhandschleife wird wie die Vorhandschleife ausgeführt, doch besteht eine erhöhte Gefahr des Scheibenverlusts.

Diese Art des Umspielens wird besonders dann angewendet, wenn der Gegner auf seiner Schlägerseite umspielt wird: Linkshänder linke Seite und umgekehrt.

Der Spieler versucht das Umspielen des Gegners zuerst im Lauf mit Übersetzen oder Rollen-, Kanadierlauf – je nach Spielsituation und Abstand vom Gegner (Abb. 395, 396).

Abb. 395, 396

Rückhandschleife – mit großer Reichweite

Diese Art des Umspielens wird häufig angewendet, da der Gegner in größerem Abstand und vollem Laufschritt mit Übersetzen mit der Schleife seitlich umfahren werden kann.

Große Reichweite – Scheibe loslassen

Überraschend wirkt es auf den Gegner, wenn die Scheibe mit Vorhandzug auf der Rückhandseite losgelassen wird. Der Schläger wird hierbei nur mit der oberen Hand gehalten (Abb. 397).

Abb. 397

Es ist wichtig, daß die Scheibe hierbei mit dem Körper abgedeckt wird. Gegner – eigener Körper – Scheibe müssen eine Linie bilden. So kann man die Scheibe so weit vom Körper entfernt führen, daß der Gegner sie mit seinem Schläger nicht wegschlagen kann (Abb. 398).

Abb. 398

144

Wie schon im Kapitel »Scheibenführung« betont wurde, ist es wichtig, die Scheibe mit dem Schlägerblatt fest abzudecken. Neben der guten Technik spielt hier auch die Kraft eine besondere Rolle. In Spiel-situationen 1–1 wird diese Art besonders praktiziert.

Der größte Erfolg beim Umspielen des Gegners wird erreicht, wenn dieser sich gerade in einer Wende befindet.

Nicht immer ist eine einfach durchgeführte Umspielung des Gegners mit Schleife aus-reichend. Die technisch besseren Spieler beherrschen zusätzlich noch komplizier-tere Arten sowie Tricks und können sich deshalb besser durchsetzen. Es ist nicht möglich, alle Varianten zu beschreiben. Jede Art und ihre Durchführung ist je nach Spielsituation unterschiedlich.

Im Training sollten die Spieler mit den Prinzipien vertraut gemacht werden, doch die verschiedenen Arten soll der Spieler selbst üben.

Die am meisten praktizierten Varianten:

Heruntergezogene Schleife
Die Scheibe wird vor dem Körper geführt. Sollte der Gegner mit dem Schläger der Scheibe zu nahe kommen, wird diese auf die Vorhandseite (hinter den Körper) gezo-gen und so der Gegner umlaufen.

Abb. 399

Abb. 400–403

Abb. 404

Dieser Trick wurde mit dem gekrümmten Schlägerblatt entwickelt und ist deshalb nur auf der Vorhandseite durchführbar. Die Schlägerschaufel unterstützt den schwierigen Bewegungsablauf äußerst günstig.

Dreieckschleife
Der scheibenführende Spieler schlägt die Scheibe im Dreieck des Gegners (linker Fuß – rechter Fuß – Schläger) in verschiedenen Richtungen (Abb. 405).

Der Spieler kann hier bei normaler oder großer Reichweite erfolgreich sein. Er nützt die Irritierung des Gegners aus und umspielt ihn.

Auch das beste Umspielen des Gegners bringt keinen Erfolg, wenn der Spieler hierbei sein geradliniges Ziel (Richtung Tor) verliert. Wenn sich der angreifende Spieler in der Endphase in der Ecke befindet, war das ganze komplizierte Umspielen mit all seinen Finten und weiträumigen Dribblings umsonst. Von manchen Abwehrspielern wird dies gern taktisch angestrebt, d. h., der gefährliche Spieler wird aus dem Schußraum »abgedrängt«.

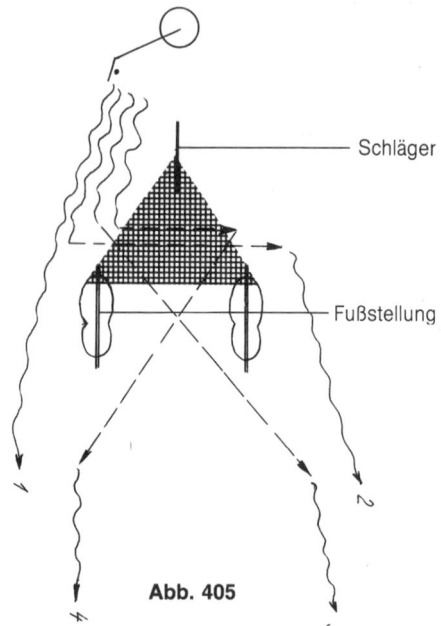

Abb. 405

Abb. 406, 407

146

Abb. 408, 409

Täuschungen – Finten
Wenn ein Spieler immer nur die gleiche Art des Umspielens anwendet, wird sein Erfolg sehr ungewiß sein. Er muß mehrere Arten lernen und eigene Erfahrungen sammeln, denn auch in der Abwehr bekommt er Anregungen, wie er die verschiedenen Spielsituationen beherrschen kann.
Die moderne Eishockeyspielweise erfordert mehr und mehr eine Irritierung des Gegners.

Dies kann praktiziert werden durch:
1. Antäuschung
2. Täuschung
Anschließend wird die geplante endgültige Tätigkeit ausgeführt.
Diese sog. Finten können auf unterschiedliche Weise praktiziert werden:
   a) durch Schlittschuh-Lauftechnik,
   b) mit dem Schläger,
   c) mit dem Körper,
   d) durch kombinierte Finten.

a) Schlittschuh-Lauftechnik-Finte
Der scheibenführende Spieler täuscht ein Stoppen oder Starten vor, d. h., er deutet nur ein Bremsen an, läuft aber sofort weiter. Befindet sich der scheibenführende Spieler im Stand, so täuscht er einen Start vor. Der Gegner setzt sich daraufhin in Bewegung, doch der Spieler bleibt stehen und so im Besitz der Scheibe.
Bei der Finte mit Vorstoß deutet der scheibenführende Spieler im Laufen mit dem Gleitbein einen Vorstoß nach außen an, umspielt jedoch den Gegner mit einer Schleife in der anderen Richtung.

b) Schlägerfinte
Bei einer Paßandeutung nach rechts wird der Gegner nach links umspielt oder umgekehrt (Abb. 410–412).

Abb. 410, 411

Abb. 412

Bei einer Schußantäuschung vor dem Gegner wird der Schuß nicht ausgeführt, sondern der Gegner umspielt. Diese An-

täuschung ist im Angriffsdrittel gegen die Verteidiger sehr wirkungsvoll (Abb. 413–415).

c) Körperfinte
Bei der Körpertäuschung werden durch Kopf – Schultern – Arme – Hüfte – Beine andere Bewegungen angedeutet als dann zur Durchführung kommen. Nur gute Eishockeyspieler können sich diese Variante erlauben.

d) Kombinierte Finte
Finten, die sich aus den Punkten a)–c) zusammensetzen, sind sehr wirkungsvoll und erfordern eine große Konzentration.

Antäuschung: Andeuten einer Bewegung, die nicht zur Durchführung kommt.
Täuschung: Durchführung einer anderen Bewegung als derjenigen, die angedeutet wurde.

Die Grundarten der Finten wurden nun beschrieben. Je nach Können des Spielers in Stocktechnik und läuferischer Stärke erlaubt sich der scheibenführende Spieler hiervon mehr oder weniger.
Im modernen Eishockey ist es durch den hohen Ausbildungsstand der Eishockeyspieler nahezu unmöglich, den Gegner ohne die Anwendung von Finten zu umspielen, da dieser ohne Täuschungen und An-

Abb. 413, 414

Abb. 415

täuschungen die geplanten Aktionen des scheibenführenden Spielers »voraussieht«.

Beim Training ist es wichtig, die Spielsituation 1–1 häufig zu üben. Es gibt Trainer, die diese Situation aber nur Stürmer gegen Verteidiger einüben. Dies ist ein grober Fehler, denn im »richtigen Spiel« befindet sich solch ein Stürmer in Abwehrsituation. Er »frißt« alles und ist praktisch mit den einfachsten Finten leicht zu umspielen.

Durchbrechen des Gegners durch Körpereinsatz

Die Befreiung vom Gegner ist eine typische Angriffstätigkeit, besonders in Situationen, in denen der scheibenführende Spieler angegriffen wird oder angegriffen werden soll.

Manche Abwehrspieler greifen nicht sofort an, sondern versuchen den ganzen Angriff zu verzögern (2–1), oder versuchen taktisch, den scheibenführenden Spieler in einer gefährlichen Situation vor dem Tor »hinauszuführen« 1–1.

Dicht vor dem Tor muß der Angriffsspieler die bessere Schußposition erreichen und unbedingt beim nahestehenden Gegner durchbrechen, wenn ein Umspielen mit einer Schleife wegen Zeit- und Raummangel nicht möglich ist (Abb. 416, 417).

Am häufigsten wird das Durchbrechen des Gegners auf der gegnerischen blauen Linie bei der Bande durchgeführt, aber auch, wenn ein Angriffsspieler sich gegen zwei Gegner durchsetzen will (1–2) (Abb. 418, 419).

Das Lösen einer Spielsituation mittels Durchbrechen des Gegners mit aggressivem Körpereinsatz wird mit Vorliebe von physisch kräftigen Spielern praktiziert. Spieler in voller Laufgeschwindigkeit, geladen mit kinetischer Energie, befinden sich beim Durchbrechen im Vorteil gegenüber dem Spieler im Stand.

Ist die Situation umgekehrt, und der scheibenführende Spieler wird vom Gegner mit

Abb. 416, 417

Abb. 418, 419

Körpereinsatz angegriffen, so stellt er sich beim Kampf um die Scheibe immer mit dem Rücken zum Gegner und hält die Scheibe im Abstand vom Gegner (Abb. 420, 421).

Diese Situationen ereignen sich meistens an der Bande oder vor dem Tor und verlangen vollen Körpereinsatz, Stabilität, feste Schlägerhaltung, eine gewisse Willenskraft sowie sportliche Disziplin vom Spieler. Er muß sich vor allem an die Regeln des Eishockey halten und trotz des harten Körpereinsatzes das Fair play wahren.

Abb. 420, 421

Abb. 422

Abwehr

Einzeltätigkeiten

a) direkter Kampf um die Scheibe
1) Abnehmen der Scheibe
2) Abfangen der Pässe und Schüsse
3) Körperspiel
b) indirekter Kampf um die Scheibe
1) Angriff auf den scheibenführenden Gegner
2) Decken des Gegners

Direkter Kampf um die Scheibe

Ausstechen, abschlagen, abnehmen der Scheibe mit dem Schläger
Die grundlegende und zugleich einfachste Abwehrtätigkeit ist die Fähigkeit, dem Gegner die Scheibe mit dem Schläger abzunehmen, auszustechen, abzuschlagen.

Ausstechen – abschlagen

Diese sehr häufige Art der Abwehr wird in Spielsituationen angewendet, in denen es nicht mehr möglich ist, den scheibenführenden Spieler zu erreichen, z. B. wegen verschiedener Laufgeschwindigkeiten beim Umspielen.
Dafür gibt es zwei technische Möglichkeiten:

Ausstechen von vorn

Mit beidhändiger Schlägerhaltung im Rückwärtslauf erwartet der Verteidiger den scheibenführenden Spieler. Überraschend wird im richtigen Moment der Eishockeyschläger losgelassen und mit dieser Bewegung die Scheibe ausgestochen.

Abb. 423, 424

Ausstechen von hinten bzw. von der Seite

Wenn der Verteidiger im Vorwärtslauf den Spieler mit der Scheibe nicht ganz errei-

chen kann, versucht er die Scheibe von hinten auszustechen oder von der Seite abzuschlagen (Abb. 425, 426).

Abb. 425, 426

Abnehmen der Scheibe durch Schlägeraufheben

Diese einfache, aber sehr wirkungsvolle Abnahme der Scheibe wird von allen Altersgruppen der Eishockeyspieler mit Erfolg praktiziert. Dazu ist es wichtig, zuerst den scheibenführenden Spieler im richtigen Abstand zu erreichen. Der eigene Schläger wird von hinten oder von der Seite unter den Eishockeyschläger des Gegners geschoben, der Schläger kurz angehoben und die freie Scheibe übernommen.
Besonders erfolgreich verläuft diese Situation, wenn der Gegner die Scheibe nur mit einhändiger Schlägerhaltung führt.
Gleich aus dem Einwurf (Bully) wird dies oft praktiziert, also in einer Lage, in der beide

151

Spieler das gleiche Ziel verfolgen (Abb. 427–429).

Im Rückwärtslauf und bei Schlägerhaltung nur mit der oberen Hand versucht der Verteidiger, auf die dem Schläger abgewandte Seite des scheibenführenden Spielers zu kommen. Will dieser nun den Verteidiger auf der Seite umspielen, wehrt der Angreifer dies mit dem Körper ab (Hüftcheck).

Der Scheibenführende erkennt diese Absicht und versucht das Umspielen auf der anderen Seite. Auf diese Situation ist der Verteidiger vorbereitet, geht sofort in tiefe Hocke und legt den Eishockeyschläger in seiner ganzen Länge auf das Eis, so daß die Scheibe nicht unter dem Stiel durchrutschen kann. (Im Eishockey-Slang wird dies als »Niederlegen einer Schranke« bezeichnet.)

Diese Aktion muß überraschend kommen, denn wenn der Spieler mit der Scheibe frühzeitig die Absicht des Verteidigers ahnt, wird er durch einen Flippaß versuchen, im Besitz der Scheibe zu bleiben (Abb. 430).

Abnehmen der Scheibe durch Schlägerniederlegen

Diese Art der Scheibenabnahme wird meist von den Verteidigern durchgeführt und ist eine *kombinierte Abwehr von Körper und Schläger.*

Das Niederlegen des Schlägers kann auch mit Erfolg angewendet werden, wenn sich der Verteidiger im Vorwärtslauf befindet und den Gegner hinter sich weiß. In dem Moment, in dem der scheibenführende Spieler den Gegner erreicht, versucht der Angreifer – sobald er den richtigen Abstand einnimmt – die Scheibe zu bekommen, d. h. zu »klauen«, im günstigen Moment mit dem Schläger die Scheibe in seinen Besitz zu »kehren« (Abb. 431).

Abb. 431

Abb. 432, 433

Achtung: Grundbedingung ist der richtige Abstand. Nach einer vertanen Chance ist der Spieler mit der Scheibe fort und kein zweiter Versuch möglich.
Die beschriebenen Arten des Abnehmens der Scheibe zählen zu den einfachen Arten.

Abnehmen der Scheibe mit dem Körper – Schläger
Trifft der Angreifer im Vorwärtslauf auf den scheibenführenden Gegner, versucht er diesen aggressiv abzublocken, d. h., er versucht, sich zwischen Gegner und Scheibe zu drängen (Abb. 432, 433).
In diesem Moment ist die Scheibe frei und leicht zu übernehmen. Der erfolgreichste Angriff kommt hierbei von der Seite, bei beidhändiger Schlägerhaltung und richtigem Einschätzen des Körperkontakts (Timing).

Abfangen der Pässe und Schüsse
Zugespielte oder geschossene Scheiben können auf unterschiedliche Art abgefangen oder abgenommen werden. Nicht nur der Schläger kommt zum Einsatz, sondern

auch Schlittschuh, Fuß, Hand oder Körper spielen beim technischen Ablauf eine entscheidende Rolle – wie bei der Paßannahme.
Zugespielte Pässe oder Schüsse des Gegners abzufangen ist ein taktisches Routinespiel. Das Vorhersehen der kommenden Situation ist das Wichtigste, um durch eine schnelle Reaktion und die richtige Orientierung mit vollem Körpereinsatz die Pässe oder Schüsse zu verhindern.
Im modernen Eishockey wird es immer schwieriger, die Pässe und Schüsse abzufangen. Die Härte des Spiels und die Geschwindigkeit haben sich gesteigert, die Schußvorbereitung hat sich verkürzt. Nur ein furchtloser Spieler geht heutzutage voll in den Schuß, was sehr oft einen Risikofaktor in sich birgt.

153

Abfangen der Schüsse im Stehen

Die schnellste Reaktion, einen Schuß oder Paß abzufangen, kann im Stand durchgeführt werden. Der Spieler steht dabei aufgerichtet, mit geschlossenen Beinen. Arme und Hände befinden sich in einhändiger, seitlicher Schlägerhaltung, dicht am Körper, wobei der Schläger in Richtung zur Scheibe gehalten wird.

Nicht nur sehr junge Spieler drehen sich vor dem Schuß ab oder versuchen aus Angst davonzuspringen. Doch gerade diese furchtsamen Spieler werden bei einem Treffer am leichtesten verletzt, denn der beste Schutz ist noch immer, der Gefahr von vorne zu begegnen – ihr ins Auge zu schauen (Abb. 434).

Abb. 434

Dieses Abfangen der Schüsse und Pässe im Stehen wird bei unerwarteten oder weiten Aktionen verwendet.

Abfangen der Schüsse in Kniebeuge

Beim Abfangen der Schüsse oder Pässe aus kürzerer Distanz geht der Spieler in die tiefe Kniebeuge, so kann er sich breiter, kompakter machen.

Eine schnellere Variante ist das Knien auf nur einem Bein. Der Vorteil liegt außerdem darin, daß der Spieler sofort wieder zum Lauf starten kann (Abb. 435, 436).

Abb. 435, 436

Es bringt keinen Vorteil, wenn der Eishokkeyspieler, auf größerer Distanz vom Schießenden, frühzeitig in die Knie geht. Durch diese Bewegung bemerkt der scheibenführende Spieler die Absicht und kann noch immer den Knienden umspielen. Sollte andererseits der Schuß »zu hoch« gespielt werden, besteht die Gefahr einer Gesichtsverletzung.

Deshalb ist es wichtig, daß die Spieler diese Technik beherrschen und den Mut haben, die Pässe und Schüsse technisch richtig abzufangen.

Abfangen der Schüsse durch Körpereinsatz

In gefährlichen Situationen wird der Schuß mit dem Körper abgefangen, indem sich der Spieler mit dem ganzen Körper vor der Scheibe auf die Eisfläche legt. Die Technik

Abb. 437, 438

ist dieselbe wie beim Torwart-Slide (Abb. 437, 438).
Der Spieler liegt auf einer Körperseite, die Beine sind geschlossen. Wegen der Verletzungsgefahr sind die Füße immer in

Richtung zum Schuß, der Kopf dagegen dem Schuß abgewandt.
Diese Technik wenden vorwiegend die Verteidiger an.
Es ist sehr wichtig, die Technik des Abfangens der Schüsse zu trainieren. Zuerst wird das Abfangen der Pässe und bei genügender Routine das Abfangen der Schüsse geübt. Der Abwehrspieler muß immer den Spieler mit der Scheibe beobachten und im richtigen Moment, wenn der Schuß ausgelöst wird, reagieren, d. h. sich gegen die Scheibe stellen.
Wegen der Verletzungsgefahr wird diese Technik immer nur mit kompletter Eishokkeyausrüstung eingeübt.

Körperspiel – Körpertechnik
Das Körperspiel ist ein wichtiger Bestandteil des Eishockey. Viele Spieler haben dies noch nicht richtig erfaßt und beherrschen diese Technik nicht. Schon dem Anfänger muß erläutert werden, was Körperspiel ist, wo die Grenzen des Erlaubten sind und welche Arten des Körperangriffs nicht erlaubt sind. Gerade hier muß die Moral der Spieler zum Fair play gestützt und ausgebaut werden, ebenso der Kampfgeist sowie das Verhalten beim Angriff des Gegners auf seinen Körper.
Obwohl es sich hier um einen technischen Bewegungsablauf handelt, darf der taktische Einsatz nicht vergessen werden.

		taktischer Teil	+	technischer Teil
		der Zeit – wann		schnell
Körperspiel =	Wahl	des Orts – wo	+ Ausführung =	konkret
		der Art – wie		welche Körperpartie und Technik

Blockieren
Durch Abblocken kann der gegnerische Spieler von der Scheibe abgedrängt oder der nächste Angriff mit der Scheibe verhindert werden. Alle beteiligten Spieler, außer dem Torwart, benutzen beim Kampf um die Scheibe das Blockieren.
Dieser Körperangriff ist auf der ganzen Eisfläche erlaubt, doch häufen sich die

155

Situationen, in denen blockiert wird, vor dem Tor und an der Bande.

Blockieren des Gegners im freien Raum
Diese Art der Abblockung gehört zu den einfacheren Situationen, doch muß der Abwehrspieler die richtige Seite wählen, d. h., er muß immer zwischen Spieler und Scheibe stehen.
Zum Blockieren benutzt der Spieler Schulter, Hüfte, Brust. Sein Verhalten muß immer den Regeln entsprechen, z. B. wird bestraft, wenn man den angegriffenen Spieler mit den Händen festhält oder mit dem Schläger hakt (Abb. 439).

Abb. 439

Blockieren an der Bande
Wenn sich der scheibenführende Spieler bemüht, an der Bande entlang durchzubrechen, dann versucht der Gegner, ihn im Vor- oder Rückwärtslauf abzublocken. Der Spieler muß eine stabile Lauftechnik beherrschen sowie die große Schwierigkeit meistern, den Gegner rechtzeitig an der Bande zu treffen (Timing). Dies erreicht er am besten durch ein Abschneiden des Laufwegs, den sog. Trichter (Abb. 440–447).
Im engsten Raum an der Bande kommt es dann zum endgültigen Körperangriff: im Vorwärtslauf mit der Schulter, im Rück-

Abb. 440–443

wärtslauf mit der Hüfte. Der scheibenführende Gegner muß total abgeblockt werden, er darf sich nicht freispielen. Diese Technik des Blockierens an der Bande erfordert allerdings viel Training und das richtige Gefühl für den »Treffpunkt« (Timing). Der richtige Trainingspartner hilft viel, diese Technik zu vervollkommnen.

Körpereinsatz durch Bodycheck
Der direkte Körperangriff ist die härteste Form des Körperspiels gegen den Gegner. Es darf auf der ganzen Eisfläche angewendet werden. Deshalb sollen nicht nur die Verteidiger im eigenen Drittel, sondern auch die Stürmer im Angriffsdrittel versuchen, mit Bodycheck das Spiel zu beeinflussen, da dies eine starke psychologische Wirkung auf den Gegner hat.

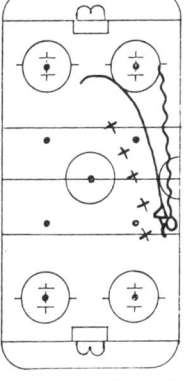
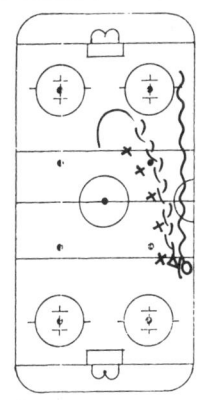

Auch wenn ein harter Körperangriff optisch »brutal« oder »attraktiv« – je nach Mentalität – aussieht und von verschiedenen Medien mit unkorrekten Angriffen verwechselt wird, ist die Verletzungsgefahr gering. Allerdings müssen die Regeln eingehalten werden. Bei einer korrekten Durchführung dürfen die Arme nicht benutzt werden, nur Oberkörper, Schultern, Hüfte oder Gesäß, ein Anlauf darf höchstens zwei Schritte betragen.

Der *Hüftcheck* wird überwiegend im Rückwärtslauf durchgeführt, deshalb praktizieren ihn vorwiegend die Verteidiger. Vor dem Zusammenstoß mit dem Gegner, im schrägen Bogenlauf in tiefer Hocke, schiebt der Spieler die Hüfte vor. Am günstigsten ist ein Berührungspunkt beim Gegner zwischen Oberschenkel und Hüfte. Dadurch wird der Angegriffene aus seiner bisherigen Laufrichtung »ausgedreht« (Abb. 448–452).

Sollte der Angreifer den Gegner »voll« treffen, so »fliegt« dieser über den vorgebeugten Körper des Spielers.

Eine andere Technik des Hüftchecks wird aus dem Vorwärtslauf entwickelt. Der Geg-

Abb. 444–447

157

Abb. 452: Hüftcheck

ner wird von vorne angegriffen, und kurz vor ihm stoppt der Angreifer. Diese Art wird praktiziert, wenn der Angegriffene versucht, den Angreifer zu umspielen oder auszuspielen.

Der *Schultercheck* erfolgt aus dem schrägen Vorwärtslauf in Richtung zum Gegner, wobei dessen Körper von der Schulter des Angreifers getroffen wird. Während des Zusammenstoßes befindet sich der Spieler

Abb. 448–451

Abb. 453, 454: Schultercheck.

in breiter Beinstellung und leicht nach vorne gebeugt, da er so seine Stabilität nicht verliert. Trifft der Spieler den Gegner an der Schulter, so dreht er ihn aus seiner Laufrichtung, und der Angegriffene verliert seine Stabilität (Abb. 453, 454).

Wird der scheibenführende Spieler an der Brust getroffen oder in der Vorbeuge, mit dem Blick zur Scheibe, am Kopf, so kann dies die schlimmsten Folgen haben. Dieser Spieler würde vom Spiel »ausgeschaltet«.

Für einen Körpereinsatz mit Bodycheck muß der Spieler nicht zu den stärksten gehören. Wesentlich wichtiger ist die Technik: Anlauf – Treffen – den Gegner aus dem Gleichgewicht bringen.

Beim heutigen schnellen Spielablauf und der besseren Stocktechnik ist ein intensives Training notwendig, um im direkten Zweikampf den Gegner nicht regelwidrig zu treffen. Das Üben dieser Technik mit einem Trainingspartner ist unbedingt notwendig. Dieser muß »als Gegner« den Spieler zum richtigen Körperspiel hinführen (Außenstürmer – Verteidiger, Verteidiger – Verteidiger).

Unabsichtliche oder absichtliche Regelverstöße sind: Ellenbogencheck, Stellen eines Beines, Crosscheck, Kniecheck.

Diese Verstöße können als absichtliche Bosheit des Spielers oder als Fehler wegen mangelnder Technik erklärt werden.

Beim Körpereinsatz mit Bodycheck muß sich jeder Spieler taktisch verhalten. Er muß sich genau überlegen, welcher Spieler – in welcher Situation – soll oder darf nicht checken. Nur zu checken, um einen optischen Effekt zu erreichen, ist zu wenig für einen erfolgreichen Spielverlauf. Die Hauptfrage ist: Wer von den beiden Spielern gewinnt nach dem Körpereinsatz die Scheibe, wer bleibt auf der Strecke?

Als erster Grundsatz in der Spielsituation 1–1 gilt: Als letzter Spieler vor dem eigenen Tor soll der Abwehrspieler durch Körpereinsatz kein Risiko eingehen.

Schon die jüngsten Spieler versuchen das Körperspiel. Nicht alle Spieler (leider auch die älteren) reagieren auf den Körpereinsatz korrekt. Schon vor, während und nach dem Zusammenstoß verhalten sie sich nicht sportlich.

Der Spieler muß rechtzeitig moralisch geformt werden. Schon beim Einüben des Körperspiels muß strikte Kollegialität und Partnerschaft herrschen. Zuerst wird langsam geübt, um den richtigen Treffpunkt ins Gefühl zu bekommen, später wird versucht, den Gegner richtig zu treffen, wobei sich ein Partner als »Opfer« zur Verfügung stellt.

Für diese Spielart sind Disziplin, Charakter und Moral die Grundbedingungen für ein Fair play.

Indirekter Kampf um die Scheibe

Angriff auf den scheibenführenden Gegner
Nach dem neuesten Eishockey-Spielbegriff ist es die Pflicht eines jeden Spielers, sofort nach dem Verlust der Scheibe den Gegner anzugreifen.

Beim Übergang vom Angriff zur Abwehr darf keine »tote« Sekunde auftreten.

Im taktischen Bereich bestehen hierzu verschiedene Möglichkeiten. In der Technik, beim Angreifen des Gegners, gilt für jeden Spieler: die Angriffstätigkeit des Gegners sofort stören, ihm »auf den Körper« kommen. Im gegnerischen Drittel gilt es schon als Erfolg, wenn es dem Gegner unmöglich gemacht wird, aus dem eigenen Drittel herauszukommen (Forechecking). Im Abwehrdrittel muß der Angriff aggressiver sein, um den Gegner von der Scheibe abzudrängen.

Es wird in jedem Fall als grober Fehler angesehen, wenn sich der Angreifer vom Gegner umspielen läßt.

Grundsätzlich erfolgt der Angriff auf den Gegner mit beidhändiger Schlägerhaltung.

Abb. 455–458

Nur so lernt der Spieler auf »Körperdistanz« anzugreifen. Die Schlägerschaufel wird in Richtung zum Eis gehalten.

Der Spieler darf nie auf die Scheibe blikken, er muß nur den Körper des Gegners beobachten (Zielscheibe ist die Brust) (Abb. 455–458).

Der Angreifer muß zumindest immer den Willen haben, sich zwischen Gegner und Scheibe zu drängen, nur so kommt es zur direkten Berührung mit dem Gegner.

Auch hier geht es nicht ohne das taktische Mitdenken des angreifenden Spielers:

- Er muß den besten Platz für den Angriff wählen.
- Er darf nicht zu schnell angreifen, ohne Kontrolle des ganzen Spielgeschehens.
- Er muß den Gegner durch verschiedene Täuschungen in die Laufrichtung zwingen, die für einen Angriffskontakt am günstigsten ist.
- Er darf nie dem scheibenführenden Gegner »nachlaufen«.
- Er darf den Gegner nur im Bogenlauf angreifen. Mit einem geraden »Hineinstoßen« kann der Gegner leicht umspielen.

Der Gegner darf auf der gesamten Eisfläche und von jedem Spieler angegriffen werden.

Decken des Gegners

Den ersten Rang in der Abwehrtätigkeit des Spielers nimmt das Decken des Gegners ein. Hierbei spielt das taktische Verhalten die wichtigste Rolle: Welches ist die richtige Stellung zum Gegner ohne Scheibe?

Der angegriffene Spieler mit der Scheibe muß sich immer solch einen Platz wählen, daß der angreifende Spieler nicht zur Scheibe kommen kann.

Beim Decken bewegt sich der Spieler grundsätzlich zwischen Scheibe und Gegner, mit einem kleinen Vorsprung, in Laufrichtung zum eigenen Tor.

Die wichtigsten Spielsituationen in den verschiedenen Zonen beim Decken des Gegners:

Angriffszone
In der Angriffszone wählt sich der angreifende Spieler eine Stelle, die zwischen dem Gegner und der Scheibe liegt (Raumdeckung).

Neutrale Zone
In der neutralen Zone werden vor allem die Außenstürmer (AS) durch die Außenstürmer (AS) gedeckt.
Es ist wichtig, den Gegner von der richtigen Seite anzugreifen: Bande – Gegner – Abwehrspieler – im Vorwärtslauf mit etwas Vorsprung (Abb. 459).

Abb. 459

Ein Verteidiger deckt den Gegner im Rückwärtslauf, und zwar so, daß er sich zwischen dem Tor und dem eigenen Gegner befindet.

Abwehrzone
In der Abwehrzone decken grundsätzlich alle Abwehrspieler zwischen dem Gegner und dem eigenen Tor. Der Gegner darf so lange nicht verlassen werden, bis sich die gegnerische Mannschaft im Besitz der Scheibe befindet.

Manndeckung
Bei der Manndeckung wird der Gegner so eng gedeckt, daß der Spieler nicht zur Scheibe kommt. In der Bewegung läuft der Abwehrspieler an der Seite des Gegners, von der er die Scheibe erwarten kann. Der Vorsprung zum Gegner wird minimal gehalten, die Schulter des Abwehrspielers befindet sich vor der Schulter des Gegners.
Vor dem Tor wird der Gegner aggressiv gedeckt, so daß er nicht zum Schießen kommt. Der Torwart braucht sich nicht um die Aktionen des abgedeckten Gegners zu kümmern, da er sich auf seinen angreifenden Mitspieler verlassen kann (Abb. 460).

Abb. 460

Sondertätigkeit

Einwurf der Scheibe – Bully

Jedes Drittel eines Eishockeyspiels beginnt mit einem Einwurf – Bully – des Schiedsrichters, ebenso wird jede Unterbrechung durch einen Einwurf beendet. Wenn dieser die Scheibe zwischen die beiden gegnerischen Mannschaften wirft, ist das Spiel auf der ganzen Eisfläche eröffnet. In dem Augenblick, in dem die Scheibe das Eis berührt, hat jeder Spieler die gleiche Chance, die Scheibe für sich oder seine Mannschaft zu gewinnen oder zu verlieren, wofür die selbständige technische Durchführung von großer Bedeutung ist. Doch zum Gewinn des Bullys spielt die Taktik eine ebenso wichtige Rolle. Diese Einzeltätigkeit läßt sich nicht einreihen in Angriffs- oder Abwehrtätigkeit.

In langjährigen Spielbeobachtungen wurde festgestellt, daß das Spiel während eines Spielverlaufs zwischen 70- und 120mal unterbrochen wird.

Bei einem Durchschnitt von 80 Bullys pro Spiel ergibt dies durchschnittlich alle 45 Sekunden einen Einwurf. D. h., eine Mannschaft hat 80mal oder alle 45 Sekunden die Möglichkeit, in den Besitz der Scheibe zu kommen, wenn ihre Spieler die Technik perfekt beherrschen.

Bullyskonzeption:

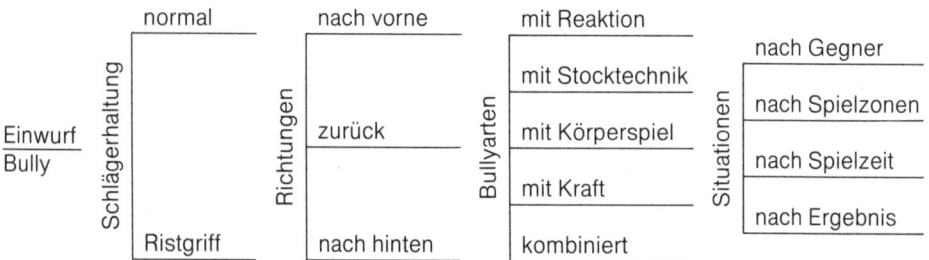

Der Bullygewinn hängt hauptsächlich von dem technischen Können eines Spielers ab, doch ist die Mithilfe aller Spieler notwendig, um zum Erfolg zu kommen (Aufstellung, Abblocken des Gegners, sofortiger Angriff usw.).

Die Stellung der Spieler vor dem Einwurf ist festgelegt (siehe Eishockeyregeln). Diese Regeln gelten nicht nur für die beiden direkt beteiligten Spieler (Abb. 461), sondern auch für alle anderen Spieler (Abb. 462). Wie bei allen Arten der Stocktechnik, sind auch hier wieder zwei Faktoren sehr wichtig: Technik und Taktik.

taktischer Teil
Wahl von:
Richtung – wohin
Bully = Mitspieler – wem
Art – wie

$+$

technischer Teil:

technischer Teil
schnelle und perfekte Durchführung der ausgewählten Art der Technik.

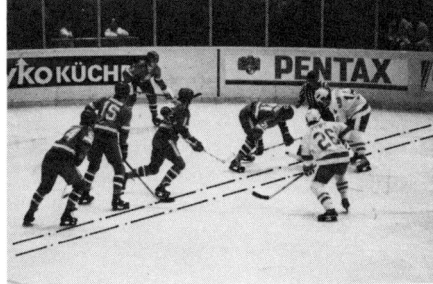

Taktischer Teil:
richtige Wahl der technischen Durchführung, Überlegungen über die Vor- und Nachteile gegenüber dem Gegner, Berücksichtigung der Spielzeit, des Ergebnisses, Platz des Bullys, richtige Aufstellung der Mitspieler beim Bully.

Technischer Teil:
Durchführungsarten des Bully:
    mit Reaktion
    mit Stocktechnik
    mit Körperspieltechnik
    mit Kraft – kombinierte Arten
Schlägerhaltung: beidhändig – normal
                             Ristgriff

Bullyausführung: Vorhand
                    Rückhand
Richtungen: nach vorne
           nach hinten
           zurück (unter den eigenen Körper, zwischen den Füßen)

Abb. 461, 462

Abb. 463, 464

Abb. 465

163

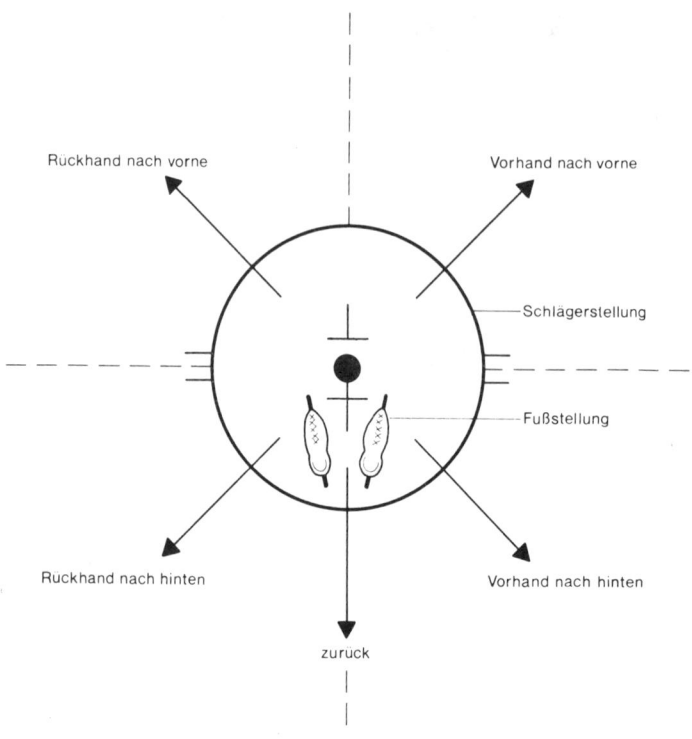

Rückhand nach vorne   Vorhand nach vorne

Schlägerstellung

Fußstellung

Ruckhand nach hinten   Vorhand nach hinten

zurück

(der Spieler ist Linkshänder)   **Abb. 466**

Abb. 467

Bullyarten

Scheibengewinn durch Reaktion
Die zwischen die Spieler geworfene Scheibe wird sofort abgenommen und weiterge-
spielt. Der reaktionsschnellste Spieler gewinnt die Scheibe, der andere kommt praktisch immer »zu spät«.

Scheibengewinn durch Stocktechnik
<u>Wegschlagen des gegnerischen Schlägers</u>
Während der Spieler noch den Flug der
Scheibe beobachtet, schlägt er schon den
Schläger des Gegners zur Seite und ge-
winnt die Scheibe (Abb. 467).

Aufheben des gegnerischen Schlägers
Nur der körperlich stärkere Spieler kann mit seinem Schlägerblatt den Schläger des Gegenspielers aufheben und so die Scheibe gewinnen (Abb. 468).

Abb. 468

Ausspielen des Gegners
Der Spieler schießt die Scheibe mit Vorhand zwischen den Füßen des Gegners hindurch, umläuft ihn an der für ihn vorteilhafteren Seite und gewinnt so wieder die Scheibe (Abb. 469).

Abb. 469

Hierzu muß der Spieler als erster im Besitz der Scheibe sein, und der Gegner darf erst umlaufen werden, wenn die Scheibe die Füße passiert hat – nicht früher. Wegen der Risikogefahr wird diese Art vorwiegend in der neutralen Zone durchgeführt.

Scheibengewinn durch Körperspiel
Wegdrängen des Gegners
Mit dem Einwurf »geht der Spieler auf den Gegner« und drückt ihn von der Scheibe weg. Der hinter dem Spieler stehende Mitspieler hat dadurch die Möglichkeit, die freie Scheibe zu übernehmen.
Dieses Körperspiel muß den Regeln des Eishockey entsprechen, und in den Grenzen des Fair play bleiben.

Abb. 470–472: Bully mit Verteidiger.

Im taktischen Bereich ist der Scheibengewinn durch Körperspiel eine abgesprochene, eingespielte Zusammenarbeit (Kombination) (Abb. 470–472).
Diese Variante wird meist im eigenen Drittel (Abwehrzone) gespielt, und der Verteidiger übernimmt hier das Körperspiel. Die Kanadier waren die ersten, die dies praktizierten.

Abb. 473–475

Scheibengewinn durch Kraft – Schlägersperrung
Der körperlich stärkere Spieler kann beim Einwurf mit seinem Schläger den Einsatz des gegnerischen Schlägers sperren (Schlägerblatt abdecken) (Abb. 473–475). Anschließend wird die Scheibe vom Gegner weggezogen. Die breite Schlägerhaltung ist überwiegend im Ristgriff, die Fußstellung ebenfalls breit.
Abdecken der Scheibe mit dem Körper
Beim Einwurf dreht sich der stärkere Spieler mit den Schultern bzw. mit dem Rücken zum Gegner und deckt so die Scheibe – in einem Abstand vom Gegner – ab. Überwiegend wird diese Technik in der neutralen Zone oder im gegnerischen Drittel (Angriffszone) durchgeführt.

Kombinierte Art: Körper – Schlittschuh
Eine anspruchsvolle Technik des Scheibengewinns ist die Kombination zwischen Körperspiel und Abgabe der Scheibe mit dem Schlittschuh.
Im Moment des Scheibeneinwurfs »geht der Spieler auf den Gegner«. Mit seinem Schläger sperrt er den Schläger des Gegners so, daß dieser die Scheibe nicht berühren kann.
Die freie Scheibe, die sich zwischen den Füßen befindet, wird mit einem Schlittschuhpaß abgespielt (Abb. 476, 477).

Bullygedanken

Für eine Mannschaft hat der Bullygewinn eine sehr große Auswirkung. Es ist eine Tatsache, daß in vielen Eishockeyspielen wenige Sekunden vor Spielende noch der Ausgleich oder ein Siegtor durch einen Bullygewinn erzielt wurden. Nicht unbegründet schreien die Zuschauer: »Bully – Tor, Bully – Tor...« Vor jedem Einwurf im Angriffsdrittel hat die Mannschaft schon eine psychologische »Torchance«, dazu

Abb. 476, 477

muß aber zuerst der richtige Spieler die Scheibe gewinnen.

In letzter Zeit wurde öfter von den Schiedsrichtern (SR) praktiziert, daß die Spieler sofort nach einem unkorrekten Bullyversuch oder nach einem Überschreiten der Spielregeln ausgewechselt wurden. Man stelle sich dies vor, wenn die Mannschaft nur einen einzigen starken Bullytechniker hat.

Bekanntlich »soll« in der Grundschule des Eishockey auch der Umgang mit Bullys gelernt werden. Die einfachste Methode hierzu ist: Die Spieler werden in 3er-Gruppen aufgeteilt. Der 3. Spieler übt die »SR-Rolle« aus und wirft die Scheibe zwischen die zwei »Gegner«. Nach einer vorher festgelegten Anzahl gewonnener Bullys wird der Sieger mit dem »Schiedsrichter« ausgetauscht. Dies ist eine einfache Weise, die Spieler zu beschäftigen.

Besser wäre es, wenn der Trainer zuerst allen Spielern alle Situationen erklärt und selbst perfekt demonstriert. Nur so lernen die jungen Spieler rasch die verschiedenen Raffinessen und können die verschiedenen Arten trainieren. Später, in wettbewerbsähnlichen Situationen, werden alle Spieler »getestet«. Nur so ist es möglich, einen neuen »Bullyspielmacher« zu entdecken bzw. zu merken, für welche Arten – gegen welchen Gegner – in welcher Zone die einzelnen Spieler am meisten leisten. Dann kann der Trainer, je nach Bedarf, den richtigen Spieler am richtigen Platz einsetzen. Es muß nicht immer nur der Mittelstürmer sein.

Es ist sehr wichtig, daß sich die jungen Spieler auch in der Vorbereitungsphase (Trockentraining) mit den Bullyübungen beschäftigen.

Auch beim Bully gilt:

Ein guter Eishockeyspieler muß die technischen und taktischen Kenntnisse und Fähigkeiten beherrschen. Bestimmte technische Fähigkeiten bringen nur Erfolg, wenn sie im Spiel auch richtig angewendet werden.

Der Torwart (TW)

In allen Sportarten, in denen auf ein Tor geschossen wird, hat der Torwart die wichtigste Aufgabe. Er ist praktisch die Hauptperson und kann am meisten den ganzen Spielablauf und das Ergebnis beeinflussen. Seine technisch-taktische Tätigkeit unterscheidet sich von der eines Spielers. Er durchläuft seine »eigene Schule«.

Seine Fähigkeiten im Eishockey sind deutlich zu sehen. Dies beginnt schon mit seiner anderen Ausrüstung, seiner Lauftechnik, seinem Spieleinsatz während des ganzen Spielverlaufs sowie seinen Abwehraufgaben.

Die speziellen Aufgaben eines Eishockey-Torwarts gegenüber anderen Torhütern sind ganz deutlich an seinen Handschuhen zu erkennen, die verraten, daß auch beide Hände unterschiedliche Aufgaben zu erledigen haben. Im Eishockey steht der Torwart während des ganzen Spiels in voller Konzentration, Streß und Verantwortung und motiviert mit seiner Leistung auch die Feldspieler, die er als »Chef der Abwehr« lenkt (Abb. 478).

Jede Mannschaft hat zwei Torhüter, die zu jeder Zeit im Spiel eingesetzt oder auch mehrmals ausgetauscht werden können. Es ist im Hochleistungssport falsch, einen Torwart als Ersatztorwart zu bezeichnen. Richtig ist es, wenn zwischen den beiden Torwarten kein großer Leistungsunterschied besteht. Beide sollen gute Kameraden – Kollegen – sein; einer soll dem anderen nur das beste im Spiel wünschen, doch im Training sind sie die größten Konkurrenten. Wer die bessere Leistung bringt, wird als »Nr. 1« gesetzt, doch kann sich dies nach einer gewissen Zeit ändern.

Da die Tätigkeit des Torwarts die wichtigste, aber auch schwierigste in einer Kollektivsportart ist, sollten nur die besten Sporttalente diese Position besetzen. Leider wollen nur wenige Spieler im Tor stehen, denn es ist eine Tatsache, daß die Torhüter nur bei unangenehmen Situationen genannt werden. Gewinnt die Mannschaft, so ist der Torwart vergessen – verliert sie, so wird er kritisiert.

Zu Beginn des Eishockeyspielens, als die Spielerinteressen noch gering waren, wurde der schlechteste Schlittschuhläufer, der schwächste oder jüngste Spieler in das Tor »reingestellt«. Doch dies gehört der Vergangenheit an, in heutiger Zeit ist der Posten des Torhüters direkt attraktiv, das Tor bei jeder Gelegenheit »voll besetzt«.

Selbstverständlich müssen die Torhüter alle sportlichen Eigenschaften besitzen — und doch noch etwas mehr. Nicht ohne Bedeutung wird davon gesprochen, daß kein »Normaler« ins Tor geht. Die Tätigkeit des Torwarts ist Sport im Sport. Schon der ganze Charakter des TW-Trainings ist individueller ausgerichtet. Es hat sich erwiesen, daß die Zeit, die man dem Torwart widmet, sich lohnt. Nur der Trainer, der sich in der Praxis diese Zeit nimmt, kann sich der Aufgabe, neue Talente zu »züchten«, voll hingeben.

Abb. 478

Die TW-Voraussetzungen

Die Position eines Torwarts in der Mannschaft ist die wichtigste und anspruchsvollste und durch einen gleichwertigen Spieler nicht zu ersetzen. Im Spielablauf ist der Torwart von Spielbeginn bis Spielende in Aktion.

Junge Spieler, die Torwart werden wollen, müssen ehrgeizig, willig und beharrlich sein. Ein junger, aber auch ein reifer Torwart soll immer den Mut aufbringen, in das Tor zu gehen – er muß ein problemloser, selbstbewußter Typ sein. Vor allem muß ein Torhüter Konzentration besitzen, ob im Training oder im Spiel. Hinzu kommt noch das Vorausahnen einer Situation während des ganzen Spielverlaufs.

Was ein Torwart niemals haben darf ist »Angst«.

Ein Torwart, der schon im voraus Angst vor einer eventuellen Verletzung hat oder bei dem diese sich nach einer Verletzung einstellt, sollte nicht als Torhüter eingesetzt werden.

Trotz vieler Diskussionen um die optimale Körpergröße wurde nicht geklärt, welcher Körperkonstitution der Vorzug zu geben ist. Ob groß oder klein, jede Torwartgröße hat ihre Vor- und Nachteile. Was er aber in jedem Fall besitzen muß ist Kraft, Gewandtheit, Elastizität. Er muß in allem ein vielseitiger, durchtrainierter Sportler sein. Zu dieser physischen Voraussetzung gehört außerdem noch die richtige Reaktions- und Koordinationsfähigkeit (Abb. 479).

Wer soll der Torwart sein?

In allen Sportarten, bei denen ein Tor vorhanden ist, gibt es das gleiche Problem – wer soll Torwart sein, wenn alle spielen und Tore schießen wollen?

Es ist eine einfache Folgerung, schon bei Kindern: Wer sich nicht wehren kann – der muß es sein, oder wer im Spiel vorne nichts bringt – wird ausgetauscht. So kommt es öfter vor, daß körperlich und technisch, im Eishockey auch läuferisch‑ schwächere Spieler unfreiwillig im Tor stehen. Von ihnen kann natürlich in der Zukunft nicht viel erwartet werden.

Wer freiwillig ins Tor geht, sind die jüngeren Spieler, die unbedingt »dabei« sein wollen. Als »brauchbarer« Torwart wird jeder seiner guten Einsätze von den »Größeren« anerkannt, und plötzlich wird er von der Mannschaft akzeptiert und in seiner Leistung unterstützt nach dem Motto: Wir brauchen ihn, er darf uns nicht weglaufen. Die zunehmende Freude steigert die Leistung des Torwarts, er beginnt sportlich zu »wachsen« – er hat sich einem schweren, aber interessanten Handwerk verschrieben.

Talentauswahl

Beobachtet man die Spieler einer Eishockeymannschaft »privat«, z. B. bei Reisen, vor dem Spiel, bei der Unterhaltung, bei

Abb. 479

anderen Spielen usw., so muß man den Torwart erkennen. Er hat etwas Besonderes.

Ja, hier beginnt für mich schon die Auswahl eines Torwarts. Die psychische Voraussetzung muß bei dem neuerwählten Torhüter stimmen, denn eine charakterliche Korrektur zu erzielen, ist eine langwierige Aufgabe. Die Kraft zu verstärken, die Technik ändern, ist nicht so schwer wie die Verbesserung von Souveränität, Selbstbewußtsein, Moral und Mut.

Der Jugendliche muß der richtige Typ für das Tor sein, ein »TT« = typischer Torwart. Und diesen Typ muß der Trainer suchen, er muß das richtige Fingerspitzengefühl hierzu haben. Ein Befehl: »Du gehst ins Tor« reicht nicht aus. Die Arbeit mit einem Torwart erfordert Geduld, auch privat, denn die Torwarttätigkeit im Eishockey ist Einzelsportart im Kollektiv.

Interessiert sich ein Eishockeyspieler für die Torhüterposition, so läßt ihn der Trainer anfangs die ganze Eishockey-Vorschule mitlaufen. Er soll gut schlittschuhlaufen, scheibeführen, passen, schießen und sich die ersten blauen Flecken an der Bande geholt haben. Er soll wissen, welche Aufgaben ein Stürmer oder ein Verteidiger hat. So lebt er sich in die verschiedenen Situationen ein. Hat der Trainer das Gefühl, »das ist der richtige Mann«, so soll er ihm das Tor anbieten – nicht einfach »reinstellen«.

Die Torwart-Grundschule

Die Grundschulung für einen Torwart sollte am besten schon in der Vorbereitungszeit beginnen, beim Trockentraining, denn hier hat der Trainer noch Zeit für die Einzelperson und ist nicht gezwungen, auf die Minute aufzuhören. Hier beginnt er mit den Informationen über die Kunst des Torwarts. Diese Informationen haben keine Grenzen, und das Interesse des Torwarts sollte niemals ein Ende haben.

Die Torwarttätigkeit

Auch die Torwarttätigkeit teilt sich, wie beim Eishockeyspieler, in Angriff und Abwehr. Nur ist beim Torwart die Angriffstätig-

Abb. 480

keit sehr eng begrenzt. Meistens bleibt ihm nur die Möglichkeit, die gefangene Scheibe zum Weiterspielen abzugeben (Abb. 480). Daß sich der Torwart über wenig Beschäftigung in der Abwehr nicht zu beschweren braucht, zeigt die Spielanalyse:

Angriffstätigkeit:	2,5%
Abwehrtätigkeit:	97,5%

Wie oft eine Mannschaft im Spielverlauf schießt, ist uns bekannt. Die 50–80 Schüsse während eines Spiels ergeben für den Torwart nur eine Beschäftigung für ein paar Minuten.

Der größte Teil seiner Abwehrtätigkeit liegt im Stellungsspiel und in der Schußabwehr.

Abwehrtätigkeit	*97,5%*
Stellungsspiel	88%

Schüsse fangen oder abprallen	8,5%
Spielunterbrechung	1%
Angriffstätigkeit	*2,5%*
Schüsse absichtlich abprallen	1,5%
gefangene Schüsse abspielen	0,7%
Weitschüsse vom Gegner im Spiel halten	0,28%
fliegender Wechsel*	0,02%

Das Wichtige in der Abwehrtätigkeit ist anders gelagert als es sich jeder neue Torhüter vorstellt. Nicht nur Schüsse fangen ist wichtig, denn dies ist die letzte Hoffnung, um »kein Tor zu kassieren«.

Der Torwart muß jeden gegnerischen Angriff beobachten, immer die Scheibe unter Blickkontrolle haben und sich in die richtige Stellung zur Scheibe wenden.

Im Angriff kann der Torwart seiner Mannschaft nicht sehr oft helfen, doch es gibt Situationen, in denen er aktiv sein könnte, z. B.:

● Im Spiel gibt der Schiedsrichter der Mannschaft »Vorteil« zum Powerplay, und gerade diesen Moment hat der Torwart »verschlafen«.

● Einen gut fangbaren Weitschuß könnte der Torwart rasch einem Mitspieler abgeben, doch er hält die Scheibe so lange, bis der Abpfiff kommt.

Solche verpaßten Tätigkeiten sind nicht nur technische Mängel, sondern auch mangelndes Mitdenken, d. h. fehlende Taktik.

$$\text{TW-Taktik} \begin{cases} \text{im Angriff} \\ \text{in der Abwehr} \end{cases}$$

Auch der Torwart muß über jede Spielsituation nachdenken und sich die richtige technische Tätigkeit aussuchen.

Torwart – Lauftechnik

Der schlechteste Läufer geht in das Tor – weit gefehlt!

Der Torwart muß das Schlittschuhlaufen noch besser beherrschen als der Feldspieler. Darum muß seine Trainingseinheit auch die Lauftechnik und das Konditionstraining beinhalten. Dies stärkt seine Laufsicherheit vor- und rückwärts mit schnellem Antritt.

Nur mit dieser Schulung kann er schnell dem Gegner entgegenfahren, zur freiliegenden Scheibe kommen oder nach einem Break oder Alleingang zurückfahren. Außerdem darf nicht vergessen werden, daß er trotz seiner bis 16 kg schweren Ausrüstung beweglich sein muß.

Spezielle Torwart-Lauftechnik

Da der Torwart immer mit Schultern und Beinschienen frontal zur Scheibe steht, führt er meistens folgende Bewegungen durch:
1. nach vorne und zurück (Vor-/Rücklauf)
2. seitlich (links – rechts) (Abb. 481).

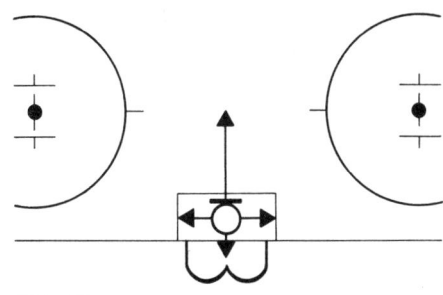

Abb. 481

---

* fliegender Wechsel = im Spielablauf Torwartwechsel durch einen Feldspieler.

Abb. 482

Abb. 484

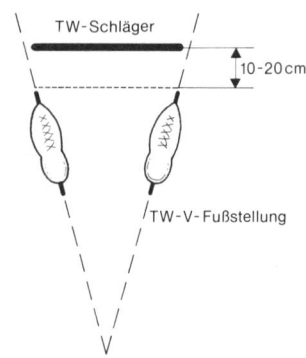

Abb. 483

Abb. 485

In der Grundstellung befindet sich der Torwart in tiefer Hocke (Abb. 482). Die etwas breite Beinstellung ist ein wenig abgewinkelt, und die Füße stehen in V-Stellung. Aus dieser Position kann ein schneller Abstoß durchgeführt werden (Abb. 483).

1. Vor-/Rücklauf – teleskopischer Lauf

Diese Lauftechnik dient zur Verkürzung des Schußwinkels.

Zum 3-Phasen-Schritt, den der Torwart nur zu einem Lauf in größere Entfernung benutzt oder dann, wenn er nicht in eine Aktion verwickelt ist, muß er den teleskopischen Vor-/Rücklauf beherrschen. In diesem Lauf bleibt er immer kompakt, wie in der Grundstellung.

Mechanische Beschreibung:
Beim Lauf über eine kurze Entfernung erfolgt ein einmaliger starker Abstoß mit der Spitze der Innenkante des Schlittschuhs (deshalb hier der Hohlschliff) (Abb. 484–487).

Beim Lauf über eine größere Entfernung sind mehrere Abstöße (2–4) erforderlich. Der Torwart versucht, für diese Abstöße immer den gleichen Fuß zu benutzen, so bleibt sein Körper in einer ruhigen Stellung. Für den längeren Vor- und Rückwärtslauf benutzt der Torwart:

Wellenlauf ∿∿∿∿∿   (Abb. 488)
Eierlauf ∾∾∾∾∾   (Abb. 489)

Der Unterschied zum 3-Phasen-Schritt oder Powerskating ist aus den Fotos ersichtlich – es gibt keine tote Phase. Beim Vorlauf kommt der Abstoß von einem Punkt kurz vor der Ferse, beim Rücklauf kommt

Abb. 486, 487

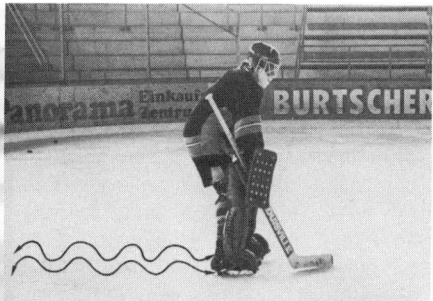

Abb. 488, 489

der Abstoß von der Fußspitze.

Es ist sehr wichtig, den teleskopischen Lauf im Drill zu üben, aber die Korrektur hierfür darf nicht fehlen.

Zusätzlich zu seiner Lauftechnik muß der Torhüter noch ein gewisses Torpfostengefühl bekommen, d.h., er muß jederzeit die Orientierung besitzen, wo er sich befindet – wann ist er auf der Torlinie, wann genau beim Pfosten?

Im Training kann man den Lauf mit Orientierungshilfen üben, z.B. Bewegung im Schußwinkel, der durch eine Schnur hergestellt wird (Abb. 490–492), oder durch freie Hilfsmittel, z.B. Pylonen, Scheibe oder die Orientierung auf eine Reklame an der Bande.

Abb. 490–492

Bremsen
Auch beim Bremsen darf sich der Torwart niemals seitlich abdrehen, deshalb bremst er durch Halb- oder Schneepflug, ausgehend von der Ferse oder Fußspitze (Abb. 493).

Abb. 493

2. Seitlich – Versetzen

Bei der Bewegung zur Seite ist es wieder das Wichtigste, daß der Körper des Torwarts sich im rechten Winkel (frontal) zur Scheibe befindet.
Das seitliche Versetzen gliedert sich in folgende Bewegungen:

mit kurzem Umfang ⟨ mit einem Abstoß / mit mehreren Abstößen

mit großem Umfang

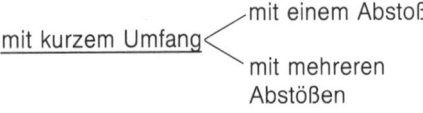

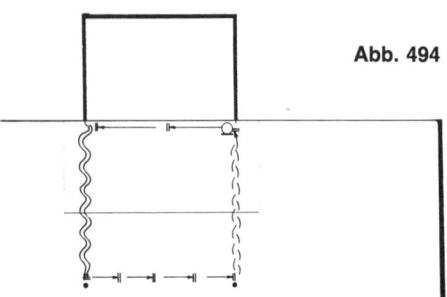

Abb. 494

Die Beherrschung der verschiedenen Techniken ist abhängig von:
● der Körpergröße des Torwarts
● der Entfernung von der Scheibe
Das seitliche Versetzen mit einem kurzen Umfang wird durch eine Rutschbewegung ausgeführt. Aus der Grundstellung soll es zu einer gleitenden Bewegung kommen, d.h. gleiten quer auf der Standfläche der Kufen in Fahrtrichtung (Abb. 494).
Der Torwart kann eine Seitwärtsbewegung erreichen, wenn er anstelle des Gleitens »rutscht«. Das Rutschen wird erreicht, wenn beide Kanten senkrecht auf dem Eis stehen und die Standfläche keinen scharfen Kantenschliff aufweist.
Dieses seitliche Versetzen wird überwiegend im Torraum ausgeführt – von Pfosten zu Pfosten (Entfernung 1,83 m).

Mechanische Beschreibung:
Bei einer Bewegung von rechts nach links erfolgt aus der Grundstellung ein Abstoß durch den rechten Fuß mit der Innenkante des Schlittschuhs, von der Spitze ausgehend.
Der entlastete linke Fuß rutscht auf seiner Standfläche, mit der Breitseite der Kufe, nach links. Damit der Abstand zwischen den Füßen nicht zu groß wird, ist das Abstoßbein sofort nachzuziehen (Abb. 495, 496).
Bei einem gut ausgeführten seitlichen Verrutschen müssen auch die Knie dicht beieinander liegen, um eine Torgefahr auszuschließen.
Aus der technischen Grundstellung in der Tormitte genügt das Rutschen, das mit einem Abstoß erreicht wird. Bei einem seitlichen Versetzen auf größere Entfernung oder bei kleineren, jüngeren Torwarten wird für ein Versetzen von Pfosten zu Pfosten mehrmals die gleiche Technik benötigt: Abstoß – rutschen. Der Eishockey-

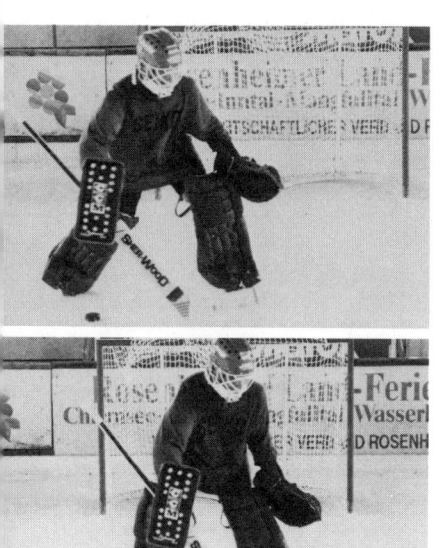

Abb. 495, 496

Abb. 497, 498

schläger rutscht vor dem Körper auf dem Eis mit und deckt die entstehende Lücke zwischen den Beinen.
Das seitliche Versetzen mit großem Umfang – bei einem Torwartauslauf – wird bei einer größeren Scheibenentfernung oder bei einem Spielverlauf hinter dem Tor angewendet (Abb. 497, 498).

Mechanische Beschreibung:
Bei einer Bewegung von rechts nach links erfolgt ein Abstoß durch den rechten Fuß mit der Innenkante des Schlittschuhs, von der Spitze oder Ferse ausgehend. Der gleitende linke Fuß dreht sich etwas nach außen und wird auf der Außenkante der Kufe in einen leichten Bogenlauf versetzt. In diesem Moment wird das Abstoßbein sofort nachgezogen. Die kleine Lücke zwischen den Beinen wird durch den Eishockeyschläger abgedeckt.

Torwarttechnik

Grundstellung

Bei der Beobachtung der Aktionen während des Spiels steht der Torwart in der sogenannten Grundstellung. Die Schlittschuhe stehen hierbei in V-Stellung, der Torwart steht in tiefer Hocke.
- Die Schienen sind geschlossen: große *U-Stellung*.

175

● Die Schienen werden durch die Knie in eine *A-Stellung* gebracht (Abb. 499).

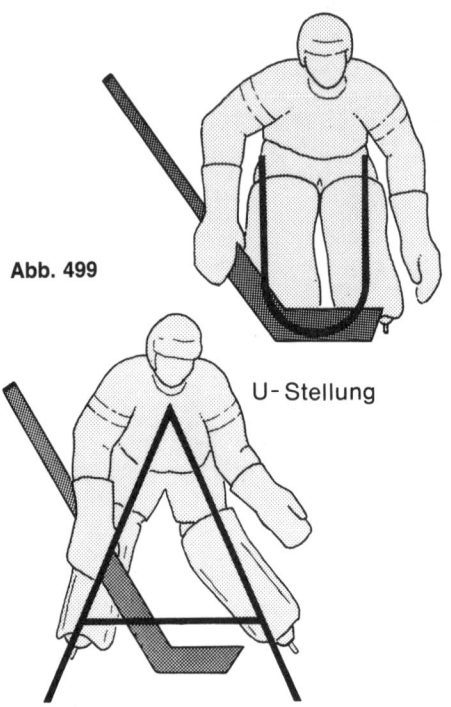

Abb. 499

U- Stellung

A- Stellung

Aus technischen Gründen werden die Schienen in der Vorbeuge mehr als 90 Grad abgewinkelt (Abb. 500).

Abb. 500

Beide Stellungstechniken werden in der Praxis angewendet.
Oberkörper nach vorne gebeugt
Brust vorgewölbt
Kopf nach vorne aufgerichtet
Schultern locker nach vorne
(Abb. 501)

Abb. 501

Die *Stockhand* (zu 95% die rechte) hält den Schläger im Ristgriff, am dünnen Teil des Stiels, dicht über seiner Verbreiterung (Abb. 502).

TW- rechts

TW- links

Abb. 502, 502a

Körperlich größere Torhüter halten den Schläger höher, an einem zusätzlich angebrachten Griffknopf (Abb. 503).

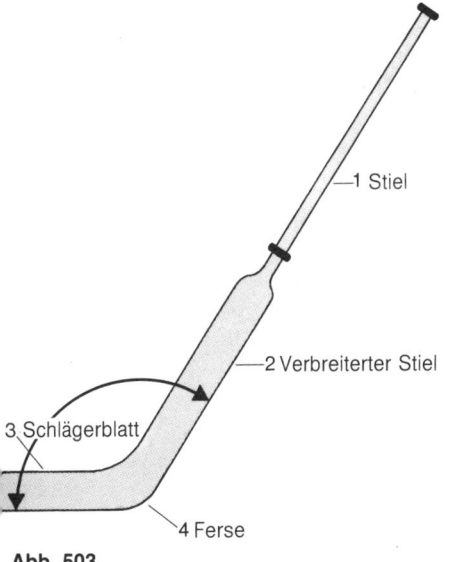

—1 Stiel

—2 Verbreiterter Stiel

3 Schlägerblatt

4 Ferse

Abb. 503

Der Torwart hält den Schläger senkrecht zur Eisfläche, etwa 10–20 cm von den Füßen entfernt, was für die Technik von Bedeutung ist. Der Schläger berührt mit der ganzen unteren Schaufelkante das Eis, wobei der Winkel stimmen muß. Durch die Vorlage des Torwarts wird $\frac{1}{7} - \frac{1}{10}$ seines Körpergewichts auf den Eishockeyschläger übertragen. Er stützt sich auf seinen »dritten Fuß«.

Torwarte, die dies praktizieren, sind es gewöhnt, den Schläger immer auf dem Eis zu haben, deshalb haben sie mit flachen Schüssen keine Probleme.

Mit dem breiteren Teil des Torwartschlägers werden die halbhohen Schüsse abgewehrt, mit der Stockhand (Handschuh) die hohen (Abb. 504, 505).

Die Fanghand

Neben und etwas vor dem Körper, mit der offenen Handfläche gegen das Spielfeld, wird die Fanghand geführt. Meistens bildet sie eine verlängerte Achse des Arms (Abb. 506).

Abb. 504–506

177

Eine andere Fanghandstellung ist der abgewinkelte Ellenbogen, mit der Handfläche zur Schulter (Abb. 507).

Abb. 507: Der weltbeste Torwart: Tretjak (UdSSR).

Im allgemeinen soll die Grundstellung des Torwarts ruhig, locker und nicht verkrampft sein.

Für den erfolgreichen Torwart wäre es wünschenswert, wenn ihn jeder Schuß in der Grundstellung treffen würde. Doch werden die Schüsse aus der Bewegung abgegeben, und der Torwart muß sich immer in die richtige Richtung zur Scheibe bewegen. Dazu benutzt er die spezielle Torwart-Lauftechnik und wählt die richtige Position, um jeden Schuß abfangen zu können = *Stellungsspiel*. Um eine neben dem Körper des Torhüters ankommende Scheibe abfangen oder abprallen zu können, kommt dieser aus der Grundstellung in andere Abwehrpositionen.
- Halbspagat
- Halbgrätsche
- Vollgrätsche
- Slide
- verschiedene andere Fallpositionen

Jeder Torwart soll seinen persönlichen technischen Stil beherrschen. Selbstverständlich versucht ein junger Torwart seine Vorbilder zu kopieren, doch muß das für ihn nicht immer von Vorteil sein.

In manchen Spielsituationen kommt es vor, daß der Torhüter mit der »perfekten Technik« keine Lösung finden kann.

Hier gilt: »Fang wie du willst – nur fang!«

Abb. 508

Wahl der Position

Für die richtige Ortsbestimmung entscheidet immer die Lage der Scheibe:
- vor dem Tor,
- neben dem Tor,
- hinter dem Tor.

Der Torwart steht immer frontal, im rechten Winkel, zur Scheibe (nicht zu dem Schützen) (Abb. 510).

Scheibe vor dem Tor

Wenn die Scheibe senkrecht zum Tor kommt, dann steht der Torwart im Torraum (Abb. 511).

Eine bessere Möglichkeit, ein Tor zu verhindern, besteht für den Torwart darin, daß

178

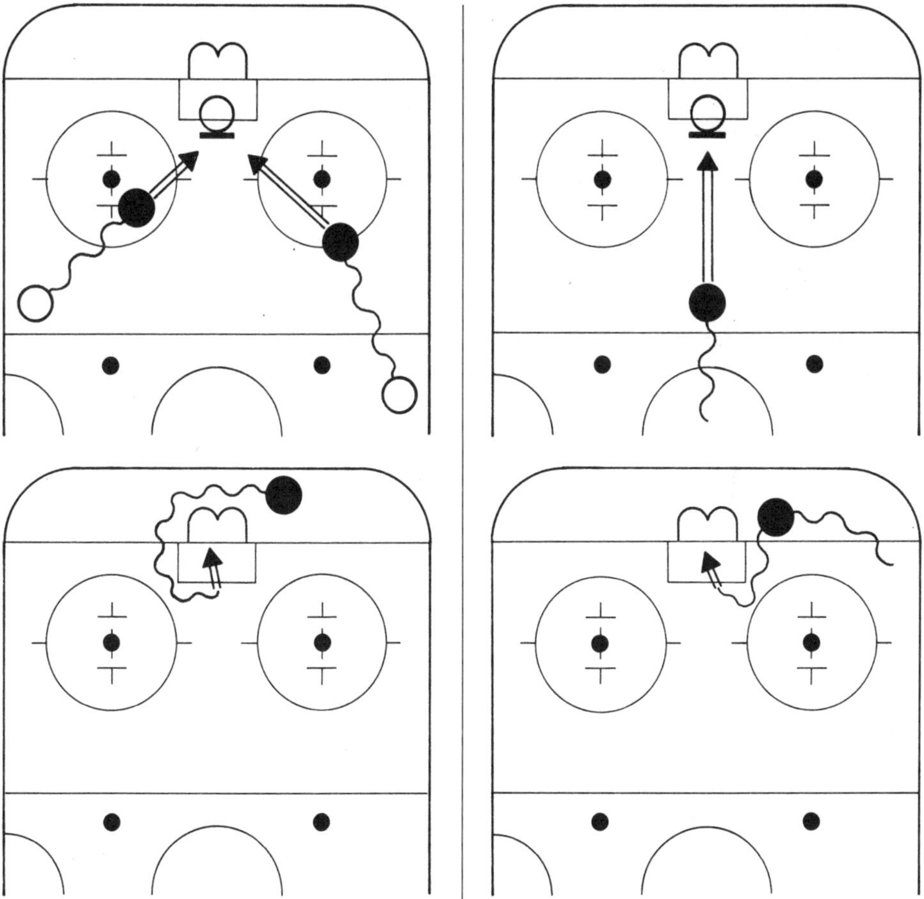

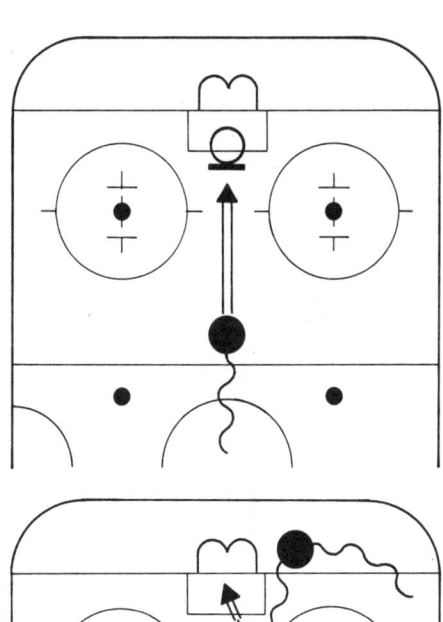

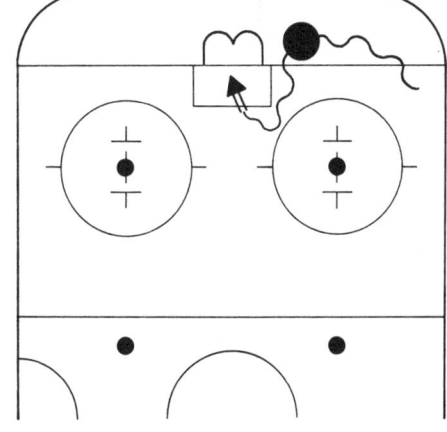

Abb. 509a–d, 510, 511

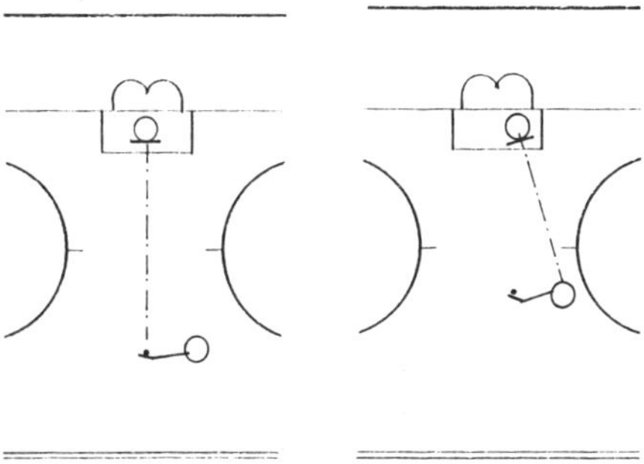

179

er der Scheibe entgegenkommt und so den Schußwinkel verkürzt (Abb. 512).

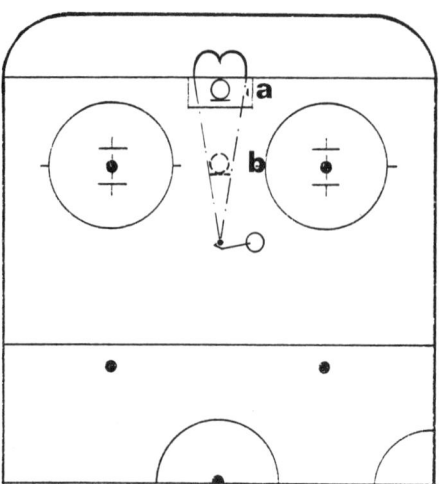

Abb. 512

Wie weit der Torwart der Scheibe entgegenläuft, richtet sich nach der Entfernung der Scheibe. So verkürzt er durch seinen Körper den freien Zielraum des Gegners. Dieses Vorlaufen ist bei solch hartgeschossenen Schüssen sehr notwendig, da die fliegende Scheibe im Torraum sehr schwer zu fangen ist. Das Beherrschen der Schußwinkelverkürzung ist ein sehr langwieriger Lehr- und Lernprozeß.

Die Bilder demonstrieren die Schußwinkelverkürzung mittels einer an den Torstangen und dem Schläger befestigten Schnur. Der Schußwinkel ist variabel, die Entfernung kann eingestellt werden. Durch die Schnurlinie hat der Torwart eine direkte Kontrolle, um das Tor effektiv abzudecken (Abb. 513–518).

Abb. 513–516

180

Scheibe neben dem Tor

Befindet sich die Scheibe in irgendeiner Winkelstellung neben dem Tor, so stellt sich der Torwart eng zur Scheibe näherstehenden Torstange (er macht die »kurze Ecke« zu). Zwischen seinem Körper und der Torstange darf keine Lücke mehr sein. Der Eishockeyschläger liegt vor den Füßen auf dem Eis (Abb. 519, 520).

Scheibe hinter dem Tor

Befindet sich die Scheibe hinter dem Tor, dann steht der Torwart eng bei der der Scheibe näherstehenden Torstange, sein Körper nimmt eine Stellung mit Richtung zum Spielfeld ein. Er dreht sich niemals weiter als 90° zur Torlinie (Abb. 521, 522).

Abb. 517, 518

Abb. 519, 520

Abb. 521, 522

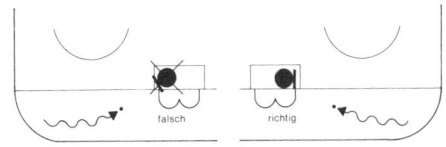

181

Auf den scheibenführenden Gegner hinter dem Tor reagiert der Torwart mit einer seitlichen Bewegung in der gleichen Richtung. Mit einem Blick über die Schultern hat er den Spieler ständig unter Kontrolle. Das seitliche Versetzen darf nicht zu früh ausgeführt werden, der Gegner könnte bremsen und zurücklaufen oder die Scheibe einem Mitspieler zuspielen, aber auch nicht zu spät, so daß der Torwart umspielt werden kann (sog. Bauerntrick) (Abb. 523).

Abb. 523a

Abb. 523b, c

auf der ganzen Höhe freien Raum und versucht, hier die Scheibe zu treffen (Abb. 524).

Schüsse fangen und abprallen

Wenn der Torwart im Schußmoment richtig steht, kann nach den geometrischen Gesetzen die Scheibe nur ihn treffen. Doch nicht immer ist es dem Torhüter möglich, im optimalen Punkt des Schußwinkels zu stehen.

Beim senkrechten Schuß auf das Tor hat der Spieler rechts und links vom Torwart

Abb. 524

182

Solche Schüsse muß der Torwart fangen oder abprallen. Es wäre unlogisch, alle geschossenen Scheiben nur mit einer technischen Laufbewegung und einem Körperteil abzufangen, egal, wohin der Schuß plaziert wird.
Es ist die Aufgabe des Torhüters, sich das Tor in verschiedene Zonen einzuteilen. Er benutzt dazu seine Ausrüstung sowie verschiedene Körperteile.
Nach diesem Prinzip verläuft auch das spezielle Torwarttraining, nicht nur auf der Eisfläche, sondern auch auf dem Trockenen.

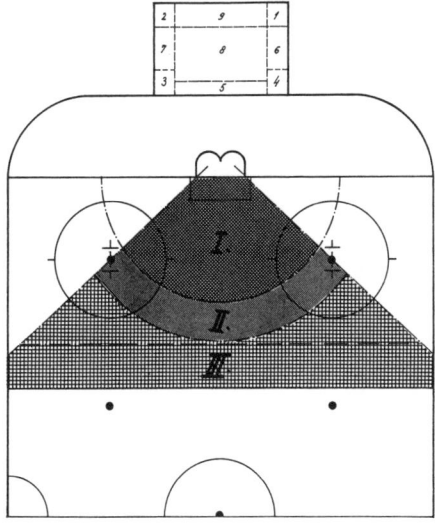

Abb. 525

Toraufteilung:
    1–2 = obere Ecke
    3–4 = untere Ecke
    5   = flache Schüsse
    6–7 = halbhohe Schüsse
    9   = hohe Schüsse
    8   = Tormitte
Nur wenn der Torwart *immer* die Scheibe beobachtet, ist es ihm möglich, im besten Moment in den Spielverlauf einzugreifen.

Der Gegner kann aus allen Richtungen zum Tor fahren.
Sturm auf das Tor – senkrecht von vorne
                – von der linken oder rechten Seite
                – aus dem Raum hinter dem Tor
Die Torschüsse werden mit etwa 75% durch Direktschuß, zu etwa 25% durch Bluffschuß ausgeführt.

Fangen und Abprallen der Schüsse – senkrecht

Technik:
Auf beiden Seiten des Torhüters in Grundstellung gibt es noch Freiräume. Steht er auf der Torlinie, so deckt er etwa 27,5 – 43% der gesamten Torfläche (2,23 m^2), der Rest ist ungedeckt.
Deshalb wird der ganze Torraum in Räume unterteilt, in denen je nach Körperteil oder Ausrüstungsteil ein Torschuß abgewehrt werden soll (dies muß nicht grundsätzlich sein) (Abb. 526).

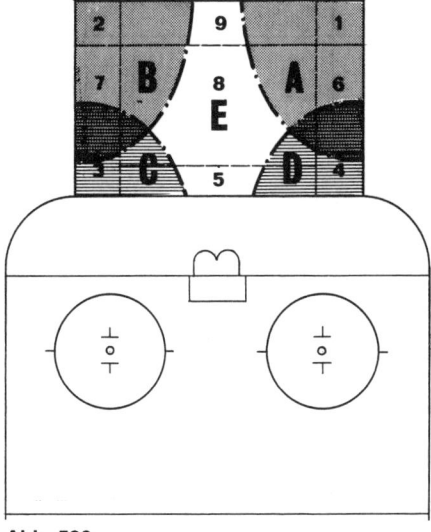

Abb. 526

183

Im folgenden Beschreibung – TW mit Fang-
hand links
oberer Teil
A – Fanghand, Arm, Körper
B – Stockhand, Arm, Körper
unterer Teil
C – TW-Schiene, Fuß – Schlittschuh,
Schläger
D – TW-Schiene, Fuß – Schlittschuh,
Schläger
mittlerer Teil
E – Körper, Hände, TW-Schiene, Füße –
Schlittschuhe, Schläger (Abb. 527).

Schüsse halbhoch – hoch
Mit dem Körper:
Durch die gute und attraktive Ausrüstung
des Torwarts (Handschuhe) wird das Fangen der Schüsse mit dem Körper vernachlässigt. Doch ist es schon in der Grundschulung wichtig, daß der Torwart lernt,
Schüsse mit dem Körper abzufangen. Ein
einfaches »Sich-treffen-lassen« wäre für
den Torhüter schmerzhaft, außerdem kann
die Scheibe rasch abprallen. Technisch
richtig ist es, den Aufprall der Scheibe mit
dem Körper zu dämpfen und die Scheibe
mit den Händen zu halten (Abb. 528, 529).

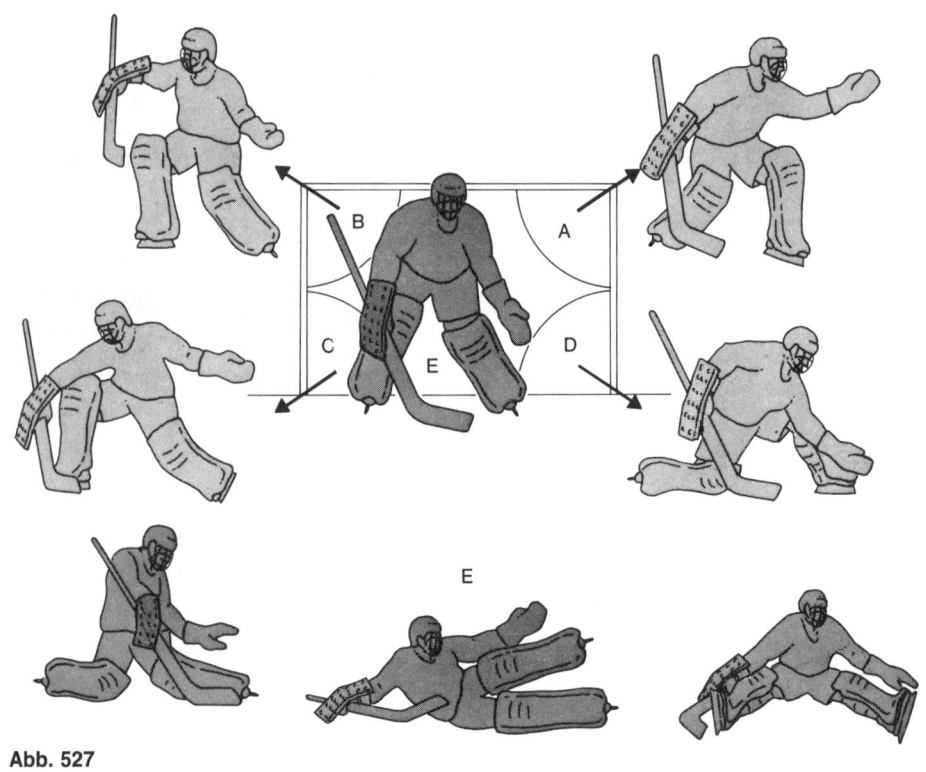

Abb. 527

Abb. 528

Abb. 529

Bevor der Trainer mit diesem Lernprozeß beginnt, ist die Ausrüstung des Torwarts zu überprüfen. Empfehlenswert ist das Tragen eines Halsschutzes.

Fanghand:
Die Schüsse werden mit der Fanghand im Korb gefangen (Abb. 530, 531).

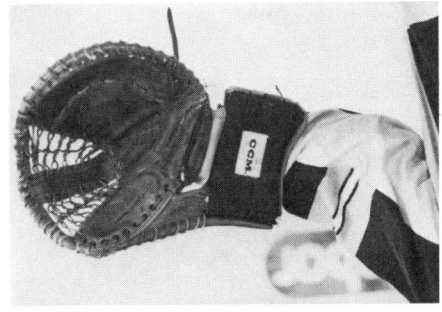

Abb. 530: Fanghandschuhe mit Korb.

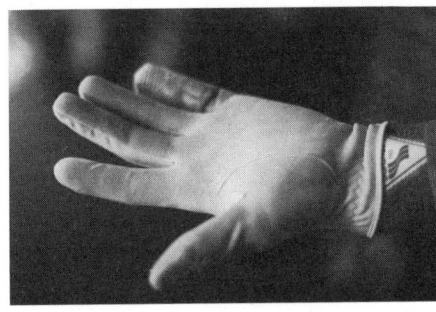

Abb. 531: Innenhandschuh für bessere Griff-festigkeit.

In der Grundstellung erfolgt das Fangen mit einer leichten Rückwärtsbewegung, um den Schuß abzudämpfen, damit die Schei-be nicht vom Korb abprallt (Abb. 532–534). Schon die Anfänger üben, mit offenem Fanghandschuh – Handfläche gegen den Schuß – die Scheibe zu fangen und gleich wieder loszulassen (Abb. 535–537).

Abb. 532–534

Abb. 535–537

Abb. 538

Stockhand:
Mit der Stockhand kann der Torwart die Scheibe nur mit dem Handrist abprallen lassen (Abb. 538).
Ein Abfangen der Scheibe ist ihm hier nur möglich, wenn sich die Fanghand direkt auf der Schutzfläche der Stockhand befindet. Gleichzeitig muß die geschossene Scheibe abgedämpft werden (Abb. 539–541).

Abb. 539–541

Schläger:
Die halbhohen Schüsse sind mit dem breiten Stielende des Schlägers leicht abzuprallen, wenn der Torwart das richtige Gefühl hat, die Scheibe zu treffen. Dies ist eine reine Übungssache. In der Vorbereitungsphase empfehle ich hierfür ein Training mit Tennisbällen (Abb. 542).

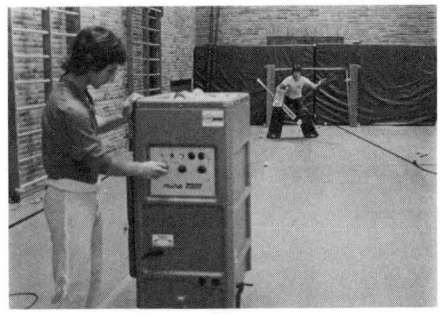

Abb. 542

Beherrscht der Torwart den Bewegungsablauf, wird das Schußtraining mit der Scheibe fortgesetzt. Die Hand bewegt sich seitlich weg vom Körper (Abb. 543).

Abb. 543

Arme:
Hohe Schüsse sind wegen des langen Bewegungswegs nicht immer mit den Händen erreichbar. Mit dem kürzeren Bewegungsweg der Arme können viele gefährliche Schüsse abgewehrt werden (Abb. 544).

Abb. 544

187

Niedrige und flache Schüsse
Fangen und abprallen mit dem Schlägerblatt:
Der Torhüter hält den Eishockeyschläger
fest im Ristgriff, etwa 10 – 20 cm vor den
Füßen, um den Schuß abdämpfen zu können.
Schwache Schüsse kann der Torwart vor
dem Körper dämpfen und taktisch richtig
abspielen (Abb. 545).

Abb. 545

Schüsse abprallen – flach:
Eine hart geschossene Scheibe wehrt der
Torwart direkt ab. Soll die Scheibe flach
vom Schläger abprallen, so wird der Schläger senkrecht zum Eis gehalten.
Soll die Scheibe schräg vom Tor, zur Seite,
abgewehrt werden, so steht der Torwart
etwas vor der Torlinie und spielt die Scheibe hinter der Torlinie ab (Abb. 546).

Abb. 546

Ein grober taktischer Fehler ist es, wenn die
Scheibe zurück ins Spielfeld prallt und so
nochmals ins Spiel kommt.

Schüsse abprallen – hoch:
Bei einer größeren Torgefahr, wenn sich
ein Gegner in der Nähe des Torwarts befindet, wird die Scheibe hoch abgeprallt. In
diesem Fall wird das Schlägerblatt geöffnet
(Abb. 547).

Abb. 547

Füße – Schlittschuhe:
Die Schußabwehr mit dem Fuß bzw.
Schlittschuh wird meistens im Halbspagat
durchgeführt, d. h., der Fuß bewegt sich in
einem Bogen nach außen, und mit dem
anderen Bein geht der Torwart auf das
Knie. Wichtig ist, daß die Kufe mit der
ganzen Standfläche auf dem Eis steht
(Abb. 548). Andernfalls geht eine wichtige
Abprallfläche verloren.

Abb. 548

188

Halbgrätsche – Halbbutterfly:
Wenn der Torwart nicht die volle freie Sicht hat, so fängt er meistens die flachen Schüsse in der Halbgrätsche. Diese neue Technik hat gegenüber dem Halbspagat den Vorteil, daß der Torwart eine größere Fläche decken und schneller aufstehen kann (Abb. 549, 550).

Abb. 551, 552

Abb. 549, 550

Außerdem kann der Torhüter so am besten und schnellsten den gewählten Platz absichern (Abb. 551, 552).

Vollgrätsche – Butterfly:
Die neueste und sehr erfolgreiche Technik wird mit der Vollgrätsche erreicht. Nicht alle Torhüter sind bereit, diese Technik anzuwenden, hierfür ist eine gute Elastizität der

Kniegelenke nötig. Deshalb sollte schon im Sommer mit viel Gymnastik die Beweglichkeit erreicht werden, sonst besteht Verletzungsgefahr.
Aus einer breiten Beinstellung geht der Torwart in die Knie, so daß seine Beinschienen in Richtung zum schießenden Gegner stehen. Die Lücke zwischen den Beinen wird durch den Schläger abgedeckt.
Mit dieser Technik ist auf der Torlinie »alles zu«, die Fanghand ist bereit für eventuelle höhere Schüsse. Wichtig ist es für den Torwart, aus der Grätsche wieder schnell aufstehen zu können, was nur eine Frage des Trainings ist. Im technischen Bereich ist die Vollgrätsche nicht mit dem Knien vergleichbar (Abb. 553, 554).

Abb. 553, 554

Slide – Gleitsturz:
Der Torwart wendet die Technik des Slide
bei Schüssen aus kurzer Entfernung an,
besonders bei langem und schnellem Versetzen. Zum Sturz kommt es, indem er
seinen Körper auf das Eis gleiten läßt.
Die 3 Phasen der Technik: Abstoß seitlich,
Knien mit dem Abstoßbein, seitliches Hinlegen (Abb. 555–573).

Abb. 555

Abb. 556–559

Abb. 560–563

Abb. 564–567

Abb. 572, 573

Beim ganzen Bewegungsablauf sind die Füße auf die Scheibe ausgerichtet. Der Torwart liegt so flach, daß die Scheibe nicht unter seinem Körper hindurchrutschen kann. Die Beine liegen aufeinander, die Schienen sind senkrecht zur Eisfläche (Abb. 574).

Abb. 568–571

Abb. 574

Im Notfall (gehobener Schuß) geht das obere Bein in die Höhe (Abb. 575, 576). Wichtig ist die ständige Kontrolle des Tores, d.h., der Torwart darf nicht außerhalb des Torraums rutschen und dem angreifenden Gegner einen freien Raum im Tor zum Schuß anbieten (Abb. 577, 578). Die Technik des schnellen Aufstehens sowie das Aufstehen immer in der richtigen Richtung müssen geübt werden.

Schüsse von der Seite

Der Torhüter muß grundsätzlich den der Scheibe näherliegenden Pfosten abdecken. Er darf niemals in der kurzen Ecke ein Tor erhalten, der Freiraum der langen Ecke wird abgefangen, wie bereits beschrieben wurde. Der Torwart steht immer mit dem Körper zur Scheibe.
(Abb. 579, 580)

Abb. 575, 576

Abb. 577, 578

Abb. 579, 580

193

Abb. 581–584

194

Abwehr mit dem Schläger:
Im Torraum wird der Schläger durch den Torwart viel zum Einsatz gebracht.
Scheibe ausstechen mit sogenannter teleskopischer Schlägerbewegung nach vorne: Der Schläger wird nach vorne geworfen und an seinem Griffende aufgefangen, darum ist ein großer Griffknopf wichtig. Im Notfall rutscht der Torwart auch auf dem Bauch (Bauchlandung) ein Stück auf dem Eis nach vorne, um die Scheibe ausstechen zu können (Abb. 581–584).
Schranke: Alle Pässe im Torraumbereich soll der Torwart mit seinem Schläger auffangen, ebenso solche neben dem Tor und den Pfosten. Er stört ebenfalls den scheibenführenden Gegner hinter dem Tor (Abb. 585).

Abb. 585

Flipschuß
Wegen des unangenehmen Absprungs der Scheibe soll der Torwart der Scheibe entgegenfahren und sie mit dem ganzen Körper decken. Er darf sich nicht überraschen lassen und die Scheibe nur mit der Hand abfangen (Abb. 586, 587).

2. Er sperrt durch kurzes, mehrmaliges Versetzen den Lauf des Gegners; immer stehen bleiben – immer aufrecht bleiben.
3. Ist die Schleife schnell umlaufen, fährt der Torwart mit den Füßen gegen den Gegner zum Slide oder zur Vollgrätsche (Abb. 588–594).

Abb. 586, 587

Bluffschuß

Bei einem Alleingang des Gegners auf das Tor ist es das Ziel des Torwarts, den scheibenführenden Spieler in Tornähe zu bekommen. Um dies zu erreichen, paßt er seinen teleskopischen Lauf (nach vorne und zurück) der Schnelligkeit des Gegners an, um so den benötigten Körperkontakt mit dem Gegner zu bekommen. Der Torhüter darf sich niemals provozieren lassen und durch eine vorzeitige Bewegung (durch Kniefall, Sturz usw.) gegen den Spieler vorstoßen, denn gerade auf solch eine Bewegung reagiert der Gegner sofort. In der Endphase des Bluffschusses, wenn der scheibenführende Spieler den Torwart umspielen will, reagiert dieser:
1. Er stört den scheibenführenden Spieler beim Lauf in einer Schleife mit dem Eishockeyschläger.

Abb. 588–590

195

In jedem Fall muß der Torwart die Scheibe ständig unter Kontrolle haben und auf folgendes achten:

- Führt der Gegner die Scheibe vor dem Körper, so will er in der Endphase einen Bluffschuß ausführen, d.h. den Torwart umspielen.

  Vorsicht: Nicht sofort auf eine Finte reagieren. Kommt es zum Torschuß, so ist dieser immer hoch.

- Führt der Gegner die Scheibe auf die Körperseite, beabsichtigt er einen Torschuß. Befindet sich die Scheibe etwas hinter dem Körper, erfolgt ein flacher Schuß.

- Befindet sich der Gegner mehr als eine Schlägerlänge entfernt, muß der Torwart mit einem Überraschungsschuß rechnen.

- Fährt der Gegner sehr schnell, beabsichtigt er einen Schuß.

Manche Torhüter haben ihre eigene spezielle Technik. Die Seite, die sie technisch besser beherrschen, wird etwas freigehalten und dem Gegner angeboten. Erfolgt nun ein Bluffschuß auf diese Seite, so ist der Torwart darauf vorbereitet.

Spiel hinter dem Tor

Bei Befreiungsschüssen oder manchen Pässen hinter dem Tor stoppt der Torwart die Scheibe und gibt sie an einen Mitspieler ab. Der Torhüter muß rechtzeitig auf den Schuß reagieren, denn es ist wichtig, daß er sofort wieder ins Tor zurückgeht, um seinem Partner den Weg für Aktionen freizumachen. Im Spiel kann sich der Torwart dies nur erlauben, wenn er sich im Training die nötige Geschicklichkeit dafür erworben hat.

Abb. 591–594

Torwarttaktik

- Den Gegner im Spiel immer beobachten
- Die eigenen Verteidiger durch laute Zurufe dirigieren
- Scheibe immer im Blickfeld, nicht vom Gegner decken lassen
- Stellungsspiel
- Schußwinkelverkürzung laufend korrigieren
- Schuß des Gegners immer richtig einschätzen, auch hinter und neben dem Tor
- Nicht umwenden, aber Scheibenabsprung von der Bande, vom Plexiglas oder Netz über der Bande einkalkulieren
- Bei Break oder Penalty die eigenen Vorteile dem Gegner »anbieten«
- Verhindern, daß der Gegner zu einem Nachschuß oder Tip-in kommt
- Versuchen, jeden Schuß zuerst sicher zu fangen, dann mit den technischen Möglichkeiten absichern
- Beherrschung der Regeln
- Richtig auf Schiedsrichterzeichen reagieren
- Taktik und System der eigenen Mannschaft kennen
- Abwehrkombinationen, wie z.B. 2–1, 3–1, mit den Verteidigern absprechen
- Sichtkontakt zum Trainer halten

Penalty

Bei der Durchführung eines Penalty (Strafstoß – siehe Regeln) gilt dasselbe, jedoch befindet sich hier der Torwart in einem kleinen Vorteil, denn er muß sich nur auf die Scheibe konzentrieren, und es genügt, wenn er die Scheibe nur berührt (Abb. 595–598).

Abb. 595–598

Spielunterbrechung

Bei jedem Torwartangriff muß sich der Torhüter orientieren, in welcher Lage er und seine Mannschaft sich befinden.
In bestimmten Situationen gibt er die Scheibe »frei« – weiter ins Spiel. Sollten aber er selbst oder seine Mannschaft in Gefahr sein, so hält er die Scheibe fest, bis der Schiedsrichter abpfeift. Dadurch erreicht der Torwart eine Unterbrechung des Spiels.
Außerdem soll er Blickkontakt zu seinem Trainer haben und dessen Anweisungen verwirklichen. In allen Spielsituationen, z. B. Torwart ganz allein mit der Scheibe, dürfen die Regeln nicht verletzt werden.

Angriffstätigkeit

Angriffseröffnung: Die abgefangene Scheibe wird an einen Mitspieler abgegeben, meistens mit einem Zuspiel.
Dabei wendet er folgende Schlägerhaltungen an:
Einhändige Schlägerhaltung: Der Schläger wird am Übergang vom dünnen in das breite Teil des Stiels gehalten.
Nach vorne – in Kampfhaltung.
Zur Seite – nach rechts: Kammgriff, nach lins: Ristgriff.
Beidhändige Schlägerhaltung: Die Fanghand wird als untere Hand eingesetzt, so kann der Torwart auch gehobene Pässe abgeben. Dies ist ein Ergebnis seines Trainings. Deshalb soll das Abspielen der Scheibe geübt werden, und zwar wie im Spiel mit beiden Handschuhen (Abb. 599).

Spiel- und Trainingsvorbereitung

Vor einem Spiel oder dem Training wird rechtzeitig die Ausrüstung kontrolliert und geordnet. Schon beim Anziehen wird der

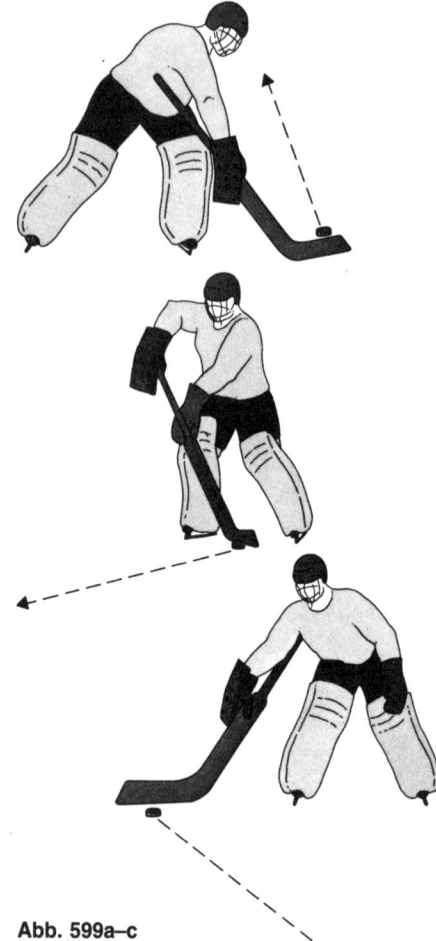

Abb. 599a–c

Körper aufgelockert, durch Dehnübungen und Gymnastik in voller Ausrüstung ist der Spieler gut vorbereitet. Er soll psychisch stark sein, die Umwelt ausschalten und keinerlei Einwirkungen von außen aufnehmen. Weiß der Spieler Bescheid über seine Schwächen, so darf er diese beim Einschießen dem Gegner niemals zeigen.
Vor dem Spiel soll der Eishockeyspieler auf Kino, Fernsehen und Steuern eines Autos verzichten, ebenso auf unangenehme Gesprächsthemen und -partner.

198

Taktik

Eishockey ist eine Mannschaftssportart, deshalb ist die Zusammenarbeit aller Spieler das Wichtigste. Im Verlauf des Spiels kommt es zu unterschiedlichen Situationen, an denen zwei oder mehrere Spieler beteiligt sind.

Diese gemeinsame Tätigkeit ist die *Kombination*. Ebenso wie die Einzeltätigkeit des Spielers wird auch die Kombination zweier oder mehrerer Spieler aufgeteilt.

Kombination $<$ Angriff / Abwehr

Wie umfangreich und aufwendig eine Kombination ist, hängt von den technischen Fähigkeiten der Spieler ab, ebenso davon, inwieweit sich die Spieler folgerichtig »geistig« einsetzen können. Bei einer Kombination spielt die Taktik, das Mitdenken eine äußerst wichtige Rolle. Die Anforderungen einer Kombination dürfen nie die technischen Fähigkeiten der beteiligten Spieler überschreiten.

Je besser die Technik der Spieler, desto komplizierter darf die Kombination sein.

Der Trainer darf in seinem Lehrprogramm keine groben Fehler praktizieren. Er darf an die Spieler nicht Anforderungen stellen, die ihre technischen Fähigkeiten, ihr persönliches Können überschreiten. Deshalb müssen die Übungen einer Trainingseinheit für

die Kombination der Mannschaft angepaßt werden, das Gleiche gilt auch im Spiel.

Alle Kombinationsübungen sollen einfach beginnen, zuerst mit zwei, später mit mehreren Spielern. Auch der Bewegungsablauf wird zuerst ohne, später mit einem Passiven/Aktiven Gegner geübt. Der Trainer soll jedem Spieler die Aufgabe erklären bzw. den richtigen Spielweg zeigen. Hierzu ist es notwendig, zuerst alles optisch zu erklären:

- auf Tafeln skizzieren
- auf Magnettafeln die Spielzüge demonstrieren
- auf dem Eis vorführen

Abb. 600

Das Einüben konkreter taktischer Varianten ist eine Aufgabe, die mit älteren, reiferen Eishockeyspielern trainiert wird.

Die bekanntesten Eishockeykombinationen

Angriff

Passing:
- Scheibe abgeben – freilaufen
- anbieten
- freilaufen

bei Überzahl: 2–1, 3–1, 3–2 – kreuzen und Wechsel der Spielposition

Schießen:
- Tip-in
- blenden
- schießen (ins Drittel, abblocken usw.)

199

Abwehr

- Decken des Gegners
- Übernahme des Gegners
- Verdoppelung auf den Gegner
- Forechecking

- Beispiele über Angriffs- und Abwehr- kombinationen:

Angriffskombination (als Beispiel)

A. Aufbau mit Wechsel der Spielposition und Torschußmöglichkeit

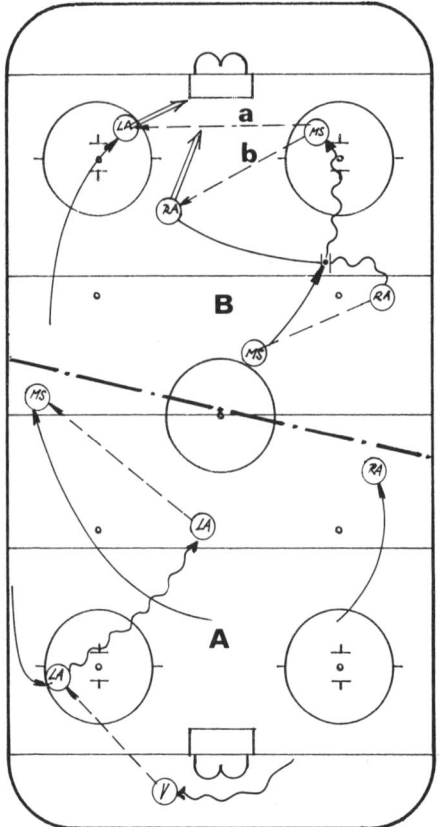

Abb. 601

B. Überlassen der Scheibe – Droppaß in der Angriffszone mit Torschußmöglich- keit (zwei Varianten) (Abb. 601)

Abwehrkombination (als Beispiel)

1. Abwehrdeckung in der neutralen Zone (Abb. 602)

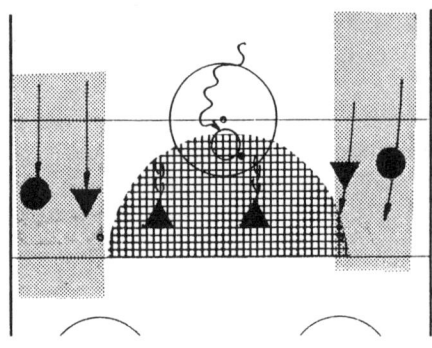

2. Übernahme des Gegners (kreuzen) (Abb. 603)

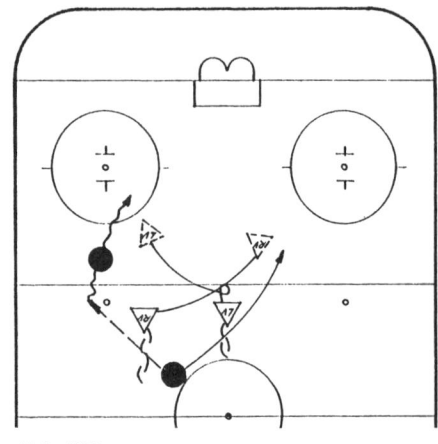

Abb. 603

200

3. Abwehrkombination zwischen Torwart und Verteidiger:
Der Verteidiger übernimmt den scheibenführenden Gegner, der Torwart kontrolliert die freien Gegner (Abb. 604)

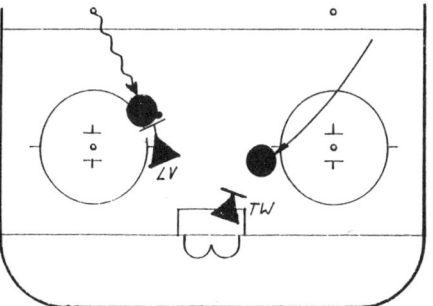

Abb. 604

Angriffskombinationen und Systeme

Begreifen alle Spieler die eingeübten Kombinationen, die im Spielablauf praktiziert werden, und werden die Prinzipien hierfür eingehalten, so wird von einem *Mannschaftssystem* gesprochen.

$$\text{System} \begin{cases} \text{Angriff} \\ \text{Abwehr} \end{cases}$$

Angriffssysteme – unterteilt in die verschiedenen Zonen (Abb. 605)
eigene Zone = Angriffseröffnung
neutrale Zone = Übergang in die Angriffszone
Angriffszone = Vorbereitung der Torchance

Angriffseröffnung im eigenen Drittel

Das Angriffssystem ist der Übergang von der Abwehr zum Angriff:

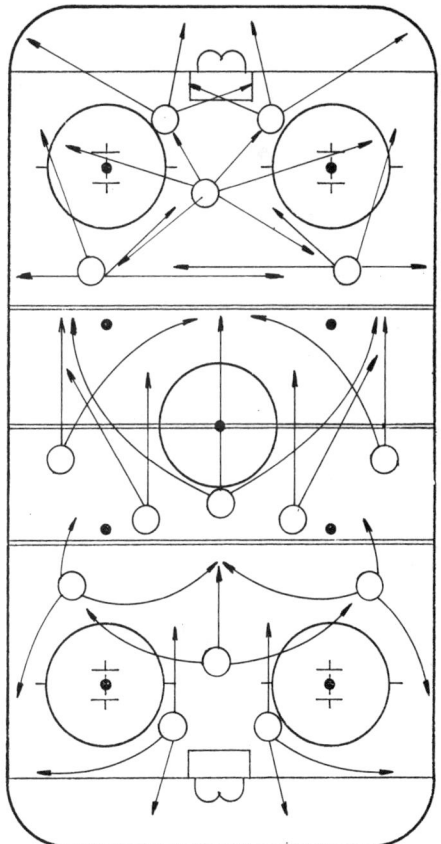

Abb. 605

a) nach Bullygewinn
b) im Spielverlauf nach Scheibengewinn
a) Angriffseröffnung nach Bullygewinn
Hier ist es wichtig, denjenigen Mann im Team zu haben, der die Scheibe gewinnt. Wie und wohin ist die Frage seiner Einzeltätigkeit, eine Frage seiner Taktik (System) (Abb. 606).
b) Angriffseröffnung nach Scheibengewinn
Am häufigsten wird die Scheibe vor dem Tor gewonnen, z.B. nach einem abge-

201

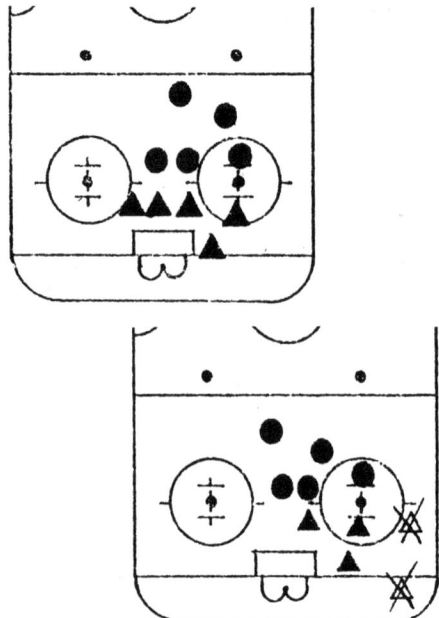

Abb. 606

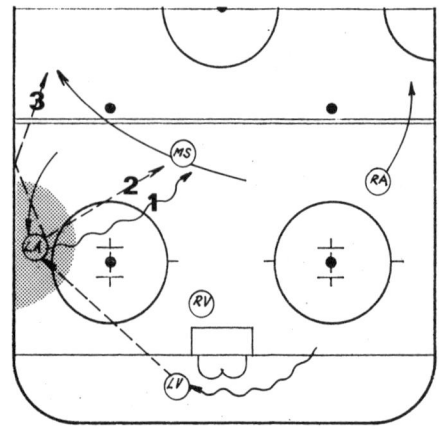

Im Raum des »toten Sacks« bietet sich der Außenstürmer an. Das richtige Anbieten des Mitspielers ist das Wichtigste. Er darf sich dem scheibenführenden Spieler nur frontal anbieten, nur so ist eine ständige Übersicht gewahrt (Abb. 607).

Abb. 607

wehrten Tor, oder neben bzw. hinter dem Tor nach einem gewonnenen Zweikampf. (Einen Scheibengewinn in der Nähe der blauen Linie könnte der Spieler nutzen, um die Scheibe allein aus dem Abwehrdrittel herauszubringen.) Dabei muß eine Torgefahr immer vermieden werden.

Von den vielen verschiedenen Möglichkeiten – je nach Gegner und eigenem technischem Niveau – folgt eine Beschreibung der Standardsysteme.

Aufbau über Außenstürmer (AS)
Aufbau über Mittelstürmer (MS)

Aufbau über Außenstürmer (AS)

Der scheibenführende Spieler, meistens der Verteidiger, soll in jedem Fall zuerst mit der Scheibe aus der Gefahrenzone herausfahren. Befindet er sich neben dem Tor, so spielt er die Scheibe auf die eigene Seite.

In dieser Situation führt (1) die Scheibe raus, spielt sie zum Mittelstürmer (2), Bandenpaß (3), Zuspiel zum AS usw.

Es besteht noch eine andere Möglichkeit: mit Freilauf*.
(Abb. 608, 609)

In Spielsituationen, in denen der scheibenführende Spieler nicht angegriffen wird (frei ist), wird diese Möglichkeit praktiziert. Der Spieler kann den günstigsten Augenblick abwarten, um einem freilaufenden Partner die Scheibe zuzuspielen (Timing).

Durch passende sinnvolle Übungen (technisch-taktische Übungen) kann der Trainer schon bei den jüngsten Spielern das Unterbewußtsein für die Kombinationen wecken.

---

* Der Spieler ist im Freilauf, wenn zwischen ihm und dem scheibenführenden Spieler kein Gegner ist.

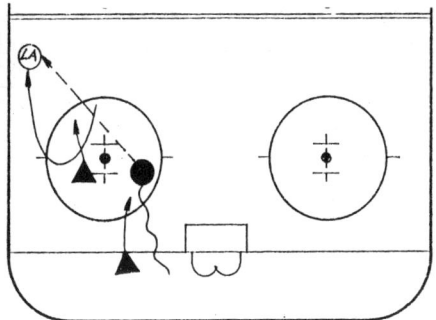

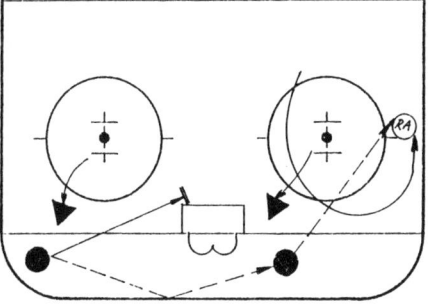

Abb. 608, 609

Aufbau über den Mittelstürmer (MS)
Zum freilaufenden Mittelstürmer spielt der Scheibenführende mit einem Steilpaß, meistens nach einem Zwischenpaß: V – V hinter dem Tor (Abb. 610).

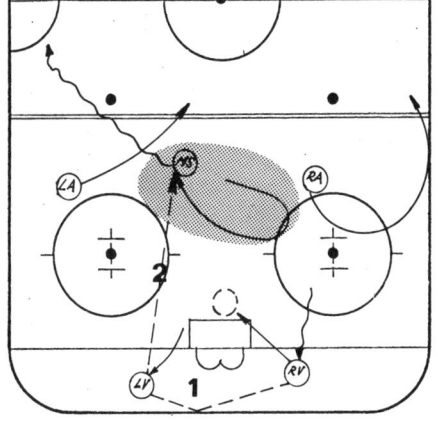

Abb. 610

Die richtige Koordination zwischen Paß-richtung und Laufrichtung des MS ist hier wichtig. Das richtige taktische Verhalten ist reine Übungssache.

Die neutrale Zone

Im modernen Eishockey hat die neutrale Zone eine wichtige Bedeutung, doch wird dies leider bei manchen Mannschaften tak-tisch vernachlässigt.
Schon von dieser Zone aus sollte man die Torchance vorbereiten, die Bewegung be-schleunigen.
Der Übergang in die Angriffszone richtet sich nach verschiedenen Bedingungen:

- Ist die Mannschaft nach einer Angriffs-eröffnung in Bewegung
- Bullygewinn in der neutralen Zone
- Direkter Scheibengewinn aus einer gut organisierten Abwehr

Nach letzterem ergeben sich für die Mann-schaft verschiedene Spielsituationen:
in der Überzahl: 3–1, 2–1, 3–2 (Abb. 611)

Abb. 611

Abb. 612

in gleicher Stärke: 4–4, 3–3
in der Minderzahl: 1–2, 2–3, 3–4 (Abb. 612)
Nach diesen Voraussetzungen richtet sich
auch der Übergang in die Angriffszone:

- mit Kombinationen (Zuspiel) (Abb. 613)
- im Alleingang (Umspielen) (Abb. 614)
- im Direktspiel (Scheibe hineinschießen)
  (Abb. 615)

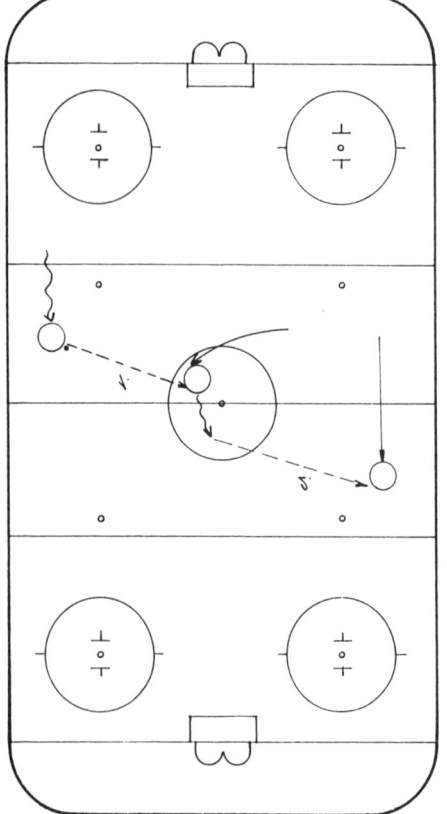

Abb. 613

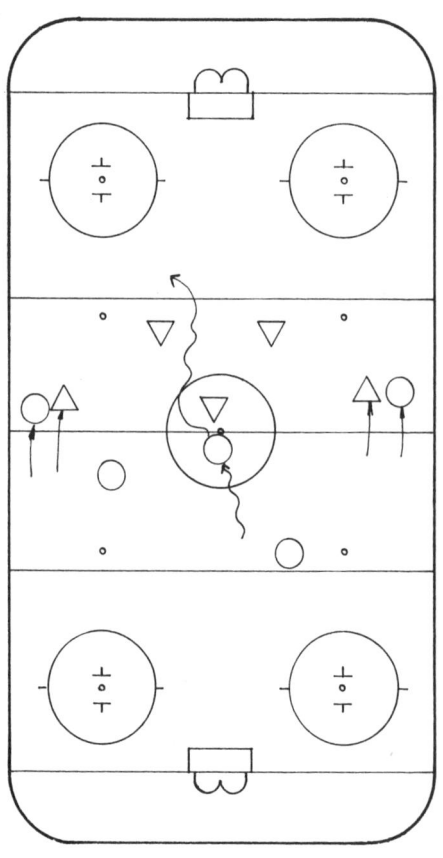

Abb. 614

204

Abb. 615

Angriffszone – Bildung von
Torchancen

1. Nach Übergang aus der neutralen Zone
2. Nach Bullygewinn im Angriffsdrittel
3. Nach Scheibengewinn bei der Abwehr
   (Forechecking)

1. Bei einem Übergang aus der neutralen
Zone in die Angriffszone befinden sich die
Spieler mit großer Wahrscheinlichkeit in

Bewegung. Die Taktik erfordert es, daß sie
geradlinig zum Tor fahren. Gerade solche
Situationen machen den Eishockeysport
so attraktiv und effektiv.
Bei der Bildung der Torchancen gilt der
Grundsatz, daß der scheibenführende
Spieler mehrere Zuspielmöglichkeiten hat,
wenn die Spieler ein Dreieck bilden, wobei

sich zwei Spieler vor dem Tor befinden, nicht umgekehrt (Abb. 616, 617).
Ein unproduktiver Angriffszug ist es, wenn alle Spieler auf gleicher Linie zum Tor stürmen; der schlechteste Angriffszug ist der, bei dem sich die Stürmer hinter dem Tor befinden (Abb. 618).

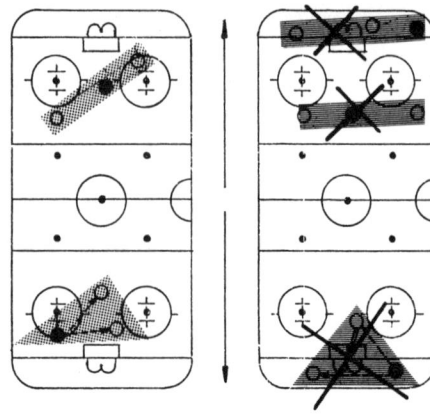

Abb. 617, 618

2. Nach Bullygewinn im Angriffsdrittel (Abb. 619, 620).
3. Bei einem Scheibengewinn bei der Abwehr bildet sich sofort eine Torchance, da in diesem Augenblick die gegnerische Abwehr desorganisiert ist. Jetzt ist der einfachste Weg zum Torerfolg – schnell schießen und den Fehler des Gegners ausnützen.

Grundsätze der Angriffssysteme

Das Einüben der Angriffssysteme beginnt mit den elementaren Prinzipien der Angriffseröffnung mit zwei, bei gutem Verlauf mit drei Spielern, bei reiferen Mannschaften blockweise*.
- Die Spieler werden aufgefordert, immer in Bewegung zu sein (Spiel ohne Scheibe).

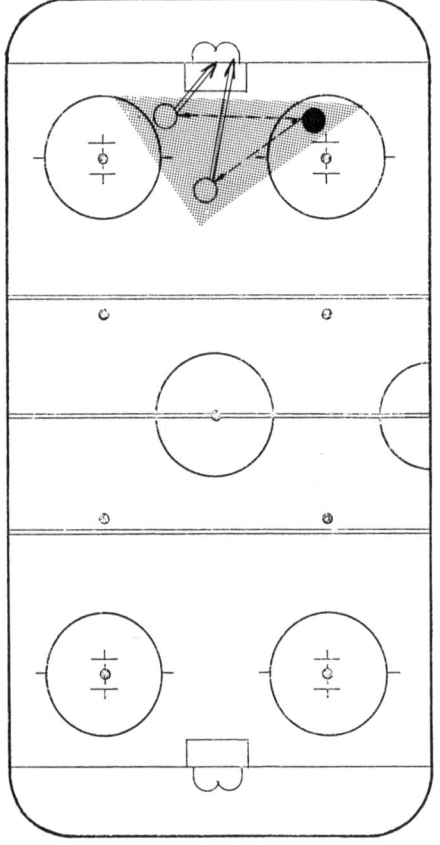

Abb. 616

---

* Block = wird von allen Spielern auf dem Eis gebildet, d.h. je 5 Spieler

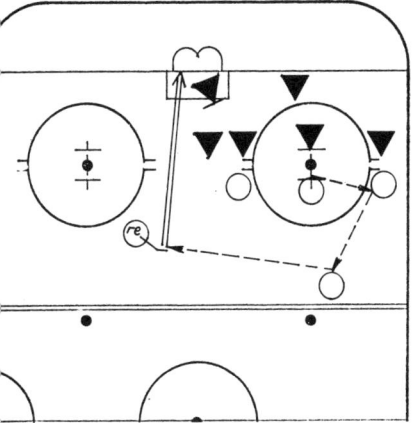

Abb. 619, 620

- Beim Einüben der Bildung von Torchancen ist eine effektive Aufstellung im Schußraum notwendig sowie, daß die Spieler ständig in Bewegung sind, auf der Suche nach der besten Schußposition.
- Alle Spieler (auch der Torwart) müssen über die Prinzipien des Systems informiert werden und es beherrschen.
- Das System soll, der Mannschaft angepaßt, ausgewählt werden.

- Wie schwer und kompliziert ein System ist, das man mit der Mannschaft einübt, hängt von deren Reife, Alter und Können ab. Dies zu erkennen ist die Aufgabe des Trainers.

Das Spielsystem im Eishockey ist eine bewußte Spielweise der gesamten Mannschaft, eingeteilt in Einzeltätigkeiten und Kombinationen, während des ganzen Spielverlaufs und auf der ganzen Eishockeyfläche.

Das Spielsystem wird unterteilt in:
- Angriffssystem
- Abwehrsystem

sowie je nach Anzahl der beteiligten Spieler in:
- Übermachtspiel
- Minderheitsspiel

Grundlegende Angriffssysteme

1. Progressives Angriffsspiel
Die Zielsetzung dieses Systems ist die allmähliche Entwicklung einer Torchance. An dem Ansturm auf das Tor beteiligen sich alle Spieler der Mannschaft.

Das Spiel ohne Scheibe ist Voraussetzung, durch den Gegner hindurchzufahren und für einen Torschuß bereit zu sein. Dieses System kann nur die Mannschaft anwenden, die technisch leistungsfähige Spieler besitzt, welche taktisch und diszipliniert agieren und die Fähigkeit haben, sich auf die Torchance vorzubereiten. Die technisch bessere Mannschaft kann sich dieses Angriffssystem erlauben.

2. Konterspiel
Bei diesem schnellen System eines Gegenangriffs liegt die Ausgangsposition in der Abwehr. Deshalb soll dieses System von denjenigen Mannschaften angewendet werden, die in der Abwehr stark sind. Das Charakteristische bei einem Gegenangriff ist die Schnelligkeit des Angriffsauf-

207

baus. Es gibt weniger Pässe, diese aber um so schneller. Sie sind präzise, kommen aus größerer Entfernung, die Torchancen sind geringer, doch sicherer, da die Spieler in die Überzahl kommen.

Dieses System kann gegen einen technisch besseren Gegner erfolgreich gespielt werden und wird bei einer unbekannten Mannschaft angewendet, meistens in Auswärtsspielen.

3. Druckspiel – Aggressivspiel

Bei diesem aggressiven Angriffssystem versucht eine Mannschaft unter Druck, den Gegner im Spielverlauf zu desorientieren, zu frustrieren, ihn psychologisch zu unterdrücken. Im Prinzip ist es ein einfacher, schneller Übergang in die Angriffszone. Für eine Kombination ist es am besten, die Scheibe in die Angriffszone zu schießen, nachzulaufen und die Scheibe wieder zu gewinnen.

Technisch und taktisch gute Mannschaften können diesen Spielzug richtig vorprogrammieren. Für eine Mannschaft, die die physisch und läuferisch stärkeren Spieler besitzt, ist dieses System vorteilhaft. Außerdem muß die Mannschaft über die richtige Moral und den Willen zum Sieg verfügen.

Dieses System ist ein typischer Stil der Kanadier.

Abwehrkombinationen und Systeme

Nach einem Scheibenverlust muß die Mannschaft um die Scheibe kämpfen – nur durch den Wiedergewinn kann es zu einem neuen Angriff kommen. Im modernen Eishockey beteiligt sich hierbei der ganze Block, und das nicht nur in der Abwehrzone.

Bei solch einem schnellen Spielablauf ist die Mitarbeit von zwei oder mehreren Spielern notwendig. Wird diese Zusammen-

arbeit bewußt und überlegt durchgeführt, wird von einer *Abwehrkombination* gesprochen, z. B. V–V, AS–V.

Wird eine organisierte Abwehrtätigkeit mit der ganzen Mannschaft durchgeführt, spricht man von einem *Abwehrsystem*.

Wie schon erwähnt, beginnt eine gut organisierte Abwehr sofort nach einem Scheibenverlust. Wo – mit wem, das ergibt sich aus dem System.

Das ganze Abwehrsystem wird eingeteilt in: – Angriffszone
      – neutrale Zone
      – Abwehrzone (Abb. 621)

Für eine richtige, bewußte Durchführung der Abwehr sind folgende Anhaltspunkte zu beachten:

1. wiederholter Scheibengewinn in der Angriffszone
2. Abwehr in der gegnerischen Hälfte (rote Linie)
3. Abfangen eines Angriffs in der neutralen Zone, auf der blauen Linie
4. Abwehr im eigenen Drittel, verhindern von Toren (Abb. 622)

Je weiter die Zone, in der sich der Spielablauf befindet, vom Tor entfernt ist, um so günstiger für die Mannschaft.

Das Wichtigste bei Abwehrkombinationen und -systemen ist, daß jeder Spieler seinen Bewegungsraum bewußt kennt. Es ist Aufgabe des Trainers, die jüngsten Spieler an die Systeme heranzuführen.

Das einfachste Abwehrsystem ist das Positionsspiel.

In den drei Zonen werden die Abwehrsysteme mit unterschiedlichen Kombinationen durchgeführt:

– Forechecking
– Manndeckung
– Raumdeckung
– kombinierte Abwehr
– Pressing,
  was schon in das Gebiet der »höheren Schule« gehört.

Das Wichtigste ist nicht, ein bestimmtes

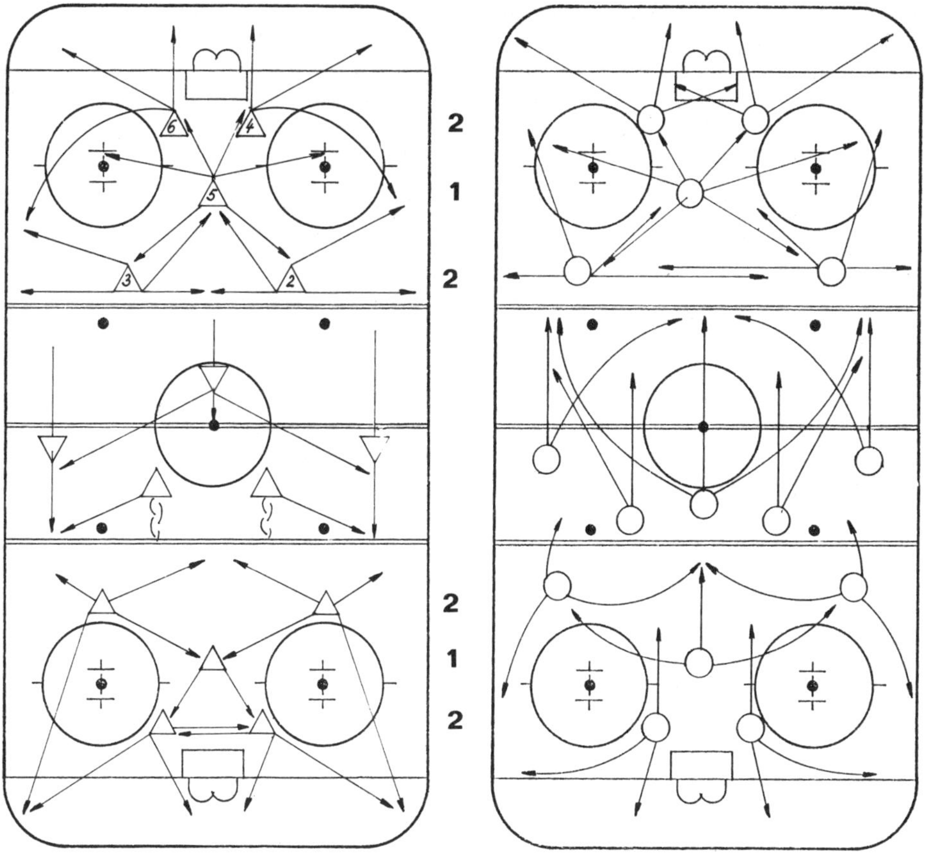

Abb. 621

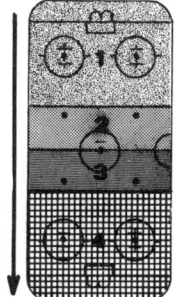

Abb. 622

System einzuüben, sondern dasjenige auszuwählen, das am besten zu dem Mannschaftskader paßt.

Je nach den verschiedenen Positionen werden die Mannschaftssysteme bezeichnet mit: 3–2, 2–2–1, 1–2–1–1, 1–2–2, 2–1–2, jedoch können die Systeme je nach Zone geändert werden. Das am häufigsten praktizierte System (2–1–2) kann als *Standardsystem* angesehen werden.

Es kommt vor, daß eine komplette Mannschaft kein einheitliches System spielt, sondern blockweise, wie es z. B. kombinierte oder Auswahlmannschaften machen.

Abwehrsysteme in verschiedenen Zonen

1. Angriffszone

Die beste Abwehr ist der Angriff. Unter diesem Motto hat sich das aggressive Abwehrsystem eingeführt, welches in den 60er Jahren von den Kanadiern übernommen wurde und sich auf den kleinen kanadischen Eisflächen erfolgreich bewährt hat. Heute ist dieser Begriff auch in anderen Sportarten bekannt, wie z. B. im Fußball. *Forechecking* ist eine sehr erfolgreiche Abwehr, die dem Gegner keine Torchance läßt und ihn vom eigenen Tor fernhält. Im Prinzip ist Forechecking ein Angriff auf den scheibenführenden Gegner sowie seinen nächsten Anspielpartner. Die Aufgaben des Mitspielers werden zielbewußt übernommen. Welcher Spieler direkt am Forechecking beteiligt ist und wer die Sicherstellung übernimmt, hängt vom organisierten System ab.

2. Neutrale Zone

In der neutralen Zone den Gegner unter Kontrolle zu haben ist sehr wichtig, und zwar durch

a) Manndeckung
b) Raumdeckung

Die Außenstürmer haben hierbei die umfangreichste Aufgabe, denn sie müssen die gegnerischen AS vom Spiel ausschalten (Abb. 623).

Abb. 623

Nach der roten Linie, in Richtung zum eigenen Tor, darf der Gegner zu keinem Spielvorteil kommen, durch den die Mannschaft die Überzahl erreichen kann (3–2, 4–3). Der Sturm des Gegners auf die blaue Linie muß abgefangen und ein schneller Gegenangriff erreicht werden. Dies hängt von einer perfekten Zusammenarbeit (Abwehrkombination) mit den Verteidigern ab.

3. Abwehrzone

In dieser Zone kann ein Abwehrfehler die schlimmsten Folgen haben. Ein Fehler »riecht« hier direkt nach einem Tor. Jeder Spieler ist für jede Einzeltätigkeit in der Abwehr ebenso wie für die übernommenen taktischen Aufgaben des Systems persönlich verantwortlich. Der Trainer muß deshalb dieses Positionsspiel sowie die gesamten Abwehrkombinationen richtig einüben und auch korrigieren.

Von den vielen Abwehrsystemen, die je nach Altersklasse und Leistungsstärke einer Mannschaft bekannt sind, hier zwei Standardsysteme:

2 – ① – 2 und ① – 2 – 2

wobei die ① meistens vom Mittelstürmer gespielt wird, was aber nicht die Regel sein muß (Abb. 624, 625).

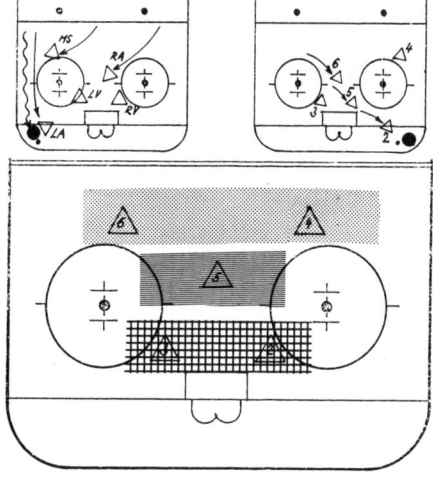

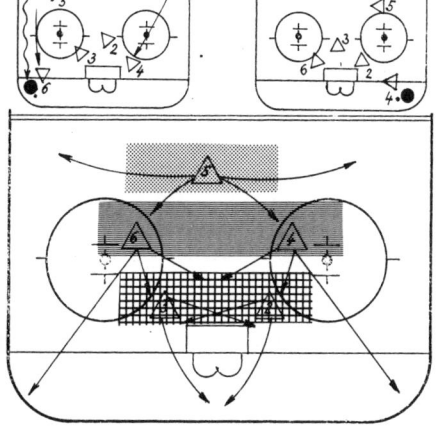

Abb. 624, 625

Die Voraussetzungen für ein erfolgreiches Abwehrsystem

● Richtiges, passendes System wählen
● Schneller Übergang vom Angriff in Abwehr
● Aktive und disziplinierte Einzeltätigkeit aller Spieler
● Alle Spieler beteiligen sich an der Schußabwehr (nicht nur die Verteidiger)
● Perfekte Deckungsarbeit
● Persönliches Verantwortungsgefühl aller Spieler
● Richtige Abwehrkombinationen

Übermachtspiel – Powerplay

Im Eishockey kommt es oft vor, daß eine Mannschaft mit Übermacht spielt. Dies kann folgende Gründe haben:

● Bestrafung eines oder mehrerer gegnerischen Spieler (siehe Regel) 5–4, 5–3, 4–3.
● Bei Auswechslung des eigenen Torwarts gegen einen Feldspieler.

Das klassische Übermachtspiel im Eishokkey ist 5–4, vorteilhafter 4–3.

Bei jeder guten, reifen Mannschaft ist das Übermachtspiel »einstudiert« in verschiedenen Variationen.

Übermachtspiel 5–4

Dies ist ein Angriffssystem gegen eine auf Deckung eingestellte Mannschaft, mit Raumdeckung 2–2 (Abb. 626).

In jedem Spiel hat jede Mannschaft etwa 3- bis 6mal diesen Vorteil, um ein Tor zu erzielen. Deshalb ist es wichtig, das Übermachtspiel mit den besten Spielern zu trainieren und durchzuführen und die taktischen Variationen auszuarbeiten. Der Trainer muß nicht mit dem Standardblock üben.

Die Spieler werden zuerst theoretisch mit dem System bekannt gemacht (Tafel, Magnettafeln usw.), die Einzelspieler mit den verschiedenen Aufgaben.

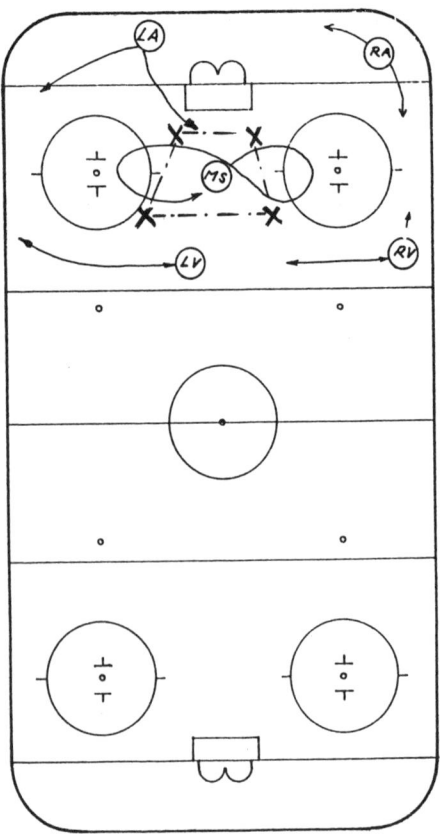

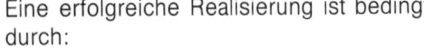

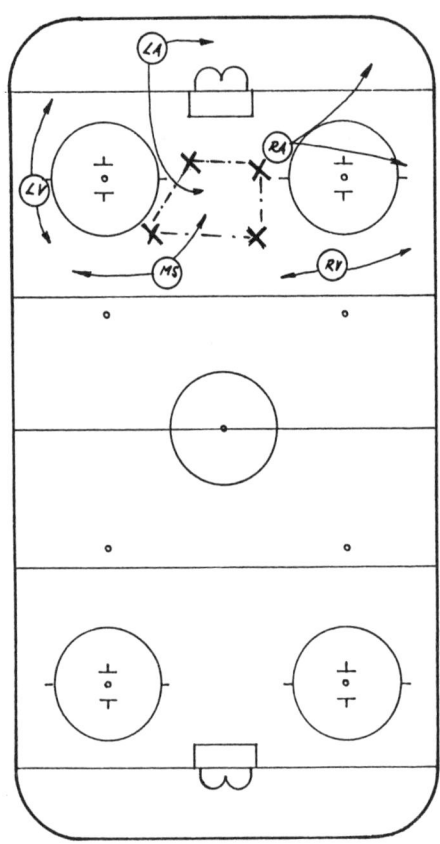

Abb. 626

Abb. 626a

Eine erfolgreiche Realisierung ist bedingt durch:
- schnellen Scheibengewinn: – im Spielverlauf – nach Einwurf – Bullygewinn
- schnell, einfach, sicher in die Angriffszone eindringen
- Spiel in der Angriffszone, Torchance ausspielen, Bewegung aller Spieler
- die näherstehenden Mitspieler am Torschuß beteiligen: blenden, Nachschuß, Tip-in, dem Schützen freien Weg schaffen, Abblocken des Gegners usw.

Übergang in die Angriffszone:
- durch individuelle technische Fähigkeiten oder bei taktischem Fehlverhalten des Gegners
- durch unterschiedliche Angriffskombinationen
- Scheibe in die Angriffszone schießen (Druckspiel mit Timing)

Übermachtspiel in der Angriffszone
- Torchance nach den verschiedenen, eingeübten Spielvariationen anwenden

212

– nach dem Einwurf – Bully
Zur Demonstration ein Übermachtspiel von
Weltklassespielern (Abb. 627).

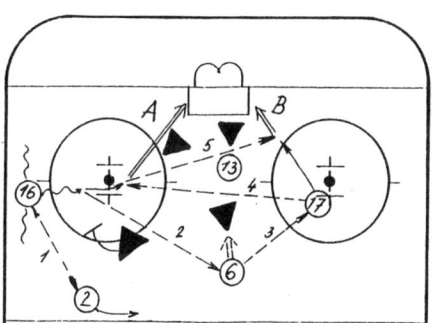

Abb. 627: Eingeübtes System mit 2 Tor-
schußvarianten, durchgeführt von der
UdSSR.
Blockaufstellung:
RA/l Charlamov – 17
MS/r Petrow – 16
LA/l Michailow – 13
RV/l Wassiljew – 6
LV/l Gusew – 2

Übermachtspiel 5–4
1. Spieleröffnung (16 – 2)
2. Torchance – Hineinfahren (16)
   Zuspiel 16 – 6
3. Torschuß 6 oder Zuspiel 6 – 17 – 16 mit
   Torschuß 16 oder nach Doppelpaß 17 –
   16 – 17 mit Direktabnahme.
   Spieler 2 sichert nach Torschuß die
   blaue Linie ab.

Übermachtspiel 5–3
Hierbei sind die Torchancen wesentlich
höher. Die Grundsätze und Prinzipien sind
dieselben wie bei einem 5–4-Übermacht-
spiel, doch unterscheidet sich die Spieler-
aufstellung und Bewegungsablauf (Abb.
628).
Die wichtigsten Voraussetzungen im Übermachtspiel 5–3 sind:
● Öfter hart und flach schießen, die Verteidiger ins Spiel einbeziehen

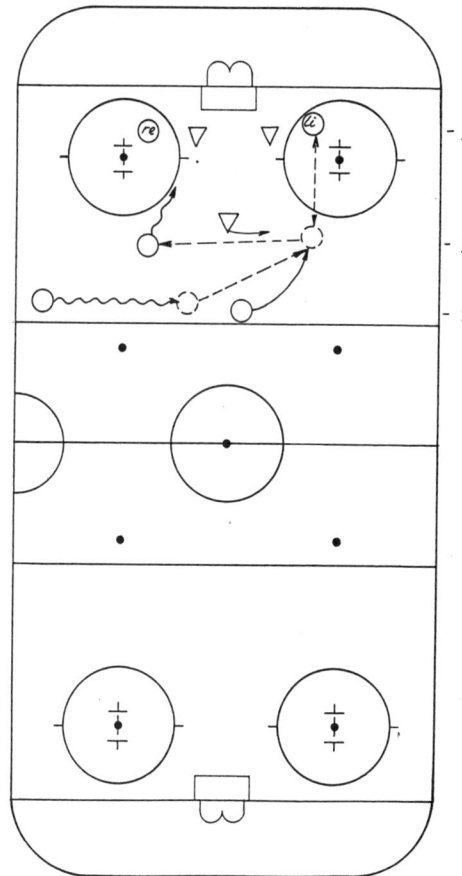

Abb. 628

● Paßgenauigkeit beachten (zu viele Pässe
  bringen nichts)
● Starke Bewegung aller freien Mitspieler
  im Schußraum
● Abblocken des Gegners
● Übermachtspiel nicht überschätzen und
  leichtsinnig agieren
● Verantwortung selber tragen, nicht auf
  den nächsten Spieler schieben

Übermachtspiel ohne Torwart
Bei Erfolgszwang, z. B. kurz vor Spielende,
wenn feststeht, daß die Mannschaft mit

213

1 Tor im Rückstand ist, formiert die Mannschaft selbst ein Übermachtspiel, indem sie den Torwart gegen einen Feldspieler austauscht.

Durchführung des Auswechselns:
1. bei Spielunterbrechung in der Angriffszone
2. im Spielverlauf bei Scheibenbesitz durch »fliegenden Wechsel«

Bei diesem Übermachtspiel ohne Torwart ist jeder Scheibenverlust »tödlich«, es kann nur mit vollster Konzentration und Verantwortungsbewußtsein gespielt werden.

Welche komplizierten taktischen Variationen eine Mannschaft durchführt, ist eine Frage des technischen Niveaus der einzelnen Spieler. Unterschiede bestehen hier auch nach Alterklasse.

Spiel in der Minderheit 4–5, 3–5
Wird die Mannschaft um einen, zwei, bis zu drei Spieler vermindert, was über einen Zeitraum von 2–5 Minuten geht, ist es am wichtigsten, diese Zeit erfolgreich durchzustehen und den Gegner am Torschuß zu hindern.

Voraussetzungen für eine erfolgreiche Zeitüberbrückung:
- So lang wie möglich im Besitz der Scheibe bleiben
- Scheibe bei jeder Gefahr aus dem eigenen Drittel herauszuschießen (Schlagschuß, Flipschuß), dies bringt einen Zeitgewinn von 15–25 Sekunden
- Positionsspiel im eigenen Drittel mit Raumdeckung 2–2 taktisch einhalten (Viereck, Bewegung), um den Gegner zu hindern, in den Schußraum zu kommen (Abb. 629)
- Schußabwehr mit vollem Einsatz
- Spielunterbrechungen im Rahmen der Eishockeyregeln

Die Mannschaft muß das Minderheitsspiel üben, kein Spieler darf passiv sein und nur

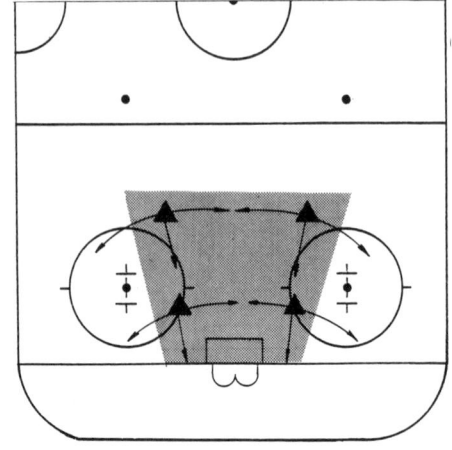

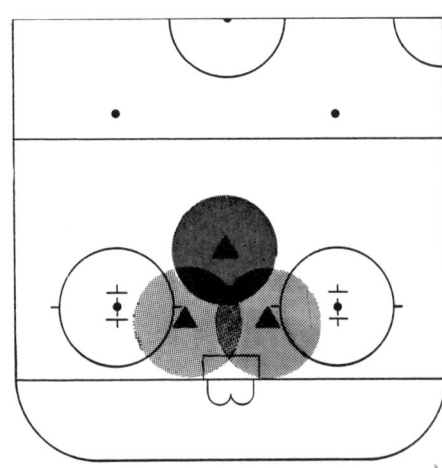

Abb. 629, 630

warten, was der Gegner macht. Dies ist zu wenig. Es kommt sogar vor, daß die Spieler in der Minderheit Tore erzielen.

Im Minderheitsspiel werden 2 Verteidiger und 2 Stürmer eingesetzt, dies muß aber keine Regel sein.

Minderheitsspiel 3–5

Dieses Minderheitsspiel ist die schwierigste Situation im Eishockey und deshalb auch sehr schwer und kompliziert zu spielen. Die Situation erfordert es, mit zwei Verteidigern zu spielen, sie sind dazu, aufgrund ihrer speziellen Einzeltätigkeit in der Abwehr und ihres Verantwortungsbewußtseins, am besten geeignet. Der dritte Mann muß ein wendiger, furchtloser und disziplinierter Spieler sein, der die taktischen Anweisungen des Trainers befolgt. Im eigenen Drittel bilden die Spieler im Torraum ein Dreieck (Abb. 630).

Beim Scheibengewinn wird die Scheibe herausgeschossen oder eine Spielunterbrechung angestrebt. Beim Einwurf soll die Scheibe gewonnen werden, was wieder einen Zeitgewinn bringt.

Der wichtigste Mann im Minderheitsspiel ist der Torhüter. Sein taktisches Verhalten:
– Korrigieren der Spieler
– alle Schüsse fangen und nur in vorteilhaften Situationen an einen Mitspieler abgeben

Wahl des Spielsystems

Aus diesen Einführungen in die Spielsysteme sind uns die grundlegenden Systeme in Abwehr und Angriff bekannt. Jede Mannschaft hat ihr spezielles Spielsystem, welches ihr »liegt«. Trotzdem müssen die unterschiedlichen taktischen Begriffe des Spiels beherrscht werden. Am wichtigsten sind Übermacht- und Minderheitsspiel.

Vor jedem Spiel ist die Auswahl des Systems notwendig. Es kommt vor, daß das eigene Spielsystem, je nach Gegner, gewechselt werden muß, was von verschiedenen Faktoren abhängt, z. B.:

- System des Gegners, Vergleich von Aufstellung und Spielstärke, Heim- oder Auswärtsspiel
- Die Mannschaft ist nicht vollzählig (Verletzungen usw.)
- Spiel in Turnierform (Spielzeit)
- Eisqualität (es schneit)

Die Auswahl des Spielsystems ist eine Angelegenheit des Trainers.

Die Eishockeyschlittschuhe

Die Fußbekleidung der Eishockeyspieler besteht in der jüngeren Vergangenheit aus Spezialsportschuhen aus verschiedenen Materialien.
Grundsätzlich können wir folgende Schuhe unterscheiden:

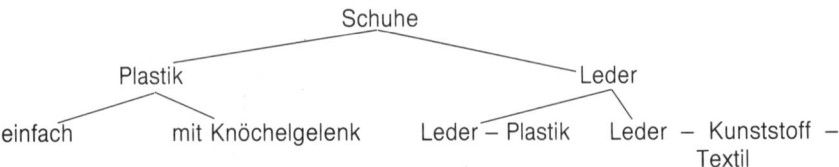

An den Sohlen der Schuhe sind die Kufen fest angenietet (fixiert). Bei den Kufen unterscheiden wir:

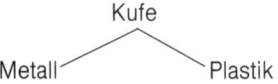

Der Handel bietet Eishockeyschlittschuhe verschiedener Marken und Typen an. Das Prinzip ist aber immer das gleiche, sie unterscheiden sich nur im Material, aus dem sie hergestellt sind, in der Verarbeitung, der Haltbarkeit, dem Gewicht sowie in der Preislage.
Die ersten Veränderungen des »Standard-Lederschuhes« waren ein Ersatz für das Leder (Plastiksohle, Oberteil – ganz oder kombiniert, Plastikkappe auf der Schuhspitze usw.). Als letzte »Neuheit« gibt es Plastikschalen-Schlittschuhe mit herausnehmbarem Innenschuh.
Die normale Vollmetallkufe (Modellart von Kanada) ist das meistbenutzte Modell. Auch Metallkufen können durch verschiedene Plastikmodelle ersetzt werden, bei denen die ganze Kufe aus Kunststoff besteht und nur die Schneide (Messer) aus Stahl ist.

Auswahl geeigneter Schuhe und Schlittschuhe für Anfänger – Kinder

Schuhe

Diese dürfen weder zu groß noch zu eng sein. Die Eltern kaufen oft größere Schuhe, damit das Kind sie nicht so schnell auswachsen soll. Vom finanziellen Standpunkt ist dies verständlich, aber nicht richtig. In zu großen Schuhen findet der Fuß keinen Halt, er »schwimmt«, er ist am Knöchel nicht fixiert, es können orthopädische Mißbildungen des Fußes entstehen, ebenso wie bei zu kleinen Schuhen.
Die Schuhgröße kann unter Verwendung von höchstens 2 Paar Wollsocken angepaßt werden. Deshalb sollten lieber billigere, am besten gute, gebrauchte Schlittschuhe, aber in der richtigen Größe gekauft werden.
Bei der Auswahl der Schuhe achten wir darauf, daß sie an Spitze und Ferse versteift sind. Die Spitze schützt die Zehen, die Ferse stützt den Fuß beim Eislaufen.
Bei Plastikschuhen achten wir besonders darauf, daß die Kinder die nötige Bewegungsfreiheit haben. Wir prüfen die Härte

216

der Oberfläche, die Beweglichkeit des Knöchelgelenks, die Verarbeitung des Innenschuhs. Vorteilhaft ist eine Schnellschnürung mit Plastikhaken.
Die Schuhe sollten eine Einlage (Fußbett) haben, um Plattfüßen vorzubeugen. Der Eishockeyschuh muß vom zukünftigen Träger unbedingt selbst anprobiert werden.

Kufe

Für Anfänger sind normale Kufen – ähnlich den Schlittschuhen für Eiskunstläufer – geeigneter, da diese niedriger sind. Sie sollen nach Möglichkeit eine breitere Schneide aufweisen.
Die Länge der Kufen wählen wir so, daß diese über Spitze und Ferse des Schuhs hinausragen.
Für kleinere Kinder, etwa Vierjährige, sind Kinderschlittschuhe mit Stützen an beiden Seiten der Kufen sehr vorteilhaft.

Auswahl geeigneter Schuhe und Kufen für Eishockeyspieler

Die Auswahl soll sehr sorgfältig unter Beachtung folgender Grundsätze durchgeführt werden:

Schuhe

Die Spitze soll hart und breit sein, da sie die Zehen vor dem Anprall der gezielten Torschüsse und den Schlägen der Stöcke schützt. In einer breiten Spitze können sich die Zehen bewegen, so daß die Durchblutung des Fußes gesichert ist. Gute Eislaufschuhe haben versteifte Spitzen.
Wölbung: Der Schuh muß mit einer Einlage (Fußbett) ausgerüstet sein, dies läßt sich bereits in der Grundstellung erfühlen. Auch

bei den Erwachsenen wird dadurch eine Plattfußbildung vermieden.
Die Ferse: Diese ist bis zu den Knöcheln versteift, so daß der Fuß gut sitzt. Solche Schuhe müssen nicht zu stark geschnürt werden. Die Ferse ist etwas nach vorne abgeschrägt und nach oben hin verlängert. Dies ist unbedingt notwendig, damit der Fuß schon in der Grundstellung sowie im Lauf einen festen Halt hat.
Die Schnürung soll aus doppeltem Material bestehen, da dieser Teil wegen des häufigen Zuschnürens stark beansprucht wird. Die Ösen sollen von guter Qualität sein, damit die Schnürsenkel nicht durchgescheuert werden und reißen.
Die Zunge soll genügend breit, weich und lang sein, mit einer Filzeinlage verarbeitet, und aus dem Schuh hervorragen. Sie schützt den Rist vor dem Aufprall der Scheibe und vor eventuellen Stockschlägen.
(Abb. 631)

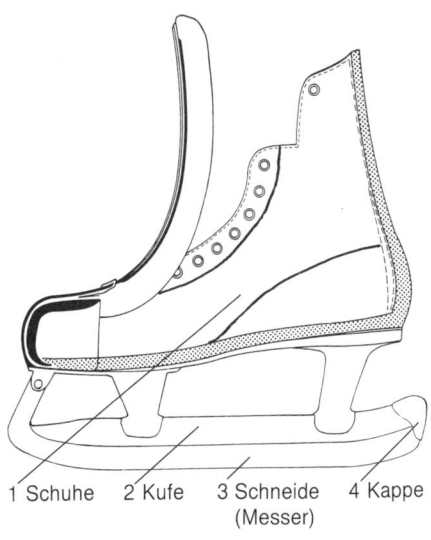

1 Schuhe 2 Kufe 3 Schneide (Messer) 4 Kappe

Abb. 631

Die Schuhgröße wird mit dünnen Wollsokken ermittelt. Neue Eishockeyschuhe werden am besten noch vor der Saison eingelaufen.
Gegenwärtig werden Eislaufschuhe für Torwart, Angreifer und Verteidiger hergestellt. Die Schuhe für die Verteidiger sind meist ausgesteift und gefüttert – als Schutz gegen den Aufprall der Scheibe. Die Spieler verwenden außerdem noch Knöchelschützer, die bei manchen speziellen Verteidigerschuhen bereits fest mit dem Schuh verbunden sind.
Gute Eishockeyschuhe können, je nach Material, von Spitzenspielern 1 – 3 Saisons verwendet werden.

Kufen

Höhe der Schlittschuhe (Kufenstützen): Wir achten darauf, daß die Stützen die richtige unterschiedliche Höhe haben zwischen hinterer und vorderer Stütze. Auf zu niederen Schlittschuhen ist die ganze Lauftechnik unzureichend.
Größe der Kufen: Die Kufen müssen grundsätzlich die Schuhe vorne und hinten überragen.
Material der Metallteile: Tragfläche und Stützen müssen massiv, die Verbindungen an den Blechteilen von guter Qualität sein. Gute Kufen sind im Tragteil und den Stützen aus einem Stück gefertigt, dies verringert die Möglichkeit einer Beschädigung der Schlittschuhe. Es handelt sich hier um jene Teile der Kufen, die am meisten beschädigt werden. Schlechtes Material ist rostanfällig.
Schneiden (Messer) der Kufen: Sie sollen aus gutem Material sein, damit sie den Aufprall der Scheibe aushalten und nicht verbogen werden. Sie benötigen eine entsprechende Härte, damit die geschliffenen Kanten länger scharf bleiben. Die Qualität erkennen wir an der Funkenbildung beim

Schleifen. Die Schneiden haben eine Breite von 2,5–3 mm und sollen richtig wiegenartig geformt sein, dadurch müssen sie nicht zu stark bearbeitet werden.
Schneiden aus:
- zu weichem Metall verbiegen sich durch den Aufprall der Scheibe zu schnell, der Hohlschliff ist zu rasch stumpf;
- zu hartem Metall brechen zu schnell durch den Aufprall der Scheibe.

Plastikkufen können etwas härtere Schneiden haben, da sie beim Aufprall durch ihre höhere Elastizität nachgeben (sich biegen). Bei einigen Plastikkufen kann eine gebrochene oder abgeschliffene Schneide ganz einfach ausgewechselt werden. Dieser Vorteil erspart eine neue Montage.
Nach den neuesten Regeln muß – als Schutz gegen Verletzungen – der hintere Teil des Metallschlittschuhs mit einer Kunststoffkappe versehen sein. Bei Plastikkufen ist dieses Teil bereits angegossen.
Gegenüber der Metallkufe, die aus 3 Teilen besteht (bestenfalls aus 2), wird die Plastikkufe in einem Teil hergestellt. Aus optischen und attraktiven Aspekten verwenden manche Hersteller durchsichtiges Plastikmaterial.
Unterschiede gegenüber Metallkufen:
Gewicht:
Metallkufen der Größe 7½ wiegen 340 bis 360 Gramm,
Plastikkufen der Größe 7½ wiegen 260 Gramm.
Preis:
Plastikkufen sind um 20–35% billiger als Metallkufen.
Beschädigungen: Plastikkufen können brechen, andere Beschädigungen gibt es nicht.
Wir müssen die richtige Montage – Annieten der Schlittschuhe an den Schuhen – überwachen, besonders beim Ummontieren für ein zweites Paar (gebrauchte Eishockeyschuhe oder neue Kufen). Die

Schlittschuhe müssen genau in der Mitte, durch den Schwerpunkt der Schuhe angenietet werden, und die Nieten dürfen im Schuh nicht zu spüren sein. Serienmäßig hergestellte billigere Schlittschuhe sind nicht fachmännisch angenietet, was der Lauftechnik schadet.

Die Eishockeyschuhe sind der wichtigste Bestandteil der Ausrüstung eines Eishockeyspielers. Dies können alle Spieler bestätigen, die einmal das Pech hatten, ihre Schlittschuhe zu vergessen, es erst in letzter Minute bemerkten und mit »fremden« oder neuen Schlittschuhen direkt zum Spiel auf das Eis mußten. Sie sind auch der einzige Teil der Ausrüstung, der anderen Spielern nie geborgt wird.

Bei wichtigen Spielen stehen in der Regel Ersatzschlittschuhe für die Spieler zu Verfügung, d. h., die Vereine verfügen über eine Reserve in jeder Größe. Manche Spieler beginnen eine Saison mit 2 Paar gleichen Schlittschuhen, die sie regelmäßig wechseln.

Die am häufigsten auftretenden Schäden

An den Schuhen:
- Die Spitze wird nach mehrmaligem Aufprall weich.
- Ösen und Leder der Verschnürung werden beschädigt.
- Sohlen reißen besonders an Ferse und Spitze.
- Öftere Montage und Demontage erweitert die Löcher, besonders in Ledersohlen und zerstört diese.

An den Kufen:
- Die Kufe oder Schneide platzt oder verbiegt sich nach wiederholtem Aufprall der Scheibe, wodurch sich der Blechteil der Schlittschuhe von der Schneide löst.
- Die Kufenstützen lösen sich von der Schneide, evtl. von der Tragfläche der Schneide.

- Die Nieten lockern sich und fallen heraus.
- Manche Plastikkufen sind in ihrer Entwicklung noch nicht ausgereift. Bei bestimmten Fabrikaten brechen die Kufen zu schnell (Materialschwäche), bei anderen die Schneiden (zu hartes Metall).

Gewicht

Schlittschuhe von bester Qualität wiegen je nach Größe, Schuh- und Kufenmaterial zwischen 940 und 1070 Gramm.

Aufbereitung, Schleifen und Wartung der Schlittschuhe

Aufbereitung

Die Schuhe bedürfen keiner besonderen Aufbereitung. Eventuell kann man bessere, weichere Einlagen, eine dünne, weiche Zungenunterlage (Schaumgummi) sowie eine Ferseneinlage benutzen, besonders dann, wenn der Spieler gewöhnt ist, in tiefer Vorbeuge zu laufen.

Die Aufbereitung neuer Kufen ist die Sache eines Fachmanns, die dieser je nach Be-

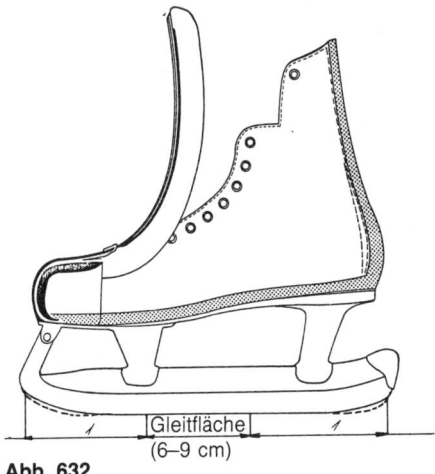

Abb. 632

darf besorgt. Vor allem müssen die Kufen die richtige Wiegenform bekommen. Nicht jeder Spieler verwendet die optimale Form. Diese ist gegeben, wenn die Gleitfläche der Schneide 6–9 cm lang ist und sich weiter im Vorderteil der Schneide befindet. Spitze und Fersenteil der Kufe werden etwas abgeschliffen. Bei jedem neuen Schleifen soll dieselbe Wiegenform wiederhergestellt werden. Sie wird für das wendige Manövrieren gebraucht (Abb. 632).

Schleifen der Schlittschuhe

Auch wenn der Spieler seine Schlittschuhe nicht selber schleift, so ist es doch besser, wenn er das Prinzip und die Technik des Schleifens kennt.

Die Schlittschuhe werden in einer Spezialmaschine mit feiner Schleifscheibe geschliffen, um die Gleitfläche so glatt wie möglich zu machen und die Kanten zu schärfen. Je geringer die Reibung, desto besser das Gleiten (Abb. 633).

Abb. 633

Die Schleifscheibe wird je nach gewähltem Schleifprinzip eingestellt, z. B.:
a) Schleifen – gerade, Geradeschliff (selten für Torhüter)
b) Schleifen einer feinen flachen Rinne, flacher Hohlschliff

c) Schleifen einer starken tiefen Rinne, tiefer Hohlschliff

Beim Schleifen der Schneide in Hohlschliff bilden sich an der Kante (Messer) zwei Kanten: Innen- und Außenkante.

Beim Schleifen der Schlittschuhschneide ist die Auswahl des Schliffes (Form, Radius) wichtig. Der Schliff hängt vom Körpergewicht des Spielers, von seiner Art des Eislaufens (Eishockey-Lauftechnik) und schließlich vom Zustand der Oberfläche des Eises ab. In manchen Fällen müssen die Kante der Messer und die Gleitfläche durch einen neuen Schliff der Oberfläche des Eises angepaßt werden (feiner – stärkerer Hohlschliff).

Wenn im Training oder während des Spiels die Schlittschuhschneide verbogen wird, so muß sie noch vor dem Schleifen ausgerichtet werden. Eine krumme Schneide spürt der Spieler schon bei einfacher Fahrt. Das Ausrichten erfolgt auf sehr einfache Art mit Hilfe einer tragbaren Ausgleichsvorrichtung und einer Schraube (Abb. 634).

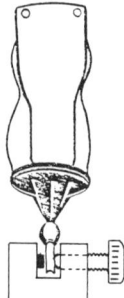

Abb. 634

Der Schlittschuh wird in die Rille des Ausgleichsgerätes gelegt, mit dem verbogenen Teil an die Schraube. Durch den Druck, der durch das Anziehen der Schraube entsteht, wird der Schlittschuh geradegebogen.

220

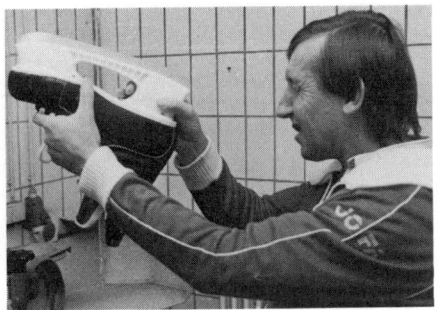

Abb. 635

Beim Schleifen bildet sich an den Kanten der Schneide die sogenannte Schleifnadel. Deshalb müssen die Kanten der Kufen mit einem feinen Schleifstein abgezogen werden, damit die Schleifnadel entfernt wird (Abb. 637). Kleinere Scharten können auf diese Weise ebenfalls entfernt werden. In keiner Spielerkabine darf solch ein Schleifstein fehlen.

Auch wenn die Schlittschuhe in der Regel von einem Fachmann geschliffen werden, ist es angebracht, daß der Spieler sie nach dem Schleifen kontrolliert. Besonderes Augenmerk ist auf die Schärfe und gleichmäßige Kantenhöhe zu richten. Grobe Fehler sind schon mit dem bloßen Auge zu erkennen. Es ist darauf zu achten, daß sich beide Kanten der Schneide in einer Ebene mit der Tragfläche des Schlittschuhs über dieser befinden, dies ist für die ganze Kufenlänge notwendig.

Es empfiehlt sich, besser höhere Innen- als Außenkanten zu schleifen. Die schlechtesten Auswirkungen haben Kanten, die eine unregelmäßige Höhe aufweisen (Abb. 636).

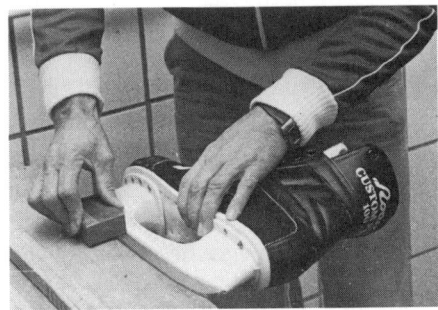

Abb. 637

Frisch geschliffene Schlittschuhe sollen immer ausprobiert werden. Am günstigsten ist es, diese im letzten Training vor einem Spiel zu benutzen, damit der Spieler mit »gut eingelaufenen Schlittschuhen« zum Wettkampf antritt. Ein neuer Schliff direkt vor einem Spiel bringt eher Nachteile.

Wie oft schleifen?

Die Kanten der Schneiden werden schon durch das normale Laufen auf dem Eis abgestumpft, je nach Benutzungsdauer und Intensität. Das Gehen über Böden aus Holz oder Gummi, die zudem noch durch Staub verschmutzt sind, beanspruchen die Schneiden noch mehr. Die Schlittschuhe sollen deshalb sofort nach dem Verlassen der Eisfläche durch Gummi- oder Holz-

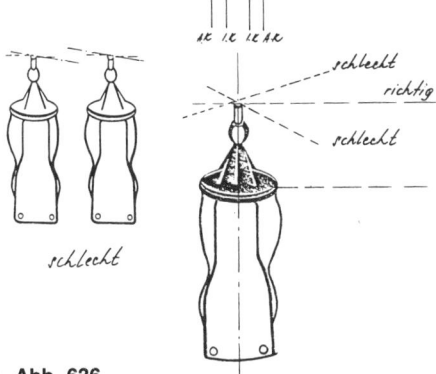

Abb. 636

schoner geschützt werden. Mit den Kufen darf man keinesfalls auf harten Oberflächen gehen, da dadurch der ganze Schliff großen Schaden erleidet.

Bei täglichem Gebrauch der Schlittschuhe sollen diese vor jedem Spiel leicht nachgeschliffen werden. Durch Aneinanderstoßen der Schlittschuhe während des Spiels kommt es öfter zum Abstumpfen – die Kante wird abgerissen. Der Schlittschuh muß sofort nachgeschliffen werden. Ein kleinerer Schaden kann mit dem Abziehstein ausgebessert werden. Ein routinierter Spieler bemerkt eine Abstumpfung seiner Kufen sofort.

Unsachgemäßes Schleifen bewirkt, daß die Schneide rasch abgeschliffen wird und daß sich auch ihre Form (die Wiege) verändert. Man merkt dies daran, daß von der Spitze und der Ferse des Schlittschuhs mehr Substanz fehlt oder daß die Gleitfläche abgeschliffen wird. Dadurch verliert der Schlittschuh seinen Wert, falls nicht die Kufen durch neue ersetzt werden.

Abb. 638b

b) Falsches Schleifen der Gleitfläche

Wartung der Schlittschuhe

Die Wartung der Eishockey-Schlittschuhe gehört zu den Pflichten eines jeden Spielers. Nach dem Training oder Wettkampf müssen die Schlittschuhe trockengewischt werden, die Eislaufschuhe sind breit aufzuschnüren, damit sie auch von innen trocknen, aber niemals neben dem Heizkörper. Lederschuhe werden öfters mit Schuhcreme gepflegt, nicht mit Fetten oder Ölen, da diese das Leder aufweichen.

Bei Plastikschuhen wird der Innenschuh herausgezogen und getrocknet. Manche Spieler besitzen Ersatzinnenschuhe zum Wechseln.

Beschädigte und zerrissene Schnürsenkel sind rechtzeitig durch neue zu ersetzen. Wir vermeiden dadurch eine unnötige Nervosität, die durch das Reißen eines Schnürsenkels im letzten Moment vor dem Spiel verursacht wird.

Zum Abschluß des Kapitels über Eishockey-Schlittschuhe ein paar praktische Ratschläge:

Abb. 638a

a) Falsches Schleifen der Spitze und Ferse

Gute Schuhe müssen nicht stark verschnürt werden; an der Spitze ziehen wir die Schnürsenkel leicht an, schnüren über alle Ösen und lassen auch die letzten nicht aus. Das kreuzweise Einfädeln hat sich als beste Verschnürungsart erwiesen. Am wichtigsten ist das Zuschnüren am Knöchel. Es hat sich als vorteilhaft erwiesen, das verlängerte rückwärtige Teil des Schuhs und die Zunge mit einer zusätzlichen Litze oder einem Klebeband über dem Schienbeinschützer zu fixieren. Dieser muß die richtige Länge haben. Ein zu langer Schützer drückt unangenehm in der Verschnürung, hindert beim Laufen, vermindert flüssige Bewegungen und kann zu einem schmerzhaften Scheuern am Fuß führen.

Torwartschlittschuhe

Wie in den Spieleigenschaften, so besteht auch in den verwendeten Schlittschuhen ein großer Unterschied zwischen Torwart und Spieler (Abb. 639).

Abb. 639

Schuhe (1)
Die Verwendung von Leder ist heute sehr selten und wurde von Kunststofftextil und Plastik abgelöst. Die Schuhe haben zusätzlich einen Plastiküberschuh (2), der vor allem auf der Fußinnenseite stabil gebaut ist. Dies ist notwendig für die Technik der Schußabwehr.

Über der Schuhspitze befindet sich eine besonders starke Kappe, da dies der einzige Teil des Schuhs ist, der nicht von der TW-Schiene bedeckt ist.

Schnürung
Die Schnürung wird von den Torhütern etwas lockerer gehalten als von den Spielern.

Schaft
Wegen einer besseren Beweglichkeit ist die Schafthöhe der TW-Schuhe gekürzt, außerdem fehlt eine Verlängerung des Fersenteils.

Zunge
Das Zungenblatt der TW-Schuhe ist etwas weniger gepolstert, da die Beinschienen darüberliegen.

Kufen (3)
Die Schlittschuhkufen werden von den Herstellern aus 5–8 mm starkem, stabilem, gehärtetem Stahl hergestellt. Wegen einer besseren Grundstellung sind die Fersenstützen etwas erhöht. Eine zusätzliche Verstrebung zwischen den Stützen verhindert ein Durchbrechen der Scheibe bei der Fußabwehr.
Es ist von großer Bedeutung, daß der Torwart schon zu Beginn seiner Ausbildung Torwartschlittschuhe benutzt, denn dies beeinflußt seine ganze Technik.

Schlittschuhschliff
Die Schlittschuhe des Torwarts weichen von den Schlittschuhen des Feldspielers ab. Der Grund hierfür ist bekannt (s. o.). Es ist deshalb günstig, wenn schon der jugendliche Torhüter die Grundschulung mit den TW-Schlittschuhen beginnt. Außerdem sind diese Schlittschuhe für die spezielle TW-Lauftechnik notwendig. Auch der richtige Schliff der Kufe ist erforderlich:

a) Kantenschliff
b) Gleitflächenschliff
<u>a) Kantenschliff</u>
   1. auf der Ebene
   2. mit feinem Hohlschliff
Der Schlittschuh des Torwarts braucht keinen scharfen Schliff auf der ganzen Kufe, da der Torwart auf einem Teil des Schlittschuhs mehr oder weniger nur rutscht. Nur an Ferse und Spitze empfehle ich einen Hohlschliff, denn nur aus diesen Teilen kommt der Abstoß oder das Bremsen (Abb. 640).

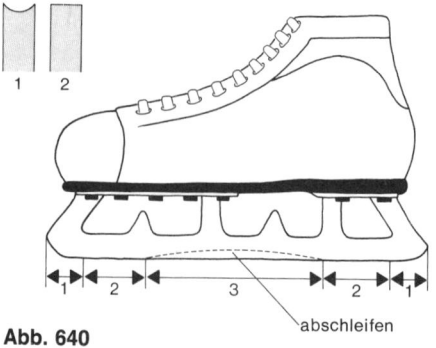

Abb. 640

abschleifen

<u>b) Gleitflächenschliff</u>
Im Gegensatz zu der Schlittschuhkufe eines Feldspielers, die »wiegenförmig« geschliffen ist, hat die Kufe der Torwartschlittschuhe eine Standfläche (2). Dies erhöht die Stabilität, die Gleitfläche liegt mit der ganzen Länge auf der Eisfläche auf.
Ich empfehle für eine noch bessere Stabilisierung der Standfläche und eine erhöhte Beweglichkeit einen speziellen Zweiflächenschliff. Es handelt sich um ein Abschleifen des Mittelteils (3) der Standfläche. So hat der Torwart zwei stabile Punkte für seine Standfestigkeit, was einen Vorteil gegenüber dem normalen Schliff bringt.
Auch die neuesten Kufen der modernen Modelle (hinterer Teil erhöht) verbessern die TW-Lauftechnik. In der Grundstellung ist der Torhüter gezwungen, in Vorlage zu gehen. Dies wird durch die Erhöhung der Kufen im Fersenteil bewirkt.

Der Eishockeyschläger

Beim Eishockeyspiel werden zwei Arten von Schlägern verwendet:
- der Torwartschläger
- der Spielerschläger

Torwartschläger

Der Torwartschläger unterscheidet sich vom Schläger des Spielers vor allem durch seine Form (Winkel) und seine Maße (Abb. 641, 642).

Abb. 642

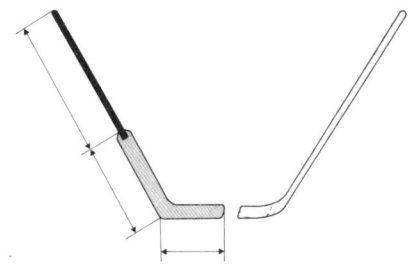

Abb. 641

Der Torwartschläger besteht aus folgenden Teilen:
1. Stiel
2. verbreiteter Teil des Stiels
3. Schaufel
4. Schaufelferse

Er wird mehr zum Abwehren der Torschüsse verwendet als zum Spielen, da der untere Teil des Stieles breiter ist. Die maximalen Größen des Torwartschlägers werden durch die Spielregeln für Eishockey des internationalen Verbandes IIHF, die von der jeweiligen nationalen Sektion genehmigt werden, bestimmt.

Der Torwart hält den Stock nur mit einer Hand am Stiel. Mit beiden Händen hält er den Schläger nur beim Spielen mit der Scheibe. Zum Abwehren gehobener Schüsse benutzt der Torwart den verbreiterten Teil des Stiels, zum Auffangen und Abwehren niedriger Schüsse sowie zum Spielen der Scheibe wird die Schaufel des Schlägers benutzt, die im Vergleich zu der Schaufel des Spielerschlägers höher ist. Die Schaufelferse hat keine eigene Funktion. Es ist diejenige Stelle, an der der Stiel mit der Schaufel des Schlägers in einem bestimmten Winkel verbunden ist. Der Torwartschläger ist mehr »aufrecht« geformt, der Winkel beträgt zwischen 122 und 126 Grad und ist bei den Torwarten unter der Nr. 12-13-14 bekannt.

Der Torwart wählt den Schläger nur nach dem Winkel und nach der Länge des verbreiterten Teils des Stieles aus (Torwarttechnik, Körpergröße).

Die Aufbereitung des Torwartschlägers besteht im Umwickeln der Schaufel (am besten in weißer Farbe), des unteren breiten Teils des Stiels, und des Griffes (Knopf) am Endstiel, um einen besseren Halt zu gewähren. Hierzu verwendet man ein spezielles Textilklebeband. Bei Torwarten, die kleiner sind, kommt noch eine Kürzung des Stiels in Frage bzw. eine Änderung des breiten Teils des Schafts. Für junge Torwartanfänger gibt es Junior-Torwartschläger. Wegen des geringeren Gewichts und der angepaßten Maße ist es wichtig, nur diese zu benutzen.

Spielerschläger

Im Laufe der Eishockeyentwicklung haben sich auch die Eishockeyschläger, vor allem für Spieler, geändert. Von Jahr zu Jahr wurden die Schläger verbessert und ihrem Zweck angepaßt. Vor allem änderte sich die Technologie ihrer Herstellung.

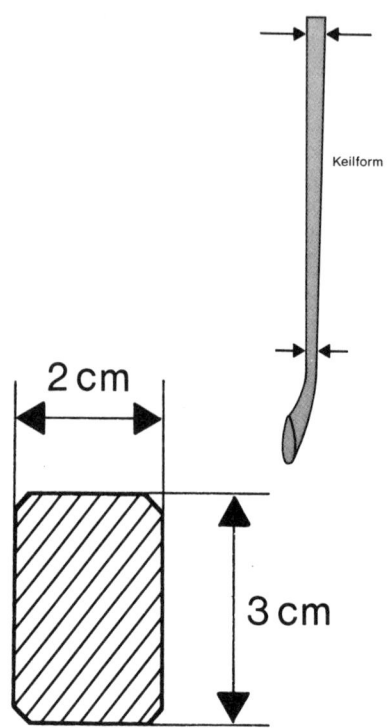

Keilform

2 cm

3 cm

Schnitt des Stiels

Abb. 644a, b

Sie werden nicht mehr wie früher aus einem, eventuell zwei Stücken hergestellt, sondern aus mehreren Stücken unter Verwendung eines speziellen Klebers – Fiberglas und Härtemittel – zusammengesetzt, wobei für die einzelnen Teile das jeweils geeignete Holz ausgewählt wird. Dadurch wird die Benutzungszeit verlängert, eine gleichbleibende Elastizität erreicht, d. h., moderne Eishockeyschläger bieten bei geringerem Gewicht eine längere Haltbarkeit bei gleichbleibender Elastizität.

226

Der Spielerschläger hat eine geformte Schaufel, neuere Modelle besitzen eine gebogene Schaufel.

Für die Krümmung schreiben die Regeln der IIHF ein Maß bis zu 1,5 cm vor. Die übrigen Maximalgrößen bestimmen die Eishockeyregeln, die vom IIHF genehmigt wurden (siehe offizielles Regelbuch 1981 – genehmigt durch den I.E.H.V.-Kongreß, Göteborg 1981).

Mit dem Spielerschläger beherrscht der Spieler die Scheibe. Bei den verschiedenen technischen Aufgaben, die er mit dem Schläger durchführt, hält er diesen mit einer Hand oder beiden Händen am Stiel. Die Schaufel ist in direkter Berührung mit der Scheibe. Diese wird mit der Schaufel geführt, zugespielt, angenommen, abgenommen, geschossen. Die Verbindungsstelle von Stiel und Schaufel wird »Ferse« genannt (Abb. 645).

Es ist vorteilhaft, wenn der Stiel sich zur Ferse hin verengt – eine Keilform hat (größere Elastizität, vermindertes Gewicht).

Schaufel: Maximalgröße 32x7,5 cm, die Stärke der Schaufel soll – je nach Herstellungsmöglichkeit – so dünn wie möglich sein. Der Schläger soll leicht sein, und der Spieler muß die Scheibe an der Schaufel »fühlen«. Bei den neuesten Modellen ist die ganze Schaufel mit Fiberglas verstärkt. Eine Verringerung der Schaufelstärke darf aber nicht auf Kosten der Qualität gehen, damit die Schaufel bei einem stärkeren Schlag nicht bricht.

Je nach der Form der Schaufel unterscheiden wir linke und rechte Spielerschläger. Links- und Rechtshänder unterscheiden wir nach der beidhändigen Stockhaltung (Abb. 646), wobei die untere Hand maßgebend ist. Beim Eishockey sind die Linkshänder in der Überzahl (Abb. 647).

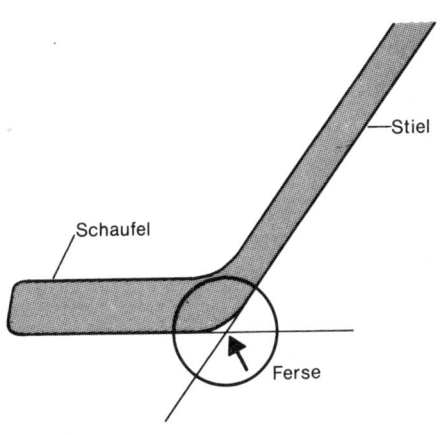

Abb. 645

Abb. 646

Die Stärke des Stiels beträgt etwa 3x2 cm, als maximale Länge sind 147 cm erlaubt. Die Kanten des Griffs sind leicht zusammengezogen.

Die Stockschaufel ist an der Vorhandseite geformt. Bei den üblichen Spielerschlägern ist die Schaufel gehobelt (ausgehöhlt).

227

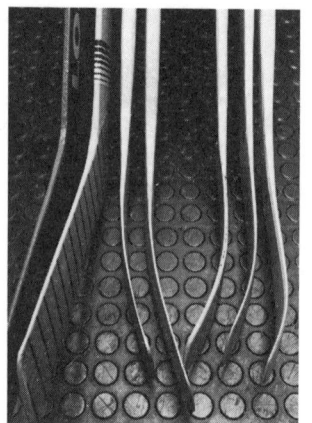

Abb. 647

Spezialstöcke* haben eine Schaufel, deren Spitze (etwa ⅓ der Schaufel) stärker gebogen (gekrümmt) ist. Diese Spezialstöcke (Löffelmodell) mit etwas gekrümmter Schaufel verwenden die Spieler wegen der besonderen Vorzüge, die vor allem bei der Führung der Scheibe, der Annahme des Passes und beim Vorhandschießen, besonders beim Handgelenkschuß, auftreten. Die Schaufellänge variiert zwischen 26 und 32 cm, je nach der Person des Spielers und seiner Position.

Will sich ein Spieler auf das Spezialmodell umstellen, ist es wichtig, daß er sich noch vor Beginn der Saison an den Schläger gewöhnt. Heutzutage werden die Schaufeln schon mit verschiedenen Modellen gebaut. Anfänger sollten aber nur das gebräuchliche Modell des Eishockeyschlägers (mit gerader Schaufel) verwenden. Stiel und Schaufel müssen den gewünschten Winkel bilden (132–136°), der den Bedingungen des Spiels angepaßt sein muß. Die verschiedenen Winkel werden interna-

tional mit den Nummern 5, 6, 7, 8, bezeichnet (Abb. 648). In der Praxis werden meistens die Winkel Nr. 6 bzw. Nr. 5 und 7 verwendet.

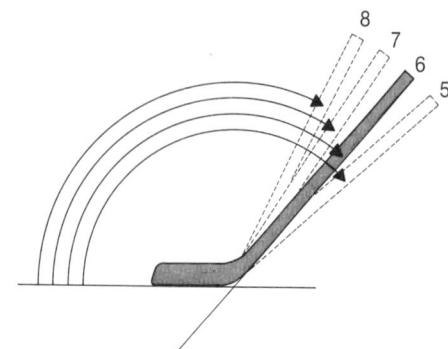

Abb. 648

Auswahl der Eishockeyschläger-Winkel
Kleiner Winkel
Großer Winkel
Richtiger Winkel

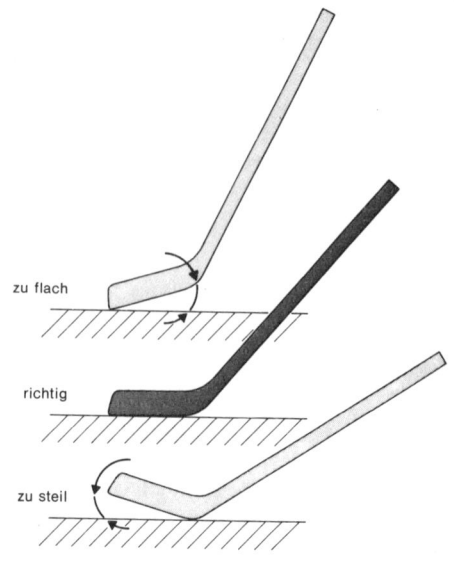

Abb. 649

---

* Erfinder des neuen Modells des Spielerstocks mit gekrümmter Schaufelspitze ist der Autor dieser Publikation, der auch als erster Spieler mit diesem Stock bei den Weltmeisterschaften 1965 in Tampere (Finnland) gespielt hat. Die Schläger werden vom tschechoslowakischen Betrieb Artis Horažďovice hergestellt und tragen die Bezeichnung ALPAČ – der Name des Autors rückwärts gelesen.

Das Gewicht des Spielerschlägers bewegt sich zwischen 580 und 660 Gramm.

Ein Unterschied zwischen den Schlägern liegt auch in deren Schwerpunkt. Bei manchen Schlägern befindet sich der Schwerpunkt mehr im Stiel, bei anderen mehr in der Ferse (Abb. 650). Bei Schlägern, deren Stiel keilförmig ist und die eine dünne Schaufel (besonders die Ferse) haben, liegt der Schwerpunkt mehr im Stiel. Diese Schläger scheinen beim Halten mit der oberen Hand im Vergleich mit einem gleich schweren Normalschläger leichter zu sein.

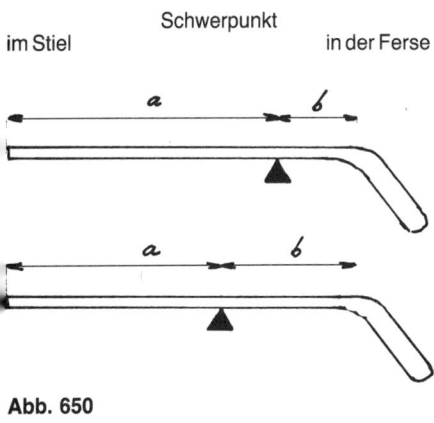

Schwerpunkt

im Stiel   in der Ferse

Abb. 650

Die Schlägerbezeichnung enthält:
- die Form – links oder rechts – L, R.
- die Nr. des Winkels – 5, 6, 7, 8.
  Zum Beispiel: R 6 = rechter Stock, Winkel Nr. 6. (Dies ist auf den Schläger aufgedruckt.)

Auswahl des Spielerschlägers

Der Spieler wählt seinen Schläger nach der Form der Schaufel aus (Linkshänder linke, Rechtshänder rechte Schaufel), nach der Formgebung der Schaufel (übliche oder

Spezialform) und nach der verwendeten Nummer des Winkels.

Winkel und Länge des Stiels werden nach der Größe des Spielers, der Art des Eislaufens und nach den technischen Fähigkeiten des Spielers ausgewählt. Es ist richtig, wenn der Trainer die Spieler bei der Auswahl der Schläger berät.

Schläger mit Winkel Nr. 6 wird in der Praxis am meisten verwendet. Winkel Nr. 5 bevorzugen kleinere Spieler oder Spieler, die in starker Vorbeuge laufen. Winkel Nr. 7 und 8 bevorzugen große Spieler oder Spieler, die in aufrechter Haltung laufen.

Die beste Kontrolle, um den richtigen Schlägerwinkel festzustellen, ist:

Der Spieler umwickelt die ganze Schaufel mit einem Isolierband (Textilband). Nach einem abgelaufenen Training kontrolliert er den unteren Teil der Schaufel. Ist das Band nur am vorderen Teil der Schaufel abgenutzt, braucht er einen Schläger mit einem höheren Winkel. Ist das Band nur an der Ferse abgerieben, braucht er einen Schläger mit einem niedrigeren Winkel. Derjenige Spieler hat den richtigen Schläger, dessen Isolierband über die ganze Schaufellänge gleichmäßig abgenutzt ist.

Die Länge des Stiels wird folgendermaßen festgestellt:

Der Eishockeyschläger wird am Körper des Spielers abgemessen. Das Stielende soll bei angelegten Schlittschuhen bis zum Hals reichen. Wird ohne Schlittschuhe gemessen, so soll das Schlägerende bis zum Kinn reichen (Abb. 651). Dies muß aber nicht die Regel sein, geringfügige Toleranzen kommen immer vor.

Bei der Auswahl der Stiellänge werden auch die technischen Vorzüge des Spielers in Erwägung gezogen (technisch gute Spieler verwenden lieber Schläger mit etwas kürzerem Stiel) sowie die Tatsache, ob es sich um einen Schläger für Verteidiger oder Stürmer handelt.

Ebenfalls wird die Qualität der Schläger

229

kontrolliert. Ein Eishockeyspieler muß eventuelle Fehler des Schlägers schon mit dem »bloßen Auge« erkennen können. Der Stiel des Schlägers muß an beiden Seiten gerade sein. Ein »Säbelschaft« (Abb. 652) beeinträchtigt den richtigen Winkel des Schlägers. Härte und Elastizität des Stiels werden geprüft.

Abb. 651: Schlägerwahl nach Länge.

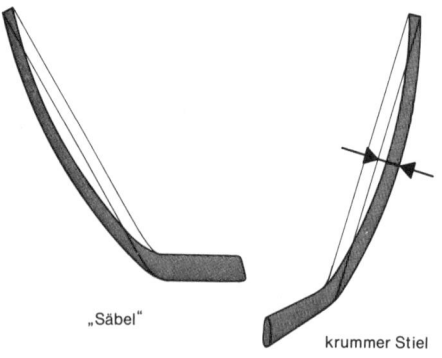

„Säbel"

krummer Stiel

Abb. 652

Außerdem wird kontrolliert, ob die Schaufel nicht zu weich ist, und durch Abwägen in der Hand das Gewicht geprüft (schwerer oder leichter). Manche Spieler geben harten, andere weichen Schlägern den Vorzug (Abb. 653).

In letzter Zeit werden vom Hersteller auch die Härten ausgearbeitet und bezeichnet (z. B. zwei verschiedene Härtegrade). In der Praxis werden die härteren Schläger hauptsächlich von körperlich stärkeren Spielern benutzt (Verteidiger). Technisch versierte Spieler geben den weicheren Schlägern den Vorzug.

Die Stielhärte der am meisten benutzten Schläger habe ich wie folgt gemessen:

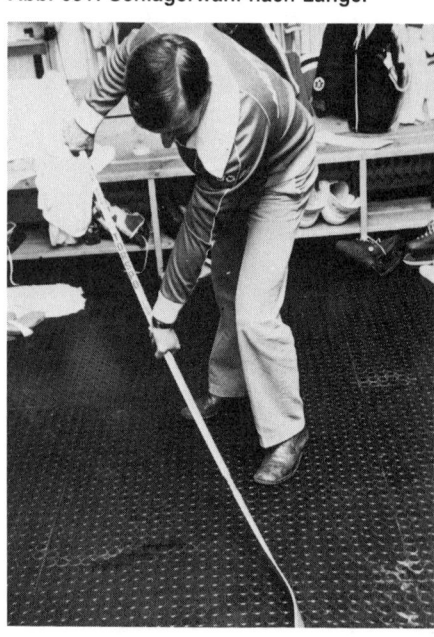

Abb. 653: Schlägerwahl nach Härte.

Der Stiel wurde an zwei festen Punkten im Abstand von 120 cm fixiert und mit einem Gewicht von 28 kg belastet (etwa ⅓ des Körpergewichts eines Eishockeyspielers). Bei den verschiedenen Marken biegt sich der Stiel des Schlägers bei dieser Belastung unterschiedlich zwischen 2,4 und 4,1 cm durch (Abb. 654). Dies sind die Werte, mit denen man einen harten von einem weichen Stiel unterscheiden kann.

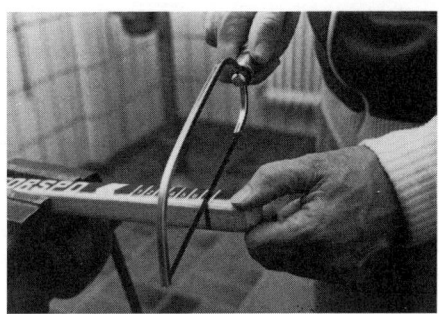

Abb. 655

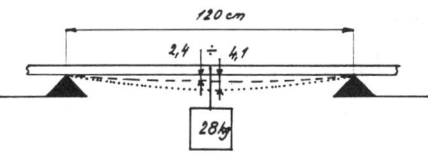

Abb. 654

Die Eishockeystöcke für die Mannschaft sollte ein Fachmann einkaufen. Er muß zuvor feststellen, welche Schlägerart und Modelle die Mannschaft braucht, wieviel linke oder rechte Schläger, wie geformt und mit welchem Winkel sie hergestellt sein sollen. Die neuen Schläger sollen nach dem Auspacken (auch Aufbinden) der Bündel (Schläger können sich gebündelt verformen) in Regalen in einem trockenen Raum, in dem eine konstante Temperatur garantiert ist, gelagert werden.

Aufbereitung des Spielerschlägers

Der Spieler wird sich die ausgewählten Schläger nach seinem persönlichen Bedarf aufbereiten.
Kleine Spieler kürzen den Stiel auf die gewünschte Länge, indem sie ihn abschneiden (Abb. 655).

Wenn der Schläger dem Spieler zu hart ist, kann er den Stiel weicher machen, indem er ihn abhobelt, d.h., er hobelt meistens von der Vorhandseite des unteren Stielteils etwas ab, wodurch er den Stiel in diesem Teil verdünnt (Abb. 656). Natürlich darf das Abhobeln den Stiel nicht im ganzen schwächen, er muß fest bleiben.

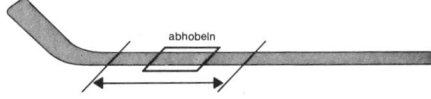

Abb. 656

Die Schlägerschaufel bereitet sich der Spieler in individueller Art auf. Manchmal handelt es sich hierbei nur um eine »Verschönerung« des Schlägers.
Die häufigsten Aufbereitungen der Schaufel:
a) Verkürzung
b) Verschmälerung
c) Abrunden der Ferse (besonders für Verteidiger)

231

d) Abrunden der unteren Kante (Wiege)
e) unterschiedliche Formung der Spitze

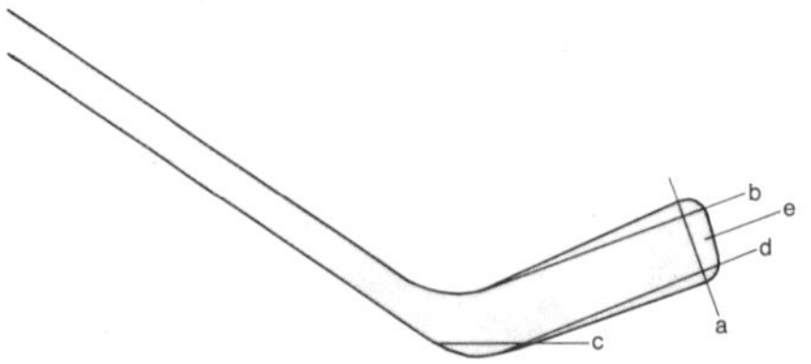

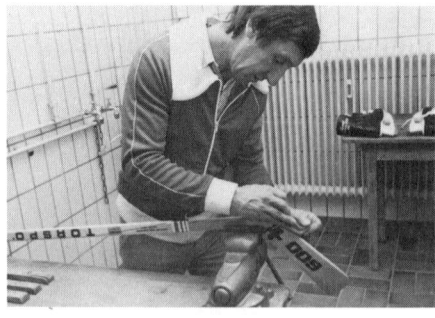

Abb. 657

Falls der Spieler keinen Schläger mit dem gewünschten Winkel hat, kann er diesen durch Abhobeln von Schaufelspitze oder Schaufelferse bilden. Durch Abhobeln der Spitze wird ein größerer Winkel, durch Abhobeln der Ferse ein niedriger Winkel erzielt (Abb. 658). Diese Methode ist für die modernen Schläger mit Vollfiberglasbeschichtung nicht zu empfehlen, da sie zu einer Beschädigung der Schaufel führt.

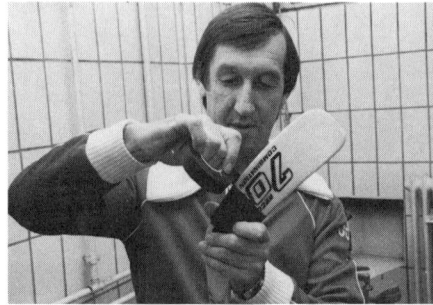

Abb. 658

Nach diesen Verbesserungen umwickelt der Spieler die Schlägerschaufel und das Stielende (Griff) mit einem speziellen Textilisolierband. Dieses Klebeband schützt

die Schaufel vor Beschädigungen, dämpft aber auch den Aufprall der Scheibe.
Für das Umwickeln mit dem Isolierband muß die richtige Technik angewendet werden. Die Umwicklung darf nicht zu dick werden und hat in Laufbahnrichtung zu erfolgen (Abb. 659). Das Stielende wird wegen einer erhöhten Griffestigkeit umwickelt.

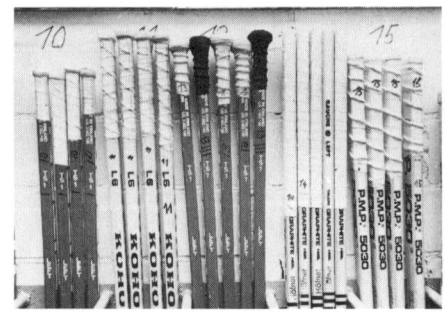

Abb. 659

Jeder Spieler hat seine eigene Art, den Griffkopf zu umwickeln (Abb. 660). Am geeignetsten ist für die Schaufel ein Textilband in schwarzer Farbe – so kann sich die Scheibe an der Schaufel »verstecken«.

Abb. 660

Jeder Spieler soll in seiner Kabine mehrere ausgerichtete Eishockeyschläger haben, die er beim Training und bei Wettkämpfen auf der Spielerbank liegen hat. Wenn er einen Schläger wechseln muß, soll dieser sofort bereitliegen. Die Spieler sollen während der Saison ständig Eishockeyschläger derselben Marke und desselben Modells benutzen sowie Schläger in der gleichen Aufbereitung verwenden. Wenn auch der Unterschied der Schläger zwischen den einzelnen Marken gering ist, so ist er doch spürbar. Neue Schläger sollen vor dem Spiel kurz ausprobiert werden.

Die Lebensdauer eines Eishockeyschlägers ist kurz. Am meisten werden sie beim Training strapaziert. Es ist deshalb angebracht, beim Training ältere, gebrauchte Schläger zu verwenden, besonders beim Einüben der Torschüsse. Wir dürfen aber auf keinen Fall Schläger verwenden, die das Niveau des Trainings beeinträchtigen könnten.

Ein guter Spieler braucht pro Saison mehrere Schläger, was natürlich auch von der Anzahl der während einer Saison gespielten Wettkämpfe abhängt.

Es ist falsch, wenn die abgespielten oder angebrochenen Schläger der Seniorenmannschaft zum Üben an die kleinen Anfänger abgegeben werden. Die Härte, Stielgröße, Länge (Vergleich Stiel – Schaufel) im Hinblick auf die Körpergröße des Anfängers, dazu noch die starke Schaufelkrümmung, schadet nur der technischen Entwicklung des Jugendlichen.

Bis zum 10. Lebensjahr sollen die sogenannten Juniorenschläger benutzt werden. Ein normales, gerades Schlägerblatt (Schaufel) ist für den Anfänger eine Selbstverständlichkeit.

Die Ausrüstung des Eishockeyspielers

Die Eishockeyausrüstung wird in zwei Teile geteilt:
a) die unteren Teile – Dinge, die innen getragen werden
b) die oberen Teile – Dinge, die außen getragen werden

Die unteren Teile

Unterwäsche

Hier wird von den Spielern individuelle Kleidung bevorzugt. Kombinationen mit langen oder kurzen Ärmeln und Beinlingen, nur Turnhosen usw. Oft benutzen die Eishockeyspieler auch eine Art Slip.
Auf jeden Fall soll die Unterwäsche aus einem schweißaufsaugenden Material sein; aus hygienischen Gründen ist es unvorstellbar, die Eishockeyausrüstung auf den nackten Körper anzuziehen.

Tiefschutz

Ein Tiefschutz wird von allen Spielern getragen, doch benutzen die Verteidiger etwas größere und stabilere Schutzkappen als die Stürmer, die die normale Ausführung bevorzugen.

Straps

Mit dem Straps werden die Stützen befestigt (Abb. 661).

Beinschutz

Die Beinschützer müssen genau passen. Sie sollen, kurz oberhalb des Knöchels

Abb. 661

beginnend, bis 10–15 cm über das Knie reichen. Das Knie muß sich genau in der dafür vorgesehenen Mulde befinden.
Auch beim Beinschutz besteht ein Unterschied zwischen dem Schutz der Stürmer und dem der Verteidiger. Die Verteidiger benutzen meistens einen stärkeren, deshalb schwereren Beinschutz. Dieser ist im Innenraum mit Stoff ausgekleidet. Wichtig ist hierbei der zwischen Stoff und Beinschutz befindliche Zwischenraum. Der Beinschutz darf nicht mit den Knochen in Berührung kommen. Er hat für die Verteidiger etwas größere Knieschutzschalen, was eine größere Sicherheit bietet. Die Stürmer bevorzugen meist kleinere und leichtere Schützer (Abb. 662).

Abb. 662

234

Schulterschutz

Der Schulterschutz, eine Plastikschale, soll die Schultern schützen und über den Oberarm bis zu den Ellenbogen reichen.
Nach vorne geht der Schulterschutz in einen Brustschutz über. Bei den Verteidigern verlängert sich dieser Brustschutz noch bis zu einem Bauchschutz. Nach rückwärts werden die Schulterblätter in den Schutz mit einbezogen.
Der Schulterschutz wird in verschiedenen Größen hergestellt.

Abb. 664

Ellenbogenschutz

Es genügt nicht, nur die Ellenbogen zu schützen, auch die Unterarme müssen mit einbezogen werden (Abb. 663).
Es ist auf die richtige Größe zu achten, denn der Ellenbogenschutz darf nicht rutschen.

Sollten die Hersteller noch Schutzkappen, die über die Ohren reichen, entwickeln, kann es kaum noch zu Kopfverletzungen kommen.

Trikot

Jeder Spieler sollte über mindestens 2 Trikots verfügen: ein Trainings- und ein Spieltrikot. Die Spieltrikots werden aus verschiedenen Materialien hergestellt. Es bestehen Unterschiede zwischen Hallentrikots und Trikots für offene Stadien.
Bei Trainingstrikots legen wir keinen großen Wert auf die Qualität. Sie sollen aus einem schweißaufsaugendem Material sein und in passender »Trainingsfarbe«.

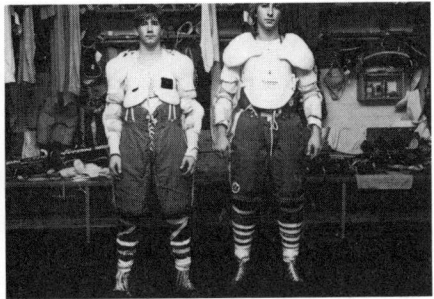

Abb. 663

Die oberen Teile

Helm

Der Helm schützt die Stirn und alle anderen Teile des Kopfes. Die neuesten Modelle reichen bis über die Ohren.
Nachwuchsspieler (bis Junioren) müssen mit einem Gesichtsschutz spielen, welcher den Regeln entsprechen muß (Abb. 664).

Hose

Eine Eishockeyhose sollte lieber eine Nummer zu groß als zu klein sein. Es ist besser, wenn zwischen Körper und Schützer noch ein wenig Luft ist. Die Hosen sind heute schon alle so gut beschützt, daß Verteidiger und Stürmer die gleichen Hosen tragen können. Besonders die Verteidiger bevorzugen etwas größere Hosen.

Durch Hosenträger oder Gürtel bekommen die Hosen ihren Halt (Abb. 665).
Als neuestes ist die »lange Hose« in Entwicklung.

Abb. 665

Stutzen

Von den Stutzen sollte der Spieler ebenfalls mindestens 2 Paar besitzen: 1 Paar für das Training und 1 Paar für das Spiel.

Schlittschuhe

In den unteren Klassen verfügen die Spieler meist nur über 1 Paar Schlittschuhe, dagegen sollte ein Bundesligaspieler (Nationalspieler) 2 Paar zur Verfügung haben.

Handschuhe

Die Handschuhe schützen einen Teil des Unterarms, den Handrücken, die einzelnen Finger – besonders den Daumen. Sie müssen die richtige Paßform haben. Das Leder der Innenfläche muß weich und dünn sowie von guter Qualität sein.
Muß die Handfläche repariert werden, ist es besser, gleich die ganze Innenfläche auszutauschen (Abb. 666).

Die Handschuhe wählen wir nach der Handgröße.

Abb. 666

Knöchelschutz

Der Knöchelschutz wird vorwiegend von den Verteidigern getragen. Er schützt die Knöchel und den Spann.

Die Ausrüstung des Torwarts

Wie die Ausrüstung des Eishockeyspielers, besteht auch die Ausrüstung des Torwarts aus den oberen und unteren Teilen.

Tiefschutz

Der Tiefschutz, den die Torhüter tragen, ist größer und dicker als derjenige eines Spielers.

Brustschutz

Der Brustschutz für den Torwart reicht bis zum Tiefschutz, außerdem bis zum Hals, und der Halsausschnitt darf nicht zu groß sein. Da der Brustschutz eins der wichtigsten Abwehrmittel des Torwarts ist, muß er eine gute Polsterung aus Schaumgummi besitzen und die passende Größe haben.

236

Armschutz

Zusätzlich zum Brustschutz trägt der Torwart den Armschutz. Dieser muß vor allem an der Außenseite der Arme gut gepolstert sein sowie an den Ellenbogen, darf aber die Beweglichkeit der Arme nicht behindern.

Helm und Gitterschutz

Für den Torhüter ist es Pflicht, einen Helm mit Gitterschutz zu tragen. Dabei ist auf den richtigen Schläfenschutz zu achten (Abb. 667).

Abb. 667:

Torwarthandschuhe

Der Torwart trägt zweierlei Handschuhe:
Stockhand
Der Handschuh der Stockhand besteht aus einem normalen Fingerhandschuh mit einem gepolsterten Daumen, der volle Beweglichkeit zuläßt. Der Handrücken wird durch eine gepolsterte, überstehende Platte (mit erlaubten Ausmaßen) geschützt.
Fanghand
Der Handschuh der Fanghand ist eine Verlängerung der Hand in Korbform, in der die Scheibe gefangen wird. Eine starke Polsterung des Handgelenks ist notwendig.
Wegen der besseren Haltung tragen manche Torhüter Innenhandschuhe.

Beinschutz

Torwartschienen müssen bei der Anfertigung in einer leichten S-Form gefertigt werden. Sie werden in verschiedenen Längen hergestellt. Die Außenkante ist mit einer verstärkten Polsterung versehen. Zu beachten ist der richtige Ristschutz und eine gute Beweglichkeit im Kniebereich. Als Material nimmt man Leder.

Halsschutz

Besonders für die jugendlichen Torwarte ist das Tragen eines Halsschutzes wichtig, um einer Verletzungsgefahr vorzubeugen. Hierfür kann entweder ein Schutz getragen werden, der am Gitterschutz befestigt ist, oder eine Halsmanschette.

Hose

Der Schnitt für Torwart- und Spielerhose ist derselbe.
Die TW-Hose muß locker sitzen und ist etwas reichlicher gepolstert als eine Spielerhose. Die Schutzkappen am Oberschenkel sind etwas stabiler. Die früher verwendeten Kniehosen werden nur noch vereinzelt getragen.
Auf eine gut sitzende Ausrüstung des Torwarts ist immer zu achten, Mängel an der Ausstattung beeinflussen die ganze Torwarttechnik.

237

Leistungsförderung durch richtige Ernährung

von Dr. med. Peter Konopka

Das heutige Hochleistungstraining ist gekennzeichnet durch eine früher nicht gekannte Intensität und durch eine hohe Belastungsdichte, d. h., es müssen täglich 1–2 Trainingseinheiten absolviert werden. Der begrenzende Faktor für die Belastungsanforderungen ist die Schnelligkeit der Wiederherstellung (Regeneration) zwischen den Trainingsreizen. Belastung und Wiederherstellung bilden eine Einheit. Die Schnelligkeit der Regeneration nach körperlichen Belastungen hängt ab:

1. vom richtigen Aufbau des Trainings,
2. von physikalischen Vorgängen (Massagen, Bäder, Sauna, Klima, Sonne usw.),
3. von der Fähigkeit zur Entspannung (Nachtschlaf, autogenes Training u. dergl.) und
4. von der dem tatsächlichen Bedarf angepaßten Ernährung.

Somit ist die Ernährung ein sehr wichtiger Faktor im Trainingsprozeß. Die Ernährung des Sportlers soll bedarfsangepaßt und vollwertig sein. Um diese Bedingungen zu erfüllen, müssen folgende fünf Ernährungsbilanzen ausgeglichen sein, zumindest über längere Zeiträume: Energiebilanz, Nährstoffbilanz, Vitaminbilanz, Mineralstoffbilanz und Flüssigkeitsbilanz.

1. Energiebilanz

Der tägliche Energiebedarf bei den Spielsportarten (z. B. Eishockey) beträgt ca. 5500 Kalorien, unterliegt aber täglichen Schwankungen je nach Trainingsbelastung bzw. Wettkampfhäufigkeit. Kein Mensch kann jedoch auf die Dauer mit der Kalorientabelle in der Hand essen. Energieverbrauch und Nahrungszufuhr gleichen sich über längere Zeiträume aus. Meistens besteht in Zeiten hoher Trainingsintensität oder häufiger Wettkampfbelastung geringer Appetit.

Äußeres Zeichen für eine ausgeglichene Energiebilanz ist das Körpergewicht. Deswegen sollte das Körpergewicht regelmäßig kontrolliert werden, besonders in Trainingsabschnitten mit hoher Belastung (Intensität, Umfang).

2. Nährstoffbilanz

Man unterscheidet drei Hauptnährstoffe: Kohlenhydrate, Fette und Eiweiß (Proteine). Für den Energiestoffwechsel werden vor allem Kohlenhydrate und Fette herangezogen.

Der Organismus stellt jeweils ein für die Gesamtsituation optimales Verhältnis im Verbrauch der Nährstoffe her. Abhängig von der Belastungsstruktur werden bei hoher Intensität Kohlenhydrate, bei niedriger und mittlerer Intensität Fette bevorzugt im Energiestoffwechsel verwertet.

Je besser der Trainingszustand ist, desto mehr kann der Organismus bei gleicher Belastung Energie aus dem Fettstoffwechsel gewinnen und so Kohlenhydrate für Belastungsspitzen sparen.

Aufgabe der Ernährung ist es, die verbrauchten Reserven (Kohlenhydratvorräte in Muskulatur und Leber) möglichst schnell wieder aufzufüllen und durch eine gezielte Bevorratung eine günstige Ausgangssituation für die folgenden Belastungen zu schaffen.

Für Spielsportarten (wie z. B. Eishockey) sind intervallartige, teils anaerobe Belastungen erforderlich, deren energetische Basis der Kohlenhydratstoffwechsel ist. Ohne Kohlenhydrate ist eine anaerobe Belastung nicht möglich.

Proteine dagegen dienen vorwiegend dem

Baustoffwechsel. Sie sind wichtig bei kraftbetonten Trainingsabschnitten und bei Training mit hoher Intensität.
Der Eiweißbedarf von Eishockeyspielern liegt bei 2,5–3,3 g/kg Körpergewicht und Tag.
Optimale Nährstoffzusammensetzung bei Spielsportarten: 54% Kohlenhydrate, 28% Fette, 18% Eiweiß.

3. Vitaminbilanz

Die erhöhte Stoffwechselaktivität des Sportlers hat einen gesteigerten Vitaminbedarf zur Folge. Bei der Größe der Nahrungszufuhr (5500 Kalorien) und biologisch hochwertiger Nahrung ist der erhöhte Vitaminbedarf im allgemeinen gedeckt.
Bei sehr hoher Belastung kann jedoch ein relativer Mangel an Vitamin B_1, C und Niacin eintreten. In bestimmten belastungshohen Perioden können daher Vitaminzusätze zweckmäßig sein.
Eine Überdosierung von Vitaminen bringt keine Leistungssteigerung. Die zugeführten Vitamine sollen in wohlabgewogenem Verhältnis zueinander stehen.

4. Mineralstoffbilanz

Pro Trainingseinheit verliert der Sportler durchschnittlich 1–2 Liter Schweiß mit den darin enthaltenen Mineralstoffen: Kochsalz, Kalium, Magnesium, Calcium, Eisen u. a. Außerdem gehen im Schweiß Vitamin C und B_1 verloren.
Alle diese Stoffe müssen ersetzt werden. Der Mineralstoffbedarf des Sportlers beträgt gegenüber dem einer Normalperson das Zwei- bis Dreifache.

5. Flüssigkeitsbilanz

Flüssigkeits- und Mineralstoffhaushalt hängen eng miteinander zusammen. Isolierter Ersatz von Flüssigkeit (durch Limonaden, Mineralwasser, Coca-Cola und dergleichen) ohne Mineralstoffe ist schädlich. Die Folge ist Ermüdung, erhöhte Bereitschaft zu Muskelkrämpfen und Verletzungen. Frisches Obst und Obstsäfte sowie Mineralstoff-Fertigpräparate sind zu bevorzugen.

Praktische Anwendung

Den Spielsportarten gemeinsam ist ihr azyklischer Bewegungsablauf, d. h. der ständige Wechsel zwischen intensiven und weniger intensiven Belastungen. Die intervallartigen Belastungen, hohe Anforderungen an die anaerobe Kapazität und an die Grundlagen-Ausdauer sowie die Entwicklung einer wettkampfspezifischen Kraftausdauer erfordern eine spezielle Ernährung. Die Einteilung in Ernährungsphasen soll eine bessere Anpassung an den aktuellen Bedarf ermöglichen.

1. Trainings-Aufbauphase (Basisernährung)

Prinzip: ca. 5500 cal, kohlenhydratreich (ca. 54 cal%), eiweißreich (ca. 18 cal% bzw. 2,5–3,3 g/kg Körpergewicht), fettarm (28 cal%).
Eine fettreiche Ernährung mindert die Leistung! Vor allem versteckte Fette meiden (Wurst, fetter Käse, Kuchen, Torten, Schokolade, Pommes frites, Rohrnudeln, in Fett Gebackenes, Paniertes usw.).
In kraftbetonten Abschnitten mehr Eiweiß, in ausdauerbetonten mehr Kohlenhydrate.
Biologisch hochwertiges Eiweiß bevorzugen (mageres Fleisch, Milch, mageren Käse, Quark, Eier, Mischung Hafer/Milch, Weizen/Milch wie im Müsli).
Obst, Trockenfrüchte und Obstsäfte zum Ausgleich des Flüssigkeits- und Mineral-

stoffhaushaltes. Tagestrinkmenge 2,5–3 Liter.
Aufteilung der Kalorien: 1. Frühstück 25%, 2. Frühstück 10%, Mittagessen 30%, nachmittags 10%, Abendessen 25%.

2. Vorwettkampfphase

In den letzten 2–3 Tagen vor dem Wettkampf durch kohlenhydratreiche Ernährung (Reis, Kartoffeln, Süßspeisen, Brot, Kekse, süße Fruchtsäfte usw.) die Kohlenhydrat- (Glykogen-) Vorräte des Organismus auffüllen. Aber trotzdem ausreichend Eiweiß zuführen. Auf fettarme Ernährung achten.

3. Wettkampfphase

2–3 Stunden vor dem Spiel eine konzentrierte, nicht zu voluminöse Mahlzeit (z. B. Steak mit Reis oder Kartoffeln). Die Magenverweildauer der Speisen beachten. Gut kauen, langsam essen! Gemüse- und Obstbeilagen nicht zu groß. Getränkemenge etwas einschränken.
In den Spielpausen warmer, gesüßter Tee mit Zitrone. Besonders bewährt hat sich die Zufuhr kohlenhydrat- und mineralstoffreicher Getränke (Fertigpräparate). Auf keinen Fall zu kalte Getränke, Mineralwasser oder Coca-Cola. Auch etwas Obst (eine Banane, eine Orange, ein Apfel oder einen Pfirsich) oder Kekse sind vorteilhaft.

4. Nachwettkampfphase

Jetzt müssen die Kohlenhydratvorräte wieder aufgefüllt, Mineralstoff- und Flüssigkeitsverlust wieder ausgeglichen werden. Zunächst nur wenig trinken, am besten warme Getränke. Danach eine gut gesalzene Bouillon sowie eine kohlenhydratreiche Mahlzeit. Endgültig wird der Flüssigkeitshaushalt erst später ausgeglichen, sonst ist der Magen zu stark gefüllt.

Nährkonzentrate

Zunächst ist für den Sportler eine gesunde, vollwertige Basisernährung nach den oben gegebenen Grundsätzen wichtig. In besonderen Situationen können Nährkonzentrate die Leistung fördern. Ihr Vorteil besteht besonders in der großen Nährstoffdichte und in ihrer praktischen Anwendbarkeit. Im wesentlichen unterscheidet man Kohlenhydrat-, Mineralstoff- und Eiweißpräparate sowie Kombinationen.
In der Praxis bewährt haben sich besonders Kohlenhydrat-Mineralstoffgemische, besonders nach schweißtreibendem Training und in den Wettkampf- (Spiel-)Pausen. Eiweißpräparate sind vorteilhaft in besonders intensiven Trainingsperioden sowie in kraftbetonten Trainingsabschnitten.

Getränke

Vor dem Wettkampf sollte keine unnötige Flüssigkeitsaufnahme mehr erfolgen, um den Körper nicht zu belasten.

Mit dem Schweiß verliert der Körper zahlreiche Mineralien (Natrium, Kalium, Calcium, Magnesium, Eisen usw.). Nachweislich schwitzt der gut trainierte Körper salzärmer, jedoch ist die Schweißabsonderung um etwa 35% reichlicher. Die verstärkte Atmungstätigkeit erhöht ebenfalls die Wasserabgabe. Ein Gewichtsverlust während des Wettkampfes resultiert überwiegend aus dem Wasserverlust des Körpers. Der gleichzeitige Mineral- und Wasserverlust verändert den Säurewert des Blutes.

Es ist ein Problem, die Wasserbilanz des Körpers im Gleichgewicht zu halten. Das Flüssigkeitsvolumen soll ergänzt werden, ebenso soll eine Regeneration der verbrauchten Kalorien erfolgen.

Tee, Kaffee, Kohlenhydrate (Dextro) in kleinen Mengen und kleinen Schlucken etwa 2½ Stunden vor dem Spiel genommen, erreichen ihre Wirksamkeit bis zum Spielbeginn, eine spätere Einnahme bringt keinen Erfolg.

Das Durstgefühl im Spiel ist oft übermächtig und vermindert die Spielqualität. In diesem Fall empfehle ich, in langsamen und kleinen Schlucken genommene warme Getränke, wie Tee, gesalzene Fleischbrühe sowie nicht gekühlte alkalische Mineralwässer. Die eventuell trockene Mundschleimhaut kann mit Wasser angefeuchtet werden.

Das Verabreichen von warmen, aufbauenden Getränken (Fleischbrühe) ist immer umständlich und muß so rechtzeitig erfolgen, daß sich die beabsichtigte Wirkung entfalten kann.

Für den Leistungsabfall bei Training und Wettkampf habe ich sehr gute Erfahrungen mit: Hart-Sport Trink-Energie gemacht. Dieses wohlschmeckende Getränk bewegt sich in der gelichen Preisklasse wie Fruchtsäfte, Limos usw., hat aber wesentliche Vorteile. Seine Zusammensetzung von Flüssigkeit, Mineralsalzen und Energie ist die ideale Kombination für den Sportler. Hart-Sport ersetzt die verlorene Energie und die ausgeschiedenen Mineralstoffe »sofort«.

Hart-Sport macht nicht dick, denn im Gegensatz zu Limo und Fruchtsaft (über 10% Zucker) enthält es nur 5% Traubenzucker. Von den Elektrolytgetränken, die seit etwa 3 Jahren auf dem Markt sind, finde ich Hart-Sport für alle Leistungs- und Hobbysportler bestens geeignet, vor allem wegen der unmittelbaren Wirkungsweise und der einfachen Zubereitungsart: Auflösen in Wasser.

Internationale Eishockeyregeln

Abschnitt I – Das Spielfeld

Regel 101 – Spielfeld

Das Eishockeyspiel wird auf einer Eisfläche, »Spielfeld« genannt, gespielt.

Regel 102 – Ausmaße des Spielfeldes

a) Das Spielfeld hat ein Höchstmaß von 61 m Länge und 30 m Breite und ein Mindestmaß von 56 x 26 m. Die Ecken des Spielfeldes sind abgerundet mit einem Radius von 8,5 m.
Das Spielfeld muß von einer Wand aus Holz oder Kunststoff, als »Banden« bezeichnet, umgeben sein; diese Wand darf nicht niedriger als 1,15 m und nicht höher als 1,22 m gemessen von der Eisoberfläche, sein.
Abgesehen von den in diesen Regeln vorgesehenen offiziellen Markierungen muß die gesamte Spielfläche und die Banden in weißer Farbe gestrichen sein.

b) Die Banden müssen auf solche Art hergestellt sein, daß ihre dem Spielfeld zugewandte Seite glatt und frei ist von jedem Hindernis und Gegenständen, die Verletzungen von Spielern hervorrufen könnten.
Sämtliche Türen mit Zugang zum Spielfeld müssen so konstruiert sein, daß sie nach der Außenseite des Spielfeldes aufgehen. Sämtliche Schutzvorrichtungen und Gestänge, die dazu dienen, sie in der richtigen Lage zu halten, müssen auf der Außenseite der Banden montiert werden.

Regel 103 – Torpfosten und Netze

a) Im Abstand von 4 m von jeder Endbande des Spielfeldes und in der Mitte einer roten, 5 cm breiten Linie, die über die ganze Breite des Spielfeldes zu ziehen ist und die parallel zu den Endbanden verläuft, sind Torpfosten und Netze so aufzustellen, daß sie während der Dauer des Spieles unverrückbar stehen bleiben.

b) Die Torpfosten müssen nach anerkannten Ausmaßen und Werkstoffen hergestellt sein und eine lichte Höhe von 1,22 m über der Eisfläche haben, und der Innenraum zwischen den Pfosten muß 1,83 m betragen. Eine Querstange von gleichem Material wie die Torpfosten stellt eine feste Verbindung der oberen Enden der beiden Torpfosten her.
1. Die Innenausmaße des Tores von der Vorderkante der Torlinie bis zum tiefsten Punkt des Netzhintergrundes sollen nicht mehr als 1 m und nicht weniger als 60 cm betragen.
2. Auf der Rückseite jedes Torrahmens ist ein Netz anzubringen, welches so hergestellt ist, daß der Puck den Torraum nicht verläßt.

c) Torpfosten, Querstange sowie die Außenfläche der übrigen für die Befestigung notwendigen Torgestänge müssen rot gestrichen sein. Die Oberfläche des Grundrahmens innerhalb des Tores und alle übrigen Gestänge müssen auf den Innenseiten weiß gestrichen sein.

d) Die 5 cm breite rote Linie zwischen den Torpfosten auf der Spielfläche, die sich über die ganze Breite des Spielfeldes zieht, wird Torlinie genannt.

e) Die Eisfläche im Tor muß weiß gestrichen sein.

Regel 104 – Torraum

a) Vor jedem Tor ist ein Torraum mit einer roten, 5 cm breiten Linie abzugrenzen.

b) Der Torraum ist wie folgt anzulegen: 30 cm von der Außenseite jedes Torpfostenes (inklusive der 5-cm-Linie) sind 1,22 m lange und 5 cm breite Linien im rechten Winkel zur Torlinie zu ziehen und die von der Torlinie am weitesten entfernt liegenden Punkte sind mit einer anderen 5 cm breiten Linie zu verbinden.

c) Der Torraum soll den gesamten Raum umfassen, der durch die Torlinien dargestellt wird und der sich vertikal 1,22 m bis zur Höhe des Torrahmens erstreckt.

Regel 105 – Einteilung des Spielfeldes

a) Die Eisfläche zwischen den beiden Torlinien wird durch blaue, 30 cm breite Linien in drei gleiche Teile geteilt, die sich über die ganze Breite des Spielfeldes erstrecken, parallel mit den Torlinien verlaufen und senkrecht an den Banden bis zum oberen Rand hochzuziehen sind.

b) Der Teil des Spielfeldes, in welchem ein Tor steht, ist für die Mannschaft, die dieses Tor verteidigt, die »Verteidigungszone« genannt. Der Mittelteil wird die »Neutrale Zone« und der Teil, der von dem verteidigten Tor am weitesten abliegt, die »Angriffszone« genannt. Die Zonenlinie gehört zu dem Teil der Zone, in welcher sich der Puck befindet.

c) Weiterhin ist eine rote, 30 cm breite Linie auf dem Eis in der Mitte zwischen den beiden Torlinien über die ganze Breite des Spielfeldes zu zeichnen und an den Seitenbanden bis zum oberen Rand hochzuführen. Diese Linie wird »Mittellinie« genannt.

Regel 106 – Punkt und Kreis in der Mitte des Spielfeldes

Ein runder, blauer Anspielpunkt, 30 cm im Durchmesser, ist genau in der Mitte des Spielfeldes auf das Eis zu zeichnen. Um diesen Punkt ist ein Kreis von 4,50 m Radius mit einer blauen, 5 cm breiten Linie zu ziehen.

Regel 107 – Anspielpunkte in der neutralen Zone

Zwei rote Anspielpunkte, 60 cm im Durchmesser, sind in der neutralen Zone auf dem Eise, 1,50 m von jeder blauen Linie entfernt und in gleicher Entfernung von den Seitenbanden wie die Endanspielpunkte, zu zeichnen.

Regel 108 – Anspielpunkte und -kreise in der Endzone des Spielfeldes

a) In beiden Endzonen des Spielfeldes und auf beiden Seiten der Tore sind rote Anspielpunkte und -kreise auf dem Eis zu zeichnen. Die Anspielpunkte haben einen Durchmesser von 60 cm. Eine 15 cm lange und 5 cm breite Linie ist von jedem Anspielpunkt und parallel zu dem Seitenbanden zu ziehen.
Die Kreise sollen einen Radius von 4,5 m von der Mitte der Anspielpunkte haben und mit einer 5 cm breiten Linie markiert sein. In einem Abstand von 5,5 m und 6,5 m von der Torlinie und parallel zu dieser, sind 60 cm lange und 5 cm breite Linien auf das Eis zu zeichnen, die vom äußeren Rand beider Seiten jedes Anspielkreises ausgehen.
Auf der entgegengesetzten Seite jedes Endanspielpunktes und 1,8 m voneinander entfernt, mit gleichem Abstand zur Mitte muß ein »T« mit einer 7,5 cm breiten Linie auf das Eis gezeichnet werden. Das obere Ende des »T« muß 2 m lang sein und parallel zur Torlinie verlaufen. Der »Stamm« des »T« muß weg von der Mitte und senkrecht zur Spitze des »T« verlaufen und 1 m lang sein.
b) Der Platz der Anspielpunkte ist auf folgende Weise festzulegen: Unmittelbar 6 m vor der Mitte jedes Tores ist ein gedachter Punkt zu bestimmen. Auf beiden Seiten dieses Punktes in einer Entfernung von 7 m sowie parallel und 6 m vor der Torlinie soll die Mitte der Anspielpunkte an den Enden des Spielfeldes sein.

Regel 109 – Spielerbänke

a) Jedes Spielfeld muß mit Sitzgelegenheiten oder Bänken für die Spieler beider Mannschaften ausgestattet sein. Die hierfür zur Verfügung gestellten Einrichtungen einschließlich Bänken und Türen müssen für beide Mannschaften gleichartig sein. Solche Sitzgelegenheiten müssen mindestens 14 Personen jeder Mannschaft Platz bieten. Sie müssen unmittelbar entlang dem Spielfeld in der neutralen Zone, möglichst nahe der Mitte des Spielfeldes, gelegen sein. Auch müssen dort Türen zur neutralen Zone vorhanden sein und von dort aus die Garderoben leicht zu erreichen sein.
Die Spielerbänke müssen auf der gleichen Seite des Spielfeldes gegenüber der Strafbank gelegen sein und einen beträchtlichen Abstand voneinander haben.
Wenn immer möglich, soll jede Strafbank zwei Türen zur neutralen Zone haben, und alle Türen zur Spielfläche müssen wie Regel 102b) konstruiert sein.
b) Außer den Spielern im Dress dürfen nicht mehr als sechs Team-Offizielle die vorhandenen Spielerbänke belegen.
c) Hinsichtlich Wahl der Spielerbänke wird auf Abschnitt b), Regel 634 – Beginn des Spieles und der einzelnen Spieldrittel – verwiesen.

Regel 110 – Strafbank

a) Jedes Spielfeld muß mit Sitzgelegenheiten oder Bänken, »Strafbank« genannt, ausgestattet sein. Es ist empfehlenswert, für jede Mannschaft getrennte Strafbänke vorzusehen, die einen angemessenen Abstand voneinander haben. Die Strafbänke müssen sich gegenüber den Spielerbänken in der neutralen Zone befinden.
b) Auf dem Spielfeld, unmittelbar vor dem Platz des Strafzeitnehmers, wird ein 5 cm breiter Halbkreis mit einem Radius von 3 m »Schiedsrichterkreis« genannt, auf das Eis gezeichnet.

Regel 111 – Uhren und Signale

a) Jedes Spielfeld muß mit einer Sirene oder einem anderen geeigneten Geräuschgerät für die Spielzeitnehmer ausgestattet sein.
b) Jedes Spielfeld muß über eine elektrische Uhr verfügen, damit die Zuschauer, Spieler und Spieloffiziellen sich genau hinsichtlich der Zeit über alle Phasen des Spieles unterrichten können; dazu gehören die noch zu verbleibende Spielzeit sowie die Zeitspanne, die noch mindestens zwei mit Strafe belegten Spielern von jeder Mannschaft zu verbüßen ist.
c) Hinter jedem Tor sind elektrische Lampen für die Torrichter anzubringen. Rotes Licht zeigt ein erzieltes Tor an. Wo automatische Leuchten vorhanden sind, zeigt ein grünes Licht lediglich das Ende eines Spieldrittels an.

Regel 112 – Garderoben und Beleuchtung des Spielfeldes

a) Jedes Spielfeld muß über einen geeigneten Garderoberaum mit WC und Brausen für 25 Personen mit Ausrüstung für den Gebrauch der Gastmannschaft verfügen.
b) Ein eigener Garderoberaum mit WC und Brause muß für die Schiedsrichter vorhanden sein.
c) Kein Offizieller, Manager, Spieler oder Angestellter irgendeiner Mannschaft darf eine scharfe Auseinandersetzung mit einem Schiedsrichter oder Linienrichter während oder nach einem Spiel führen, und keine Person – es sei denn, sie ist vom zuständigen Verband hierzu bestimmt – ist berechtigt, den Umkleideraum der Schiedsrichter während oder unmittelbar nach dem Spiel zu betreten. Im Falle einer Verletzung dieser Regel sind die näheren Umstände durch den Schiedsrichter an die zuständigen Verbandsstellen zur weiteren Behandlung zu melden.
d) Alle Spielfelder müssen ausreichend beleuchtet sein, damit die Spieler und Zuschauer dem Spiel zu jeder Zeit gut folgen können.

Abschnitt II: Mannschaften

Regel 201 – Zusammensetzung der Mannschaften

a) Eine Mannschaft darf gleichzeitig während eines Spiels nicht mehr als sechs Spieler auf dem Eis haben. Diese sechs Spieler werden wie folgt bezeichnet: Torhüter, rechter Verteidiger, linker Verteidiger, Mittelstürmer, Rechtsaußen und Linksaußen.

b) Wenn zu irgendeinem Zeitpunkt mehr als sechs Spieler auf dem Eise sind oder mehr als die Zahl von Spielern, zu der die Mannschaft auf Grund der Strafen berechtigt ist, so ist dieser Mannschaft eine kleine Bankstrafe aufzuerlegen.

Regel 202 – Kapitän der Mannschaft

a) Jede Mannschaft muß einen Kapitän benennen. Er allein hat das Recht, mit dem Schiedsrichter alle Fragen zu erörtern, die sich auf die Auslegung der Regeln im Verlauf eines Spieles beziehen. Der Kapitän muß den Buchstaben »C«, ungefähr 8 cm groß und in einer Kontrastfarbe an einer gut sichtbaren Stelle auf der Vorderseite seines Dress tragen. Wenn der Buchstabe »C« nicht getragen wird, können die in diesem Abschnitt beschriebenen Vorrechte nicht anerkannt werden. Wenn der Kapitän wegen Verletzung oder wegen einer auferlegten Strafe nicht zur Verfügung steht, kann ein anderer Spieler, welcher vor Spielbeginn auf dem Spielbericht hierzu bestimmt wurde, als Kapitän auftreten.

b) Dem Schiedsrichter und dem offiziellen Punktrichter müssen vor jedem Spiel der Name des Kapitäns der Mannschaft und des Ersatzkapitäns bekanntgegeben werden (vgl. a) dieser Regel«.

c) Kein Torhüter kann die Vorrechte eines Kapitäns in Anspruch nehmen.

d) Nur der Kapitän hat das Recht, mit dem Schiedsrichter irgendwelche Punkte zu erörtern, die sich auf die Auslegung der Regeln beziehen. Verläßt ein anderer Spieler die Bank und protestiert bei den Schiedsrichtern, so muß ihm zusätzlich zu einer kleinen Strafe gemäß Regel 601a) – Beschimpfung von Offiziellen – eine Disziplinarstrafe auferlegt werden. Eine Beschwerde über eine Strafe fällt nicht unter den Punkt »Auslegung der Regeln«, und jedem Kapitän oder sonstigen Spieler, der eine solche Beschwerde führt, ist eine kleine Strafe nach Regel 601a) – Beschimpfung von Offiziellen – aufzuerlegen.

e) Keinem spielenden Trainer oder spielenden Manager ist es erlaubt, das Amt des Kapitäns zu verrichten.

Regel 203 – Spieler in Ausrüstung

a) Bei Spielbeginn hat der Manager oder Trainer jeder Mannschaft die Namen der Spieler und Torhüter einzutragen, die spielberechtigt sind. Höchstens 18 Spieler plus 2 Torhüter sind erlaubt.

b) Jeder Spieler muß auf dem Rücken seines Dress seine mindestens 25 cm große Nummer tragen.
Was die Farbe ihres Schutzhelms, ihres Dress, ihrer Hosen und Strümpfe betrifft, so müssen sämtliche Spieler der einzelnen Mannschaft einheitlich ausgerüstet sein. Spieler, welche dieser Vorschrift nicht entsprechen, dürfen nicht am Spiel teilnehmen.

c) Eine Liste mit den Namen und Nummern aller zum Spiel zugelassenen Spieler und Torhüter ist vor Spielbeginn dem Schiedsrichter oder dem offiziellen Punktrichter auszuhändigen. Nach Spielbeginn sind keine Änderungen oder Hinzufügungen in der Liste mehr erlaubt.

d) Jeder Mannschaft ist es erlaubt, jeweils einen Torhüter auf dem Eis zu haben. Der Torhüter kann vom Eis entfernt und durch einen Feldspieler ersetzt werden. Dieser Ersatzfeldspieler hat nicht die Vorrechte eines Torhüters.

e) Jede Mannschaft soll einen Ersatztorhüter auf ihrer Bank oder auf einem Stuhl neben der Bank haben; dieser Ersatztorhüter muß stets voll ausgerüstet und einsatzbereit sein.
Der Ersatztorhüter darf jederzeit nach einer Spielunterbrechung an dem Spiel teilnehmen, doch ist kein Aufwärmen erlaubt (vgl. Regel 205 – Spielerwechsel –).

f) Mit Ausnahme des Falles, wo beide Torhüter aktionsunfähig sind, hat kein auf dem Spielbericht des betreffenden Spieles stehender Spieler das Recht, die Torhüter-Ausrüstung zu tragen.

g) Wenn nach Auffassung des Schiedsrichters die Dressfarben der am Spiel teilnehmenden Mannschaften derart gleichen, daß Fehlentscheidungen durch den Schiedsrichter oder den Linienrichter möglich sind, so hat bei allen Spielen die Heimmannschaft die Pflicht, ihre Dressen zu wechseln, wenn der Schiedsrichter dies verlangt.

Regel 204 – Aufstellung zu Beginn eines Spieldrittels

a) Vor dem Spielbeginn ist der Manager oder der Trainer der Gastmannschaft auf Ersuchen des Schiedsrichters verpflichtet, dem Schiedsrichter oder dem offiziellen Punktrichter die Aufstellung, mit der das jeweilige Spiel begonnen werden soll, zu nennen. Auf Ersuchen des Schiedsrichters gegenüber dem Kapitän hat die Gastmannschaft zu jeder Zeit eine Spiellinie auf das Eis zu schicken, damit das Spiel unverzüglich gestartet werden kann.

b) Nachdem vor dem Spielbeginn dem Manager oder Trainer der Heimmannschaft durch den offiziellen Punktrichter oder Schiedsrichter die Namen der aufgestellten Spieler der Gastmannschaft bekanntgegeben wurden, müssen sie die Aufstellung der Heimmannschaft nennen; diese Meldung hat durch den offiziellen Punktrichter oder Schiedsrichter an den Trainer der Gastmannschaft zu erfolgen.

c) Es können keinerlei Änderungen in der dem Schiedsrichter oder dem offiziellen Punktrichter bekanntgegebenen Startaufstellung oder von der sich auf dem Eis befindenden Spiel-Linie vorgenommen werden, bis das Spiel im Gange ist. Bei Verletzung dieser Regel wird gegen die sich verfehlende Mannschaft eine kleine Bankstrafe verhängt, und zwar unter der Voraussetzung, daß die Meldung der betreffenden Regelverletzung an den Schiedsrichter vom Kapitän vor dem zweiten Anspiel im ersten Spieldrittel erfolgt.

d) Nach erfolgter Spielunterbrechung hat die Gastmannschaft unverzüglich eine spielbereite Aufstellung auf dem Eis vorzunehmen, und von diesem Zeitpunkt bis zur Wiederaufnahme des Spiels darf kein Ersatz erfolgen. Die Heimmannschaft kann dann jeden gewünschten Ersatzwechsel vornehmen, welcher keine Spielverzögerung zur Folge hat.

Sollte eine der beiden Mannschaften beim Wechsel der Spiellinie das Spiel übermäßig verzögern, so muß der Schiedsrichter die sich verfehlende Mannschaft/Mannschaften anweisen, ihre Positionen sofort einzunehmen und keinen Wechsel der Spiellinie zu gestatten.

Regel 205 – Spielerwechsel

a) Spieler können jederzeit von den Spielerbänken aus ausgewechselt werden, und zwar unter der Voraussetzung, daß der oder die Spieler, welche das Eis verlassen wollen, sich an der Spielerbank und außerhalb des Spielgeschehens befinden müssen, ehe irgendein Wechsel stattfinden kann.

Unter den in diesem Abschnitt genannten Bedingungen kann ein Torhüter jederzeit gegen einen anderen Spieler ausgewechselt werden.

b) Wenn in den letzten zwei Spielminuten wegen vorsätzlichem regelwidrigem Spielverhalten (zu viele Spieler auf dem Eis) eine kleine Bankstrafe ausgesprochen werden müßte, wird an Stelle dieser Strafe der sich verfehlenden Mannschaft ein Strafschuß auferlegt. Die kleine Bankstrafe ist dann nicht zu verbüßen.

c) Ein Spieler, der auf der Strafbank eine Strafe verbüßt und der, nachdem seine Strafe abgelaufen ist, ausgewechselt werden soll, muß sich sofort übers Eis im Spielfeld zur Spielerbank begeben und dort sein, ehe irgendein Wechsel stattfinden kann.

Bei einer Verletzung dieser Regel muß eine kleine Bankstrafe ausgesprochen werden.

d) Falls ein Wechsel des regulären Torhüters vorgenommen wird, darf ein solcher regulärer Torhüter das Spielfeld erst nach der anschließenden ersten Spielunterbrechung wieder betreten.

Bei einer Verletzung dieser Regel muß eine kleine Strafe für den Torhüter ausgesprochen werden, der irregulär das Spielfeld betritt.

Für den neu auf das Eis gekommenen Torhüter gibt es keine Aufwärmzeit.

Regel 206 – Verletzte Spieler

a) Wenn ein Spieler, ein Torhüter ausgenommen, verletzt oder gezwungen ist, das Eis während des Spieles zu verlassen, kann er sich vom Spiel zurückziehen und kann durch einen Ersatzmann vertreten werden; das Spiel muß jedoch fortgesetzt werden, ohne daß die Mannschaften das Eis verlassen.

b) Wenn ein Torhüter verletzt wird oder erkrankt, muß er bereit sein, das Spiel unverzüglich fortzusetzen oder durch einen Ersatztorhüter ersetzt zu werden, und der Schiedsrichter darf keine zusätzliche Zeit einräumen, damit der verletzte oder erkrankte Torhüter das Spiel fortsetzen kann (vgl. auch Abschnitt d).

Wenn beide Torhüter einer Mannschaft aktionsunfähig wurden und nicht in der Lage sind zu spielen, hat die Mannschaft 10 Minuten Zeit, einen anderen Spieler vorzubereiten und ihn auszurüsten, damit er als Torhüter spielen kann. In diesem Fall kann keiner der regulären Torhüter wieder an diesem Spiel teilnehmen.

c) Für Ersatztorhüter gelten die gleichen Regeln wie für reguläre Torhüter, und sie haben Anspruch auf die gleichen Privilegien.

d) Wenn der reguläre Torhüter durch den Ersatz ausgewechselt wurde, darf dieser reguläre Torhüter das Spielfeld erst nach der anschließenden ersten Spielunterbrechung wieder betreten.

e) Wenn ein bestrafter Spieler verletzt wurde, kann er sich in die Garderobe begeben, ohne daß es notwendig ist, daß er seinen Platz auf der Strafbank einnimmt. Wenn einem verletzten Spieler eine kleine, große oder Matchstrafe auferlegt wird, hat die bestrafte Mannschaft unverzüglich einen Ersatzspieler auf die Strafbank zu beordern, der die Strafe ohne Wechsel zu verbüßen hat. Für die Verletzung dieser Regel muß eine kleine Bankstrafe ausgesprochen werden.

Der bestrafte Spieler, welcher verletzt und auf der Strafbank ersetzt wurde, darf nicht vor Ablauf seiner Strafe wieder am Spiel teilnehmen.

f) Wenn ein verletzter Spieler das Spiel nicht fortsetzen oder sich zu seiner Bank begeben kann, wird das Spiel so lange nicht unterbrochen, bis die Mannschaft des verletzten Spielers in den Besitz des Pucks gelangt. Ist die Mannschaft dieses Spielers zum Zeitpunkt seiner Verletzung im Besitz des Pucks, so wird das Spiel unverzüglich unterbrochen, es sei denn, seine Mannschaft befindet sich in einer günstigen Situation, ein Tor zu erzielen.

Abschnitt III: Ausrüstung

Regel 301 – Stöcke

a) Die Stöcke müssen aus Holz oder anderem, durch den I.E.H.V. geprüftem Material hergestellt sein und dürfen keine Unebenheiten haben. Klebstreifen beliebiger Farbe können an jeder Stelle um den Stock gewickelt werden.

b) Die Stöcke dürfen 147 cm Länge vom äußeren Winkel bis zum Ende des Schaftes und 32 cm vom äußeren Winkel bis zum Ende der Stockschaufel nicht überschreiten.

Die Stockschaufel darf in der Weite nicht mehr als 7,5 cm und nicht weniger als 5 cm an irgendeiner Stelle aufweisen. Sämtliche Kanten der Stockschaufel sind abzuschrägen.

Die Biegung der Stockschaufel wird so beschränkt, daß sich die Entfernung, die sich durch das Ziehen einer Geraden zwischen der Ferse des Stockes und dem Ende des Stockes ergibt, am Punkt der maximalen Krümmung 1,5 cm nicht überschreiten darf.

c) Die Stockschaufel des Torhüters darf in der Weite 9 cm nicht übersteigen. Ausgenommen ist die Ferse, die nicht mehr als 11,5 cm betragen darf. Ferner darf die Länge des Stockes des Torhüters von der Ferse bis zum Ende der Stockschaufel 39 cm nicht übersteigen. Der breite Teil des Stocks des Torhüters vom Schaft bis zur Stockschaufel darf 71 cm von der Ferse nicht überschreiten und darf in der Weite 9 cm nicht übersteigen.

d) Eine kleine Strafe wird jedem Spieler einschließlich Torhüter auferlegt, der einen Stock benutzt, welcher den Maßen dieser Regel nicht entspricht.
e) Sollte bei einem Strafschuß unter Verwendung eines nicht vorschriftsmäßigen Stockes ein Spieler ein Tor erzielen, so gilt das Tor nicht, und es wird keine weitere Strafe auferlegt. Wird jedoch bei dieser Gelegenheit kein Tor erzielt, so muß dem Spieler, der den Strafschuß ausgeführt hat, eine kleine Strafe auferlegt werden.
f) Wird ein Spieler vom Schiedsrichter aufgefordert, seinen Stock zur Vermessung abzugeben, und er weigert sich, dies zu tun, so wird ihm eine kleine Strafe und außerdem eine Disziplinarstrafe auferlegt.

Regel 302 – Schlittschuhe

a) Alle Eishockeyschuhe (außer Torhüter) müssen mit Endenschutz ausgestattet sein.
Stellt der Schiedsrichter fest, daß jemand einen Schlittschuh trägt, bei welchem die Schutzvorrichtung fehlt oder zerbrochen ist, so muß er sofort anordnen, daß die Auswechslung in der nächsten Unterbrechung vorgenommen wird. Wird dies nicht gemacht, so muß der Schiedsrichter dem betroffenen Spieler eine kleine Strafe auferlegen.
b) Jeder Gebrauch von Schnellauf- oder Kunstlaufschlittschuhen oder von Schlittschuhen, die Verletzungen hervorrufen können, ist verboten.

Regel 303 – Torhüterausrüstung

a) Mit Ausnahme der Schlittschuhe und des Stockes muß die vom Torhüter getragene Ausrüstung nur zum Zwecke des Schutzes von Kopf und Körper hergestellt sein. Sie darf keine Kleidungsstücke oder irgendwelche »Kniffe« enthalten, welche dem Torhüter eine unerlaubte Hilfe beim Hüten des Tores gewähren könnten.
b) Die Beinschützer des Torhüters dürfen die Breite von je 25 cm nicht überschreiten, wenn sie auf den Beinen des Torhüters aufgeschnallt sind. Keine weitere Ausdehnung als ein Zehntel (2,5 cm) wird für irgendwelche Beinschützer der Torhüter gestattet.
c) Eine kleine Strafe ist einem Torhüter aufzuerlegen, der eine regelwidrige Ausrüstung benutzt oder trägt.

Regel 304 – Schutzausrüstung

a) Die gesamte Schutzausrüstung, die Handschuhe, Kopfschützer und die Beinschützer des Torhüters ausgenommen, müssen vollständig unter der Spielkleidung getragen werden. Bei Regelverletzung ist nach einmaliger Verwarnung durch den Schiedsrichter eine kleine Strafe dem sich verfehlenden Spieler aufzuerlegen.
b) Alle Spieler, auch die Torleute, müssen einen Hockey-Kopfschutz tragen, der mit einem Kinnband zur ordentlichen Befestigung ausgestattet ist.
c) Jeder Tormann muß eine Tormann-Gesichtsmaske tragen.
d) Gesichtsmasken dürfen unter der Voraussetzung getragen werden, daß sie die übrigen Spieler nicht gefährden.
Bei allen Turnieren und Spielen des I. E. H. V. müssen in der Kategorie 18 Jahre und jünger, Vollmasken getragen werden, die vom I. E. H. V. anerkannt sind.

Regel 305 – Gefährliche Ausrüstung

a) Der Gebrauch von Polstern und Schützern ist verboten, soweit sie aus Metall oder anderem Material gefertigt sind, das Verletzungen von Spielern hervorrufen könnte.
b) Ein Handschuh, aus welchem absichtlich die gesamte Handfläche oder ein Teil davon entfernt bzw. herausgeschnitten wurde, damit die bloße Hand betätigt werden kann, ist als regelwidriger Ausrüstungsgegenstand anzusehen, und falls ein Spieler beim Spiel solch einen Handschuh trägt, ist ihm eine kleine Strafe aufzuerlegen.

Regel 306 – Puck

Der Puck ist aus vulkanisiertem Gummi oder anderem bewährtem Material hergestellt. Er ist 2,54 cm dick und 7,62 cm im Durchmesser und muß hauptsächlich von schwarzer Farbe sein. Der Puck darf nicht weniger als 156 g oder mehr als 170 g wiegen.

Abschnitt IV: Strafen

Regel 401 – Strafen

Die Strafen werden in effektiver Spielzeit berechnet und wie folgt eingestuft:
1. Kleine Strafen
2. Kleine Bankstrafen
3. Große Strafen
4. Disziplinarstrafen
5. Matchstrafen
6. Strafschuß
Soweit Spielern beider Mannschaften gleichzeitig zusammentreffende Strafen auferlegt werden, sollen die bestraften Spieler der Gastmannschaft zuerst auf der Strafbank an der für Gäste vorgesehenen Stelle Platz nehmen; soweit keine besonderen Vorkehrungen getroffen worden sind, nehmen sie auf der Bank an der Stelle Platz, die vom Tor am weitesten entfernt liegt.

Regel 402 – Kleine Strafen

a) Bei einer kleinen Strafe muß jeder Spieler, der Torhüter ausgenommen, das Eis für 2 Minuten effektiver Spielzeit verlassen, während der er nicht von einem Ersatzmann vertreten werden kann.

b) Eine kleine Bankstrafe bewirkt das Verlassen des Eises eines Spielers der Mannschaft, gegen welche die Strafe verhängt wurde, für einen Zeitraum von 2 Minuten. Irgendein Spieler der Mannschaft, der Torhüter ausgenommen, kann vom Manager oder Trainer durch den Kapitän für das Abbüßen der Strafe bezeichnet werden, und dieser Spieler muß seinen Platz unverzüglich auf der Strafbank einnehmen und die Strafe so verbüßen, als wäre es eine ihm auferlegte kleine Strafe.

c) Wenn, während eine Mannschaft infolge einer oder mehrerer kleiner Strafen oder kleiner Bankstrafen in der Minderheit ist, die gegnerische Mannschaft ein Tor erzielt, ist eine dieser Strafen automatisch beendet.

Regel 403 – Große Strafen

a) Bei der ersten großen Strafe in irgendeinem Spiel muß der sich verfehlende Spieler, der Torhüter ausgenommen, das Eis auf 5 Minuten effektiver Spielzeit verlassen, während dessen er nicht von einem Ersatzmann vertreten werden kann.

b) Bei der zweiten großen Strafe, die dem gleichen Spieler im selben Spiel auferlegt wird, muß der sich verfehlende Spieler für den Rest der Spielzeit das Eis verlassen. Er kann jedoch nach Ablauf von 5 Minuten effektiver Spielzeit von einem Ersatzmann vertreten werden (große Strafe + Spieldauer-Disziplinarstrafe).

Regel 404 – Disziplinarstrafen

a) Eine Disziplinarstrafe bewirkt für alle Spieler, die Torhüter ausgenommen, den Ausschluß für 10 Minuten effektiver Spielzeit. In diesem Fall kann ein Ersatzmann den bestraften Spieler unverzüglich vertreten. Ein Spieler, dessen Disziplinarstrafe beendet ist, muß zur nächsten Unterbrechung des Spieles auf der Strafbank verbleiben.

Wenn ein Spieler gleichzeitig eine kleine oder große Strafe und eine Disziplinarstrafe erhält, muß die bestrafte Mannschaft unverzüglich einen Ersatzspieler auf die Strafbank schicken, und er hat die kleine oder große Strafe ohne Wechsel zu verbüßen.

Ein Spieler, der im selben Spiel eine zweite Disziplinarstrafe auferlegt bekommt, wird automatisch mit einer Spieldauer-Disziplinarstrafe bestraft.

b) Eine Spieldauer-Disziplinarstrafe bewirkt den Ausschluß für den Rest des Spieles, und der sich verfehlenden Spieler wird für diese Zeit in die Garderobe verwiesen; es kann ihn jedoch ein Ersatzspieler sofort vertreten.

c) Eine schwere Disziplinarstrafe bewirkt die Aussperrung eines Spielers oder eines Teamoffiziellen für den Rest der Spielzeit.

Jeder Spieler oder Teamoffizieller, gegen welchen eine schwere Disziplinarstrafe ausgesprochen wurde, wird zur Teilnahme an weiteren Spielen gesperrt, bis sich die zuständigen Verbandsstellen mit seinem Fall befaßt haben.

Regel 405 – Matchstrafen

a) Eine Matchstrafe bewirkt den Ausschluß eines Spielers für den Rest des Spieles, und der Bestrafte ist sofort in die Garderobe zu schicken. Er kann jedoch nach Ablauf von 5 Minuten effektiver Spielzeit von einem Ersatzmann vertreten werden.

Bei allen Matchstrafen sind 10 Minuten für den bestraften Spieler im Spielbericht zu vermerken, und zwar ungeachtet des Zeitpunktes, zu welchem die Strafe verhängt wurde.

b) Ein Spieler, gegen welchen eine Matchstrafe ausgesprochen wurde, kann an weiteren Spielen nicht teilnehmen, bis sich die zuständigen Verbandsstellen mit seinem Fall befaßt haben.

Regel 406 – Strafschuß

a) Jede Regelverletzung, die einen Strafschuß nach sich zieht, ist wie folgt zu ahnden:

Der Schiedsrichter veranlaßt, daß über den öffentlichen Lautsprecher der Name des vom Schiedsrichter oder von der Mannschaft für den Strafschuß ausgewählten Spielers (je nach Lage des Falles) bekanntgegeben wird. Er legt dann den Puck auf den Anspielpunkt in der Mitte des Spielfeldes, und der den Strafschuß ausführende Spieler wird auf Anweisung des Schiedsrichters den Puck von dort aus spielen und versuchen, ein Tor zu erzielen. Der Spieler, der den Strafschuß ausführt, kann mit dem Puck einen Kreis in der eigenen Hälfte machen, muß aber dann in Richtung gegnerischer Torlinie fahren. Mit dem Schuß ist die Aktion beendet. Von einem Rückpraller aller Art kann kein Tor erzielt werden. Wenn der Puck die Torlinie überschritten hat, ist der Strafschuß abgeschlossen.

Nur der Torhüter oder dessen Ersatz darf gegen den Strafschuß verteidigen.

b) Der Torhüter muß in seinem Torraum bleiben, bis der den Strafschuß ausführende Spieler den Puck berührt hat; bei Verletzung dieser Regel wird der Puck aus einem Faul gegen den Torhüter muß der Schiedsrichter abwarten, ob ein Tor gelingt, wenn dies nicht der Fall ist, bekommt der Spieler nochmals die Chance, den Strafschuß zu wiederholen.

Der Torhüter darf versuchen, den Schuß in jeder Weise aufzuhalten; ausgenommen ist der Fall, wenn er seinen Stock oder einen Gegenstand werfen sollte; in einem solchen Fall muß ein Tor gegeben werden.

c) In den Fällen, in welchen ein Strafschuß zugesprochen wird, und zwar:
Regel 608 (b) absichtliches Verschieben des Tores bei einer Breaksituation, oder
Regel 617 (c) haken von rückwärts, oder
Regel 619 (e) Behinderung, oder
Regel 623 (i) regelwidriges Betreten des Eises durch einen gegnerischen Spieler, oder
Regel 635 (a) Stockwurf, oder
Regel 638 (b) Beinstellen von hinten,
so bestimmt der Schiedsrichter den gefoulten Spieler als den Spieler, den den Strafschuß ausführt.
In den Fällen, in welchen ein Strafschuß zugesprochen wird, und zwar:
Regel 205 (b) wegen vorsätzlich regelwidrigen Spielerwechsels in den letzten zwei Spielminuten oder
Regel 608 (b) wegen vorsätzlichem Verschieben des Tores in den beiden letzten Spielminuten, oder
Regel 611 (c) wegen Fallens auf den Puck im Torraum, oder
Regel 614 (d) wegen Aufhebens des Pucks im Torraum,
muß der Strafschuß von einem Spieler ausgeführt werden, der vom Kapitän der sich nicht verfehlenden Mannschaft bestimmt wurde und zum Zeitpunkt des Vergehens am Eis

war. Der ausgewählte Spieler ist dem Schiedsrichter zu melden und diese Wahl kann nicht mehr geändert werden.

Wenn der vom Schiedsrichter zur Ausübung des Strafschusses bestimmte Spieler wegen Verletzung diesen Schuß nicht in angemessener Zeit ausführen kann, darf der Schuß von einem Spieler ausgeführt werden, den der Kapitän der sich nicht verfehlenden Mannschaft aus der Reihe der sich zu dem Zeitpunkt auf dem Eis befindlichen Spieler auswählt, als das Foul begangen wurde. Der ausgewählte Spieler ist dem Schiedsrichter zu melden, und diese Wahl kann nicht geändert werden.

d) Sollte ein Spieler, dem ein Strafschuß zugesprochen wurde, anläßlich des gleichen Spiels oder gleicher Umstände selbst ein Foul begangen haben, ehe oder nachdem der Strafschuß zugesprochen worden war, zur Durchführung des Schusses benannt werden, so muß er zunächst die Erlaubnis für die Durchführung des Schusses erhalten, ehe er dann auf die Strafbank zur Verbüßung der Strafe geschickt wird, es sei denn, es handle sich um eine Spieldauer-Disziplinarstrafe, schwere Disziplinarstrafe oder um eine Matchstrafe; in einem solchen Fall ist der Strafschuß von einem Spieler auszuführen, der vom Kapitän der sich nicht verfehlenden Mannschaft aus der Reihe der sich zu dem Zeitpunkt auf dem Eis befindlichen Spieler ausgewählt wird, als das Foul begangen wurde.

Wenn zu dem Zeitpunkt, zu dem ein Strafschuß zugesprochen wurde, der Torhüter der bestraften Mannschaft sich vom Eis entfernen mußte und durch einen anderen Spieler ersetzt wurde einschließlich des Ersatztorhüters, muß der betreffende Torhüter die Erlaubnis erhalten, auf das Eis zurückzukehren, ehe der Strafschuß ausgeführt wird.

e) Während der Strafschuß ausgeführt wird, haben sich die Spieler beider Mannschaften seitlich an die Banden und hinter die rote Mittellinie zurückzuziehen.

f) Wenn, während der Strafschuß ausgeführt wird, irgendein Spieler der gegnerischen Mannschaft durch irgendeine Handlung sich einmischen oder den Strafschuß ausführenden Spieler ablenken sollte, so daß der Schuß mißlingt, ist ein zweiter Versuch erlaubt, und der Schiedsrichter muß dem Spieler, der sich eingemischt oder den Strafschußausführenden abgelenkt hatte, eine Disziplinarstrafe auferlegen.

g) Wenn ein Tor durch einen Strafschuß erzielt wurde, ist der Puck in der üblichen Weise in der Mitte des Spielfeldes einzuwerfen. Sollte kein Tor erzielt worden sein, so ist der Puck an einem der beiden Endanspielpunkte in der Zone einzuwerfen, in der der Strafschuß versucht wurde.

h) Sollte ein Tor durch einen Strafschuß erzielt worden sein, so wird eine weitere Strafe gegen den sich verfehlenden Spieler nicht ausgesprochen, es sei denn, die Regelverletzung, wegen welcher der Strafschuß verhängt wurde, war derart, daß damit eine große Strafe, Matchstrafe, Disziplinarstrafe oder schwere Disziplinarstrafe auferlegt war; in diesem Fall muß die für die betreffende Regelverletzung vorgesehene Strafe verbüßt werden.

Sollte die Regelverletzung, für welche der Strafschuß zugesprochen wurde, derart sein, daß damit normalerweise eine kleine Strafe auferlegt war, so muß die kleine Strafe nicht verbüßt werden, und zwar ungeachtet der Tatsache, ob durch den Strafschuß ein Tor erzielt wird oder nicht.

i) Wenn das Foul, auf Grund dessen der Strafschuß zugesprochen wurde, in der effektiven Spielzeit begangen wurde, muß der Strafschuß zugesprochen und in der üblichen Weise unverzüglich ausgeführt werden, und zwar ungeachtet einer durch »Slow Whistle« (angezeigte aber noch nicht gepfiffene Strafe) des Schiedsrichters eingetretenen Verzögerung, um die Beendigung des Spieles zu ermöglichen; diese Verzöge-

rung hat in jedem Spieldrittel den Ablauf der regulären Spielzeit zur Folge.

Die Zeit, die für die Ausführung des Strafschusses benötigt wird, darf weder in die reguläre Spielzeit, noch in irgendeine Verlängerung eingerechnet werden.

Regel 407 – Strafen für den Torhüter

a) Kein Torhüter kann auf die Strafbank geschickt werden für ein Vergehen, welches eine kleine, große oder Disziplinarstrafe nach sich zieht. An seiner Stelle muß die Strafe durch einen Spieler seiner Mannschaft, der sich zum Zeitpunkt des Vergehens auf dem Eis befand, verbüßt werden. Dieser Spieler muß von dem Manager oder Trainer der sich verfehlenden Mannschaft über den Kapitän bestimmt werden, und ein solcher Ersatzmann kann nicht ausgetauscht werden.

b) Sollte ein Torhüter zwei große Strafen in dem gleichen Spiel erhalten, so muß ihm zusätzlich eine Spieldauer-Disziplinarstrafe auferlegt werden.

c) Sollte ein Torhüter eine Spieldauer-Disziplinarstrafe oder schwere Disziplinarstrafe erhalten, so muß er durch den Ersatztorhüter oder einen Mitspieler seiner Mannschaft ersetzt werden. Dieser Spieler hat 10 Minuten Zeit, um die komplette Torhüterausrüstung anzuziehen.

d) Sollte ein Torhüter eine Matchstrafe erhalten, so muß er durch einen Ersatztorhüter oder einen verfügbaren Spieler seiner Mannschaft vertreten werden, und dieser Spieler hat die Erlaubnis zu erhalten, die Ausrüstung des Torhüters zu tragen. Jedoch finden in einem solchen Fall noch die zusätzlichen Strafen Anwendung, die in den Regeln für Matchstrafen vorgesehen sind, und die sich verfehlende Mannschaft muß mit entsprechender Strafe belegt werden. Die zusätzliche Strafe ist von einem Spieler der Mannschaft zu verbüßen, der sich zum Zeitpunkt des Vorfalls auf dem Eis befand, und dieser Spieler muß vom Manager oder Trainer der sich verfehlenden Mannschaft über den Kapitän bestimmt werden.

e) Wenn ein Torhüter während einer Auseinandersetzung seinen Torraum verläßt, muß er eine kleine Strafe erhalten.

f) Beteiligt sich ein Torhüter irgendwie am Spiel, wenn er dabei die rote Mittellinie überschritten hat, so muß er eine kleine Strafe erhalten.

Regel 408 – Aufgeschobene Strafen

a) Wenn ein dritter Spieler irgendeiner Mannschaft bestraft wird, während zwei andere Spieler der gleichen Mannschaft bereits Strafen verbüßen, so kann die Strafe des dritten Spielers nicht eher beginnen, als bis die Strafzeit eines der beiden Spieler, die bereits bestraft sind, abgelaufen ist. Ungeachtet dessen muß der dritte bestrafte Spieler sich sofort auf die Strafbank begeben; er kann jedoch auf dem Eis durch einen Ersatzmann so lange ersetzt werden, bis seine Strafzeit beginnt.

b) Wenn von einer Mannschaft gleichzeitig drei Spieler Strafen zu verbüßen haben und sich entsprechend den Bestimmungen der Regel »Aufgeschobene Strafen« ein Ersatzmann für den dritten Spieler auf dem Eis befindet, kann keiner der drei bestraften Spieler von der Strafbank auf das Eis zurückkehren, bis das Spiel unterbrochen wird. Wenn das Spiel unterbrochen ist, kann der (die) Spieler, dessen volle Strafe abgelaufen ist, auf das Eis zurückkehren. Dies geschieht jedoch unter der Voraussetzung, daß der Strafzeitnehmer nach jeweiligem Ablauf ihrer Strafen die Rückkehr auf das Eis erlaubt, wenn auf Grund dieses Ablaufs die bestrafte Mannschaft das Recht hat, mehr als vier Spieler auf dem Eis zu haben.

c) Im Falle aufgeschobener Strafen hat der Schiedsrichter den Strafzeitnehmer zu unterrichten, daß bestraften Spielern nach Ablauf ihrer Strafe nur dann die Rückkehr auf das Eis erlaubt ist, wenn eine Spielunterbrechung erfolgt ist.

Wenn die Strafen von zwei Spielern der gleichen Mannschaft gleichzeitig ablaufen, teilt der Kapitän der betreffenden Mannschaft dem Schiedsrichter mit, welcher von den beiden Spielern zuerst auf das Eis zurückkehren soll, und der Schiedsrichter wird den Strafzeitnehmer entsprechend unterrichten.

d) Wenn eine große und eine kleine Strafe gleichzeitig gegen Spieler der gleichen Mannschaft ausgesprochen werden, so hat der Strafzeitnehmer die kleine Strafe als die zuerst ausgesprochene Strafe einzutragen.

Regel 409 – Anzeigen von Strafen

a) Wenn eine strafbare Verletzung einer Regel durch einen Spieler der Mannschaft, die im Besitz des Puck ist, begangen wird, muß der Schiedsrichter das Spiel sofort unterbrechen und den sich verfehlenden Spieler bestrafen.

Das Anspiel hat dann an der Stelle zu erfolgen, wo das Spiel unterbrochen wurde, sofern die Unterbrechung nicht in der Angriffszone des bestraften Spielers erfolgte; in einem solchen Fall muß das Anspiel am nächsten Anspielpunkt in der neutralen Zone erfolgen.

b) Wenn eine strafbare Verletzung einer Regel durch einen Spieler der Mannschaft, die nicht im Besitz des Pucks ist, begangen wird, muß der Schiedsrichter durch Hochheben seines Armes bekunden, daß er eine Strafe anzeigt, und nach Beendigung der Spielphase (wie in nachstehender Note 1 angegeben) durch die Mannschaft, die im Besitz des Pucks war, hat er unverzüglich das Spiel zu unterbrechen und dem schuldigen Spieler die Strafe aufzuerlegen.

c) Sollte der gleiche sich verfehlende Spieler weitere Fouls in der gleichen Spielphase machen, und zwar gleichgültig, ob bevor oder nachdem der Schiedsrichter das Spiel unterbrochen hat, muß der sich verfehlende Spieler alle weiteren Strafen nacheinander verbüßen.

Sollten weitere Fouls in der gleichen Spielphase oder nachdem der Schiedsrichter das Spiel unterbrochen hat, begangen werden, so müssen die sich verfehlenden Spieler bestraft werden.

Regel 410 – Ergänzende Disziplinarmaßnahmen

Neben den in diesen Artikeln festgelegten Maßnahmen liegt es im Ermessen der zuständigen Disziplinarstelle, nach Abschluß des Spieles jeden im Verlauf eines Spieles sich ereignenden Vorfall zu untersuchen und zusätzliche Strafen für Verstöße festzulegen, die von einem Spieler oder Offiziellen im Verlauf eines Spieles oder danach begangen werden, wobei es belanglos ist, ob solche Verstöße bereits von dem Schiedsrichter bestraft worden sind oder nicht.

Abschnitt V: Offizielle

Regel 501 – Bezeichnung von Offiziellen

Bei sämtlichen internationalen Spielen haben ein Schiedsrichter und zwei Linienrichter, ein Spielzeitnehmer, ein Strafzeitnehmer, ein offizieller Punktrichter und zwei Torrichter zu amtieren.

Die nationalen Verbände haben das Recht, das System mit zwei Schiedsrichtern in Spielen anzuwenden, die unter ihre alleinige Zuständigkeit fallen.

Regel 502 – Schiedsrichter

a) Der Schiedsrichter hat die allgemeine Aufsicht über das Spiel und während des Spiels und während Unterbrechungen die volle Kontrolle über die Offiziellen und die Spieler; bei irgendwelchen Streitigkeiten trifft er die endgültige Entscheidung. Der Schiedsrichter muß am Ende jedes Spieldrittels so lange auf dem Eis bleiben, bis alle Spieler zu ihren Umkleidekabinen gegangen sind.

b) Sämtliche Schiedsrichter und Linienrichter müssen in schwarzen Hosen und offiziellen Pullovern gekleidet sein. Sie müssen über einwandfreie Pfeifen und Meßbänder aus Metall von einer Mindestlänge von 2 m verfügen.

c) Der Schiedsrichter muß zum festgesetzten Zeitpunkt für den Beginn jedes Spieles und jedes Spieldrittels die Mannschaften auf das Eis rufen. Entsteht durch irgendwelchen Umstand eine Verzögerung von mehr als 15 Minuten am Anfang eines Spieles oder eine ungebührliche Verzögerung bei Wiederaufnahme des Spieles nach den Drittelpausen von 15 Minuten, so muß der Schiedsrichter seinen zuständigen Verbandsstellen den Grund der Verzögerung und die schuldige Mannschaft/Mannschaften in seinem Spielbericht melden.

d) Dem Schiedsrichter steht es frei, jeden Ausrüstungsgegenstand nachzumessen. Wenn es vom Kapitän der jeweiligen Mannschaft gewünscht wird, muß der Schiedsrichter die von den Spielern getragene Ausrüstung überprüfen beziehungsweise nachmessen.

e) Vor Spielbeginn hat der Schiedsrichter zu kontrollieren, ob der vorgesehene Spielzeitnehmer, Strafzeitnehmer, offizielle Punktrichter und die Torrichter sich auf ihren Plätzen befinden, und er hat sich davon zu überzeugen, daß die Uhren und Signalgeräte in Ordnung sind.

f) Es ist seine Pflicht, die Strafen zu verhängen, die für die Verletzung der Regeln vorgeschrieben sind, und im Falle eines umstrittenen Tores muß er die endgültige Entscheidung treffen. Über umstrittenen Toren kann er sich erst mit den Linienrichtern oder dem Torrichter besprechen, ehe er eine Entscheidung trifft.

g) Der Schiedsrichter muß dem offiziellen Punktrichter beziehungsweise dem Strafzeitnehmer alle regelrecht erzielten Tore und deren Mithelfer sowie alle Strafen melden und bei Strafen die Gründe für die Verhängung bekanntgeben.

Der Schiedsrichter muß veranlassen, daß dem Publikum mittels Lautsprecheranlage der Grund genannt wird, weshalb man ein Tor nicht anerkennt. Dies hat jedesmal zu geschehen, wenn das Torsignallicht während des Spiels eingeschaltet wird. Wenn das Torsignal irrtümlich eingeschaltet wurde, muß der Schiedsrichter bei der nächsten normalen Spielunterbrechung diesen Irrtum ebenfalls dem Punblikum melden lassen.

Der Schiedsrichter muß dem offiziellen Punktrichter Name und Nummer des Torschützen und der Mithelfer melden. (Bei den I. E. H. V. »A« Pool Meisterschaften werden die Mithelfer von dem offiziellen Punktrichter bestimmt.)

h) Der Schiedsrichter hat dafür zu sorgen, daß Spieler gegnerischer Mannschaften getrennt auf der Strafbank untergebracht werden, um Streitereien zu vermeiden.

i) Sollte ein Schiedsrichter zufällig das Eis verlassen oder eine Verletzung erhalten, die ihn daran hindert, seinen Pflichten während des Spieles nachzukommen, so ist das Spiel sofort von dem Linienrichter zu unterbrechen, es sei denn, eine der Mannschaften hat den Puck in einer aussichtsreichen Tor-Situation; in einem solchen Fall muß das Spiel zu Ende geführt werden. Sollte es sich zeigen, daß es sich um eine Verletzung ernsterer Natur handelt, so ist das Spiel sofort zu unterbrechen.

j) Wenn der aufgebotene Schiedsrichter oder Linienrichter wegen Mißgeschick oder Krankheit verhindert ist zu erscheinen, so sollen sich die Mannschaftsführer der beiden Mannschaften über einen Ersatz einigen. Falls sie sich nicht einigen können, hat die Ernennung der Schiedsrichter durch die zuständigen Stellen zu erfolgen.

k) Wenn die regulär ernannten Schiedsrichter erst während des Spiels erscheinen, müssen sie sofort die Ersatzleute ersetzen.

l) Falls einer der aufgebotenen Linienrichter im letzten Augenblick wegen Krankheit oder Unfall verhindert ist, das Spiel zu Ende zu führen, so ist der Schiedsrichter ermächtigt, einen Ersatzmann zu ernennen, falls er dies für notwendig hält.

m) Wenn der Schiedsrichter wegen Krankheit oder Unfall nicht in der Lage ist, sein Amt auszuüben, muß einer der Linienrichter für den Rest des Spiels zeit die Aufgabe des Schiedsrichters übernehmen. Der betreffende Linienrichter ist vom Schiedsrichter oder, falls notwendig, von den Mannschaftsführern der teilnehmenden Mannschaften auszuwählen.

n) Der Schiedsrichter muß sich von dem offiziellen Punktrichter den Spielbericht nach jedem Spiel verschaffen. Er muß ihn überprüfen, unterschreiben und dann an den offiziellen Punktrichter zurückgeben.

o) Sofort nach Spielende muß der Schiedsrichter alle dieses Spiel betreffenden muß-Disziplinstrafen, schweren Disziplinstrafen und Matchstrafen auf dem offiziellen Spielbericht eintragen, und zwar unter Angabe aller Einzelheiten für die zuständigen Stellen.

Regel 503 – Linienrichter

a) Es ist die Pflicht des Linienrichters, Verletzungen der Spielregeln festzustellen, die folgende Punkte betreffen:
Regel 618 – Unerlaubter Weitschuß
Regel 625 – Abseits
Regel 626 – Paß

Er muß das Spiel unterbrechen, sobald der Puck
– außerhalb des Spielfeldes ist, Regel 627 – Puck außerhalb des Spielfeldes oder unspielbar
– durch eine unerwünschte Person behindert wird, Regel 620 – Behinderung durch Zuschauer
– mit dem Stock über die normale Schulterhöhe geschlagen wird; Regel 615d) – Hoher Stock
– W wenn das Tor absichtlich verschoben wird, Regel 608 – Spielverzögerung
Er muß das Spiel unterbrechen
– bei Abseits im Anspielkreis, Regel 610 – Einwurf
– bei vorzeitigem Ersatz des Torhüters, Regel 205 – Spielerwechsel
– bei verletzten Spielern, Regel 206 – Verletzte Spieler
– bei Behinderung durch Zuschauer, Regel 620 – Behinderung durch Zuschauer

b) Er muß jederzeit das Anspiel übernehmen, mit Ausnahme des Spielbeginns, des Drittelbeginns und nach jedem gültigen Tor.
Der Schiedsrichter kann sich jederzeit an einen Linienrichter wenden, damit dieser das Anspiel übernimmt.

c) Auf Anfrage des Schiedsrichters muß er seine Meinung über jeden Vorfall äußern, der während des Spiels geschehen ist.

d) Er darf das Spiel nicht unterbrechen, um Strafen aufzuerlegen, es sei denn; es handelt sich um Verstöße gegen folgende Regeln:
– zu viele Spieler auf dem Eis, Regel 205 – Spielerwechsel
– aus der Nähe der Spieler- oder Strafbank Gegenstände auf das Eis werfen, Regel 601 b), g) – Beschimpfung von Offiziellen und andere Disziplinlosigkeiten
– von der Spieler- oder Strafbank aus einen Stock auf das Eis werfen, Regel 605 – Zerbrochener Stock.
Diese Regelverletzungen muß er dem Schiedsrichter melden, welcher seinerseits gegen die sich verfehlende Mannschaft eine kleine Bankstrafe verhängt.
Er muß dem Schiedsrichter unverzüglich seine Meinung über die näheren Umstände äußern, wenn es sich um das absichtliche Verschieben des Tores aus seiner normalen Position handelt, Regel 608 – Spielverzögerung. Er muß dem Schiedsrichter unverzüglich seine Meinung über eine Regelverletzung äußern, die eine kleine Bankstrafe, eine große oder Matchstrafe, eine Disziplinarstrafe, eine Spieldauer-Disziplinarstrafe oder eine schwere Disziplinarstrafe zur Folge hat.

Regel 504 – Zwei Schiedsrichter

a) Die Schiedsrichter haben die allgemeine Aufsicht über das Spiel und während des Spiels und seiner Unterbrechungen die volle Kontrolle über sämtliche Offiziellen und Spieler; bei irgendwelchen Streitigkeiten treffen sie die endgültige Entscheidung. Die Schiedsrichter müssen am Ende jeder Spielzeit so lange auf dem Eis bleiben, bis alle Spieler zu ihren Umkleidekabinen gegangen sind.

b) Sämtliche Schiedsrichter müssen in schwarzen Hosen und offiziellen Pullovern gekleidet sein.
Sie müssen über zugelassene Pfeifen und Meßbänder aus Metall mit einer Mindestlänge von sechs Fuß (2 m) verfügen.

c) Die Schiedsrichter müssen zum festgelegten Zeitpunkt für den Beginn jedes Spieles und jedes Spieldrittels die Mannschaften auf das Eis rufen. Verzögert sich durch irgendeinen Umstand der Beginn eines Spiels um mehr als 15 Minuten und tritt eine ungebührliche Verzögerung bei Wiederaufnahme des Spiels nach den Drittelpausen von jeweils 15

Minuten auf, so müssen die Schiedsrichter in ihrem Spielbericht den zuständigen Verbandsstellen den Grund der Verzögerung und die schuldige Mannschaft/Mannschaften melden.

d) Den Schiedsrichtern steht es frei, jeden Gegenstand der von den Spielern getragenen Ausrüstung nachzumessen. Wenn sie vom Kapitän der Mannschaft darum gebeten werden, einen Ausrüstungsgegenstand nachzumessen, müssen die Schiedsrichter dem Wunsch entsprechen.

e) Vor Spielbeginn haben die Schiedsrichter zu kontrollieren, ob der vorgesehene Spielzeitnehmer, Strafzeitnehmer, offizielle Punktrichter und die Torrichter sich auf ihren Plätzen befinden, und sie haben sich davon zu überzeugen, daß die Uhren und Signalgeräte in Ordnung sind.

f) Es ist ihre Pflicht, die Strafen zu verhängen, die für die Regelverletzungen vorgeschrieben sind, sowie das Spiel bei Verletzung der Regeln zu unterbrechen, und bei umstrittenen Toren müssen sie die endgültige Entscheidung treffen. Bei umstrittenen Toren können sie sich erst mit dem Torrichter besprechen, ehe sie ihre Entscheidung treffen.

g) Die Schiedsrichter müssen dem offiziellen Punktrichter beziehungsweise dem Strafzeitnehmer alle regelrecht erzielten Tore und deren Mithelfer sowie alle Strafen melden und bei Strafen die Gründe für ihre Verhängung bekanntgeben.
Die Schiedsrichter müssen veranlassen, daß dem Publikum mittels Lautsprecheranlage der Grund genannt wird, weshalb man ein Tor nicht anerkennt. Dies hat jedesmal zu geschehen, wenn das Torsignal während des Spiels eingeschaltet wird. Wenn das Torsignal irrtümlich eingeschaltet wurde, muß der Schiedsrichter bei der nächsten normalen Spielunterbrechung diesen Irrtum ebenfalls dem Publikum melden lassen.
Die Schiedsrichter müssen dem offiziellen Punktrichter Name und Nummer des Torschützen und irgendwelcher zugelassener Mithelfer melden.

h) Die Schiedsrichter haben dafür zu sorgen, daß Spieler gegnerischer Mannschaften getrennt auf der Strafbank untergebracht werden, um Streitereien zu vermeiden.

i) Sollte ein Schiedsrichter zufällig das Eis verlassen oder eine Verletzung erhalten, die ihn daran hindert, seinen Pflichten während des Spieles nachzukommen, so soll das Spiel sofort von dem zweiten Schiedsrichter unterbrochen werden, es sei denn, eine der Mannschaften hat den Puck in einer aussichtsreichen Situation, ein Tor zu erzielen; in einem solchen Fall muß das Spiel zu Ende geführt werden. Sollte es sich jedoch zeigen, daß um eine Verletzung ernsterer Natur handelt, so ist das Spiel sofort zu unterbrechen.

j) Wenn beide aufgebotenen Schiedsrichter wegen Mißgeschick oder Krankheit verhindert sind zu erscheinen, so sollen sich die Mannschaftsführer der beiden Mannschaften über Ersatz einigen.
Falls sie sich nicht einigen können, hat die Ernennung der SR durch die zuständigen Stellen zu erfolgen.

k) Wenn die regulär ernannten Schiedsrichter erst während des Spiels erscheinen, müssen sie sofort die Ersatzleute ersetzen.

l) Falls einer der aufgebotenen Schiedsrichter im letzten Augenblick nicht in der Lage ist, sein Amt auszuüben oder wegen Krankheit oder Unfall verhindert ist, das Spiel zu Ende zu führen, so ist der andere Schiedsrichter ermächtigt, einen Ersatzmann zu ernennen, falls er dies für notwendig hält.

m) Die Schiedsrichter müssen sofort nach Spielende sich von dem offiziellen Punktrichter den Spielbericht verschaffen. Sie müssen ihm überprüfen, unterschreiben und dann an den offiziellen Punktrichter zurückgeben.

n) Sofort nach Spielende müssen die Schiedsrichter auf dem offiziellen Spielbericht alle dieses Spiel betreffenden Spiel-

dauer-Disziplinarstrafen, schweren Disziplinarstrafen und Matchstrafen eintragen, und zwar unter Angabe aller Einzelheiten für die zuständigen Stellen.

Regel 505 – Torrichter

a) Hinter jedem Tor hat ein Torrichter Aufstellung zu nehmen. Sie dürfen weder Mitglieder der beiden beteiligten Mannschaften sein, noch dürfen sie während des Spielverlaufs ersetzt werden. Jedoch können sie nach Beginn des Spieles abberufen werden, wenn einer von beiden Torrichtern den Anschein erweckt, aus Parteilichkeit oder anderen Gründen ungerechte Entscheidungen getroffen zu haben. In diesem Falle kann der Schiedsrichter für ihn einen Ersatzmann ernennen.

b) Die Torrichter haben sich während des Spielverlaufs hinter den Toren aufzustellen, und zwar in eigens abgeschirmten Gehäusen, damit sie in ihrer Tätigkeit nicht behindert werden können. Außerdem dürfen sie während des Spielverlaufs zu keiner Zeit ihre Plätze wechseln.

c) Der Torrichter hat zu entscheiden, ob der Puck zwischen den beiden Torpfosten von vorne kommend durchgegangen ist oder nicht, ob der Puck die Torlinie vollständig überschritten hat, und er hat das entsprechende Signal zu geben.
Bei einem umstrittenen Tor hat der Schiedsrichter die endgültige Entscheidung zu treffen. Er kann sich erst mit dem Torrichter oder den Linienrichtern besprechen, ehe er seine Entscheidung trifft.

Regel 506 – Strafzeitnehmer

a) Der Strafzeitnehmer muß auf den vorgeschriebenen Formularen sämtliche von den SR verhängten Strafen korrekt eintragen. Hierbei sind folgende Angaben zu machen: Namen der bestraften Spieler, bestrafte Verstöße, Dauer der eizelnen Strafe und der Zeitpunkt, zu welchem die Strafe verhängt wurde. Ferner hat er in das Strafregister jeden ausgesprochenen Strafschuß, den Namen des Spielers, der den Schuß ausführte, sowie das Ergebnis des Schusses einzutragen.

b) Der Strafzeitnehmer muß die Zeit aller während des Spielverlaufs bestraften Spieler überwachen. Er ist für die korrekte Eintragung der Strafen auf der Anzeigetafel verantwortlich, und er muß die Schiedsrichter unverzüglich auf jede Abweichung hinweisen, die zwischen der auf der Uhr genannten Zeit und der offiziellen korrekten Zeit besteht, und er ist dafür verantwortlich, daß sämtliche von dem Schiedsrichter angeordneten Berichtigungen durchgeführt werden.
Auf Befragung hin muß er den bestraften Spielern korrekt Auskunft über den Rest der noch abzusitzenden Strafzeit geben.

c) Der Strafzeitnehmer muß den Schiedsrichter (die SR) davon in Kenntnis setzen, wenn der gleiche Spieler in einem Spiel die zweite große Strafe, oder zweite Disziplinarstrafe erhält.

Regel 507 – Offizieller Punktrichter

a) Vor dem Spielbeginn muß der offizielle Punktrichter vom Manager oder Trainer der beiden Mannschaften eine Liste mit den Namen aller startberechtigten Spieler sowie die Aufstellung zu Beginn des Spieldrittels jeder Mannschaft erhalten. Diese Angaben sind vor Spielbeginn entweder persönlich oder über den Schiedsrichter, dem Manager oder Trainer der gegnerischen Mannschaft mitzuteilen. (Vergleiche Regel 203: Spieler in Ausrüstung, sowie Regel 204: Aufstellung zu Beginn eines Spieldrittels.)

Der offizielle Punktrichter muß sich vom Manager oder Trainer nach Erstellen der Mannschaftsaufstellung die Namen der Kapitäne nennen lassen. Er setzt den Buchstaben »C« gegenüber ihren Namen auf dem Spielbericht. Bei Spielbeendigung werden diese Angaben dem Schiedsrichter zur Unterschrift vorgelegt.

b) Der offizielle Punktrichter hat im Spielbericht eine Aufzählung der erzielten Tore, der Torschützen und der Mithelfer, soweit welche anerkannt wurden, vorzunehmen. Er hat auf den Listen alle Spieler zu nennen, die effektiv mitgespielt haben. Er hat den Zeitpunkt zu nennen, zu welchem ein Ersatztorhüter eingesetzt wurde. Ferner hat er im offiziellen Spielbericht zu notieren, wenn ein Tor erzielt wurde und der Torhüter nicht am Eis war.

c) Die zuerkannten Punkte für Tore und Helfer sind dem Publikum über die Lautsprecheranlage mitzuteilen, und auf gleiche Weise sind in diesem Zusammenhang eingetretene Änderungen dem Publikum bekanntzugeben.

d) Der offizielle Punktrichter hat auch den offiziellen Spielbericht vorzubereiten, dem Schiedsrichter zur Unterschrift vorzulegen und an die zuständigen Stellen weiterzuleiten.

Regel 508 – Spielzeitnehmer

a) Der Spielzeitnehmer muß den Beginn und das Ende jedes Spieles und die gesamte effektive Spielzeit registrieren.

b) Der Spielzeitnehmer hat dem Schiedsrichter (den Schiedsrichtern) vor Beginn des Spielesg des zweiten und dritten Spieldrittels und aller Verlängerungen ein Zeichen zu geben. Er muß zwischen jedem Spieldrittel ein Pause von 15 Minuten einlegen, nach der der Schiedsrichter (die Schiedsrichter) wieder das Spiel beginnen muß (müssen). Er muß ebenfalls durch einen Gong, eine Sirene oder mittels Pfeife das Ende jedes Spieldrittels, jeder Verlängerung und das Ende des Spieles bekanntgeben. Dies gilt für Eisbahnen, die nicht mit automatischen Signalanlagen versehen sind, oder im Falle, daß die automatischen Signalanlagen nicht funktionieren.

c) Sofern eine Lautsprecheranlage vorhanden ist, muß der Spielzeitnehmer den Beginn der letzten Minute der effektiven Spielzeit im 1. und 2. Drittel, und die letzten zwei Minuten im 3. Drittel und bei Verlängerung bekanntgeben.

d) Im Falle einer Auseinandersetzung über die Spielzeit steht dem Schiedsrichter die endgültige Entscheidung zu.

Regel 509 – Zuständige Stellen

Unter dem Ausdruck »Zuständige Stellen« oder »Zuständige Disziplinarinstanz« hat man bei diesen Spielregeln das unmittelbar durchführende Organ (Verband) der Spiele zu verstehen.

Abschnitt VI: Spielregeln

Regel 601 – Beschimpfung von Offiziellen und andere Disziplinlosigkeiten

a) Jedem Spieler, welcher die von einem Offiziellen während des Spieles getroffenen Entscheidungen kritisiert, muß eine kleine Strafe für unsportliches Verhalten auferlegt werden. Sollte der Spieler auf dieser Auseinandersetzung beharren, so muß ihm eine Disziplinarstrafe auferlegt werden, und jede weitere Diskussion des betreffenden Spielers muß eine Spieldauer-Disziplinarstrafe zur Folge haben.

b) Macht sich ein Spieler einer der folgenden Handlungen schuldig, so muß seiner Mannschaft eine kleine Bankstrafe auferlegt werden:

1. Wenn er, nachdem er bestraft worden ist, sich nicht sofort und auf direktem Wege zur Strafbank begibt und seinen Platz auf der Strafbank einnimmt oder sich nicht in die Garderobe begibt und somit nicht der Anordnung des Schiedsrichters nachkommt.

2. Wenn er sich außerhalb der Spielfläche aufhält und sich dabei einer unzüchtigen, fluchenden oder beleidigenden Sprache gegenüber Spielern oder dem Namen irgendeines Offiziellen in Verbindung mit derartigen Bemerkungen gebraucht.

3. Wenn er während des Spieles oder einer Spielunterbrechung in unmittelbarer Nähe von der Spielerbank oder der Strafbank aus irgendeinen Gegenstand auf das Eis wirft.

4. Wenn er sich außerhalb der Spielfläche befindet und in irgendeiner Weise einen Spieloffiziellen, einschließlich Schiedsrichter, Linienrichter, Zeitnehmer, Torrichter, an der Ausübung ihres Amtes hindert.

c) Macht sich ein Spieler einer der folgenden Handlungen schuldig, so muß ihm eine Disziplinarstrafe auferlegt werden:

1. Wenn er sich vor, während oder nach dem Spiel auf dem Eis oder sonstwo auf dem Platz einer unanständigen oder beschimpfenden Sprache bedient.

2. Wenn er absichtlich den Puck aus der Reichweite der Schiedsrichter, die diesen gerade an sich nehmen wollen, stößt oder schießt.

3. Wenn er absichtlich aus dem Spielfeld heraus einen Ausrüstungsgegenstand wirft, den Stock ausgenommen (vergleiche Regel 635c).

4. Wenn er zu irgendeiner Zeit mit seinem Stock oder mit irgendeinem anderen Gegenstand an die Bande schlägt.

5. Wenn er sich nicht sofort und auf direktem Wege zur Strafbank begibt, nachdem er zuvor eine Schlägerei oder sonstigen Streit hatte, der abgebrochen und wofür er bestraft wurde oder eine Spielzeitverzögerung dadurch verursacht, daß er seine Ausrüstung wieder zusammensucht. (Seine Handschuhe, sein Stock usw. muß ihm ein Mitspieler an der Strafbank aushändigen. (Diese Disziplinarstrafe muß zusätzlich zu irgendwelchen sonstigen Strafen verhängt werden.)

6. Wenn er nach Verwarnung durch den Schiedsrichter seine Widersetzlichkeit (einschließlich drohender oder lästerli-

cher Sprache oder Gesten oder ähnlicher Handlungen) in der Absicht fortsetzt, den Gegner zu einer strafbaren Handlung zu verleiten.

7. Wenn er den Schiedsrichterkreis betritt oder darin verbleibt, während der Schiedsrichter nachstehenden Personen berichtet oder sich mit ihnen bespricht: einem Schiedsrichter, einschließlich Linienrichter, Spielzeitnehmer, Strafzeitnehmer, offizieller Punktrichter oder Sprecher; hiervon ausgenommen ist es, wenn der Spieler den Schiedsrichterkreis lediglich betritt, um seinen Platz auf der Strafbank einzunehmen.

d) Macht sich ein Spieler einer der folgenden Handlungen schuldig, so ist es der Entscheidung des Schiedsrichters überlassen, dem Spieler eine Disziplinarstrafe oder eine Spieldauer-Disziplinarstrafe aufzuerlegen:
1. Wenn er einen Schiedsrichter, Linienrichter oder sonstigen Offiziellen mit seinem Stock oder seinen Händen berührt, festhält oder wenn er diesen Personen ein Bein stellt oder sie bodycheckt.
2. Wenn er einen Stock aus der Spielfläche heraus wirft (Regel 635c).
3. Wenn er eine Schlägerei oder Streiterei fortsetzt oder fortzusetzen versucht, obwohl er vom Schiedsrichter zum Aufhören aufgefordert worden war, oder wenn er Widerstand gegen einen Linienrichter leistet.

e) Macht sich ein Spieler einer der folgenden Handlungen schuldig, so muß ihm eine Spieldauer-Disziplinarstrafe auferlegt werden:
1. Wenn er die Widersetzlichkeit, für welche ihm bereits eine Disziplinarstrafe auferlegt worden war, beharrlich fortsetzt.
2. Wenn er vor, während oder nach dem Spiel auf dem Eis oder sonstwo auf der Spielfläche in unanständiger Weise gestikuliert.

f) Jeder Spieler, der sich folgender Vergehen schuldig macht, bekommt eine schwere Disziplinarstrafe auferlegt:
1. Jede Art von Benehmen, das den Spielablauf lächerlich macht, behindert oder stört.
2. Der einen Spieloffiziellen versucht zu verletzen oder verletzt.

g) Macht sich ein Teamoffizieller einer der folgenden Handlungen schuldig, so muß seiner Mannschaft eine kleine Bankstrafe auferlegt werden:
1. Wenn er zu irgendeiner Zeit mit einem Stock oder mit einem anderen Gegenstand an die Bande schlägt.
2. Wenn er irgendwo auf der Spielfläche sich einer unanständigen oder beschimpfenden Sprache gegenüber irgend jemandem bedient oder den Namen irgendeines Offiziellen in Verbindung mit derartigen Bemerkungen gebraucht.
3. Wenn er während des Spieles oder einer Spielunterbrechung in unmittelbarer Nähe von der Spielerbank aus irgendeinen Gegenstand auf das Eis wirft.
4. Wenn er in irgendeiner Weise einen Offiziellen, einschließlich Schiedsrichter, Linienrichter, Spielzeitnehmer oder Torrichter an der Ausübung ihres Amtes hindert.

h) Macht sich ein Teamoffizieller irgendeines regelwidrigen Verhaltens schuldig, so muß ihm eine Spieldauer-Disziplinarstrafe auferlegt werden.

i) Macht sich ein Teamoffizieller einer der folgenden Handlungen schuldig, so muß ihm eine schwere Disziplinarstrafe auferlegt werden:
wenn er einen der Schiedsrichter festhält oder ihm einen Schlag versetzt oder wenn er den Spielablauf karikiert, behindert oder stört.

Regel 602 – Inordnungbringen der Ausrüstung

a) Das Spiel soll durch das Inordnungbringen von Kleidungsstücken, Ausrüstungsgegenständen, Schuhen, Schlittschuhen oder Stöcken weder unterbrochen noch verzögert werden.

b) Der Spieler hat für den ordentlichen Zustand seiner Kleidung und Ausrüstung selbst zu sorgen. Wenn eine Instandsetzung notwendig wird, muß der Spieler das Eis verlassen, und das Spiel muß fortgesetzt werden.

c) Für die Durchführung der Reparatur oder für das Inordnungbringen der Ausrüstung des Torhüters darf das Spiel nicht verzögert werden. Wenn eine Instandsetzung notwendig wird, muß der Torhüter das Eis verlassen, und das Spiel wird unverzüglich mit dem Ersatztorhüter fortgesetzt; Aufwärmen wird nicht gestattet.

d) Bei Verletzung dieser Regel wird eine kleine Strafe verhängt.

Regel 603 – Verletzungsversuch und absichtlich erfolgte Verletzung

a) Eine Matchstrafe muß jedem Spieler auferlegt werden, der einen Gegner zu verletzen versucht oder ihn absichtlich verletzt. Die näheren Umstände des Vorfalls müssen den zuständigen Stellen zur weiteren Veranlassung gemeldet werden. Ein Ersatzmann kann nach fünf Minuten Spielzeit für den bestraften Spieler das Eis betreten.

b) Eine schwere Disziplinarstrafe muß jedem Spieler auferlegt werden, der einen Spieloffiziellen oder Teamoffiziellen zu verletzen versucht oder ihn absichtlich verletzt.

Regel 604 – Check gegen die Bande

Dem Schiedsrichter steht es frei, jedem Spieler, entsprechend der Heftigkeit des Aufpralls an der Bande, eine kleine oder große Strafe aufzuerlegen, der einen Gegner derart mit dem Körper checkt, mit dem Stock checkt, mit dem Ellbogen stößt, unkorrekt angreift oder ein Bein stellt, daß dieser heftig gegen die Bande geworfen wird.

Regel 605 – Gebrochener Stock

a) Ein Spieler ohne Stock kann am Spiel teilnehmen. Ein Spieler, dessen Stock gebrochen ist, darf am Spiel unter der Voraussetzung teilnehmen, daß er die zerbrochenen Stücke fallen läßt. Eine kleine Strafe muß für die Verletzung dieser Regel auferlegt werden.

b) Ein Torhüter kann das Spiel mit einem zerbrochenen Stock fortsetzen, bis das Spiel unterbrochen wird oder er auf regelrechte Weise mit einem Stock versehen wird.

c) Ein Spieler, dessen Stock zerbrochen ist, kann keinen Stock von irgendeiner Seite des Spielfeldes zugeworfen erhalten. Ein Torhüter, dessen Stock zerbrochen ist, kann keinen Stock von irgendeiner Seite des Spielfeldes zugeworfen erhalten, doch kann er einen Stock von einem Mitspieler erhalten, ohne daß er sich selbst zur Spielerbank begeben muß. Bei Verletzung dieser Regel, wo ein Stock von der

Spielerbank oder von der Strafbank auf das Eis geworfen wird, muß der sich verfehlenden Mannschaft eine kleine Bankstrafe auferlegt werden. Sollte ein Spieler oder Torhüter der sich verfehlenden Mannschaft den auf das Eis geworfenen Stock aufnehmen, so muß ihm außer der kleinen Bankstrafe noch eine kleine Strafe auferlegt werden.

d) Ein Torhüter, dessen Stock zerbrochen ist, darf nicht während einer Unterbrechung zur Spielerbank gehen oder als Ersatzmann spielen, sondern muß seinen Stock von einem Mitspieler erhalten. Bei Verletzung dieser Regel muß dem Torhüter eine kleine Strafe auferlegt werden.

Regel 606 – Unkorrekter Körperangriff

a) Eine kleine oder große Strafe muß jedem Spieler auferlegt werden, der in einen Gegner hineinrennt oder -springt oder ihn in welcher Weise auch immer körperlich unkorrekt angreift.

b) Eine große Strafe muß jedem Spieler auferlegt werden, der einen Torhüter in seinem Torraum unkorrekt körperlich angreift.

Regel 607 – Mit dem Stock checken

a) Ein Spieler, der seinen Gegner mit dem Stock checkt, muß bestraft werden; hierbei steht es dem Schiedsrichter frei, eine kleine oder große Strafe zu verhängen.

b) Eine große Strafe muß jedem Spieler auferlegt werden, der einen gegnerischen Spieler beim Stockchecken verletzt.

Regel 608 – Spielverzögerung

a) Eine kleine Strafe muß einem Spieler oder Torhüter auferlegt werden, der absichtlich den Puck mit dem Stock oder mit der Hand außerhalb des Spielfeldes schlägt, schießt oder wirft, während des Spieles oder bei einer Unterbrechung.

b) Eine kleine Strafe muß einem Spieler (einschließlich Torhüter) auferlegt werden, der das Spiel dadurch verzögert, daß er absichtlich einen Torpfosten aus seiner normalen Position verschiebt. Der Schiedsrichter oder die Linienrichter müssen das Spiel sofort unterbrechen, wenn ein Torpfosten verschoben worden ist.
Wird die obige Verzögerung durch einen Spieler oder Torhüter der verteidigenden Mannschaft in ihrer Verteidigungszone während der beiden letzten Spielminuten verursacht, so muß ein Strafschuß der sich nicht verfehlenden Mannschaft zugesprochen werden. Der Strafschuß muß von dem Spieler, welcher zuletzt im Besitz der Scheibe war, ausgeführt werden. Sollte dieser Regelverstoß geschehen, wenn 6 Feldspieler auf dem Eis sind (ein Spieler ist Tormann), so muß der nichtverfehlenden Mannschaft ein Tor zuerkannt werden.

c) Eine kleine Bankstrafe muß jeder Mannschaft auferlegt werden, welche, nachdem ihr Kapitän vom Schiedsrichter verwarnt wurde, die korrekte Zahl Spieler auf das Eis zu stellen und das Spiel zu beginnen, dieser Aufforderung des Schiedsrichters nicht nachkommt und das Spiel dadurch verzögert, daß sie mit zusätzlichem Austausch oder sonstwie versucht, das Anspiel zu verzögern.

Regel 609 – Benützung von Ellbogen oder Knie

a) Entsprechend dem Ermessen des Schiedsrichters muß jedem Spieler eine kleine oder große Strafe auferlegt werden, der seine Ellbogen oder Knie derart benutzt, daß er dadurch seinen Gegner foult.

b) Eine große Strafe muß jedem Spieler auferlegt werden, der seinen Gegner dadurch verletzt, daß er mit seinem Ellbogen oder Knie ein Foul ausführt.

Regel 610 – Einwurf

a) Der Puck wird durch den Schiedsrichter oder den Linienrichter eingeworfen, indem der Puck zwischen die Stöcke der anspielenden Spieler auf das Eis geworfen wird. Beim Einwurf haben sich die anspielenden Spieler rechtwinkelig zu dem Ende des Spielfeldes ihres Gegners, annähernd eine Stocklänge vom Anspielpunkt entfernt, aufzustellen; der Stock muß mit der Schaufel das Eis berühren.
Wenn das Anspiel in irgendeinem der Endanspielkreise stattfindet, müssen die beteiligten Spieler ihre Positionen so einnehmen, daß sie einen Schlittschuh auf jeder Seite und hinter der Linie haben, die durch den Anspielpunkt läuft, und mit beiden Füßen hinter der Linie und parallel zur Torlinie. Die beiden anspielenden Spieler müssen ihre Stockschaufel in Kontakt mit der Markierung am Eis haben.
Keinem anderen Spieler ist es erlaubt, den Anspielkreis zu betreten oder sich sonst den anspielenden Spielern auf mehr als 4,50 m zu nähern. Sie müssen sich bei allen Einwürfen »diesseits« aufstellen.
Wenn gegen diesen Teil der Regel verstoßen wird, muß der Schiedsrichter oder Linienrichter das Spiel unterbrechen und den Einwurf wiederholen, sofern die sich nicht verfehlende Mannschaft nicht in den Besitz des Pucks kam; in einem solchen Fall ist der Einwurf gültig, und das Spiel kann fortgesetzt werden.

b) Wenn nach Warnung durch den Schiedsrichter oder Linienrichter einen nicht die richtige Position für das Anspiel nicht unverzüglich einnimmt, ist der Offizielle berechtigt, den Puck trotz dieses Fehlers einzuwerfen.

c) Bei Ausführung eines Einwurfs irgendwo auf dem Spielfeld darf durch keinen anspielenden Spieler mit seinem Körper oder mit seinem Stock Kontakt mit dem Körper des gegnerischen Spielers erfolgen, außer beim Spielen des Pucks, nachdem der Einwurf vollzogen ist.
Bei der Verletzung dieser Regel wird vom Schiedsrichter eine kleine Strafe (oder Strafen) dem (den) Spielern auferlegt, dessen (deren) Handlung den körperlichen Kontakt verursachte.

d) Wenn ein Spieler, nachdem er vom Schiedsrichter dazu aufgefordert wurde, seine Position nicht sofort einnimmt, kann ihn der Schiedsrichter oder Linienrichter aus dem Anspielkreis schicken. Die Mannschaft des sich verfehlenden Spielers bestimmt den Ersatzmann von den Spielern am Eis.
Ein Austausch von Spielern kann nicht erfolgen, solange nicht das Anspiel vollzogen und das Spiel wieder fortgesetzt worden ist; eine Ausnahme gilt für den Fall, daß eine Strafe verhängt wurde, oder die Spielstärke der betreffenden Mannschaften auf dem Eis berühren wird.

e) Bei einer nochmaligen Verletzung der unter a) genannten Regel durch die gleiche Mannschaft während des gleichen Einwurfs, ist dem Spieler eine kleine Strafe aufzuerlegen, der den zweiten Fehler machte.

254

f) Wenn ein Regelverstoß begangen oder eine Spielunterbrechung durch irgendeinen Spieler der angreifenden Mannschaft in seiner Angriffszone verursacht wurde, ist der daraufhin erfolgende Einwurf in der neutralen Zone am nächsten Anspielpunkt vorzunehmen.

g) Wenn ein Regelverstoß durch Spieler beider Mannschaften begangen wurde, so ist der darauffolgende Einwurf dort vorzunehmen, wo der Puck war, als das Spiel unterbrochen wurde.

h) Wenn eine Spielunterbrechung zwischen den Endanspielpunkten und den näherliegenden Querbanden verursacht wurde, ist der Puck am Endanspielpunkt einzuwerfen, wo die Unterbrechung sich ereignete, es sei denn, die Regeln schreiben etwas anderes vor.

i) Kein Einwurf kann innerhalb 6 m vom Tor oder näher an den Seitenbanden als die Anspielpunkte der Endzone und der neutralen Zone vorgenommen werden.

j) Wenn ein Tor unrechtmäßig erzielt wurde, weil der Puck von einem Schiedsrichter direkt oder indirekt ins Tor abgelenkt wurde, so muß der Einwurf am Endanspielpunkt in dieser Verteidigungszone gemacht werden.

k) Wenn das Spiel wegen eines in den Regeln nicht näher bezeichneten Grundes unterbrochen wurde, so ist der Einwurf dort vorzunehmen, wo die Unterbrechung verursacht wurde.

l) Der Spielbeginn soll nicht durch den Offiziellen mittels Pfeifsignal angezeigt werden. Die Spielzeit beginnt in dem Augenblick, in welchem der Puck eingeworfen wird, und sie endet mit dem Pfeifsignal.

Regel 611 – Fallen auf den Puck

a) Eine kleine Strafe muß jedem Spieler, außer dem Torhüter auferlegt werden, der absichtlich auf den Puck fällt oder den Puck an seinen Körper hält oder zieht.

b) Eine kleine Strafe wird einem Torhüter auferlegt, der absichtlich auf den Puck fällt oder den Puck an seinen Körper hält oder zieht oder den Puck gegen einen Teil des Tores oder gegen die Banden hält oder legt, wenn sein Köprer sich völlig außerhalb der Grenzen seines eigenen Torraumes befindet und wenn der Puck sich hinter der Torlinie befindet.

c) Kein verteidigender Spieler, der Torhüter ausgenommen, ist berechtigt, auf den Puck zu fallen oder den Puck zu halten oder den Puck an seinen Körper oder mit den Händen zu halten, wenn sich der Puck innerhalb des Torraumes befindet. Bei Verletzung dieser Regel muß das Spiel sofort unterbrochen werden, und ein Strafschuß muß gegen die sich verfehlende Mannschaft ausgesprochen werden, doch ist keine andere Strafe zu verhängen.

Regel 612 – Faustschläge oder hartes Spiel

a) Eine Matchstrafe muß jedem Spieler auferlegt werden, der anfängt, Faustschläge auszuteilen.

b) Eine kleine Strafe muß dem Spieler auferlegt werden, welcher, nachdem er geschlagen wurde, sich mit einem Schlag oder versuchten Schlag rächt. Es liegt jedoch im Ermessen des Schiedsrichters, eine doppelte kleine Strafe, eine große Strafe oder eine Matchstrafe aufzuerlegen, wenn ein solcher Spieler den Streit fortsetzt.

c) Es liegt im Ermessen des Schiedsrichters, eine kleine oder doppelte kleine Strafe jedem Spieler aufzuerlegen, den man für schuldig hält, unnötig hart zu spielen.

d) Eine Disziplinarstrafe oder Spieldauer-Disziplinarstrafe ist jedem Spieler aufzuerlegen, welcher an einer Schlägerei außerhalb des Spielfeldes teilnimmt. Wenn sich ein Spieler auf dem Eis und ein anderer Spieler außerhalb des Spielfeldes befindet, sind beide Spieler als »auf dem Eis« zu betrachten, für Anwendung obiger Regel a) und b).

e) Eine Spieldauer-Disziplinarstrafe ist jedem Spieler oder Torhüter aufzuerlegen, der sich als erster in einen im Gange befindlichen Streit einmischt. Diese Strafe wird zusätzlich zu jeder anderen Strafe verhängt, die bei dem gleichen Vorfall ausgesprochen wird.

Regel 613 – Torschützen und Mithelfer

a) Ein Tor ist gültig erzielt, wenn der Puck durch einen Spieler der angreifenden Mannschaft mit dem Stock von vorne zwischen den beiden Torpfosten und unter dem Querbalken hindurch vollkommen über die Torlinie gebracht wird.

b) Ein Tor ist gültig erzielt, wenn der Puck auf irgendeine Weise von einem Spieler der verteidigenden Mannschaft kommend in das Tor eindringt. Der Spieler der angreifenden Mannschaft, der als letzter den Puck gespielt hat, gilt als Torschütze; jedoch wird niemand als Mithelfer anerkannt.

c) Wenn ein angreifender Spieler den Puck mit dem Schlittschuh kickt und der Puck wird von einem verteidigenden Spieler in das Tor abgelenkt (der Torhüter ausgenommen), wird das Tor anerkannt. Der Spieler, der den Puck kickte, gilt als Torschütze, jedoch wird niemand als Mithelfer anerkannt.

d) Wenn der Puck, nachdem er von einem angreifenden Spieler geschossen wurde, durch Berührung irgendeines Körperteils eines Mitspielers der angreifenden Mannschaft in das Tor abgelenkt wurde, ist das Tor anzuerkennen. Der Spieler, von welchem der Puck abgelenkt wurde, gilt als Torschütze. Das Tor ist nicht gültig, wenn der Puck in das Tor gekickt, geworfen oder auf irgendeine andere Weise als mit dem Stock absichtlich in das Tor gelenkt wurde.

e) Ein Tor ist nicht gültig, wenn der Puck von einem Offiziellen direkt in das Tor abgelenkt wurde.

f) Falls ein Spieler rechtmäßig einen Puck in den Torraum der gegnerischen Mannschaft befördert und dann den Puck verliert, der aber von einem Mitspieler der angreifenden Mannschaft aufgenommen werden kann, ist ein auf diese Weise erzieltes Tor gültig.

g) Falls sich der Puck im Torraum befindet, darf ein Spieler der angreifenden Mannschaft nicht auf der Torraumlinie oder im Torraum stehen oder seinen Stock im Torraum halten, und wenn der Puck unter solchen Umständen in das Tor eindringt (Absatz h) dieser Regel ausgenommen), wird ein Tor nicht anerkannt, und der Puck muß in der neutralen Zone an dem Anspielpunkt angespielt werden, welcher der Angriffszone der sich verfehlenden Mannschaft am nächsten liegt.

h) Wenn ein Spieler der angreifenden Mannschaft körperlich von einem verteidigenden Spieler so behindert wird, daß dieser sich im Torraum befindet, und der Puck dringt in das Tor ein, während der behinderte Spieler noch im Torraum ist, so ist das Tor gültig, außer der betreffende Spieler hatte nach Ansicht des Schiedsrichters genügend Zeit, um den Torraum zu verlassen, geht aber aus eigenem Antrieb dort.

i) Jedes Tor, das nicht den offiziellen Regeln entsprechend erzielt wurde, ist nicht gültig.

j) Ein Tor muß dem Spieler gutgeschrieben werden, der den Puck in das gegnerische Tor hineingespielt hat. Jedes Tor gilt als 1 Punkt im Register der Torschützen.

k) Wenn ein Spieler ein Tor erzielt, kann der Spieler oder können die Spieler, die unmittelbar vor Erzielung des Tores an der Spielphase teilgenommen hatten, als Mithelfer anerkannt werden. Es können jedoch nie mehr als zwei Spieler bei einem erzielten Tor bezeichnet werden. Jeder Mithelfer erhält dann einen Punkt im Torschützenregister zugesprochen.

l) Nur 1 Punkt kann jedem Spieler für 1 Tor gutgeschrieben werden.

Regel 614 – Spielen des Pucks mit der Hand

a) Kein Spieler (außer der Torhüter) darf den Puck in seiner Hand einschließen.

b) Ein Torhüter darf nicht:
1. den Puck länger als drei (3) Sekunden in der Hand (Händen) halten, oder so festhalten, daß der Schiedsrichter das Spiel unterbrechen muß, oder
2. den Puck vorwärts gegen das gegnerische Tor werfen und ein Mitspieler spielt den Puck, oder
3. absichtlich den Puck im Beinschützer verschwinden lassen, oder auf das Tornetz befördern.

c) Für die Verletzung dieser Regel bekommt der sich verfehlende Spieler eine kleine Strafe.

d) Kein verteidigender Spieler, außer der Tormann, darf den Puck mit den Händen vom Eis aufheben.
Für die Verletzung dieser Regel muß der Spieler mit einer kleinen Strafe bestraft werden. Wenn sich bei diesem Vergehen der Puck im Torraum befand, muß unverzüglich ein Strafschuß der sich nicht verfehlenden Mannschaft zuerkannt werden.

e) Ein Spieler darf den Puck in der Luft mit der offenen Hand anhalten oder schlagen oder ihn auf dem Eis mit der Hand schieben, ohne daß das Spiel unterbrochen wird, es sei denn, der betreffende Spieler hat nach Ansicht des Schiedsrichters den Puck absichtlich einem Mitspieler zugespielt. In diesem Fall ist das Spiel zu unterbrechen, und der Einwurf erfolgt am Ort des Vergehens. Wenn dieser Verstoß gegen die Regel von einem angreifenden Spieler in seiner Angriffszone begangen wird, muß der Einwurf an dem nächsten Punkt der neutralen Zone erfolgen.

Regel 615 – Hoher Stock

a) Es ist verboten, den Stock über die normale Schulterhöhe zu halten, und es liegt im Ermessen des Schiedsrichters, jedem Spieler, der gegen diese Regel verstößt, eine kleine Strafe aufzuerlegen.

b) Ein Tor, das mit einem über die Schultern erhobenen Stock erzielt wurde, gilt nicht, es sei denn, daß dies ein Spieler der verteidigenden Mannschaft war.

c) Wenn ein Spieler irgendeinen Teil seines Stockes über seine Schultern führt oder hält, so daß irgendein Gegner im Gesicht oder am Kopfe verletzt wird, hat der Schiedsrichter keine andere Möglichkeit, als dem sich verfehlenden Spieler eine große Strafe aufzuerlegen.

d) Das Schlagen des Pucks mit dem Stock über der normalen Schulterhöhe ist verboten, und falls dies vorkommt, ist das Spiel zu unterbrechen, und der nachfolgende Einwurf ist dort vorzunehmen, wo das Vergehen sich ereignet, es sei denn, daß
1. der Puck einem Gegner zugeschlagen wird, in welchem Falle das Spiel fortgesetzt wird, oder
2. ein verteidigender Spieler den Puck in sein eigenes Tor schlägt, in welchem Falle das Tor gilt.
3. Wenn ein angreifender Spieler in der Angriffszone einen Regelverstoß begeht, wird der Einwurf beim nächsten Anspielpunkt in der neutralen Zone durchgeführt.

Regel 616 – Halten eines Gegners

Eine kleine Strafe ist jedem Spieler aufzuerlegen, der einen Gegner mit seinen Händen, seinem Stock oder auf irgendeine andere Weise festhält.

Regel 617 – Mit dem Stock haken

a) Eine kleine Strafe ist jedem Spieler aufzuerlegen, der das Vorwärtskommen eines Gegners durch Haken mit seinem Stock unterbindet oder zu unterbinden sucht.

b) Eine große Strafe ist jedem Spieler aufzuerlegen, der einen Gegner durch Haken mit dem Stock verletzt.

c) Wenn ein Spieler, der den Puck in der gegnerischen Hälfte jenseits der roten Mittellinie führt und als Gegner nur noch den Torhüter zu passieren hat, mit dem Stock gehakt oder sonstwie von hinten gefoult wird und dadurch eine aussichtsreiche Situation für die Erzielung eines Tores einbüßt, so muß in diesem Fall der sich nicht verfehlenden Mannschaft ein Strafschuß zugesprochen werden. Der Schiedsrichter darf jedoch das Spiel erst unterbrechen, nachdem die angreifende Mannschaft den Besitz des Pucks an die verteidigende Mannschaft verloren hat.

d) Wenn, nachdem der gegnerische Torhüter vom Eis genommen wurde, ein Spieler, welcher den Puck führt, mit dem Stock gehakt oder anderweitig gefoult wird, und zwar ohne Gegner zwischen sich und dem gegnerischen Tor, wodurch eine aussichtsreiche Torsituation verhindert wird, muß der Schiedsrichter sofort das Spiel unterbrechen und der angreifenden Mannschaft ein Tor zuerkennen.

Regel 618 – Unerlaubter Weitschuß des Pucks

a) Für die Anwendung dieser Regel wird die Eisfläche durch die Mittellinie in zwei Hälften geteilt. Wenn ein Spieler einer Mannschaft, die gleiche zahlenmäßige Spielstärke hat oder zahlenmäßig stärker als die gegnerische Mannschaft ist, den Puck aus ihrer eigenen Spielhälfte über die Torlinie der gegnerischen Mannschaft hinausschießt, schlägt oder ablenkt, und wenn der Puck von einem anderen verteidigenden Spieler als dem Torhüter zuerst berührt wird, dann muß das Spiel unterbrochen werden und der Puck am Endanspielpunkt, der von der letzten Berührung mit dem Puck durch die sich verfehlenden Mannschaft eingeworfen werden, ausgenommen der Puck dringt in das Tor der gegnerischen Mannschaft ein, in welch letzterem Fall das Tor gültig ist.
Für die Anwendung dieser Regel ist der Punkt der letzten Berührung mit dem Puck durch die im Besitz des Pucks

befindliche Mannschaft für die Feststellung maßgebend, ob ein unerlaubter Weitschuß vorliegt oder nicht.

b) Wenn ein Spieler der den Puck schießenden Mannschaft »diesseits« steht und in der Lage ist, den Puck zu spielen, als erster ihn berührt, dann muß das Spiel fortgesetzt und »unerlaubter Weitschuß« wird nicht gegeben.

c) Wird der Puck von einem Spieler geschossen, dessen Mannschaft zahlenmäßig der gegnerischen Mannschaft unterlegen ist, so muß das Spiel fortgesetzt und »unerlaubter Weitschuß« wird nicht gegeben.

d) Wenn jedoch der Puck über die Torlinie in der gegnerischen Spielhälfte direkt von einem der Spieler ausgeht, der an einem Einwurf teilnimmt, so gilt dies nicht als Verstoß gegen diese Regel.

e) Wenn nach Ansicht des Linienrichters ein Spieler der gegnerischen Mannschaft (der Torhüter ausgenommen) in der Lage ist, den Puck zu spielen, bevor dieser seine Torlinie passiert, dies jedoch nicht tut, wird kein unerlaubter Weitschuß gegeben, und das Spiel geht ohne Unterbrechung weiter. Wenn nach Ansicht des Schiedsrichters die verteidigende Mannschaft es absichtlich unterläßt, den Puck sogleich zu spielen, wenn sie dazu in der Lage ist, so muß der Schiedsrichter das Spiel unterbrechen und einen Einwurf am Endzonen-Anspielpunkt anordnen, der dem Tor der sich verfehlenden Mannschaft am nächsten liegt.

f) Wenn der Puck irgendeinen Teil eines Spielers der gegnerischen Mannschaft, seine Schlittschuhe oder seinen Stock berührt, oder wenn der Puck einen Teil des Torraumes durchquert, bevor er die Torlinie erreicht hat, oder den Torhüter berührt hat, oder seine Schlittschuhe, oder seinen Stock, bevor oder nachdem er die Torlinie überschreitet, kann nicht auf »unerlaubten Weitschuß« erkannt werden und das Spiel geht ohne Unterbrechung weiter.

g) Sollte der Linienrichter irrtümlich einen Verstoß wegen »unerlaubten Weitschusses des Pucks« (ungeachtet, ob eine der Mannschaften in der Minderheit ist) gepfiffen haben, so muß der Puck auf dem Anspielpunkt in der Mitte des Spielfeldes eingeworfen werden.

Regel 619 – Behinderung

a) Eine kleine Strafe muß einem Spieler auferlegt werden, der das Vorwärtskommen eines Gegners, der sich nicht im Besitze des Pucks befindet, behindert oder unterbindet oder der absichtlich den Stock aus der Hand des Gegners schlägt oder der einen Spieler, der seinen Stock oder einen sonstigen Ausrüstungsgegenstand fallen gelassen, daran hindert, sich wieder in den Besitz desselben zu bringen, oder der irgendwelche zerbrochenen Stöcke, Scheibe oder sonstige Gegenstände auf den gegnerischen Puck-Spieler zuschlägt oder schießt, auf eine Weise, die ihn stören und verwirren könnte. (Vergleiche auch Regel 635a) – Stockwurf –)

b) Eine kleine Strafe ist jedem Spieler aufzuerlegen, der sich auf der Spieler- oder Strafbank befindet und mit seinem Stock oder seinem Körper die Bewegungen des Pucks oder eines Gegners auf dem Eis während des Spieles behindert.

c) Eine kleine Strafe ist jedem Spieler aufzuerlegen, der mit seinem Stock oder Körper die Bewegungen eines Torhüters in dessen Torraum behindert oder unterbindet, wenn der Puck nicht bereits im Torraum ist.

d) Wenn der Torhüter bereits von der Eisfläche genommen wurde und irgendein Spieler seiner Mannschaft (einschließlich Torhüter) sich illegal auf der Eisfläche befindet, einschließlich irgendeines Teamoffiziellen, und mit seinem Kör-

per oder Stock oder einem sonstigen Gegenstand die Bewegungen des Pucks oder eines gegnerischen Spielers auf der Eisfläche behindert, muß der Schiedsrichter unverzüglich der sich nicht verfehlenden Mannschaft ein Tor zuerkennen.

e) Wenn ein Spieler, der den Puck jenseits der roten Mittellinie in der gegnerischen Spielhälfte führt und keinen anderen Gegner als den Torhüter noch vor sich sieht, mit einem Stock oder einem Teil davon oder einem sonstigen Gegenstand behindert wird, der von irgendeinem Spieler der verteidigenden Mannschaft einschließlich Teamoffiziellen geworfen oder geschossen wird, so muß der sich nicht verfehlenden Mannschaft ein Strafschuß zuerkannt werden.

Regel 620 – Behinderung durch Zuschauer

a) Im Falle, daß ein Spieler durch einen Zuschauer festgehalten oder behindert wird, muß der Schiedsrichter oder Linienrichter das Spiel anhalten. Wenn sich die Mannschaft des behinderten Spielers zu diesem Zeitpunkt im Besitze des Pucks befindet, soll vor einer Spielunterbrechung die Spielphase beendet werden. Der Puck muß an der Stelle eingeworfen werden, wo die Unterbrechung erfolgte.

b) Jedem Spieler, der mit einem Zuschauer eine Schlägerei hat, ist nach dem Ermessen des Schiedsrichters eine schwere Disziplinarstrafe aufzuerlegen, und der Schiedsrichter hat alle derartigen Verstöße den zuständigen Stellen zu melden.

c) Im Falle, daß Gegenstände auf das Eis geworfen werden, die den Spielfortgang behindern, muß der Schiedsrichter das Spiel anhalten und den Einwurf dort vornehmen, wo die Unterbrechung stattgefunden hat.

Regel 621 – Treten eines Spielers

Eine Matchstrafe muß jedem Spieler auferlegt werden, der einen anderen Spieler tritt oder zu treten versucht.

Regel 622 – Kicken des Pucks

Das Kicken des Pucks ist in allen Zonen erlaubt, jedoch kann kein Tor durch einen direkten Kick eines angreifenden Spielers erzielt werden, es sei denn, daß ein angreifender Spieler den Puck kickt und dieser wird durch irgendeinen verteidigenden Spieler (mit Ausnahme des Torhüters) in das Tor abgelenkt. Dieses Tor muß anerkannt werden.

Regel 623 – Verlassen der Spieler- oder Strafbank

a) Während einer Auseinandersetzung auf dem Eis darf kein Spieler zu irgendeiner Zeit die Spieler- oder Strafbank verlassen. Vor der Auseinandersetzung erfolgtes Auswechseln von Spielern kann durchgeführt werden, unter der Bedingung, daß die Auswechselspieler sich nicht an der Auseinandersetzung beteiligen.

b) Dem ersten Spieler, welcher die Spieler- oder Strafbank während einer Auseinandersetzung verläßt, ist eine doppelte

257

kleine Strafe und eine Spieldauer-Disziplinarstrafe aufzuerlegen. Wenn Spieler beider Mannschaften ihre jeweiligen Bänke gleichzeitig verlassen, muß der erste erkennbare Spieler jeder Mannschaft nach den Bestimmungen dieser Regel bestraft werden.

c) Alle anderen Spieler (soweit sie nicht laut Absatz b) oben bestraft wurden), welche die Spielerbank während einer Auseinandersetzung verlassen, müssen eine Disziplinarstrafe erhalten, und zwar bis höchstens 5 Disziplinarstrafen pro Mannschaft entsprechend der Entscheidung des Schiedsrichters.

d) Spieler (soweit sie nicht unter b) oben fallen), welche die Spielerbank verlassen und sich eine kleine, große oder Disziplinarstrafe für ihre Handlungen zugezogen haben, müssen automatisch eine Spieldauer-Disziplinarstrafe erhalten.

e) Ausgenommen am Ende jedes Spieldrittels oder nach Verbüßung einer Strafe kann kein Spieler zu irgendeiner Zeit die Strafbank verlassen.

f) Ein bestrafter Spieler, der die Strafbank verläßt, egal ob das Spiel unterbrochen ist oder nicht, bevor seine Strafzeit abgelaufen ist, muß

1. eine kleine Strafe (außer Regel g) unten) zusätzlich zu seiner noch laufenden Strafe auferlegt bekommen.
2. Wenn der Regelverstoß sich in einer Spielunterbrechung zugetragen hat und in einer Auseinandersetzung hat stattgefunden, so muß zur kleinen Strafe zusätzlich eine Spieldauer-Disziplinarstrafe ausgesprochen werden.
3. Wenn ein unter der Regel 623b) wie oben bestrafter Spieler, als der erste Spieler von der Spieler- oder Strafbank kommt, wird unter Regel 623f) (1. + 2. Absatz) keine weitere Strafe ausgesprochen.

g) Wenn ein Spieler die Strafbank verläßt, bevor die Strafe voll verbüßt ist, hat der Strafzeitnehmer die Zeit zu notieren und den Schiedsrichter bei der ersten Spielunterbrechung zu verständigen. Wenn der Spieler infolge eines Irrtums des Strafzeitnehmers vorzeitig auf das Eis zurückkehrt, wird ihm keine zusätzliche Strafe auferlegt, doch muß er seine noch unbeendete Strafe voll absitzen.

h) Wenn ein Spieler regelwidrig von seiner eigenen Spielbank oder von der Strafbank als Folge eines Irrtums von ihm oder eines Irrtums des Strafzeitnehmers in das Spiel eintritt, ist jedes Tor ungültig, das von seiner eigenen Mannschaft während der Zeit erzielt wurde, in der er regelwidrig auf dem Eis war. Jedoch alle Strafen, die beiden Mannschaften auferlegt waren, sind als reguläre Strafen zu verbüßen.

i) Wenn ein Spieler im Besitze des Pucks sich in einer Position befindet, in der er keinen Gegner zwischen sich und dem gegnerischen Torhüter hat, und er wird in dieser Stellung durch einen Spieler der gegnerischen Mannschaft, der regelwidrig das Spielfeld betreten hat, behindert, dann muß ihm ein Strafschuß zuerkannt werden.

j) Wenn, falls der gegnerische Torhüter vom Eis genommen wurde, ein Spieler der Mannschaft, welche das unbesetzte Tor angreift, von einem Spieler behindert wird, der das Spielfeld regelwidrig betreten hat, muß der Schiedsrichter unverzüglich der sich nicht verfehlenden Mannschaft ein Tor zuerkennen.

k) Jeder Teamoffizielle, der sich ohne Erlaubnis des Schiedsrichters während irgendeines Spieldrittels auf das Eis begibt, muß eine Spieldauer-Disziplinarstrafe auferlegt bekommen.

Regel 624 – Belästigung von Offiziellen

a) Jeder Spieler, der einen Schiedsrichter, Linienrichter oder Spieloffiziellen mit seiner Hand oder seinem Stock berührt oder festhält, oder solchem Offiziellen das Bein stellt oder den Körper checkt, muß nach dem Ermessen des Schiedsrichters mit einer Disziplinarstrafe, Spieldauer-Disziplinarstrafe oder schweren Disziplinarstrafe belegt werden.

b) Jeder Teamoffizielle, der einen Schiedsrichter festhält oder schlägt, muß mit einer schweren Disziplinarstrafe belegt werden.

Regel 625 – Abseits (Off-Sides)

a) Spieler der angreifenden Mannschaft können dem Puck nicht in die Angriffszone vorausgehen.

b) Bei einer Verletzung dieser Regel wird das Spiel unterbrochen und ein Einwurf erfolgt.
Wenn der Puck von einem Mitspieler über die blaue Linie geführt wurde zum Zeitpunkt des Vergehens, so wird der Einwurf am nächsten Anspielpunkt in der neutralen Zone durchgeführt. Wenn es aber ein Paß war, oder ein Schuß über die blaue Linie, so wird der Einwurf an der Stelle vorgenommen, von wo der Paß bzw. der Schuß erfolgte.

c) Die Stellung der Schlittschuhe des Spielers und nicht die des Stockes sind der entscheidende Faktor für eine Abseitsentscheidung. Ein Spieler ist abseits, wenn er mit beiden Schlittschuhen die blaue Linie in der Angriffshälfte vollkommen überschritten hat.

d) Wenn jedoch, obwohl der Spieler der angreifenden Mannschaft vor dem Puck in die Angriffszone kam und der Puck wird von einem verteidigenden Spieler auf der blauen Linie oder in deren Nähe abgefangen und wird in die neutrale Zone gepaßt oder geführt, so wird kein Abseits gepfiffen und das Spiel geht weiter.
Die Schiedsrichter müssen bei dieser Situation wie bei einer angezeigten Strafe vorgehen (verzögerter Pfiff).

e) Wenn ein Spieler den Puck regelrecht in die eigene Verteidigungszone führt oder paßt, während ein gegnerischer Spieler in dieser Zone ist, so wird nicht Abseits gepfiffen und das Spiel geht weiter (kein verzögerter Pfiff).

f) Wenn nach Ansicht des Linienrichter ein Spieler absichtlich ein Abseits verursacht hat, so wird der Einwurf am Endanspielpunkt in der Verteidigungszone der sich verfehlenden Mannschaft gemacht.

Regel 626 – Paß

a) Der Puck kann durch jeden Spieler zu einem anderen Spieler der gleichen Mannschaft innerhalb jeder der drei Zonen, in welche die Eisfläche aufgeteilt ist, gepaßt werden.
Kein Spieler kann aus der Verteidigungszone einen Paß zu einem Mitspieler geben, der sich über die rote Mittellinie befindet, es sei denn, der Puck hat vor dem Mitspieler die rote Mittellinie überquert.

b) Bei der Verletzung dieser Regel wird das Spiel unterbrochen. Der Einwurf wird am Ort der Paßabgabe oder an einem der naheliegenden Anspielpunkte durchgeführt.

c) Wenn der Puck der gepaßt wurde, eines Spielers Körper Stock oder Schlittschuh berührt, zwischen dem paßabgebenden Spieler in der Verteidigungszone und der roten Mittellinie, erlöscht ein Vergehen unter dieser Regel.

d) Wenn sich ein Linienrichter bei der Entscheidung über einen Abseitspaß irrt, so muß der darauffolgende Einwurf am Mittelanspielpunkt erfolgen.

e) Wenn ein Spieler aus der gleichen Zone, von welcher der Paß gemacht wurde, dem Puck in die anschließenden Zonen folgt, kann er den Puck in jener Zone aufnehmen, ausgenommen, wenn die Regel des »unerlaubten Weitschusses« zur Anwendung kommt.

f) Wenn ein angreifender Spieler den Puck rückwärts von der Angriffszone gegen sein eigenes Tor paßt, kann ein Gegner den Puck überall aufnehmen, ohne Rücksicht, ob er (der Gegner) zu dem Zeitpunkt der Paßabgabe in der gleichen Zone war oder nicht. Gilt nicht bei »slow whistle« (angezeigtes beobachtetes Offside).

Regel 627 – Puck außerhalb des Spielfeldes oder unspielbar

a) Wenn der Puck das Spielfeld an einem Ende oder in einer der Spielfeldhälften verläßt oder hinderliche Gegenstände über der Spielfläche außer Banden, Glas oder Draht berührt, ist der Einwurf dort vorzunehmen, wo der Puck geschossen oder abgelenkt wurde, außer wenn die Regeln etwas anderes vorschreiben.

b) Wenn sich der Puck auf der Außenseite eines Tores im Netz verfängt und dadurch nicht spielbar ist oder wenn er absichtlich oder sonstwie durch gegnerische Spieler gegen das Tor blockiert wird, hat der Schiedsrichter das Spiel zu unterbrechen und am nächsten Endanspielpunkt in der betreffenden Zone einzuwerfen, sofern nicht nach Ansicht des Schiedsrichters die Spielunterbrechung durch einen Spieler der angreifenden Mannschaft herbeigeführt wurde: in einem solchen Fall ist der Einwurf in der neutralen Zone vorzunehmen.

c) Eine kleine Strafe muß einem Torhüter auferlegt werden, der den Puck absichtlich auf das Tornetz befördert, um eine Spielunterbrechung herbeizuführen.

d) Wenn der Puck oben auf den Banden liegenbleibt, die das Spielfeld umgeben, so gilt der Puck als noch im Spiel befindlich, und er kann regelrecht mit der Hand oder dem Stock gespielt werden.

Regel 628 – Der Puck muß in Bewegung gehalten werden.

a) Der Puck ist stets in Bewegung zu halten.

b) Außer wenn der Puck einmal hinter ihr Tor geführt werden soll, muß die in ihrer eigenen Verteidigungszone im Besitze des Pucks befindliche Mannschaft den Puck auf das gegnerische Tor hin vorwärts bringen, außer dann, daß sie daran durch Spieler der gegnerischen Mannschaft gehindert wird. Bei dem ersten Verstoß gegen diese Regel muß das Spiel unterbrochen und ein Einwurf am nächsten Endanspielpunkt bei dem Tor der Mannschaft vorgenommen werden, welche die Unterbrechung verursachte, und der Schiedsrichter muß den Kapitän der sich verfehlenden Mannschaft auf den Grund des

Einwurfs aufmerksam machen. Bei einem zweiten Verstoß durch einen Spieler der gleichen Mannschaft während des gleichen Spieldrittels muß dem die Regel verletzenden Spieler eine kleine Strafe auferlegt werden.

c) Eine kleine Strafe ist jedem Spieler (Torhüter eingeschlossen) aufzuerlegen, der den Puck mit seinem Stock, seinen Schlittschuhen oder seinem Körper längs der Banden in solcher Weise hält, befördert oder spielt, daß dadurch eine Spielunterbrechung hervorgerufen wird, es sei denn, daß er bei dieser Gelegenheit von einem Gegner tatsächlich behindert wird.

d) Ein Spieler außerhalb seiner Verteidigungszone darf den Puck nicht rückwärts in seine eigene Verteidigungszone führen oder passen mit der Absicht, das Spiel zu verzögern; ausgenommen ist der Fall, wenn seine Mannschaft auf dem Eis zahlenmäßig schwächer als die gegnerische Mannschaft ist.

e) Bei einem Verstoß gegen diese Regel hat der Einwurf am nächsten Endanspielpunkt in der Verteidigungszone der sich verfehlenden Mannschaft zu erfolgen.

Regel 629 – Puck außer Sicht und regelwidriger Puck

a) Bei einem Handgemenge oder wenn ein Spieler zufällig auf den Puck fällt und der Puck somit dem Schiedsrichter außer Sicht kommt, muß er das Spiel sofort anhalten. Der Einwurf ist dann dort vorzunehmen, wo das Spiel unterbrochen wurde, außer die Regeln schreiben etwas anderes vor.

b) Wenn zu irgendeiner Zeit während des Spielverlaufs außer dem regelgerechten Puck ein weiterer Puck auf dem Spielfeld erscheint, ist das Spiel nicht zu unterbrechen, sondern es ist mit dem regelgerechten Puck solange weiterzuspielen, bis die Spielphase beendet ist.

Regel 630 – Berühren eines Schiedsrichters durch den Puck

Das Spiel ist nicht zu unterbrechen, wenn der Puck irgendwo auf dem Spielfeld einen Schiedsrichter oder Linienrichter berührt, und zwar ohne Rücksicht darauf, ob eine Mannschaft zahlenmäßig schwächer ist oder nicht. Diese Regel gilt nicht, wenn der so abgelenkte Puck in das Tor geht. In diesem Falle wird der Einwurf am nächsten Endanspielpunkt gemacht.

Regel 631 – Spielverweigerung

a) Falls, wenn beide Mannschaften auf dem Eis sind, sich eine Mannschaft aus irgendeinem Grund weigert zu spielen, obwohl sie vom Schiedsrichter dazu aufgefordert wird, dann muß der Schiedsrichter den Kapitän darauf aufmerksam machen und der sich weigernden Mannschaft 30 Sekunden gewähren, um das Spiel innerhalb dieser Zeitspanne zu beginnen oder weiterzuspielen. Wenn nach Ablauf dieser Frist sich die Mannschaft noch weigert zu spielen, muß der Schiedsrichter der sich verfehlenden Mannschaft eine kleine Bankstrafe auferlegen, und der Vorfall ist den zuständigen Verbandsstellen zur weiteren Behandlung zu melden. Sollte sich der gleiche Vorfall wiederholfen, dann bleibt dem Schiedsrichter keine andere Möglichkeit, als das Spiel für die sich nicht verfehlende Mannschaft als gewonnen zu erklären, und der Vorfall ist den zuständigen Verbandsstellen zur weiteren Behandlung zu melden.

b) Wenn eine Mannschaft nach Aufforderung des Schiedsrichters über ihren Kapitän, Manager oder Trainer es unterläßt, auf das Eis zu gehen und innerhalb von zwei Minuten das Spiel zu beginnen, gilt das Spiel für die betreffende Mannschaft als verloren, und der Vorfall ist den zuständigen Verbandsstellen zur weiteren Behandlung zu melden.

Regel 632 – Grobes Schlagen mit dem Stock

a) Nach dem Ermessen des Schiedsrichters muß eine kleine oder große Strafe jedem Spieler auferlegt werden, der das Vorwärtskommen eines Gegners durch grobes Schlagen mit einem Stock unterbindet oder zu unterbinden versucht.

b) Eine große Strafe muß jedem Spieler auferlegt werden, der einen Gegner durch grobes Schlagen mit dem Stock verletzt.

c) Jedem Spieler, der im Verlauf einer Streiterei seinen Stock gegen einen anderen Spieler schwingt, muß eine große oder Matchstrafe auferlegt werden.

Regel 633 – Stockstich und Stockendenstoß

a) Eine kleine oder große Strafe muß jedem Spieler auferlegt werden, der stocksticht oder stockendenstößt, oder dies bei einem Gegenspieler versucht. Wenn unter dieser Regel eine Strafe ausgesprochen wird, so bekommt der sich verfehlende Spieler automatisch zusätzlich eine Disziplinarstrafe auferlegt.

b) Wenn das Stechen mit der Stockspitze oder das Stoßen mit dem Stockende zu einer Verletzung führt, muß eine Matchstrafe auferlegt werden.

Regel 634 – Beginn des Spieles und der einzelnen Spieldrittel

a) Das Spiel wird zur festgesetzten Zeit durch einen Einwurf in der Mitte des Spielfeldes begonnen und soll nach Ablauf jeder Pause in der gleichen Weise wieder aufgenommen werden.

b) Die Heimmannschaften haben das Recht, das Tor zu wählen, welches sie zu Beginn des Spieles verteidigen wollen; hiervon ausgenommen sind Spiele, wo beide Spielerbänke sich auf der gleichen Spielhälfte befinden; in solchen Fällen soll die Heimmannschaft bei Spielbeginn das Tor verteidigen, das ihrer eigenen Spielerbank am nächsten liegt. Die Mannschaften sollen für jedes reguläre Spieldrittel oder für jede Verlängerung die Plätze wechseln.

c) Während der Aufwärmzeit vor dem Spiel (die 20 Minuten nicht überschreiten darf) vor Wiederaufnahme in jedem Spieldrittel hat jede Mannschaft das Spiel auf die eigene Spielhälfte zu beschränken, um eine 10 m große Zone in der Mitte der neutralen Zone freizulassen.

d) 15 Minuten vor der für den Spielbeginn festgesetzten Zeit haben beide Mannschaften die Eisfläche zu räumen und in ihre Garderobe zu gehen, damit das Eis aufbereitet werden kann. Der Spielzeitnehmer hat beide Mannschaften zu verständigen, rechtzeitig zum festgesetzten Spielbeginn zusammen auf das Eis zurückzukehren.

Regel 635 – Stockwurf

a) Wenn irgendein Spieler oder Teamoffizieller der verteidigenden Mannschaft absichtlich einen Stock oder einen Teil desselben, oder irgendeinen Gegenstand in die Richtung des Pucks in seiner Verteidigungszone wirft, muß der Schiedsrichter die Spielphase beenden lassen, und wenn kein Tor erzielt wird, muß der sich nicht verfehlenden Mannschaft ein Strafschuß zugesprochen werden. Dieser Schuß ist von dem Spieler auszuführen, den der Schiedsrichter als den gefoulten Spieler bezeichnet.

b) Eine große Strafe ist jedem Spieler auf dem Eis aufzuerlegen, der seinen Stock oder einenTeil desselben oder einen Gegenstand in Richtung des Pucks in irgendeine Zone wirft; ausgenommen ist der Fall, wenn eine solche Handlung bereits durch einen Strafschuß oder durch Zuerkennung eines Tores bestraft worden ist oder von der sich nicht verfehlenden Mannschaft ein Tor erzielt wurde.

c) Eine Disziplinarstrafe oder eine Spieldauer-Disziplinarstrafe ist nach dem Ermessen des Schiedsrichters einem Spieler aufzuerlegen, der seinen Stock oder irgendeinen Teil desselben innerhalb oder aus dem Spielfeld wirft, es sei denn, daß der Spieler schon bestraft wurde nach Regel 635a) oder b). Wird der Verstoß als Zeichen des Protestes gemacht, bekommt der sich verfehlende Spieler eine Spieldauer-Disziplinarstrafe.

Regel 636 – Spielzeit

a) Drei 20-Minuten-Spieldrittel effektiver Spielzeit mit einer Pause zwischen jedem Spieldrittel sind für jedes Spiel vorgeschrieben. Nach jeder Pause von 15 Minuten nach Schluß des vorhergegangen Spieldrittels ist das Spiel unverzüglich wieder aufzunehmen. Drei Minuten vor Wiederaufnahme jedes Spieldrittels hat der Spielzeitnehmer eine Voranzeige den Offiziellen und beiden Mannschaften zu geben, und die Endanzeige muß rechtzeitig gegeben werden, damit die Mannschaften das Spiel pünktlich wieder aufnehmen können.

Bei Spielen auf offenen Eisbahnen müssen die Mannschaften die Plätze in der Mitte des dritten Spieldrittels oder des Verlängerungsabschnittes wechseln. Den Torhütern darf nicht erlaubt werden, sich zur Spielerbank zu begeben, ausgenommen, um sich auswechseln zu lassen. Für die Verletzung dieser Regel muß eine kleine Strafe auferlegt werden.

b) Die Mannschaft, welche während der drei 20-Minuten-Spieldrittel die meisten Tore erzielt, ist der Sieger, und ihr werden zwei Punkte gutgeschrieben.

c) In den Pausen zwischen den Spieldritteln muß die Eisfläche aufbereitet werden, außer die Mannschaften treffen eine andere, gegenseitige Regelung.

d) Wenn irgendeine ungewöhnliche Verzögerung innerhalb der letzten 5 Minuten des ersten oder zweiten Spieldrittels eintritt, hat der Schiedsrichter das Recht, die nächstfolgende, reguläre Pause sofort beginnen zu lassen, und der Rest dieses Spieldrittels ist nach Wiederaufnahme des Spiels durch die beiden Mannschaften zu vollenden, ohne daß die Plätze gewechselt werden. Wenn die noch nicht abgelaufene Zeit des vorangegangenen Spieldrittels beendet ist, wechseln die Mannschaften die Spielfeldseiten und setzen das Spiel unverzüglich mit dem folgenden Spieldrittel fort.

Regel 637 – Unentschiedenes Spiel

Grundsätzlich wird, wenn am Ende der drei regulären 20-Minuten-Spieldrittel die Anzahl der erzielten Tore beider Mannschaften gleich sein sollte, der Ausgang des Spiels als »unentschieden« bezeichnet, wobei die Punkte unter den beiden Mannschaften geteilt werden. Diese Regel unterliegt den Vorschriften des I. E. H. V. oder der Landesverbände.

Regel 638 – Beinstellen

a) Eine kleine Strafe ist jedem Spieler aufzuerlegen, der seinen Stock, sein Knie, seinen Fuß, seinen Arm, seine Hand oder seinen Ellbogen in einer solchen Art benutzt, daß er seinen Gegner zum Stolpern oder zum Fallen bringt.

b) Wenn ein Spieler nach der roten Mittellinie in der gegnerischen Hälfte den Puck unter Kontrolle hat und keine weiteren gegnerischen Spieler mehr zu umspielen hat als den Torhüter, von hinten das Bein gestellt oder er auf andere Weise von hinten gefoult wird, wodurch er an einem klaren Schuß auf das Tor gehindert wird, muß der sich nicht verfehlenden Mannschaft ein Strafschuß zuerkannt werden. Trotzdem darf der Schiedsrichter das Spiel so lange nicht unterbrechen, bis die angreifende Mannschaft die Kontrolle über den Puck an die verteidigende Mannschaft verloren hat.

c) Wenn der gegnerische Torhüter vom Eis genommen wurde und wenn einem Spieler, der den Puck unter Kontrolle hat, das Bein gestellt oder er auf andere Weise gefoult wird und sich zwischen ihm und dem gegnerischen Tor kein Gegner mehr befindet und ihm somit eine gute Gelegenheit verlorengeht, ein Tor zu schießen, muß der Schiedsrichter sofort das Spiel unterbrechen und der angreifenden Mannschaft ein Tor zuerkennen.

Übungsbeispiele

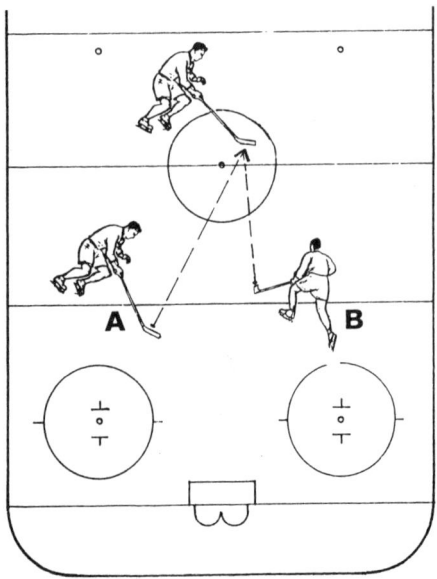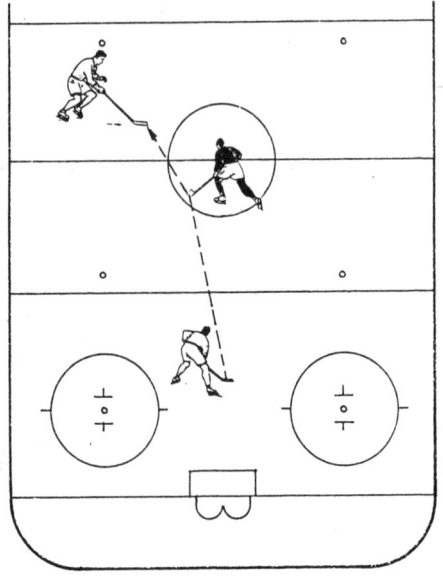

a: Beide Spieler befinden sich in der neutralen Zone, die Scheibe in der Verteidigungszone. Bei diesem Paß handelt es sich um einen unkorrekten (Zwei-Linien-Paß), da die Scheibe für die Abgabe und die Schlittschuhe für die Aufnahme des Passes maßgebend sind.

b: Die Scheibe und der den Paß aufnehmende Spieler befinden sich in der neutralen Zone; obwohl der abgebende Spieler in der Verteidigungszone ist, erfolgt ein korrektes Zuspiel.

Obwohl sich beide Spieler und die Scheibe in verschiedenen Dritteln befinden, ist dieses Zuspiel korrekt, und zwar deshalb, weil ein Spieler der gegnerischen Mannschaft die Scheibe noch berührt.

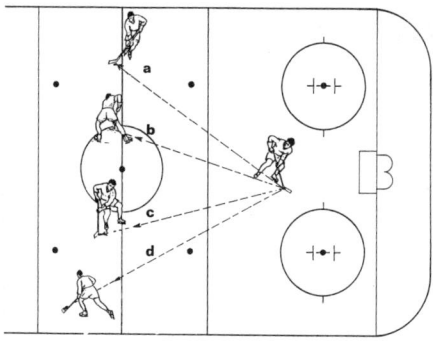

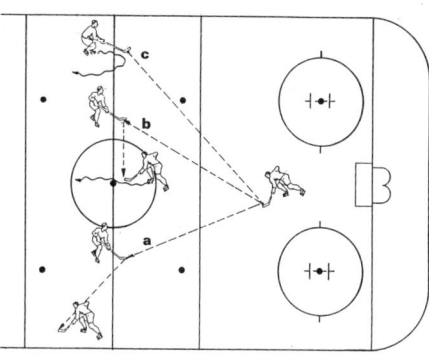

Das Zuspiel ist bei a, b, c korrekt.

a: Beide Spieler befinden sich in der eigenen Hälfte.

b: Der Spieler befindet sich noch mit einem Schlittschuh in der eigenen Hälfte.

c: Der den Paß aufnehmende Spieler ist mit einem Schlittschuh auf der roten Mittellinie, erst wenn er mit beiden Schlittschuhen über der Linie ist (d), ist das Zuspiel unkorrekt.

Bei allen drei Beispielen handelt es sich um ein korrektes Zuspiel.

a: Die Scheibe wird vor der roten Mittellinie angenommen und dann erst zu einem Mitspieler, der sich über der roten Mittellinie befindet, gepaßt.

b: Die Aufnahme der Scheibe erfolgt in der eigenen Spielhälfte, der Paß wird einem Mitspieler, der noch in der eigenen Hälfte ist, zugespielt, dieser überschreitet mit der Scheibe die Linie.

c: Die Scheibe wird in der eigenen Hälfte angenommen, der Spieler fährt in die eigene Spielhälfte zurück und überschreitet erst mit der Scheibe die rote Mittellinie.

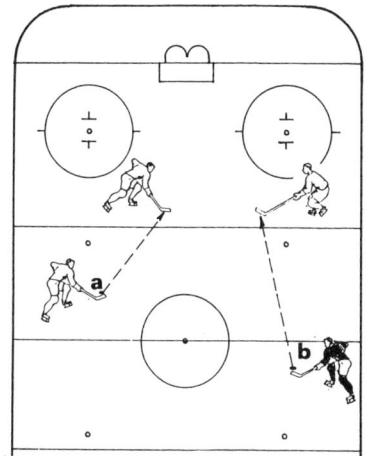

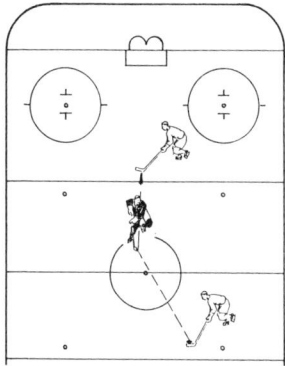

a: Hier ist ein klares Abseits gegeben, ein Spieler paßt seinem Mitspieler, der sich vor der Scheibe im Angriffsdrittel befindet, die Scheibe zu.

b: Kein Abseits, ein verteidigender Spieler paßt die Scheibe absichtlich in sein Verteidigungsdrittel; obwohl der Angreifer vor der Scheibe im Angriffsdrittel war, ist es kein Abseits.

Abseits: Der angreifende Spieler befindet sich vor der Scheibe im Angriffsdrittel, obwohl die Scheibe von einem Gegenspieler berührt wird, ist das Abseits nicht aufgehoben, nur absichtliches Führen oder Passen in die eigene Verteidigungszone hebt das Abseits auf.

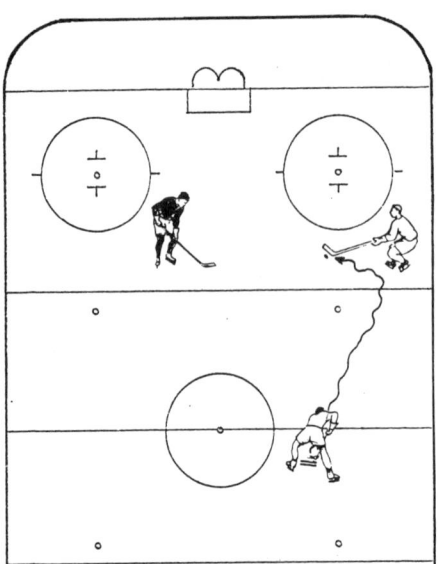

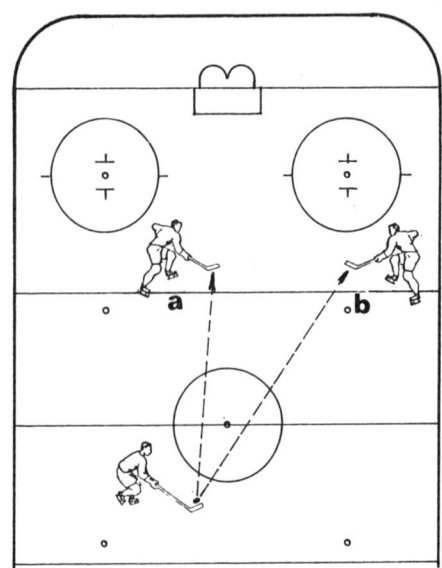

Kein Abseits, der verteidigende Spieler (weiß) fährt mit der Scheibe in sein eigenes Verteidigungsdrittel; obwohl der Angreifer vor der Scheibe im gegnerischen Drittel ist.

a: Kein Abseits, Spieler befindet sich mit einem Schlittschuh auf der Linie.
b: Kein Abseits, Spieler befindet sich mit einem Schlittschuh in der neutralen Zone.

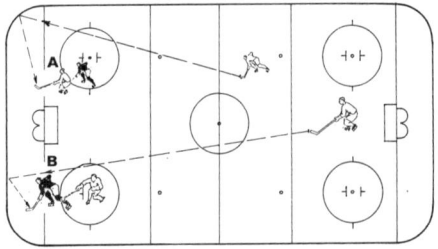

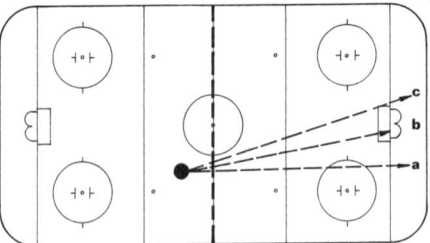

A: Kein unerlaubter Weitschuß – ein angreifender Spieler, der nach der Scheibe die rote Mittellinie überschritten hat, nimmt die Scheibe auf.
B: Unerlaubter Weitschuß – die Scheibe wird nach Überquerung der roten Torlinie von einem verteidigenden Spieler aufgenommen.

a: Nimmt ein Spieler der verteidigenden Mannschaft die Scheibe als erster an, muß auf unerlaubten Weitschuß erkannt werden.
b: Kein unerlaubter Weitschuß, sondern Tor; die Scheibe ist durch den Torraum in das Tor eingeschossen worden.
c: Kein unerlaubter Weitschuß – die Scheibe berührt den Torraum, bevor sie die rote Torlinie überquert.

Gesamt-Programm

Hobby

Aquarellmalerei leicht gemacht. (5099) Von Thomas Hinz, 64 S., 79 Farbfotos, Pappband.
DM/Fr 12.80
S 98,–

Naive Malerei leicht gemacht. (5083) Von Felizitas Krettek, 64 S., 76 Farbfotos, Pappband.
DM/Fr 12.80
S 98,–

Ölmalerei leicht gemacht. (5073) Von Heiner Karsten, 64 S., 62 Farbfotos, Pappband.
DM/Fr 12.80
S 98,–

Zeichnen Sie mal – malen Sie mal (5095) Von Ferry Ahrlé und Volker Kühn, 112 S., 16 Farbtafeln, viele Zeichnungen, kartoniert.
DM/Fr 14.80
S 118,–

Bauernmalerei als Kunst und Hobby. (4057) Von Arbo Gast und Hannie Stegmüller, 128 S., 239 Farbfotos, 26 Riß-Zeichnungen, gebunden.
DM/Fr 36,–
S 288,–

Hobby-Bauernmalerei (0436) Von Senta Ramos und Jo Roszak, 80 S., 116 Farbfotos und 28 Motivvorlagen, kartoniert.
DM/Fr 19.80
S 158,–

Bauernmalerei – leicht gemacht. (5039) Von Senta Ramos, 64 S., 78 Farbfotos, Pappband.
DM/Fr 12.80
S 98,–

Glasmalerei als Kunst und Hobby. (4088) Von Felizitas Krettek und Suzanne Beeh-Lustenberger, 132 S., mit 182 Motivvorlagen, gebunden.
DM/Fr 39,–
S 312,–

Glasritzen – ein neues Hobby. (5109) Von Gerlind Mégroz, 64 S., 110 Farbfotos, 15 Zeichnungen, Pappband.
DM/Fr 14.80
S 118,–

Brandmalerei leicht gemacht. (5106) Von Klaus Reinhardt, 64 S., 68 Farbfotos, 23 Zeichnungen, Pappband.
DM/Fr 12.80
S 98,–

Töpfern als Kunst und Hobby. (4073) Von Johann Fricke, 132 S., 37 Farbfotos, 222 s/w-Fotos, gebunden.
DM/Fr 29.80
S 238,–

Arbeiten mit Ton (5048) Von Johann Fricke, 128 S., 15 Farbtafeln, 166 s/w-Fotos, kartoniert.
DM/Fr 14.80
S 118,–

Keramik kreativ gestalten (5072) Von Ewald Stark, 64 S., 117 Farbfotos, 2 Zeichnungen, Pappband.
DM/Fr 12.80
S 98,–

Fotografie – Das schöne als Ziel Zur Ästhetik und Psychologie der visuellen Wahrnehmung. (4122) Von Ewald Stark, 208 S., 252 Farbfotos, 63 Zeichnungen, Ganzleinen, mit vierfarbigem Schutzumschlag.
DM/Fr 78,–
S 624,–

Freude am Fotografieren Die neue praktische Fotoschule mit über 500 Farbfotos. (4127) Von der Fachredaktion Kodak, 312 S., über 500 Farbfotos, Pappband.
Subskript.
DM/Fr 39,–
S 320,–

So macht man bessere Fotos Das meistverkaufte Fotobuch der Welt. (0614) Von Martin L. Taylor, 192 S., 457 Farbfotos, 15 Abbildungen, kartoniert.
DM/Fr 14.80
S 118,–

Schöne Geschenke selber machen (4128) Von M. Kühnle, 128 S., 278 Farbfotos, 85 farbige Zeichnungen, mit vierfarbigem Schutzumschlag.
DM/Fr 39,–
S 320,–

Schöne Sachen Selbermachen 88 Ideen zum Modellieren und Verschenken. (5117) Von Evelyn Guder-Thelen, 64 S., 73 Farbfotos, Pappband.
DM/Fr 12.80
S 98,–

Modellieren mit selbsthärtendem Material. (5085) Von Klaus Reinhardt, 64 S., 93 Farbfotos, Pappband.
DM/Fr 12.80
S 98,–

Formen Gießen und Bemalen (0639) Von H. Berger, 32. S., 46 Farbfotos, Spiralbindung.
DM/Fr 6.80
S 55,–

Hobby Seidenmalerei (0611) Von Renate Henge, 88 S., 106 Farbfotos, 28 Zeichnungen, kartoniert.
DM/Fr 19.80
S 158,–

Hobby Holzschnitzen Von der Astholzfigur zur Vollplastik. (5101) Von Heinz-D. Wilden, 112 S., 16 Farbtafeln, 135 s/w-Fotos, kartoniert.
DM/Fr 14.80
S 118,–

Holzspielzeug selbst gebaut und bemalt. (5104) Von Mathias Kern, 64 S., 103 Farbfotos, 9 Zeichnungen, Pappband.
DM/Fr 12.80
S 98,–

Marionetten entwerfen · gestalten · führen. (5118) Von Axel Krause und Alfred Bayer, 64 S., 83 Farbfotos, 2 s/w-Fotos, 40 Zeichnungen, Pappband.
DM/Fr 14.80
S 118,–

Papiermachen ein neues Hobby. (5105) Von Ralf Weidenmüller, 64 S., 84 Farbfotos, 9 s/w-Fotos, 14 Zeichnungen, Pappband.
DM/Fr 14.80
S 118,–

Origami – die Kunst des Papierfaltens. (0280) Von Robert Harbin, 160 S., über 600 Zeichnungen, kartoniert.
DM/Fr 9.80
S 78,–

Phantasieblumen aus Strumpfgewebe, Tauchlack, Papier, Federn. (5091) Von Ruth Scholz-Peters, 64 S., 70 Farbfotos, Pappband.
DM/Fr 12.80
S 98,–

Kerzen und Wachsbilder gießen · modellieren · bemalen. (5108) Von Christa Riess, 64 S., 110 Farbfotos, Pappband.
DM/Fr 12.80
S 98,–

Zinngießen leicht gemacht. (5076) Von Käthi Knauth, 64 S., 85 Farbfotos, Pappband.
DM/Fr 12.80
S 98,–

Das Herbarium Pflanzen sammeln, bestimmen und pressen. Gestalten mit Blüten, Blättern und Gräsern. (5113) Von Ingrid Gabriel, 96 S., 140 Farbtafeln, 6 farbige Zeichnungen, Pappband.
DM/Fr 16.80
S 134,–

Hobby Trockenblumen Gewürzsträuße, Gestecke, Kränze, Buketts (0643) Von Rosemie Strobel-Schulze, ca. 80 S., ca. 150 Farbfotos, kartoniert, Voraussichtl. Erscheinungstermin: April '83
ca.*
DM/Fr 19.80
S 158,–

Trockenblumen und Gewürzsträuße (5084) Von Gabriele Vocke, 64 S., 63 Farbfotos, Pappband.
DM/Fr 12.80
S 98,–

Flechten mit Bast, Stroh und Peddigrohr. (5098) Von Hanne Hangleiter, 64 S., 47 Farbfotos, 76 Zeichnungen, Pappband.
DM/Fr 12.80
S 98,–

Schmuck und Objekte aus Metall und Email (5078) Von Johann Fricke, 120 S., 183 Abbildungen, kartoniert.
DM/Fr 16.80
S 134,–

Gestalten mit Glasperlen Fädeln · Stricken · Weben. (0640) Von A. Kähler, 32. S., 53 Farbfotos, Spiralbindung.
DM/Fr 6.80
S 55,–

Makramee als Kunst und Hobby. (4085) Von Eva Andersen, 128 S., 114 Farbfotos, 157 s/w-Fotos, gebunden.
DM/Fr 34,–
S 272,–

Postfach 1120 · D-6272 Niedernhausen/Ts. · Tel. 06127/3011-15 · Telex 04-186585 fves d

1

Makramee Knüpfarbeiten leicht gemacht. (5075) Von Birte Pröttel, 64 S., 95 Farbfotos, Pappband. — DM/Fr 12.80 / S 98,–

Häkeln und Makramee Techniken – Geräte – Arbeitsmuster. (0320) Von Dr. Marianne Stradal, 104 S., 191 Abbildungen und Schemata, kartoniert. — DM/Fr 6.80 / S 55,–

Selbstgestrickte Puppen Materialien und Arbeitsanleitungen (0638) Von B. Wehrle, 32 S., 20 Farbfotos, 24 Zeichnungen, Spiralbindung. — DM/Fr 6.80 / S 55,–

Falken-Handbuch Stricken Abc der Stricktechniken und Strickmuster in ausführlichen Schritt-für-Schritt-Bildfolgen. (4137) Von Maria Natter, 320 S., 32 Farbtafeln, über 800 Fotos und Zeichnungen, Pappband. Voraussichtl. Erscheinungstermin: April '83 — ca.* DM/Fr 28,– / S 220,–

Strick mit! Ein Kurs für Anfänger. (5094) Von Birte Pröttel, 120 S., 72 Farbfotos, 188 s/w-Abbildungen, kartoniert. — DM/Fr 14.80 / S 118,–

Restaurieren von Möbeln Stilkunde, Materialien, Techniken, Arbeitsanleitungen. (4120) Von Ellinor Schnaus-Lorey, 152 S., 418 Zeichnungen, s/w-und Farbfotos, gebunden, mit vierfarbigem Schutzumschlag. — DM/Fr 39,– / S 320,–

Stoff- und Kuscheltiere stricken, häkeln, nähen. (5090) Von Birte Pröttel, 64 S., 50 Farbfotos, Pappband. — DM/Fr 12.80 / S 98,–

Formen mit Backton trocknen · backen · bemalen · Neu: Töpfern ohne Brennofen. (0612) Von Angelika Köhler, 32 S., ca. 51 Farbfotos, Spiralbindung. — DM/Fr 6.80 / S 55,–

Hobby Salzteig (0662) Von Isolde Kiskalt, 80 S., ca. 120 Farbfotos, kartoniert. Voraussichtl. Erscheinungstermin: Februar '83 — ca.* DM/Fr 19.80 / S 158,–

Gestalten mit Salzteig Formen · Bemalen · Lackieren. (0613) Von Wolf-Ulrich Cropp, 32 S., 56 Farbfotos, 17 Zeichnungen. — DM/Fr 6.80 / S 55,–

Leder schneiden · prägen · besticken. (5125) Von Karl-Heinz Bühler, 64 S., ca. 90 Farbfotos und Zeichnungen, Pappband. — DM/Fr 14.80 / S 118,–

Gestalten mit Naturmaterialien Zweige, Kerne, Federn Muscheln und anderes (5128) Von I. Krohn, 64 S., 101 Farbfotos, 11 farbige Zeichnungen, Pappband. — DM/Fr 14.80 / S 118,–

Textiles Gestalten Spinnen · Weben · Stoffdruck · Batik · Nähen · Sticken. (5123) Von Johann Fricke, 136 S., 67 Farb- und 189 s/w-Fotos, 15 Zeichnungen, kartoniert. — DM/Fr 16.80 / S 134,–

Hobby Stoffdruck und Stoffmalerei (0555) Von Anneliese Ursin, 80 S., 68 Farbfotos, 68 Zeichnungen, kartoniert. — DM/Fr 19.80 / S 158,–

Stoffmalerei und Stoffdruck leicht gemacht. (5074) Von Heide Gehring, 64 S., 110 Farbfotos, Pappband. — DM/Fr 12.80 / S 98,–

Batik leicht gemacht. (5112) Von Arbo Gast, 64 S., 105 Farbfotos, Pappband. — DM/Fr 12.80 / S 98,–

Graphische Drucktechniken Holzschnitt · Radierung · Linolschnitt · Lithographie · Siebdruck (5126) Von J. Fricke, ca. 128 S., ca. 120 Fotos, Pappband. — ca.* DM/Fr 14.80 / S 118,–

Zugeschaut und mitgebaut Band 1 Helmut Scheuer im Hobby-Keller. (5031) Von Helmut Scheuer, 96 S., 218 Farb- und s/w-Fotos, kartoniert. — DM/Fr 14.80 / S 118,–

Zugeschaut und mitgebaut Band 3 Helmut Scheuer im Hobby-Keller. (5077) Von Hemut Scheuer, 120 S., 291 Farb- und s/w-Fotos, kartoniert. — DM/Fr 14.80 / S 118,–

Zugeschaut und mitgebaut Band 4 Helmut Scheuer im Hobby-Keller. (5093) Von Helmut Scheuer, 120 S., 122 Farb- und s/w-Abbildungen, kartoniert. — DM/Fr 14.80 / S 118,–

Falken-Handbuch Heimwerken Reparieren und selbermachen in Haus und Wohnung – über 1100 Farbfotos. Sonderteil: Praktisches Energiesparen. (4117) Von Thomas Pochert, 440 S., 1103 Farbfotos, 100 ein- und zweifarbige Abbildungen, Pappband. — DM/Fr 49,– / S 392,–

Möbel aufarbeiten, reparieren, pflegen (0386) Von Ellinor Schnaus-Lorey, 96 S., 28 Fotos und 101 Zeichnungen, kartoniert. — DM/Fr 6.80 / S 55,–

Mineralien und Steine erkennen und benennen. Farben · Formen · Fundorte. (0409) Von Rudolf Graubner, 136 S., 100 Farbfotos, kartoniert. — DM/Fr 14.80 / S 118,–

Findet den ersten Stein! Mineralien, Steine und Fossilien Grundkenntnisse für Hobbysammler. (0437) Von Dieter Stobbe, 96 S., 16 Farbtafeln, 14 s/w-Fotos, 10 Zeichnungen, kartoniert. — DM/Fr 9.80 / S 78,–

Der Verseschmied Kleiner Leitfaden für Hobbydichter. Mit Reimlexikon (0597) Von Theodor Parisius, 96 S., 28 Zeichnungen, kartoniert. — DM/Fr 7.80 / S 65,–

Briefmarken sammeln für Anfänger. (0481) Von Dieter Stein, 120 S., 4 Farbtafeln, 98 s/w-Abbildungen, kartoniert. — DM/Fr 7.80 / S 65,–

Münzen Ein Brevier für Sammler. (0353) Von Erhard Dehnke, 128 S., 4 Farbtafeln, 17 s/w-Abbildungen, kartoniert. — DM/Fr 9.80 / S 78,–

Papiergeld Ein Brevier für Sammler. (0501) Von Albert Pick, 116 S., 51 s/w-Fotos, kartoniert. — DM/Fr 9.80 / S 78,–

Astronomie als Hobby Sternbilder und Planeten erkennen und benennen. (0572) Von D. Block, 176 S., 16 Farbtafeln, 49 s/w-Fotos, 93 Zeichnungen, kartoniert. — DM/Fr 14.80 / S 118,–

Modellflug-Lexikon (0549) Von Werner Thies, 280 S., 98 s/w-Fotos, 234 Zeichnungen, Pappband. — DM/Fr 36,– / S 288,–

Flugmodelle bauen und einfliegen. (0361) Von Werner Thies und Willi Rolf, 160 S., 63 Abbildungen und 7 Faltpläne, kartoniert. — DM/Fr 12.80 / S 98,–

Ferngelenkte Motorflugmodelle bauen und fliegen. (0400) Von Werner Thies, 184 S., mit Zeichnungen und Detailplänen, kartoniert. — DM/Fr 12.80 / S 98,–

Das große Modell-Motorenbuch (0560) Von Roland Schwarz, 236 S., 142 s/w-Fotos, 120 Zeichnungen, kartoniert. — DM/Fr 29.50 / S 236,–

Ferngelenkte Segelflugmodelle bauen und fliegen. (0446) Von Werner Thies, 176 S., 22 s/w-Fotos, 115 Zeichnungen, kartoniert. — DM/Fr 14.80 / S 118,–

Schiffsmodelle selber bauen. (0500) Von Dietmar und Reinhard Lochner, 200 S., 93 Zeichnungen, 2 Faltpläne, kartoniert. — DM/Fr 14.80 / S 118,–

Moderne Fotopraxis Bildgestaltung · Aufnahmepraxis · Kameratechnik · Fotolexikon. (4030) Von Wolfgang Freihen, 304 S., davon 50 vierfarbig, gebunden. — DM/Fr 36,– / S 288,–

Falken-Handbuch Dunkelkammerpraxis Laboreinrichtung · Arbeitsabläufe · Fehlerkatalog. Mit den neuesten Farbentwicklungsverfahren. (4140) Von Bernd Bruns, Eugen Pauli, ca. 192 S., ca. 400 s/w-Fotos, ca. 90 Zeichnungen, Pappband. Voraussichtl. Erscheinungstermin: April '83 — ca.* DM/Fr 24.80 / S 198,–

Moderne Schmalfilmpraxis Ausrüstungen · Drehbuch · Aufnahme · Schnitt · Vertonung. (4043) Von Uwe Ney, 328 S., über 200 Abbildungen, gebunden. — DM/Fr 29.80 / S 238,–

Schmalfilmen Ausrüstung · Aufnahmepraxis · Schnitt · Ton. (0342) Von Uwe Ney, 108 S., 4 Farbtafeln, 25 s/w-Fotos, kartoniert. — DM/Fr 6.80 / S 55,–

Schmalfilme selbst vertonen (0593) Von Uwe Ney, 96 S., 57 s/w-Fotos, 14 Zeichnungen, kartoniert. — DM/Fr 9.80 / S 78,–

Falken-Handbuch Videofilmen Systeme, Kameras, Aufnahme, Ton und Schnitt. (4093) Von Peter Lanzendorf 288 S., 8 Farbtafeln, 165 s/w-Fotos, 25 Zeichnungen, gebunden. — DM/Fr 36,– / S 288,–

Falken-Handbuch Trickfilmen Flach-, Sach- und Zeichentrickfilme – von der Idee zur Ausführung. (4131) Von Heinz D. Wilden, ca. 160 S., ca. 200 Zeichnungen und Fotos, Pappband. Voraussichtlicher Erscheinungstermin: März '83 — DM/Fr 36,– / S 288,–

Gitarre spielen Ein Grundkurs für Unterricht. (0534) Von Atti Roßmann, 96 S., 1 Schallfolie, 150 Zeichnungen, durchgehend zweifarbig, kartoniert. — DM/Fr 19.80 / S 158,–

Sport

Die neue Tennis-Praxis Der individuelle Weg zu erfolgreichem Spiel. (4097) Von Richard Schönborn, 240 S., 202 Farbzeichnungen, gebunden. — DM/Fr 39,– / S 312,–

Erfolgreiche Tennis-Taktik (4086) Von Robert Ford Greene, übersetzt von Michael Rolf Fischer, 181 S., 87 Abbildungen, kartoniert. — DM/Fr 19,80 / S 158,–

Frust und Freud beim Tennis Psychologische Studien der Spielertypen und Verhaltensweisen. (4079) Von H. Cath, A. Kahn und N. Cobb, 176 S., gebunden. — DM/Fr 19,80 / S 158,–

Tennis Technik – Taktik – Regeln. (0375) Von Harald Elschenbroich, 112 S., 81 Abbildungen, kartoniert. — DM/Fr 6,80 / S 55,–

Squash Ausrüstung – Technik – Regeln. (0539) Von Dietrich von Horn und Hein-Dirk Stünitz, 96 S., 55 s/w-Fotos, 25 Zeichnungen, kartoniert. DM/Fr 8,80 S 70,–

Tennis kompakt Der erfolgreiche Weg zu Spiel, Satz und Sieg. (5116) Von Wilfried Taferner, 128 S., 82 s/w-Fotos, 67 Zeichnungen, kartoniert. DM/Fr 12,80 S 98,–

Golf Ausrüstung – Technik – Regeln. (0343) Von J.C. Jessop, übersetzt von Heinz Biemer, mit einem Vorwort von H. Krings, Präsident des Deutschen Golf-Verbandes, 160 S., 65 Abbildungen, Anhang Golfregeln des DGV, kartoniert. DM/Fr 16.80 S 134,–

Tischtennis modern gespielt mit TT-Quiz 17:21. (0363) Von Ossi Brucker und Tibor Harangozo, 120 S., 65 Abbildungen, kartoniert. DM/Fr 9.80 S 78,–

Basketball Technik und Übungen für Schule und Verein. (0279) Von Chris Kyriasogiou, 116 S., mit 252 Übungen zur Basketballtechnik, 186 s/w-Fotos und 164 Zeichnungen, kartoniert. DM/Fr 12.80 S 98,–

Fußball Training und Wettkampf. (0448) Von Holger Obermann und Peter Walz, 166 S., 93 s/w-Fotos, 56 Zeichnungen, kartoniert. DM/Fr 9.80 S 78,–

Mein bester Freund, der Fußball (5107) Von Detlev Brüggemann und Dirk Albrecht, 144 S., 171 Abbildungen, kartoniert. DM/Fr 16.80 S 134,–

Handball Technik – Taktik – Regeln. (0426) Von Fritz und Peter Hattig, 128 S., 91 s/w-Fotos, 121 Zeichnungen, kartoniert. DM/Fr 9.80 S 78,–

Volleyball Technik – Taktik – Regeln. (0351) Von Henner Huhle, 102 S., 330 Abbildungen, kartoniert. DM/Fr 9.80 S 78,–

Segeln (4207) Von Claus Hehner, 96 S., 106 großformatige Farbfotos, Pappband. DM/Fr 24.80 S 198,–

Falken-Handbuch **Tauchsport** Theorie · Geräte · Technik · Training. (4062) Von Wolfgang Freihen, 264 S., 252 Farbfotos, gebunden. DM/Fr 36,– S 288,–

Sporttauchen Theorie und Praxis des Gerätetauchens (0647) Von Siegfried Müßig, ca. 176 S., 8 Farbtafeln, ca. 100 Zeichnungen und Fotos, kartoniert. Voraussichtl. Erscheinungstermin: Februar '83 ca.* DM/Fr 9,80 S 78,–

Falken-Handbuch **Angeln** in Binnengewässern und im Meer. (4090) Von Helmut Oppel, 344 S., 24 Farbtafeln, 66 s/w-Fotos, 151 Zeichnungen, gebunden. DM/Fr 39,– S 312,–

Angeln Kleine Fibel für den Sportfischer. (0198) Von E. Bondick, 96 S., 116 Abbildungen, kartoniert. DM/Fr 6.80 S 55,–

Sportfischen Technik – Geräte – Praxis. (0324) Von Helmut Oppel, 144 S., 49 s/w-Fotos, 8 Farbtafeln, kartoniert. DM/Fr 9.80 S 78,–

Windsurfing Lehrbuch für Grundschein und Praxis. (5028) Von Calle Schmidt, 64 S., 60 Farbfotos, Pappband. DM/Fr 12.80 S 98,–

Skilanglauf Skiwandern Ausrüstung und Techniken (5129) Von T. Reiter, R. Kerler, 80 S., 8 Farbtafeln, 85 Zeichnungen und s/w-Fotos, kartoniert. DM/Fr 12,80 S 98,–

Skischule Ausrüstung · Technik · Gymnastik. (0369) Von Richard Kerler, 128 S., 100 Abbildungen, kartoniert. DM/Fr 7.80 S 65,–

Ski-Gymnastik Fit für Piste und Loipe. (0450) Von Hannelore Pilss-Samek, 104 S., 67 s/w-Fotos, 20 Zeichnungen, kartoniert. DM/Fr 6.80 S 55,–

Reiten Vom ersten Schritt zum Reiterglück. (5033) Von Herta F. Kraupa-Tuskany, 64 S., 34 Farbfotos, 2 Zeichnungen, Pappband. DM/Fr 12.80 S 98,–

Reiten Dressur · Springen · Gelände. (0415) Von Ute Richter, 168 S., 235 Abbildungen, kartoniert. DM/Fr 12,80 S 98,–

Voltigieren Pflicht – Kür – Wettkampf. (0455) Von Josephine Bach, 120 S., 4 Farbtafeln, 88 s/w-Fotos, kartoniert. DM/Fr 12.80 S 98,–

Fechten Florett – Degen – Säbel. (0449) Von Emil Beck, 88 S., 219 Fotos und Zeichnungen, kartoniert. DM/Fr 11.80 S 94,–

Hockey Technische und taktische Grundlagen. (0398) Von Horst Wein, 152 S., mit vielen Zeichnungen und Fotos, kartoniert. DM/Fr 16.80 S 134,–

Fibel für Kegelfreunde Sport- und Freizeitkegeln · Bowling. (0191) Von G. Bocsai, 72 S., mit über 60 Abbildungen, kartoniert. DM/Fr 5.80 S 49,–

Beliebte und neue Kegelspiele (0271) Von Georg Bocsai, 92 S., 62 Abbildungen, kartoniert. DM/Fr 4.80 S 39,–

Pool-Billard (0484) Herausgegeben vom Deutschen Pool-Billard-Bund, von Manfred Bach, Karl-Werner Kühn, 88 S., mit über 80 Abbildungen, kartoniert. DM/Fr 7.80 S 65,–

Die Erben Lilienthals **Sportfliegen heute** (4054) Von Günter Brinkmann, 240 S., 32 Farbtafeln, 176 s/w-Fotos, 33 Zeichnungen, gebunden. DM/Fr 39,– S 312,–

Sportschießen für jedermann. (0502) Von Anton Kovacic, 124 S. 116 s/w-Fotos, kartoniert. DM/Fr 14.80 S 118,–

Isometrisches Training Übungen für Muskelkraft und Entspannung. (0529) Von Lothar M. Kirsch, 140 S., 164 s/w-Fotos, kartoniert. DM/Fr 9.80 S 78,–

Radsport Radtouristik und Rennen, Technik, Typen. (0550) Von Karl Ziegler und Rolf Lehmann, 120 S., 55 Abbildungen, kartoniert. DM/Fr 9.80 S 78,–

Spaß am Laufen Jogging für die Gesundheit. (0470) Von Werner Sonntag, 140 S., 41 s/w-Fotos, 1 Zeichnung, kartoniert. DM/Fr 9.80 S 78,–

Falken-Handbuch **Schach** Das Handbuch für Anfänger und Könner. (4051) Von Theo Schuster, 360 S., über 340 Diagramme, gebunden. DM/Fr 29,80 S 238,–

Einführung in das Schachspiel (0104) Von W. Wollenschläger und K. Colditz, 92 S., 65 Diagramme, kartoniert. DM/Fr 5.80 S 49,–

Spielend Schach lernen (2002) Von Theo Schuster, 128 S., kartoniert. DM/Fr 6.80 S 55,–

Schach für Fortgeschrittene Taktik und Probleme des Schachspiels. (0219) Von Rudolf Teschner, 96 S., 85 Schachdiagramme, kartoniert. DM/Fr 5.80 S 49,–

Schach-WM '81 Karpow – Kortschnoi. Mit ausführlichem Kommentar zu allen Partien. (0583) Von Großmeister H. Pfleger, O. Borik, 179 S., zahlreiche Diagramme und Fotos, kartoniert. DM/Fr 16.80 S 134,–

3

Neue Schacheröffnungen (0478) Von Theo Schuster, 108 S., 100 Diagramme, kartoniert.
DM/Fr **8.80**
S 70,–

Kinder- und Jugendschach Offizielles Lehrbuch zur Erringung der Bauern-, Turm- und Königsdiplome des Deutschen Schachbundes. (0561) Von B.J. Withuis und Dr. H. Pfleger, 144 S., 11 s/w-Fotos, 223 Abbildungen, kartoniert.
DM/Fr **12.80**
S 98,–

Zug um Zug Schach für jedermann 1 Offizielles Lehrbuch des Deutschen Schachbundes zur Erringung des Bauerndiploms (0648) Von Helmut Pfleger, Eugen Kurz, ca. 80 S., über 60 Diagramme, kartoniert. Voraussichtl. Erscheinungstermin: Januar '83.
DM/Fr **6.80**
S 55,–

Lehr-, Übungs- und Testbuch der Schachkombinationen (0649) Von Karl Colditz, ca. 144 S., über 200 Diagramme, kartoniert. Voraussichtl. Erscheinungstermin: März '83.
ca.*
DM/Fr **12,80**
S 98,–

Schach dem Weltmeister Karpow (0433) Von Theo Schuster, 164 S., 19 Abbildungen, 83 Diagramme, kartoniert.
DM/Fr **12.80**
S 98,–

Schach TV-Worldcup '82 Turnier der Schachgroßmeister (4133) Von Helmut Pfleger und Eugen Kurz, 208 S., 41 s/w-Fotos, 3 Zeichnungen, gebunden.
DM/Fr **26,80**
S 218,–

Schachstrategie Ein Intensivkurs mit Übungen und ausführlichen Lösungen. (0584) Von Alexander Koblenz, dt. Bearb. von Karl Colditz, 212 S., 240 Diagramme, kartoniert.
DM/Fr **16,80**
S 134,–

Die besten Partien der deutschen Schachgroßmeister (4121) Von Helmut Pfleger, ca. 160 S., ca. 20 Fotos, ca. 90 Diagramme, Pappband. Voraussichtl. Erscheinungstermin: März '83.
ca.*
DM/Fr **28,–**
S 220,–

Bodybuilding Anleitung zum Muskel- und Konditionstraining für sie und ihn. (0604) Von Reinhard Smolana, 160 S., 172 Fotos, kartoniert.
DM/Fr **9,80**
S 78,–

Bodybuilding für Frauen Wege zu Ihrer Idealfigur (0661) Von Hans Schulz, ca. 128 S., ca. 60 Fotos, großes vierfarbiges Übungsposter, kartoniert. Voraussichtl. Erscheinungstermin: April '83.
ca.*
DM/Fr **14.80**
S 118,–

Walking Fit, schlank und gesund durch Sportgehen. (0602) Von Gary D. Yanker, 104 S., 47 s/w-Fotos, kartoniert.
DM/Fr **12.80**
S 98,–

Leistungsfähiger durch Krafttraining Eine Anleitung für Fitness-Sportler, Trainer und Athleten (0617) Von W. Kieser, 100 S., 20 s/w-Fotos, 62 Zeichnungen, kartoniert.
DM/Fr **9.80**
S 78,–

Budo

Judo Grundlagen des Stand- und Bodenkampfes. (4013) Von Wolfgang Hofmann, 244 S., 589 Fotos, gebunden.
DM/Fr **29.80**
S 238,–

Neue Lehrmethoden der Judo-Praxis (0424) Von Pierre Herrmann, 223 S., 475 Abbildungen, kartoniert.
DM/Fr **16,80**
S 134,–

Judo Grundlagen – Methodik. (0305) Von Mahito Ohgo, 208 S., 1025 Fotos, kartoniert.
DM/Fr **14,80**
S 118,–

Wir machen Judo (5069) Von Riccardo Bonfranchi und Ulrich Klocke, 92 S., mit Bewegungsabläufen in cartoonartigen zweifarbigen Zeichnungen, kartoniert.
DM/Fr **12,80**
S 98,–

Fußwürfe für Judo, Karate und Selbstverteidigung. (0439) Von Hayward Nishioka, übersetzt von Hans-Jürgen Hesse, 96 S., 260 Abbildungen, kartoniert.
DM/Fr **9,80**
S 78,–

Das Karate-Buch-Ereignis seit Jahren! Alles Wissen über KARATE – diese hohe Kunst der Selbstverteidigung – erscheint in einer 8bändigen Buchserie.

Nakayamas Karate perfekt 1 Einführung. (0487) Von Masatoshi Nakayama, 136 S., 605 s/w-Fotos, kartoniert.
DM/Fr **19.80**
S 158,–

Nakayamas Karate perfekt 2 Grundtechniken. (0512) Von Masatoshi Nakayama, 136 S., 354 s/w-Fotos, 53 Zeichnungen, kartoniert.
DM/Fr **19.80**
S 158,–

Nakayamas Karate perfekt 3 Kumite 1: Kampfübungen. (0538) Von Masatoshi Nakayama, 128 S., 424 s/w-Fotos, kartoniert.
DM/Fr **19.80**
S 158,–

Nakayamas Karate perfekt 4 Kumite 2: Kampfübungen. (0547) Von Masatoshi Nakayama, 128 S., 394 s/w-Fotos, kartoniert.
DM/Fr **19.80**
S 158,–

Nakayamas Karate perfekt 5 Kata 1: Heian, Tekki. (0571) Von Masatoshi Nakayama, 144 S., 1229 s/w-Fotos, kartoniert.
DM/Fr **19.80**
S 158,–

Nakayamas Karate perfekt 6 Kata 2: Bassai-Dai, Kanku-Dai. (0600) Von Masotoshi Nakayama, Übers. Hans-Jürgen Hesse, 144 S., ca. 1300 Fotos, kartoniert.
DM/Fr **19.80**
S 158,–

Nakayamas Karate perfekt 7 Kata 3: Jitte, Hangetsu, Empi (0618) Von M. Nakayama, 144 S., 1988 s/w-Fotos, 105 Zeichnungen, kartoniert.
DM/Fr **19,80**
S 158,–

Nakayamas Karate perfekt 8 Gankaku, Jion (0650) 144 S., ca. 1200 Fotos, kartoniert. Voraussichtl. Erscheinungstermin: Februar '83.
DM/Fr **19,80**
S 158,–

Karate für Frauen und Mädchen Sport und Selbstverteidigung. (0425) Von Albrecht Pflüger, 168 S., 259 s/w-Fotos, kartoniert.
DM/Fr **9.80**
S 78,–

Karate I Einführung · Grundtechniken (0227) Von Albrecht Pflüger, 148 S., 195 s/w-Fotos und Zeichnungen, kartoniert.
DM/Fr **9.80**
S 78,–

Karate II Kombinationstechniken · Katas. (0239) Von Albrecht Pflüger, 176 S., 452 s/w-Fotos und Zeichnungen, kartoniert.
DM/Fr **9.80**
S 78,–

Karate-Do Das Handbuch des modernen Karate. (4028) Von Albrecht Pflüger, 360 S., 1159 Abbildungen, gebunden.
DM/Fr **29.80**
S 238,–

Karate für alle Karate-Selbstverteidigung in Bildern. (0314) Von Albrecht Pflüger, 112 S., 356 s/w-Fotos, kartoniert.
DM/Fr **8.80**
S 70,–

Kontakt-Karate Ausrüstung · Technik · Training. (0396) Von Albrecht Pflüger, 112 S., 238 s/w-Fotos, kartoniert.
DM/Fr **14.80**
S 118,–

Bo-Karate Kukishin-Ryu – die Techniken des Stockkampfes. (0392) Von Georg Stiebler, 176 S., 424 s/w-Fotos, 38 Zeichnungen, kartoniert.
DM/Fr **16,80**
S 134,–

Der König des Kung-Fu Bruce Lee Sein Leben und Kampf. (0392) Von seiner Frau Linda. Deutsch von W. Nottrodt, 136 S., 104 s/w-Fotos, mit großem Bruce-Lee-Poster, kartoniert.
DM/Fr **19.80**
S 158,–

Bruce Lees Jeet Kune Do (0440) Von Bruce Lee übersetzt von Hans-Jürgen Hesse, 192 S., mit 105 eigenhändigen Zeichnungen von Bruce Lee, kartoniert.
DM/Fr **19.80**
S 158,–

Bruce Lees Kampfstil 1 Grundtechniken. (0473) Von Bruce Lee und M. Uyehara, 109 S., 220 Abbildungen, kartoniert.
DM/Fr 9,80
S 78,–

Bruce Lees Kampfstil 2 Selbstverteidigungstechniken. (0486) Von Bruce Lee und M. Uyehara, 128 S., 310 Abbildungen, kartoniert.
DM/Fr 9,80
S 78,–

Bruce Lees Kampfstil 3 Trainingslehre. (0503) Von Bruce Lee und M. Uyehara, 112 S., 246 Abbildungen, kartoniert.
DM/Fr 9,80
S 78,–

Bruce Lees Kampfstil 4 Kampftechniken. (0523) Von Bruce Lee und M. Uyehara, 104 S., 211 Abbildungen, kartoniert.
DM/Fr 9,80
S 78,–

Kung-Fu und Tai-Chi Grundlagen und Bewegungsabläufe. (0367) Von Bruce Tegner, 182 S., 370 s/w-Fotos, kartoniert.
DM/Fr 14.80
S 118,–

Kung-Fu II Theorie und Praxis klassischer und moderner Stile. (0376) Von Manfred Pabst, 160 S., 330 Abbildungen, kartoniert.
DM/Fr 12.80
S 98,–

Shaolin-Kempo – Kung-Fu Chinesisches Karate im Drachenstil. (0395) Von Ronald Czerni und Klaus Konrad, 236 S., 723 Abbildungen, kartoniert.
DM/Fr 19.80
S 158,–

Ju-Jutsu Grundtechniken – Moderne Selbstverteidigung. (0276) Von Werner Heim und Franz J. Gresch, 160 S., 460 s/w-Fotos, kartoniert.
DM/Fr 9,80
S 78,–

Ju-Jutsu 2 für Fortgeschrittene und Meister. (0378) Von Werner Heim und Franz J. Gresch, 164 S., 798 s/w-Fotos, kartoniert.
DM/Fr 19.80
S 158,–

Ju-Jutsu 3 Spezial-, Gegen- und Weiterführungstechniken. (0485) Von Werner Heim und Franz J. Gresch, 214 S., über 600 s/w-Fotos, kartoniert.
DM/Fr 19.80
S 158,–

Nunchaku Waffe · Sport · Selbstverteidigung. (0373) Von Albrecht Pflüger, 144 S., 247 Abbildungen, kartoniert.
DM/Fr 16,80
S 134,–

Shuriken · Tonfa · Sai Stockfechten und andere bewaffnete Kampfsportarten aus Fernost. (0397) Von Andreas Schulz, 96 S., 253 s/w-Fotos, kartoniert.
DM/Fr 12,80
S 98,–

Illustriertes Handbuch des Taekwon-Do Koreanische Kampfkunst und Selbstverteidigung. (4053) Von Konstantin Gil, 248 S., 1026 Abbildungen, gebunden.
DM/Fr 29.80
S 238,–

Taekwon-Do Koreanischer Kampfsport. (0347) Von Konstantin Gil, 152 S., 408 Abbildungen, kartoniert.
DM/Fr 12.80
S 98,–

Aikido Lehren und Techniken des harmonischen Weges. (0537) Von Rolf Brand, 280 S., 697 Abbildungen, kartoniert.
DM/Fr 19,80
S 158,–

Hap Ki Do Grundlagen und Techniken koreanischer Selbstverteidigung. (0379) Von Kim Sou Bong, 112 S., 153 Abbildungen, kartoniert.
DM/Fr 14,80
S 118,–

Dynamische Tritte Grundlagen für den Zweikampf. (0438) Von Chong Lee, übersetzt von Manfred Pabst, 96 S., 398 s/w-Fotos, 10 Zeichnungen, kartoniert.
DM/Fr 9,80
S 78,–

Wissen und Technik

Antiquitäten-(Ver)führer Stilkunde – Wert – Echtheitsbestimmung. (5057) Von Margot Lutze, 128 S., 191 Farbfotos, Pappband.
DM/Fr 19,80
S 158,–

Heiße Öfen Motorräder · Motorsport. (5008) Von Horst Briel, 64 S., 63 Farbfotos, Pappband.
DM/Fr 12,80
S 98,–

Dampflokomotiven (4204) Von Werner Jopp, 96 S., 134 großformatige Farbfotos, Pappband.
DM/Fr 24.80
S 198,–

Der Sklave Calvisius Alltag in einer römischen Provinz 150 n. Chr. (4058) Von Alice Ammermann, Tilmann Röhrig, Gerhard Schmidt, 120 S., 99 Farbfotos und farbige Zeichnungen, 47 s/w-Fotos und Zeichnungen, Pappband.
DM/Fr 19.80
S 158,–

ZDF · ORF · DRS **KOMPASS** Jugend-Lexikon (4096) Von Richard Kerler, Jochen Blum, unter Mitarbeit von Ursula Kopp, 336 S., 766 Farbfotos, 39 s/w-Fotos und Zeichnungen, Pappband.
DM/Fr 29,80
S 238,–

Freizeit mit dem Mikroskop (0291) Von Martin Deckart, 132 S., 69 s/w-Fotos, 4 Zeichnungen, kartoniert.
DM/Fr 9,80
S 78,–

Keine Angst vorm Fliegen (0463) Von Rudolf Braunburg und R.J. Pieritz, 159 S., 15 Farbtafeln, 68 s/w-Fotos, kartoniert.
DM/Fr 12,80
S 98,–

Die tollsten Motorflugzeuge aller Zeiten (4208) Von Richard J. Höhn und Hans G. Isenberg, 96 S., 86 großformatige Farbfotos, Pappband.
DM/Fr 24,80
S 198,–

Zivilflugzeuge Vom Kleinflugzeug zum Überschall-Jet. (4218) Von Richard J. Höhn und Hans G. Isenberg, 96 S., 115 großformatige Farbfotos, Pappband.
DM/Fr 24,80
S 198,–

Die schnellsten Autos der Welt (4201) Von Hans G. Isenberg, und Dirk Maxeiner, 96 S., 110 meist vierfarbige Farbfotos, Pappband.
DM/Fr 24,80
S 198,–

CB-Code Wörterbuch und Technik. (0435) Von Richard Kerler, 120 S., mit technischen Abbildungen, kartoniert.
DM/Fr 7.80
S 65,–

Die rasantesten Rallyes der Welt (4213) Von Hans G. Isenberg und Dirk Maxeiner, 96 S., 116 großformatige Farbfotos, Pappband.
DM/Fr 24.80
S 198,–

Auto-Rallyes für jedermann Planen – ausrichten – mitfahren. (0457) Von Rüdiger Hagelberg, 104 S., kartoniert.
DM/Fr 9.80
S 78,–

Raketen auf Rädern Autos und Motorräder an der Schallgrenze. (4220) Von Hans G. Isenberg, 96 S., 112 großformatige Farbfotos, 21 s/w-Fotos, Pappband.
DM/Fr 24.80
S 198,–

Motorrad-Hits Chopper, Tribikes, Heiße Öfen (4221) Von Hans Georg Isenberg, 96 S., 119 Farbfotos, Pappband.
DM/Fr 24.80
S 198,–

Die schnellsten Motorräder der Welt (4206) Von Hans G. Isenberg und Dirk Maxeiner, 96 S., 100 großformatige Farbfotos, Pappband.
DM/Fr 24.80
S 198,–

Energie aus Sonne, Wasser, Wind und Eis Alles über Wärmedämmung, Wärmepumpen, Sonnendächer und andere Systeme. (0552) Von Volker Petzold, 216 S., 124 Abbildungen, kartoniert.
DM/Fr 16.80
S 134,–

Pflanzen, Garten, Tiere

Faszination Berg zwischen Alpen und Himalaya.
(4214) Von Toni Hiebeler, 96 S., 100 großformatige
Farbfotos, Pappband.
DM/Fr 24.80
S 198,–

Die bunte Welt der Wiesenblumen (4217) Von Friedrich Jantzen, 96 S., 121 großformatige Farbfotos,
Pappband.
DM/Fr 24.80
S 198,–

Gefährdete und geschützte Pflanzen erkennen und
benennen. (0596) Von Wieland Schnedler und Karl
Wolfstetter, 160 S., 140 Farbfotos, 4 Zeichnungen,
kartoniert.
DM/Fr 19.80
S 158,–

Großes Kräuter- und Gewürzbuch (4026) Von Heinz
Görz, 584 S., 40 Farbtafeln, 152 Abbildungen, gebunden.
DM/Fr 39,–
S 312,–

Leben im Naturgarten So wird man erfolgreicher Bio-
Gärtner. (4124) Von Norbert Jorek, 136 S.,
68 s/w-Fotos, kartoniert.
DM/Fr 12.80
S 98,–

Arzneikräuter und Wildgemüse erkennen und
benennen. (0459) Von Jörg Raithelhuber, 144 S., 108
Farbfotos, kartoniert.
DM/Fr 14.80
S 118,–

Die farbige Kräuterfibel (0245) Von Ingrid Gabriel,
196 S., 49 farbige und 97 s/w-Abbildungen, Pappband.
DM/Fr 14.80
S 118,–

Bäume und Sträucher erkennen und benennen.
(0509) Von Jörg Raithelhuber, 116 S., 108 Farbfotos,
kartoniert.
DM/Fr 16.80
S 134,–

Beeren und Waldfrüchte erkennen und benennen,
eßbar oder giftig? (0401) Von Jörg Raithelhuber,
120 S., 94 Farbfotos, kartoniert.
DM/Fr 16.80
S 134,–

Falken-Handbuch **Pilze** Mit über 250 Farbfotos und
Rezepten. (4061) Von Martin Knoop, 276 S., 250 Farb-
fotos, 28 Zeichnungen, gebunden.
DM/Fr 36,–
S 288,–

Pilze erkennen und benennen. (0380) Von Jörg
Raithelhuber, 136 S., 110 Farbfotos, kartoniert.
DM/Fr 14.80
S 118,–

Falken-Handbuch **Der Garten** Das moderne illu-
strierte Standardwerk. (4044) Von Gerhard Bambach,
unter Mitarbeit von Ulrich Kaiser, Wolfgang Velte und
Joachim Zech, 808 S., 40 Farbtafeln, 77 Farbfotos,
787 s/w-Fotos, 147 Zeichnungen, gebunden.
DM/Fr 49,–
S 392,–

Das Gartenjahr Arbeitsplan für draußen und drinnen.
(4075) Von Gerhard Bambach, 152 S., 16 Farbtafeln,
viele Abbildungen, kartoniert.
DM/Fr 12.80
S 98,–

Gärtnern (5004) Von Inge Manz, 64 S., 38 Farbfotos,
Pappband.
DM/Fr 12.80
S 98,–

Steingärten Anlage – Pflanzen – Pflege. (5092) Von
Martin Haberer, 64 S., 90 Farbfotos, Pappband.
DM/Fr 12.80
S 98,–

Gartenteiche und Wasserspiele planen, anlegen und
pflegen. (4083) Von Horst R. Sikora, 160 S., 16 Farbtafeln, über 100 Skizzen und Abbildungen, Pappband.
DM/Fr 29.80
S 238,–

Zierpflanzen und -bäume im Garten (5071) Von Inge
Manz, 64 S., 91 Farbfotos, Pappband.
DM/Fr 12.80
S 98,–

Unkraut im Garten erkennen und erfolgreich
bekämpfen. (0637) Von Friedrich und Heidrun
Jantzen, 144 S., 190 Farbfotos, kartoniert.
Voraussichtl. Erscheinungstermin: März '83.
ca.*
DM/Fr 16,80
S 134,–

Blumenpracht im Garten (5014) Von Inge Manz, 64
S., 93 Farbfotos, Pappband.
DM/Fr 12.80
S 98,–

Rosen Arten – Pflanzung – Pflege. (5065) Von Inge
Manz, 64 S., 60 Farbfotos, Pappband.
DM/Fr 12.80
S 98,–

Frühbeet und Kleingewächshaus (5055) Von Gustav
Schoser, 64 S., 43 Farbfotos, Pappband.
DM/Fr 12.80
S 98,–

Gemüse und Kräuter frisch und gesund aus eigenem
Anbau. (5024) Von Mechthild Hahn, 64 S., 71 Farb-
fotos, Pappband.
DM/Fr 12.80
S 98,–

Mischkultur im Nutzgarten Mit Jahreskalender und
Anbauplänen (0651) Von Helmut Oppel, ca. 128 S.,
8 Farbtafeln, ca. 70 Zeichnungen und Fotos,
kartoniert.
Voraussichtlicher Erscheinungstermin: Februar '83.
ca.*
DM/Fr 9,80
S 78,–

**Der richtige Schnitt von Obst- und Ziergehölzen,
Rosen und Hecken** (0619) Von E. Zettl, 88 S., 8 Farb-
tafeln, 39 Zeichnungen, 21 s/w-Fotos, kartoniert.
DM/Fr 7,80
S 65,–

Joachim Zech
FALKEN VERLAG
Der Obstgarten
Pflanzung · Pflege · Baumschnitt · Neuheiten

Der Obstgarten Pflanzung · Pflege · Baumschnitt ·
Neuheiten. (5100) Von Joachim Zech, 64 S., 54 Farb-
fotos, Pappband.
DM/Fr 12.80
S 98,–

Balkons in Blütenpracht zu allen Jahreszeiten.
(5047) Von Nikolaus Uhl, 64 S., 82 Farbfotos, Pappband.
DM/Fr 12.80
S 98,–

Grabgestaltung Bepflanzung und Pflege zu jeder
Jahreszeit. (5120) Von Nikolaus Uhl, 64 S., 77 Farbfo-
tos, 2 Zeichnungen, Pappband.
DM/Fr 14.80
S 118,–

Bonsai Japanische Miniaturbäume und Miniaturland-
schaften. Anzucht, Gestaltung und Pflege. (4091) Von
Benedikt Lesniewicz, 160 S., 106 Farbfotos, 46 s/w-
Fotos, 115 Zeichnungen, gebunden.
DM/Fr 58,–
S 460,–

Falken-Handbuch
Zimmerpflanzen
1600 Pflanzenportraits
über 450 Farbfotos
FALKEN VERLAG

Falken-Handbuch **Zimmerpflanzen** 1600 Pflanzenpor-
träts. (4082) Von Rolf Blaich, 432 S., 480 Farbfotos,
84 Zeichnungen, 1600 Pflanzenbeschreibungen,
gebunden.
DM/Fr 39,–
S 312,–

Zimmerpflanzen in Farbe. (5010) Von Inge Manz, 64
S., 98 Farbfotos, Pappband.
DM/Fr 12.80
S 98,–

Zimmerbäume, Palmen und andere Blattpflanzen
(5111) Von Gustav Schoser, 96 S., 98 Farbfotos, 7
Zeichnungen, Pappband.
DM/Fr 16.80
S 134,–

Zimmerpflanzen in Hydrokultur Leitfaden für pro-
blemlose Blumenpflege (0660) Von Hans-August
Rotter, 32 S., ca. 30 Farbfotos, kartoniert, Spiralbindung. Voraussichtl. Erscheinungstermin: März '83.
ca.*
DM/Fr 6,80
S 55,–

Das Blumenjahr Arbeitsplan für drinnen und draußen
(4142) Von Gabriele Vocke, 136 S., 15 Farbtafeln,
kartoniert.
Voraussichtlicher Erscheinungstermin: März '83.
ca.*
DM/Fr 12,80
S 98,–

Hydrokultur Pflanzen ohne Erde – mühelos gepflegt.
(4080) Von Hans-August Rotter, 120 S., 67 farbige
und s/w-Abbildungen sowie Zeichnungen, gebunden.
DM/Fr 19.80
S 158,–

Blütenpracht in Grolit 2000 Der neue, mühelose Weg
zu farbenprächtigen Zimmerpflanzen. (5127) Von
Gabriele Vocke, 64 S., 50 Farbfotos, Pappband.
DM/Fr 12.80
S 98,–

Faszinierende Formen und Farben Kakteen (4211) Von
Katharina und Franz Schild, 96 S., 127 großformatige
Farbfotos, Pappband.
DM/Fr 24.80
S 198,–

Biologisch zimmergärtnern Zier- und Nutzpflanzen
natürlich pflegen. (4144) Von Norbert Jorek,
ca. 136 S., 15 Farbtafeln, zahlreiche Fotos. Pappband.
Voraussichtl. Erscheinungstermin: April '83.
ca.*
DM/Fr 19,80
S 158,–

Kakteen Herkunft, Anzucht, Pflege, Klimabedingungen. (5021) Von Werner Hoffmann, 64 S., 70 Farbfotos, Pappband.
DM/Fr 12,80
S 98,–

Fibel für Kakteenfreunde (0199) Von H. Herold, 102 S., 8 Farbtafeln, kartoniert.
DM/Fr 7,80
S 65,–

Kakteen und andere Sukkulenten 300 Arten mit über 500 Farbfotos (4116) Von Günter Andersohn, 316 S., 520 Farbtafeln, 193 Zeichnungen, gebunden, mit vierfarbigem Schutzumschlag.
DM/Fr 46,–
S 368,–

Sukkulenten Mittagsblumen, Lebende Steine, Wolfsmilchgewächse u.a. (5070) Von Werner Hoffmann, 64 S., 82 Farbfotos, Pappband.
DM/Fr 12,80
S 98,–

Kübelpflanzen für Balkon, Terrasse und Dachgarten (5132) Von Martin Haberer, 64 S., ca. 60 Farbfotos, Pappband. Voraussichtl. Erscheinungstermin: April '83.
ca.*
DM/Fr 12,80
S 98,–

Keime, Sprossen, Küchenkräuter, am Fenster ziehen – rund ums Jahr (0658) Von Friedrich und Heidrun Jantzen, 32 S., ca. 30 Fotos, kartoniert, Spiralbindung. Voraussichtl. Erscheinungstermin: März '83.
ca.*
DM/Fr 6,80
S 55,–

Orchideen (4215) Von Gustav Schoser, 96 S., 143 großformatige Farbfotos, Pappband.
DM/Fr 24,80
S 198,–

Orchideen Eigenart – Schnittblumen – Topfkultur – Pflege. (5038) Von Gustav Schoser, 64 S., 75 Farbfotos, Pappband.
DM/Fr 14,80
S 118,–

Sag's mit Blumen Pflege und Arrangieren von Schnittblumen. (5103) Von Peter Möhring ca. 64 S., ca. 70 Farbfotos, Pappband. Voraussichtl. Erscheinungstermin: 1. Halbjahr '83
ca.*
DM/Fr 12,80
S 98,–

Ikebana Einführung in die japanische Kunst des Blumensteckens. (0548) Von Gabriele Vocke, 152 S., 47 Farbfotos, kartoniert.
DM/Fr 19,80
S 158,–

Blumengestecke im Ikebanastil (5041) Von Gabriele Vocke, 64 S., 37 Farbfotos, viele Zeichnungen, kartoniert.
DM/Fr 14,80
S 118,–

Dauergestecke mit Zweigen, Trocken- und Schnittblumen. (5121) Von Gabriele Vocke, 64 S., 57 Farbfotos, Pappband.
DM/Fr 14,80
S 118,–

Falken-Handbuch **Hunde** (4118) Von Horst Bielfeld, 176 S., 222 Farbfotos und Farbzeichnungen, 73 s/w-Abbildungen, gebunden.
DM/Fr 39,–
S 312,–

Hunde Rassen · Erziehung · Haltung. (4209) Von Horst Bielfeld, 96 S., 101 großformatige Farbfotos, Pappband.
DM/Fr 24.80
S 198,–

Das neue Hundebuch Rassen · Aufzucht · Pflege. (0009) Von W. Busack, überarbeitet von Dr. med. vet. A.H. Hacker, 104 S., viele Abbildungen, kartoniert.
DM/Fr 8.80
S 70,–

Falken-Handbuch **Der Deutsche Schäferhund** (4077) Von Ursula Förster, 228 S., 160 farbige und s/w-Abbildungen sowie Zeichnungen, gebunden.
DM/Fr 29.80
S 238,–

Der Deutsche Schäferhund (0073) Von Alfred Hacker, 104 S., 24 Abbildungen, kartoniert.
DM/Fr 7.80
S 65,–

Dackel, Teckel, Dachshund Aufzucht · Pflege · Ausbildung. (0508) Von Marianne Wein-Gysae, 112 S., 4 Farbtafeln, 43 s/w-Fotos, 2 Zeichnungen, kartoniert.
DM/Fr 9.80
S 78,–

Hunde-Ausbildung Verhalten – Gehorsam – Abrichtung. (0346) Von Prof. Dr. R. Menzel, 96 S., 18 Fotos, kartoniert.
DM/Fr 7.80
S 65,–

Hundekrankheiten Erkennung und Behandlung · Steuerung des Sexualverhaltens. (0570) Von Dr. med. vet. Rolf Spangenberg, 128 S., 68 s/w-Fotos, 10 Zeichnungen, kartoniert.
DM/Fr 9.80
S 78,–

Papageien und Sittiche Arten · Pflege · Sprechunterricht. (0591) Von Horst Bielfeld, 112 S., 8 Farbtafeln, kartoniert.
DM/Fr 9.80
S 78,–

Vögel Die wichtigsten Arten Mitteleuropas. Erkennen und benennen. (0554) Von Joachim Zech, 152 S., 135 Farbfotos, 4 s/w-Fotos, 5 Zeichnungen, kartoniert.
DM/Fr 16.80
S 134,–

Schmetterlinge Tagfalter Mitteleuropas erkennen und benennen. (0510) Von Thomas Ruckstuhl, 156 S., 136 Farbfotos, kartoniert.
DM/Fr 16.80
S 134,–

Insekten Mitteleuropas erkennen und benennen. (0588) Von Helmut Bechtel, 144 S., 129 Farbfotos, 18 Zeichnungen, kartoniert.
DM/Fr 16.80
S 134,–

Ponys Rassen, Haltung, Reiten. (4205) Von Stefan Braun, 96 S., 84 großformatige Farbfotos, Pappband.
DM/Fr 24.80
S 198,–

Dinosaurier und andere Tiere der Urzeit. (4219) Von Gerolf Abschen, 96 S., 81 großformatige Farbzeichnungen, 4 s/w-Fotos, Pappband.
DM/Fr 24.80
S 198,–

Süßwasser-Aquaristik Exotische Welt im Glas. (5080) Von Lothar Scheller, 64 S., 67 Farbfotos und Zeichnungen, Pappband.
DM/Fr 14.80
S 118,–

Das Süßwasser-Aquarium Einrichtung – Pflege – Fische – Pflanzen (0153) Von H.J. Mayland, 132 S., 163 Zeichnungen, 8 Farbtafeln, kartoniert.
DM/Fr 8.80
S 70,–

Aquarienfische des tropischen Süßwassers. (5003) Von Hans J. Mayland, 64 S., 98 Farbfotos, Pappband.
DM/Fr 12.80
S 98,–

Das Meerwasser-Aquarium Einrichtung – Pflege – Fische und niedere Tiere. (0281) Von Hans J. Mayland, 146 S., 30 farbige und 228 s/w-Abbildungen, kartoniert.
DM/Fr 14.80
S 118,–

Falken-Handbuch **Das Terrarium** (4069) Von Burkhard Kahl, Paul Gaupp, Dr. Günter Schmidt, 336 S., 215 Farbfotos, gebunden.
DM/Fr 48,–
S 384,–

Katzen Rassen · Haltung · Pflege. (4216) Von Brigitte Eilert-Overbeck, 96 S., 82 großformatige Farbfotos, Pappband.
DM/Fr 24.80
S 198,–

Das neue Katzenbuch Rassen – Aufzucht – Pflege. (0427) Von Brigitte Eilert-Overbeck, 96 S., 14 Farbfotos, 26 s/w-Fotos, kartoniert.
DM/Fr 8.80
S 70,–

Katzenkrankheiten Erkennung und Behandlung (0652) Von Dr. med. vet. Rolf Spangenberg, ca. 176 S., ca. 60 Fotos, kartoniert. Voraussichtl. Erscheinungstermin: Februar '83.
ca.*
DM/Fr 12,80
S 98,–

Das Aquarium Einrichtung, Pflege und Fische für Süß- und Meerwasser. (4029) Von Hans J. Mayland, 334 S., über 415 Farbfotos und Farbtafeln, 150 Zeichnungen, gebunden.
DM/Fr 39,–
S 312,–

Süßwasser-Aquarienfische (4212) Von Burkhard Kahl, 96 S., 108 großformatige Farbfotos, Pappband.
DM/Fr 24.80
S 198,–

Essen und Trinken

Kochen, was allen schmeckt 1700 Koch- und Backrezepte für jede Gelegenheit. (4098) Von Anneliese und Gerhard Eckert, 796 S., 60 Farbtafeln, Pappband. — DM/Fr **19.80** / S 158,–

Köstliche Suppen für jede Tages- und Jahreszeit. (5122) Von Elke Fuhrmann, 64 S., 38 Farbfotos, Pappband. — DM/Fr **12.80** / S 98,–

Alles über Einkochen, Einlegen, Einfrieren Gesund und herzhaft. (4055) Von Birgit Müller, 152 S., 16 Farbtafeln, kartoniert. — DM/Fr **12.80** / S 98,–

Einkochen nach allen Regeln der Kunst. (0405) Von Birgit Müller, 96 S., 8 Farbtafeln kartoniert. — DM/Fr **6.80** / S 55,–

Omas Küche und unsere Küche heute (4089) Von J. Peter Lemcke, 160 S., 8 Farbtafeln, 95 Zeichnungen, Pappband. — DM/Fr **24.80** / S 198,–

Natursammlers Kochbuch Wildfrüchte und -gemüse, Pilze, Kräuter – finden und zubereiten. (4040) Von Christa-Maria Kerler, 140 S., 12 Farbtafeln, gebunden. — DM/Fr **19.80** / S 158,–

Was koche ich heute? Neue Rezepte für Fix-Gerichte. (0608) Von Annette Badelt-Vogt, 112 S., 16 Farbtafeln, kartoniert. — DM/Fr **9.80** / S 78,–

Kräuter- und Heilpflanzen-Kochbuch für eine gesunde Lebensweise. (4066) Von Pia Pervenche, 143 S., 15 Farbtafeln, kartoniert. — DM/Fr **12.80** / S 98,–

Schnelle Küche (4095) Von Anneliese und Gerhard Eckert, 136 S., 15 Farbtafeln, 61 Zeichnungen, kartoniert. — DM/Fr **12.80** / S 98,–

Das neue große Kochbuch für Diabetiker (4132) Von Monika Toeller, Waltraud Schumacher, Anne Christiane Groote, ca. 240 S., ca. 100 Farbfotos, gebunden. Voraussichtlicher Erscheinungstermin: März '83 — ca.* DM/Fr **19,80** / S 158,–

Kochen für 1 Person Rationell wirtschaften, abwechslungsreich und schmackhaft zubereiten. (0586) Von M. Nicolin, 144 S., 8 Farbtafeln, 20 Zeichnungen, kartoniert. — DM/Fr **9.80** / S 78,–

Miekes Kräuter- und Gewürzkochbuch (0323) Von Irmgard Persy und Klaus Mieke, 96 S., 8 Farbtafeln, kartoniert. — DM/Fr **8.80** / S 70,–

Die besten Eintöpfe und Aufläufe (5079) Von Anneliese und Gerhard Eckert, 64 S., 49 Farbfotos, Pappband. — DM/Fr **12.80** / S 98,–

Wildgerichte einfach bis raffiniert. (5115) Von Margrit Gutta, 64 S., 43 Farbfotos, Pappband. — DM/Fr **12.80** / S 98,–

Kalte und warme Vorspeisen einfach · herzhaft · raffiniert. (5045) Von Karin Iden, 64 S., 43 Farbfotos, Pappband. — DM/Fr **12.80** / S 98,–

Wild und Geflügel (4056) Von Christine Schönherr, 256 S., 122 großformatige Farbfotos, gebunden. — DM/Fr **48,–** / S 384,–

Süße Nachspeisen (0601) Von Petra Lohmann, 96 S., 8 Farbtafeln, 28 Zeichnungen, kartoniert. — DM/Fr **8,80** / S 70,–

Geflügel Die besten Rezepte aus aller Welt. (5050) Von Margrit Gutta, 64 S., 32 Farbfotos, Pappband. — DM/Fr **12.80** / S 98,–

Nudelgerichte – lecker, locker, leicht zu kochen. (0466) Von Christiane Stephan, 80 S., 8 Farbtafeln, kartoniert. — DM/Fr **6.80** / S 55,–

Köstlichkeiten vom Grill Mehr Freude und Erfolg beim Grillen (4141) Von Alfred Berliner, ca. 168 S., durchgehend vierfarbig, ca. 100 großformatige Farbfotos, Pappband. Voraussichtl. Erscheinungstermin: April '83. — ca.* DM/Fr **19,80** / S 158,–

Weltmeister-Soßen Die Krönung der feinen Küche. (0357) Von Giovanni Cavestri, 100 S., 14 Farbtafeln, kartoniert. — DM/Fr **9.80** / S 78,–

Grillen – drinnen und draußen. (4047) Von Claus Arius, 152 S., 30 Farbtafeln, kartoniert. — DM/Fr **12.80** / S 98,–

Desserts (5020) Von Margrit Gutta, 64 S., 38 Farbfotos, Pappband. — DM/Fr **12.80** / S 98,–

Grillen Fleisch · Fisch · Beilagen · Soßen. (5001) Von Elke Fuhrmann, 64 S., 38 Farbfotos, Pappband. — DM/Fr **12.80** / S 98,–

Gesund kochen wasserarm · fettfrei · aromatisch. (4060) Von Margrit Gutta, 240 S., 16 Farbtafeln, Pappband. — DM/Fr **19.80** / S 158,–

Die neue Grillküche Garen und backen im Quarz-Grill. (0419) Von Marianne Bormio, 80 S., 8 Farbtafeln, kartoniert. — DM/Fr **7.80** / S 65,–

Alternativ essen Die gesunde Sojaküche. (0553) Von Uwe Kolster, 112 S., 8 Farbtafeln, kartoniert. — DM/Fr **9.80** / S 78,–

Raffinierte Steaks und andere Fleischgerichte. (5043) Von Gerhard Eckert, 64 S., 37 Farbfotos, Pappband. — DM/Fr **12.80** / S 98,–

Gesunde Kost aus dem Römertopf (0442) Von Jutta Kramer, 128 S., 8 Farbtafeln, 13 Zeichnungen, kartoniert. — DM/Fr **8.80** / S 70,–

Falken-Kombi-Kochbuch Die Kochidee mit neuem Dreh **Fleischgerichte** (4099) Von Alfred Berliner, 48 S., 69 Farbfotos, Spiralbindung, Pappband. — DM/Fr **19.80** / S 158,–

Ganz und gar mit Mikrowellen (4094) Von Tina Peters, 208 S., 24 Farbtafeln, 12 Zeichnungen, Pappband. — DM/Fr **29.80** / S 238,–

Internationale Spezialitäten (4130) Von C. Schönherr, 240 S., 116 Farbfotos, gebunden, mit vierfarbigem Schutzumschlag. — DM/Fr **48,–** / S 384,–

Das neue Mikrowellen-Kochbuch (0434) Von Hermann Neu, 64 S., 4 Farbtafeln, kartoniert. — DM/Fr **5.80** / S 49,–

Chinesisch kochen Rezepte für die häusliche Küche. (5011) Von Karl-Heinz Haß, 64 S., 36 Farbfotos, Pappband. — DM/Fr **12.80** / S 98,–

Kochen und backen im Heißluftherd Vorteile, Gebrauchsanleitung, Rezepte. (0516) Von Katharina Kölner, 72 S., 8 Farbtafeln, kartoniert. — DM/Fr **7.80** / S 65,–

Chinesisch kochen mit dem WOK-Topf und dem Mongolen-Topf. (0557) Von Christiane Korn, 64 S., 8 Farbtafeln, kartoniert. — DM/Fr **7.80** / S 65,–

Schnell gekocht – gut gekocht mit vielen Rezepten für Schnellkochtöpfe und Schnellbratpfannen. (0265) Von Irmgard Persy, 96 S., 8 Farbtafeln, kartoniert. — DM/Fr **7.80** / S 65,–

Deutsche Spezialitäten (5025) Von R. Piwitt, 64 S., 37 Farbfotos, Pappband. — DM/Fr **12.80** / S 98,–

Das neue Fritieren geruchlos, schmackhaft und gesund. (0365) Von Petra Kühne, 96 S., 8 Farbtafeln, kartoniert. — DM/Fr **7.80** / S 65,–

Exotisches Obst und Gemüse Rezepte für Vorspeisen, Hauptgerichte und Desserts. (5114) Von Christiane Stephan, 64 S., 58 Farbfotos, Pappband. — DM/Fr **12.80** / S 98,–

Hobby-Kochbuch für Tiefkühlkost (0302) Von Ruth Vollmer-Ruprecht, 104 S., 8 Farbtafeln, kartoniert. — DM/Fr **8.80** / S 70,–

Französisch kochen (5016) Von Margrit Gutta, 64 S., 35 Farbfotos, Pappband. — DM/Fr **12.80** / S 98,–

Italienische Küche (5026) Von Margrit Gutta 64 S., 35 Farbfotos, Pappband. — DM/Fr 12.80 / S 98,–

Japanische Küche schmackhaft und bekömmlich. (5087) Von Hiroko Toi, 64 S., 36 Farbfotos, Pappband. — DM/Fr 12.80 / S 98,–

Nordische Küche Speisen und Getränke von der Küste. (5082) Von Jutta Kürtz, 64 S., 44 Farbfotos, Pappband. — DM/Fr 12.80 / S 98,–

Ostasiatische Küche schmackhaft und bekömmlich. (5066) Von Taki Sozuki, 64 S., 39 Farbfotos, Pappband. — DM/Fr 12.80 / S 98,–

Portugiesische Küche und Weine Kulinarische Reise durch Portugal. (0607) Von Enrique Kasten, 96 S., 16 Farbtafeln, kartoniert. — DM/Fr 8.80 / S 70,–

Köstliche Pizzas, Toasts, Pasteten (5081) Von Anneliese und Gerhard Eckert, 64 S., 48 Farbfotos, Pappband. — DM/Fr 12.80 / S 98,–

Raffinierte Rezepte mit Oliven (5119) Von Lutz Helger, 64 S., 53 Farbfotos, 4 Zeichnungen, Pappband. — DM/Fr 14.80 / S 118,–

Köstliche Pilzgerichte Rezepte für die meistvorkommenden Speisepilze. (5133) Valerie Spicker-Noack, Martin Knoop, 64 S., ca. 50 Farbfotos, Pappband. Voraussichtlicher Erscheinungstermin: April '83 — ca.* DM/Fr 12.80 / S 98,–

Fondues und fritierte Leckerbissen. (0471) Von Stefanie Stein, 80 S., 8 Farbtafeln, kartoniert. — DM/Fr 6.80 / S 55,–

Fondues (5006) Von Eva Exner, 64 S., 50 Farbfotos, Pappband. — DM/Fr 12.80 / S 98,–

Der schön gedeckte Tisch (5005) Von Rolf Stender, 64 S., 60 Farbfotos, Pappband. — DM/Fr 12.80 / S 98,–

Fondues · Raclettes · Flambiertes (4081) Von Renate Peiler und Marie-Louise Schult, 136 S., 15 Farbtafeln, 28 Zeichnungen, kartoniert. — DM/Fr 12.80 / S 98,–

Rezepte rund um Raclette und Hobby-Rechaud (0420) Von Jack W. Hochscheid, 72 S., 8 Farbtafeln, kartoniert. — DM/Fr 7.80 / S 65,–

Neue, raffinierte Rezepte mit dem Raclettegrill (0558) Von Lutz Helger, 56 S., 8 Farbtafeln, kartoniert. — DM/Fr 7.80 / S 65,–

Die große farbige Kalte Küche Vom Partyhappen zum Kalten Buffet (4134) Von C. Schönherr, 400 S., über 220 farbige Abbildungen, gebunden, mit vierfarbigem Schutzumschlag. — DM/Fr 25,– / S 200,–

Kalte Platten (4064) Von Maître Pierre Pfister, 240 S., 135 großformatige Farbfotos, gebunden. — DM/Fr 48,– / S 384,–

Kalte Platten – Kalte Büfetts (5015) Von Margrit Gutta, 64 S., 34 Farbfotos, Pappband. — DM/Fr 12.80 / S 98,–

Kleine Kalte Küche für Alltag und Feste. (5097) Von Anneliese und Gerhard Eckert, 64 S., 45 Farbfotos, Pappband. — DM/Fr 12.80 / S 98,–

Kalte Happen und Partysnacks. (5029) Von Dolly Peters, 64 S., 35 Farbfotos, Pappband. — DM/Fr 12.80 / S 98,–

Salate (4119) Von Christine Schönherr, 240 S., 115 Farbfotos, gebunden, mit vierfarbigem Schutzumschlag. — DM/Fr 48,– / S 384,–

Salate für alle Gelegenheiten. (5002) Von Elke Fuhrmann, 64 S., 47 Farbfotos, Pappband. — DM/Fr 12.80 / S 98,–

111 köstliche Salate Erprobte Rezepte mit Pfiff. (0222) Von Christine Schönherr, 112 S., 8 Farbtafeln, 30 Zeichnungen, kartoniert. — DM/Fr 8.80 / S 70,–

Kuchen und Torten (5067) Von Klaus Groth, 64 S., 42 Farbfotos, Pappband. — DM/Fr 12.80 / S 98,–

Schönes Hobby: Backen Erprobte Rezepte mit modernen Backformen. (0451) Von Elke Blome, 96 S., 8 Farbtafeln, kartoniert. — DM/Fr 7.80 / S 65,–

Kleingebäck Plätzchen · Kekse · Guetzli. (5089) Von Margrit Gutta, 64 S., 50 Farbfotos, Pappband. — DM/Fr 12.80 / S 98,–

Waffeln süß und pikant. (0522) Von Christiane Stephan, 64 S., 4 Farbtafeln, kartoniert. — DM/Fr 6.80 / S 55,–

Backen (4113) Von Margrit Gutta, 240 S., 123 Farbfotos, gebunden. — DM/Fr 48,– / S 384,–

Brotspezialitäten backen und kochen. (5088) Von Jack W. Hochscheid und Lutz Helger, 64 S., 50 Farbfotos, Pappband. — DM/Fr 12.80 / S 98,–

Selbst Brotbacken Über 50 erprobte Rezepte. (0370) Von Jens Schiermann, 80 S., 6 Zeichnungen, 4 Farbtafeln, kartoniert. — DM/Fr 6.80 / S 55,–

Meine Vollkornbackstube Brot · Kuchen · Aufläufe. (0616) Von R. Raffelt, 96 S., 4 Farbtafeln, 4 s/w-Fotos, 8 Zeichnungen, kartoniert. — DM/Fr 6.80 / S 55,–

Mixen mit und ohne Alkohol (5017) Von Holger Hofmann, 64 S., 35 Farbfotos, Pappband. — DM/Fr 12.80 / S 98,–

Cocktails und Mixereien (0075) Von Jonny Walker, 104 S., 25 Zeichnungen, kartoniert. — DM/Fr 6.80 / S 55,–

Neue Cocktails und Drinks mit und ohne Alkohol. (0517) Von Siegfried Späth, 128 S., 4 Farbtafeln, Pappband. — DM/Fr 9.80 / S 78,–

Die besten Punsche, Grogs und Bowlen (0575) Von Friedel Dingden, 64 S., 2 Farbtafeln, kartoniert. — DM/Fr 6.80 / S 55,–

Kaffee für Genießer (0492) Von Christiane Barthel, 88 S., 8 Farbtafeln, kartoniert. — DM/Fr 6.80 / S 55,–

Heißgeliebter Tee Sorten, Rezepte und Geschichten. (4114) Von Curt Maronde, 153 S., 16 Farbtafeln, 93 Zeichnungen, gebunden. — DM/Fr 24.80 / S 198,–

Tee für Genießer Sorten · Riten · Rezepte. (0356) Von Marianne Nicolin, 64 S., 4 Farbtafeln, kartoniert. — DM/Fr 5.80 / S 49,–

Tee Herkunft · Mischungen · Rezepte. (0515) Von Sonja Ruske, 96 S., 4 Farbtafeln, viele Abbildungen, Pappband. — DM/Fr 9.80 / S 78,–

Gesundheit und Schönheit

Die Frau als Hausärztin (4072) Von Dr. med. Anna Fischer-Dückelmann, 808 S., 16 Farbtafeln, 174 s/w-Fotos, 238 Zeichnungen, gebunden. — DM/Fr 58,– / S 460,–

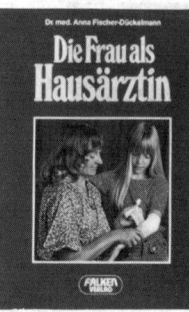

Heiltees und Kräuter für die Gesundheit (4123) Von Gerhard Leibold, 136 S., 15 Farbtafeln, 16 Zeichnungen, kartoniert. — DM/Fr 12.80 / S 98,–

Der praktische Hausarzt (4100) Von Dr. med. R. Jäkel, 608 S., 201 s/w-Fotos, 118 Zeichnungen, Pappband. — DM/Fr 29.80 / S 238,–

Autogenes Training Anwendung · Heilwirkungen · Methoden. (0541) Von Rolf Faller, 128 S., 3 Zeichnungen, kartoniert. — DM/Fr 9.80 / S 78,–

Eigenbehandlung durch Akupressur Heilwirkungen – Energielehre – Meridiane. (0417) Von Gerhard Leibold, 152 S., 78 Abbildungen, kartoniert. — DM/Fr 9.80 / S 78,–

Hypnose und Autosuggestion Methoden – Heilwirkungen – praktische Beispiele. (0483) Von Gerhard Leibold, 116 S., kartoniert. — DM/Fr 7.80 / S 65,–

Tanz und Spiele für Bewegungsbehinderte Ein Anfängerkurs für alle, die mitmachen wollen. Empfohlen vom Bundesverband für Tanztherapie e.V. (0581) Von Wally Kaechele, 96 S., 105 s/w-Fotos, 9 Zeichnungen, kartoniert, Spiralbindung. — DM/Fr 19.80 / S 158,–

Ärztlicher Rat Richtige Lebensführung und Ernährung bei Leber- und Gallenleiden. (0653) Von Dr. med. Herrmann Müller und Pia Pervenche, ca. 128 S., kartoniert. Voraussichtlicher Erscheinungstermin: April '83 — ca.* DM/Fr 9,80 / S 78,–

Die Brot-Diät ein Schlankheitsplan ohne Extreme. (0452) Von Prof. Dr. Erich Menden und Waltraute Aign, 92 S., 8 Farbtafeln, kartoniert. — DM/Fr 7.80 / S 65,–

Neue Rezepte für Diabetiker-Diät Vollwertigabwechslungsreich-kalorienarm (0418) Von Monika Oehlrich, 120 S., 8 Farbtafeln, kartoniert. — DM/Fr 9.80 / S 78,–

Wer schlank ist, lebt gesünder Tips und Rezepte zum Schlankwerden und -bleiben. (0562) Von Renate Mainer, 80 S., 8 Farbtafeln, kartoniert. — DM/Fr 7.80 / S 65,–

Die 4444-Joule-Diät Schlankessen mit Genuß. (0530) Von Hans J. Fahrenkamp, 160 S., 8 Farbtafeln, kartoniert. — DM/Fr 9.80 / S 78,–

Rohkost abwechslungsreich · schmackhaft · gesund. (5044) Von Ingrid Gabriel, 64 S., 40 Farbfotos, Pappband. — DM/Fr 12.80 / S 98,–

Alles mit Joghurt tagfrisch selbstgemacht mit vielen Rezepten. (0382) Von Gerda Volz, 88 S., 8 Farbtafeln, kartoniert. — DM/Fr 7.80 / S 65,–

Gesund leben – schlank werden mit der Biokur (0657) Von Sylvia Winter, ca. 80 S., ca. 8 Farbtafeln, kartoniert. Voraussichtlicher Erscheinungstermin: April '83 — ca.* DM/Fr 6.80 / S 55,–

Biologische Ernährung für eine natürliche und gesunde Lebensweise. (4125) Von C. Leibold, 136 S., 15 Farbtafeln, 47 Zeichnungen, kartoniert. — DM/Fr 12.80 / S 98,–

Falken-Handbuch Bio-Medizin Alles über die moderne Naturheilpraxis. (4136) Von Gerhard Leibold, ca. 450 S., 16 Farbtafeln, Pappband. Voraussichtlicher Erscheinungstermin April '83 — ca.* DM/Fr 39,– / S 312,–

Falken-Handbuch Heilkräuter Modernes Lexikon der Pflanzen und Anwendungen. (4076) Von Gerhard Leibold, 392 S., 183 Farbfotos, gebunden. — DM/Fr 39,– / S 312,–

So lebt man länger nach Dr. Le Comptes Erfolgsmethode! Vital und gesund bis ins hohe Alter. (4129) Von Dr. H. Le Compte, P. Pervenche, 224 S., gebunden. — DM/Fr 24.80 / S 198,–

Kalorien – Joule Eiweiß · Fett · Kohlenhydrate tabellarisch nach gebräuchlichen Mengen. (0374) Von Marianne Bormio, 88 S., kartoniert. — DM/Fr 5.80 / S 49,–

Schönheitspflege Kosmetische Tips für jeden Tag. (0493) Von Heide Zander, 180 S., 25 Abbildungen, kartoniert. — DM/Fr 7.80 / S 65,–

10 Minuten täglich Tele-Gymnastik (5102) Von Beate Manz und Kafi Biermann, 128 S., 381 Abbildungen, kartoniert. — DM/Fr 12.80 / S 98,–

Gesund und fit durch Gymnastik (0366) Von Hannelore Pilss-Samek, 132 S., 150 Abbildungen, kartoniert. — DM/Fr 7.80 / S 65,–

Yoga für jeden (0341) Von Kareen Zebroff, 156 S., 135 Abbildungen, kartoniert. — DM/Fr 20.– / S 160,–

Gesundheit und Spannkraft durch Yoga (0321) Von Lothar Frank und Ursula Ebbers, 112 S., 50 s/w-Fotos, kartoniert. — DM/Fr 7.80 / S 65,–

Yoga gegen Haltungsschäden und Rückenschmerzen (0394) Von Alois Raab, 104 S., 215 Abbildungen, kartoniert. — DM/Fr 6.80 / S 55,–

Die fernöstliche Fingerdrucktherapie Shiatsu Anleitungen zur Selbsthilfe – Heilwirkungen. (0615) Von G. Leibold, 196 S., 180 Abbildungen, kartoniert. — DM/Fr 16.80 / S 134,–

Briefsteller

Moderne Korrespondenz (4014) Von Hans Kirst und Wolfgang Manekeller, 568 S., gebunden. — DM/Fr 39,– / S 312,–

Der neue Briefsteller (0060) Von I. Wolter-Rosendorf, 112 S., kartoniert. — DM/Fr 5.80 / S 49,–

Geschäftliche Briefe des Privatmanns, Handwerkers und Kaufmanns. (0041) Von Alfred Römer, 96 S., kartoniert. — DM/Fr 5.80 / S 49,–

Behördenkorrespondenz Musterbriefe – Anträge – Einsprüche. (0412) Von Elisabeth Ruge, 120 S., kartoniert. — DM/Fr 6.80 / S 55,–

Musterbriefe für alle Gelegenheiten. (0231) Herausgegeben von Olaf Fuhrmann, 240 S., kartoniert. — DM/Fr 9.80 / S 78,–

Privatbriefe Muster für alle Gelegenheiten. (0114) Von Irmgard Wolter-Rosendorf, 132 S., kartoniert. — DM/Fr 6.80 / S 55,–

Worte und Briefe der Anteilnahme (0464) Von Elisabeth Ruge, 128 S., mit vielen Abbildungen, kartoniert. — DM/Fr 8.80 / S 70,–

Großes Buch der Reden und Ansprachen für jeden Anlaß. (4009) Herausgegeben von F. Sicker, 454 S., Lexikonformat, gebunden. — DM/Fr 39,– / S 312,–

Die Redekunst · Rhetorik · Rednererfolg (0076) Von Kurt Wolter, überarbeitet von Dr. W. Tappe, 80 S., kartoniert. — DM/Fr 4.80 / S 39,–

Festreden und Vereinsreden Ansprachen für festliche Gelegenheiten. (0069) Von K. Lehnhoff und E. Ruge, 88 S., kartoniert. — DM/Fr 4.80 / S 39,–

In Anerkennung Ihrer..., Lob und Würdigung in Briefen und Reden. (0535) Von Hans Friedrich, 136 S., kartoniert. — DM/Fr 7.80 / S 65,–

Erfolgreiche Kaufmannspraxis Wirtschaftliche Grundlagen, Geld, Kreditwesen, Steuern, Betriebsführung, Recht, EDV. (4046) Von Wolfgang Göhler, Herbert Gölz, Manfred Heibel, Dr. Detlev Machenheimer, mit einem Vorwort von Dr. Karl Obermayr, 544 S., gebunden. — DM/Fr 34,– / S 272,–

Die Bewerbung Der moderne Ratgeber für Bewerbungsbriefe, Lebenslauf und Vorstellungsgespräche. (4138) Von Wolfgang Manekeller, ca. 304 S., Pappband. Voraussichtlicher Erscheinungstermin: Februar '83 — ca.* DM/Fr 19.80 S 158,–

Erfolgreiche Bewerbungsbriefe und Bewerbungsformen. (0138) Von W. Manekeller, 88 S., kartoniert. — DM/Fr 4.80 S 39,–

Die erfolgreiche Bewerbung Bewerbung und Vorstellung. (0173) Von Wolfgang Manekeller, 156 S., kartoniert. — DM/Fr 8.80 S 70,–

Vorstellungsgespräche sicher und erfolgreich führen. (0636) Von H. Friedrich, 144 S., kartoniert. — DM/Fr 9.80 S 78,–

Lebenslauf und Bewerbung Beispiele für Inhalt, Form und Aufbau. (0428) Von Hans Friedrich, 112 S., kartoniert. — DM/Fr 6.80 S 55,–

Zeugnisse im Beruf richtig schreiben richtig verstehen. (0544) Von Hans Friedrich, 112 S., kartoniert. — DM/Fr 9.80 S 78,–

Fortbildung und Beruf

Schülerlexikon der Mathematik Formeln, Übungen und Begriffserklärungen für die Klassen 5-10. (0430) Von Robert Müller, 176 S., 96 Zeichnungen, kartoniert. — DM/Fr 9.80 S 78,–

Mathematik verständlich Zahlenbereiche, Mengenlehre, Algebra, Geometrie, Wahrscheinlichkeitsrechnung, Kaufmännisches Rechnen. (4135) Von Robert Müller, ca. 600 S., über 900 farbige Abbildungen, über 2500 Beispiele und Übungen mit Lösungen, Pappband. Voraussichtlicher Erscheinungstermin: April '83 — ca.* DM/Fr 59,– S 479,–

Mathematische Formeln für Schule und Beruf Mit Beispielen und Erklärungen. (0499) Von Robert Müller, 156 S., 210 Zeichnungen, kartoniert. — DM/Fr 9.80 S 78,–

Rechnen aufgefrischt für Schule und Beruf. (0100) Von Helmut Rausch, 144 S., kartoniert. — DM/Fr 6.80 S 55,–

Buchführung leicht gefaßt. Ein Leitfaden für Handwerker und Gewerbetreibende. (0127) Von H.R. Pohl, 104 S., kartoniert. — DM/Fr 7.80 S 65,–

So lernt man leicht und schnell Maschinenschreiben (0568) Lehrbuch für Selbstunterricht und Kurse. Von Jean W. Wagner, 80 S., 31 s/w-Fotos, 36 Zeichnungen, kartoniert, Spiralbindung. — DM/Fr 19.80 S 158,–

Maschinenschreiben durch Selbstunterricht Teil 1. (0170) Von A. Fonfara, 84 S., mit vielen Abbildungen, kartoniert. — DM/Fr 5.80 S 49,–

Maschinenschreiben durch Selbstunterricht Teil 2. (0252) Von Hanns Kaus, 84 S., kartoniert. — DM/Fr 5.80 S 49,–

Stenografie – leicht gemacht im Kursus oder Selbstunterricht. (0266) Von Hanns Kaus, 64 S., kartoniert. — DM/Fr 5.80 S 49,–

Mehr Erfolg in der Schule und Beruf Besseres Deutsch mit Übungen und Beispielen für: Rechtschreibung, Diktate, Zeichensetzung, Aufsätze, Grammatik, Literaturbetrachtung, Stil, Briefe, Fremdwörter, Reden. (4115) Von Kurt Schreiner, 444 S., 7 s/w-Fotos, 27 Zeichnungen, Pappband. — DM/Fr 29.80 S 238,–

Richtiges Deutsch Rechtschreibung · Zeichensetzung · Grammatik · Stilkunde. (0551) Von Kurt Schreiner, 128 S., kartoniert. — DM/Fr 9.80 S 78,–

Aufsätze besser schreiben Förderkurs für die Klassen 4-10. (0429) Von Kurt Schreiner, 144 S., 4 s/w-Fotos, 27 Zeichnungen, kartoniert. — DM/Fr 9.80 S 78,–

Diktate besser schreiben Übungen zur Rechtschreibung für die Klassen 4-8. (0469) Von Kurt Schreiner, 149 S., kartoniert. — DM/Fr 9.80 S 78,–

Glückwünsche

Die Silberhochzeit Vorbereitung · Einladung · Geschenkvorschläge · Festablauf · Menüs · Reden · Glückwünsche. (0542) Von Karin F. Merkle, 120 S., 41 Zeichnungen, kartoniert. — DM/Fr 9.80 S 78,–

Poesiealbumverse Heiteres und Besinnliches. (0578) Von Anne Göttling, 112 S., 20 Abbildungen, Pappband. — DM/Fr 14.80 S 118,–

Kindergedichte zur Grünen, Silbernen und Goldenen Hochzeit (0318) Von Hans-Jürgen Winkler, 104 S., 20 Abbildungen, kartoniert. — DM/Fr 5.80 S 49,–

Ins Gästebuch geschrieben (0576) Von Kurt H. Trabeck, 96 S., 24 Zeichnungen, kartoniert. — DM/Fr 7.80 S 65,–

Trinksprüche, Richtsprüche, Gästebuchverse (0224) Von Dieter Kellermann, 80 S., kartoniert. — DM/Fr 4.80 S 39,–

Reden und Sprüche zu Grundsteinlegung, Richtfest und Einzug Musteransprachen für viele Gelegenheiten. (0598) Von A. Bruder, G. Georg, 96 S., kartoniert. — DM/Fr 6.80 S 55,–

Großes Buch der Glückwünsche (0255) Herausgegeben von Olaf Fuhrmann, 240 S., 64 Zeichnungen und viele Gestaltungsvorschläge, kartoniert. — DM/Fr 9.80 S 78,–

Neue Glückwunschfibel für Groß und Klein. (0156) Von Renée Christian-Hildebrandt, 96 S., kartoniert. — DM/Fr 4.80 S 39,–

Glückwunschverse für Kinder (0277) Von Bettina Ulrici, 80 S., kartoniert. — DM/Fr 4.80 S 39,–

Verse fürs Poesiealbum (0241) Von Irmgard Wolter, 96 S., 20 Abbildungen, kartoniert. — DM/Fr 4.80 S 39,–

Rosen, Tulpen, Nelken... Beliebte Verse fürs Poesiealbum (0431) Von Waltraud Pröve, 96 S., mit Faksimile-Abbildungen, kartoniert. — DM/Fr 5.80 S 49,–

Von der Verlobung zur Goldenen Hochzeit Vorbereitung · Festgestaltung · Glückwünsche. (0393) Von Elisabeth Ruge, 120 S., kartoniert. — DM/Fr 6.80 S 55,–

Glückwünsche Toasts und Festreden zur Hochzeit. (0264) Von I. Wolter, 128 S., kartoniert. — DM/Fr 7.80 S 65,–

Hochzeitszeitungen Muster, Tips und Anregungen. (0288) Von Hans-Jürgen-Winkler, mit vielen Text- und Gestaltungsanregungen, 116 S., 15 Abbildungen, 1 Musterzeitung, kartoniert. — DM/Fr 6.80 S 55,–

Reden zur Hochzeit Musteransprachen für Hochzeitstage. (0654) Von Günter Georg, 112 S., kartoniert. Voraussichtlicher Erscheinungstermin: Februar '83 — ca.* DM/Fr 7.80 S 65,–

Deutsch für Ausländer

Deutsch für Ausländer im Selbstunterricht Ausgabe für Spanier (0253) Von Juan Manuel Puente und Ernst Richter, 136 S., 62 Zeichnungen, kartoniert.
DM/Fr **9.80**
S 78,–

Ausgabe für Italiener (0254) Von Italo Nadalin und Ernst Richter, 156 S., 62 Zeichnungen, kartoniert.
DM/Fr **9.80**
S 78,–

Ausgabe für Jugoslawen (0261) Von I. Hladek und Ernst Richter, 132 S., 62 Zeichnungen, kartoniert.
DM/Fr **9.80**
S 78,–

Ausgabe für Türken (0262) Von B.I. Rasch und Ernst Richter, 136 S., 62 Zeichnungen, kartoniert.
DM/Fr **9.80**
S 78,–

Deutsch – Ihre neue Sprache. Grundbuch (0327) Von H.J. Demetz und J.M. Puente, 204 S., mit über 200 Abbildungen, kartoniert.
DM/Fr **14.80**
S 118,–

Glossar Italienisch (0329) Von H.J. Demetz und J.M. Puente, 74 S., kartoniert.
DM/Fr **9.80**
S 78,–

In gleicher Ausstattung:
Glossar Spanisch (0330)
DM/Fr **9.80**
S 78,–

Glossar Serbokroatisch (0331)
DM/Fr **9.80**
S 78,–

Glossar Türkisch (0332)
DM/Fr **9.80**
S 78,–

Glossar Arabisch (0335)
DM/Fr **9.80**
S 78,–

Glossar Englisch (0336)
DM/Fr **9.80**
S 78,–

Glossar Französisch (0337)
DM/Fr **9.80**
S 78,–

Das Deutschbuch
Ein Sprachprogramm für Ausländer, Erwachsene und Jugendliche. Autorenteam: Juan Manuel Puente, Hans-Jürgen Demetz, Sener Sargut, Marianne Spohner.

Grundbuch Jugendliche (4915) Von Puente, Demetz, Sargut, Spohner, Hirschberger, Kersten, von Stolzenwaldt, 256 S., durchgehend zweifarbig, kartoniert.
DM/Fr **19.80**
S 158,–

Grundbuch Erwachsene (4901) Von Puente, Demetz, Sargut, Spohner, 292 S., durchgehend zweifarbig, kartoniert.
DM/Fr **24.80**
S 198,–

Arbeitsheft zum Grundbuch Erwachsene und Jugendliche. (4903) Von Puente, Demetz, Sargut, Spohner, 160 S., durchgehend zweifarbig, kartoniert.
DM/Fr **16.80**
S 134,–

Aufbaukurs (4902) Von Puente, Sargut, Spohner, 230 S., durchgehend zweifarbig, kartoniert.
DM/Fr **22.80**
S 182,–

Lehrerhandbuch Grundbuch Erwachsene (4904) 144 S., kartoniert.
DM/Fr **14.80**
S 118,–

Lehrerhandbuch Grundbuch Jugendliche (4929) 120 S., kartoniert.
DM/Fr **14.80**
S 118,–

Lehrerhandbuch Aufbaukurs (4930) 64 S., kartoniert.
DM/Fr **9.80**
S 78,–

Glossare Erwachsene.
Türkisch (4906) 100 S., kartoniert.
DM/Fr **9.80**
S 78,–

Englisch (4912) 100 S., kartoniert.
DM/Fr **9.80**
S 78,–

Französisch (4911) 104 S., kartoniert.
DM/Fr **9.80**
S 78,–

Spanisch (4909) 98 S., kartoniert.
DM/Fr **9.80**
S 78,–

Italienisch (4908) 100 S., kartoniert.
DM/Fr **9.80**
S 78,–

Serbokroatisch (4914) 100 S., kartoniert.
DM/Fr **9.80**
S 78,–

Griechisch (4907) 102 S., kartoniert.
DM/Fr **9.80**
S 78,–

Portugiesisch (4910) 100 S., kartoniert.
DM/Fr **9.80**
S 78,–

Polnisch (4913) 102 S., kartoniert.
DM/Fr **9.80**
S 78,–

Arabisch (4905) 100 S., kartoniert.
DM/Fr **9.80**
S 78,–

Glossare Jugendliche
Türkisch (4927) 105 S., kartoniert.
DM/Fr **9.80**
S 78,–

Tonband Grundbuch Erwachsene (4916) Ø 18 cm.
DM/Fr **125,–**
S 1000,–

Tonband Grundbuch Jugendliche (4917) Ø 18 cm.
DM/Fr **125,–**
S 1000,–

Tonband Aufbaukurs (4918) Ø 18 cm.
DM/Fr **125,–**
S 1000,–

Tonband Arbeitsheft (4919) Ø 18 cm.
DM/Fr **89,–**
S 712,–

Kassetten Grundbuch Erwachsene (4920) 2 St. á 90 min. Laufzeit.
DM/Fr **39,–**
S 312,–

Kassetten Grundbuch Jugendliche (4921) 2 St. á 90 min. Laufzeit.
DM/Fr **39,–**
S 312,–

Kassetten Aufbaukurs (4922) 2 St. á 90 min. Laufzeit.
DM/Fr **39,–**
S 312,–

Kassette Arbeitsheft (4923) 60 min. Laufzeit.
DM/Fr **19.80**
S 158,–

Overheadfolien Grundbuch Erwachsene (4924) 60 St.
DM/Fr **159,–**
S 1270,–

Overheadfolien Grundbuch Jugendliche (4925) 59 St.
DM/Fr **159,–**
S 1270,–

Overheadfolien Aufbaukurs (4931) 54 St.
DM/Fr **159,–**
S 1270,–

Diapositive Grundbuch Erwachsene (4926) 300 St.
DM/Fr **398,–**
S 3184,–

Bildkarten zum Grundbuch Jugendliche und Erwachsene, (4928) 200 St.
DM/Fr **159,–**
S 1270,–

Arbeitshefte für ausländische Jugendliche in der Berufsvorbereitung Fachsprache im projektorientierten/fachübergreifenden Unterricht Metall 1 Materialien zu „Das Deutschbuch" (4937) Von S. Sargut, M. Spohner, ca. 64 S., 30 Farbfotos, 100 Zeichnungen und Fotos, kartoniert.
DM/Fr **14.80**
S 118,–

Glossar Jugendliche Italienisch (4932) Von Alexandra Baumgartner, ca. 100 S., kartoniert.
DM/Fr **9.80**
S 78,–

Glossar Jugendliche Spanisch (4933) Von M. Weidemann, ca. 100 S., kartoniert
DM/Fr **9.80**
S 78,–

Glossar Jugendliche Serbokroatisch (4934) Von Milan Vuckovic, ca. 100 S., kartoniert.
DM/Fr **9.80**
S 78,–

Glossar Jugendliche Arabisch (4935) Von Dr. Cherifa Magdi, ca. 100 S., kartoniert.
DM/Fr **9.80**
S 78,–

Glossar Jugendliche Griechisch (4936) Von Dr. Georg Tzounakis, 112 S., kartoniert.
DM/Fr **9.80**
S 78,–

Denksport

Das Super-Kreuzwort-Rätsel-Lexikon Über 150.000 Begriffe (4126) Von Hans Schiefelbein, 688 S., Pappband.
DM/Fr **19.80**
S 158,–

Denksport und Schnickschnack für Tüftler und fixe Köpfe. (0362) Von Jürgen Barto, 100 S., 45 Abbildungen, kartoniert. — DM/Fr **6.80** S 55,–

Quiz Mehr als 1500 ernste und heitere Fragen aus allen Gebieten. (0129) Von R. Sautter und W. Pröve, 92 S., 9 Zeichnungen, kartoniert. — DM/Fr **6.80** S 55,–

Der große Rätselknacker Über 100.000 Rätselfragen. (4022) Zusammengestellt von H.J. Winkler, 544 S., kartoniert. — DM/Fr **19.80** S 158,–

Großes Rätsel-ABC (0246) Von H. Schiefelbein, 416 S., Pappband. — DM/Fr **16.80** S 134,–

Rätsel lösen – ein Vergnügen Ein Lexikon für Rätselfreunde. (0182) Von Erich Maier, 240 S., kartoniert. — DM/Fr **9.80** S 78,–

Der Würfel Lösungswege (0565) Von Josef Trajber, 144 S., 887 Diagramme, kartoniert. — DM/Fr **6.80** S 55,–

Als Pappband. — DM/Fr **12.80** S 98,–

Der Würfel für Fortgeschrittene Neue Züge · Neue Muster · 3-D-Logik. Mit Lösungswegen für Walzenwürfel und Teufelstonne. (0590) Von Josef Trajber, 144 S., 879 Diagramme, kartoniert. — DM/Fr **6.80** S 55,–

Zauberturm, Teufelstonne und magische Pyramide (0606) Von Michael Mrowka, Wolfgang Weber, 128 S., 525 Zeichnungen, kartoniert. — DM/Fr **6.80** S 55,–

Die Zauberschlange (0609) Von Michael Balfour, 96 S., 170 Zeichnungen, kartoniert. — DM/Fr **6.80** S 55,–

Rätselspiele, Quiz- und Scherzfragen für gesellige Stunden. (0577) Von K.H. Schneider, 168 S., über 100 Zeichnungen, Pappband. — DM/Fr **16.80** S 134,–

Knobeleien und Denksport (2019) Von Klas Rechberger, 142 S., mit vielen Zeichnungen, kartoniert. — DM/Fr **7.80** S 65,–

Geselligkeit

Die schönsten Wander- und Fahrtenlieder (0462) Herausgegeben von Franz R. Miller, empfohlen vom Deutschen Sängerbund, 80 S., mit Noten und Zeichnungen, kartoniert. — DM/Fr **5.80** S 49,–

Die schönsten Volkslieder (0432) Herausgegeben von Dietmar Walther, 128 S., mit Noten und Zeichnungen, kartoniert. — DM/Fr **4.80** S 39,–

Die schönsten Berg- und Hüttenlieder (0514) Herausgegeben von Franz R. Miller, empfohlen vom Deutschen Sängerbund, 104 S., mit Noten und Zeichnungen, kartoniert. — DM/Fr **5.80** S 49,–

Wir lernen tanzen Standard- und lateinamerikanische Tänze. (0200) Von Ernst Fern, 168 S., 118 s/w-Fotos, 47 Zeichnungen, kartoniert. — DM/Fr **9.80** S 78,–

Tanzstunde 1 (5018) Von Gerd Hädrich, 176 S., 442 s/w-Fotos, 140 Zeichnungen, Pappband. — DM/Fr **19.80** S 158,–

Disco-Tänze (0491) Von Barbara und Felicitas Weber, 104 S., 104 Abbildungen, kartoniert. — DM/Fr **6.80** S 55,–

So tanzt man Rock'n'Roll Grundschritte · Figuren · Akrobatik. (0573) Von Wolfgang Steuer und Gerhard Marz, 224 S., 303 Abbildungen, kartoniert. — DM/Fr **16.80** S 134,–

Wir geben eine Party (0192) Von Elisabeth Ruge, 88 S., 8 Farbtafeln, 23 Zeichnungen, kartoniert. — DM/Fr **6.80** S 55,–

Neue Spiele für Ihre Party (2022) Von Gerda Blechner, 120 S., 54 Zeichnungen, von Fee Buttig, kartoniert. — DM/Fr **7.80** S 65,–

Der Gute Ton Ein moderner Knigge. (0063) Von Irmgard Wolter, 168 S., 38 Zeichnungen, kartoniert. — DM/Fr **9.80** S 78,–

Tischkarten und Tischdekorationen (5063) Von Gabriele Vocke, 64 S., 79 Farbfotos, Pappband. — DM/Fr **12.80** S 98,–

Reden zum Jubiläum Musteransprachen für viele Gelegenheiten. (0595) Von Günter Georg, 112 S., kartoniert. — DM/Fr **6.80** S 55,–

Lustige Tanzspiele und Scherztänze für Parties und Feste. (0165) Von E. Bäulke, 80 S., 53 Abbildungen, kartoniert. — DM/Fr **4.80** S 39,–

Straßenfeste, Flohmärkte und Basare Praktische Tips für Organisation und Durchführung. (0592) Von Hugo Schuster, ca. 112 S., ca. 50 Fotos und Zeichnungen, kartoniert. — ca.* DM/Fr **12.80** S 98,–
Voraussichtlicher Erscheinungstermin: März '83

Humor

Vergnügliches Vortragsbuch (0091) Von Joseph Plaut, 192 S., kartoniert. — DM/Fr **7.80** S 65,–

Lachen, Witz und gute Laune Lustige Texte für Ansagen und Vorträge. (0149) Von Erich Müller, 104 S., 44 Abbildungen, kartoniert. — DM/Fr **6.80** S 55,–

Vergnügliche Sketche (0476) Von Horst Pillau, 96 S., mit lustigen Zeichnungen, kartoniert. — DM/Fr **6.80** S 55,–

Heitere Vorträge (0528) Von Erich Müller, 182 S., 14 Zeichnungen, kartoniert. — DM/Fr **9.80** S 78,–

Die große Lachparade Neue Texte für heitere Vorträge und Ansagen. (0188) Von Erich Müller, 108 S., kartoniert. — DM/Fr **6.80** S 55,–

So feiert man Feste fröhlich Heitere Vorträge und Gedichte. (0098) Von Dr. Allos, 96 S., 15 Abbildungen, kartoniert. — DM/Fr **5.80** S 49,–

Fidelitas und Trallala Vorschläge zur Gestaltung fröhlicher Abende. (0120) Von Dr. Allos, 104 S., viele Abbildungen, kartoniert. — DM/Fr **7.80** S 65,–

Lustige Vorträge für fröhliche Feiern Sketche, Vorträge und Conferencen für Karneval und fröhliche Feste. (0284) Von Karl Ehnhoff, 96 S., kartoniert. — DM/Fr **6.80** S 55,–

Humor und Stimmung Ein heiteres Vortragsbuch. (0460) Von Günter Wagner, 112 S., kartoniert. — DM/Fr **6.80** S 55,–

Humor und gute Laune Ein heiteres Vortragsbuch. (0635) Von G. Wagner, 112 S., kartoniert. — DM/Fr **8.80** S 70,–

Tolle Sachen zum Schmunzeln und Lachen Lustige Ansagen und Vorträge. (0163) Von Erich Müller, 92 S., kartoniert. — DM/Fr **6.80** S 55,–

Humor für jedes Ohr Fidele Sketche und Ansagen. (0157) Von Heinz Ehnle, 96 S., kartoniert. — DM/Fr **6.80** S 55,–

Sketche und spielbare Witze für bunte Abende und andere Feste. (0445) Von Hartmut Friedrich, 120 S., 7 Zeichnungen, kartoniert. — DM/Fr **6.80** S 55,–

Sketche Kurzspiele zu amüsanter Unterhaltung. (0247) Von Margarete Gering, 132 S., 16 Abbildungen, kartoniert. — DM/Fr **6.80** S 55,–

Tolle Sketche mit zündenden Pointen – zum Nachspielen. (0656) Von Eberhard Cohrs, ca. 112 S., kartoniert. — ca.* DM/Fr **9.80** S 78,–
Voraussichtlicher Erscheinungstermin: Februar '83

Non Stop Nonsens Sketche und Witze mit Spielanleitungen. (0511) Von Dieter Hallervorden, 160 S., gebunden. — DM/Fr **14.80** S 118,–

Dalli-Dalli-Sketche aus dem heiteren Ratespiel von und mit Hans Rosenthal. (0527) Von Horst Pillau, 144 S., 18 Zeichnungen, kartoniert. — DM/Fr **9.80** S 78,–

Gereimte Vorträge für Bühne und Bütt. (0567) Von
Günter Wagner, 96 S., kartoniert.
DM/Fr 7.80
S 65,–

Narren in der Bütt Leckerbissen aus dem rheini-
schen Karneval. (0216) Zusammengestellt von Theo
Lücker, 112 S., kartoniert.
DM/Fr 6.80
S 55,–

Rings um den Karneval Karnevalsscherze und
Büttenreden. (0130) Von Dr. Allos, 136 S., kartoniert.
DM/Fr 9.80
S 78,–

Helau + Alaaf Närrisches aus der Bütt. (0304) Von
Erich Müller, 112 S., kartoniert.
DM/Fr 6.80
S 55,–

Helau + Alaaf 2 Neue Büttenreden. (0477) Von
Edmund Luft, 104 S., kartoniert.
DM/Fr 7.80
S 65,–

Damen in der Bütt Scherze, Büttenreden, Sketche.
(0354) Von Traudi Müller, 136 S., kartoniert.
DM/Fr 6.80
S 55,–

Die besten Witze und Cartoons des Jahres 1 (0454)
Herausgegeben von Karl Hartmann, 288 S.,
125 Zeichnungen, gebunden.
DM/Fr 14.80
S 118,–

Die besten Witze und Cartoons des Jahres 2 (0488)
Herausgegeben von Karl Hartmann, 288 S.,
148 Zeichnungen, gebunden.
DM/Fr 14.80
S 118,–

Die besten Witze und Cartoons des Jahres 3 (0524)
Herausgegeben von Karl Hartmann, 288 S.,
105 Zeichnungen, Pappband.
DM/Fr 14.80
S 118,–

Die besten Witze und Cartoons des Jahres 4 (0579)
Herausgegeben von Karl Hartmann, 288 S., 140
Zeichnungen, Pappband.
DM/Fr 14.80
S 118,–

Die besten Beamtenwitze (0574) Herausgegeben
von Waltraud Pröve, 112 S., 61 Cartoons, kartoniert.
DM/Fr 5.80
S 49,–

Horror zum Totlachen **Gruselwitze** (0536) Von Franz
Lautenschläger, 96 S., 44 Zeichnungen, kartoniert.
DM/Fr 5.80
S 49,–

Fred Metzlers Witze mit Pfiff (0368) Von Fred Metzler,
120 S., kartoniert.
DM/Fr 5.80
S 49,–

O frivol ist mir am Abend Pikante Witze von Fred
Metzler. (0388) Von Fred Metzler, 128 S., mit Karikatu-
ren, kartoniert.
DM/Fr 5.80
S 49,–

Robert Lembkes Witzauslese (0325) Von Robert
Lembke, 160 S., mit 10 Zeichnungen von E. Köhler,
gebunden.
DM/Fr 14.80
S 118,–

Wilhelm-Busch-Album Jubiläumsausgabe mit 1700
farbigen Bildern. (3028) 408 S., Großformat, gebunden.
DM/Fr 39,–
S 312,–

Spielen

Kartenspiele (2001) Von Claus D. Grupp, 144 S., kar-
toniert.
DM/Fr 7.80
S 65,–

Neues Buch der siebzehn und vier Kartenspiele
(0095) Von Karl Lichtwitz, 96 S., kartoniert.
DM/Fr 6.80
S 55,–

Die besten Witze und Cartoons des Jahres 5 (0642)
Von K. Hartmann, 288 S., 88 Zeichnungen, Pappband.
DM/Fr 14.80
S 118,–

Das große Buch der Witze (0384) Von E. Holz,
320 S., 36 Zeichnungen, gebunden.
DM/Fr 16.80
S 134,–

Witze am laufenden Band (0461) Von Fips Asmussen,
118 S., kartoniert.
DM/Fr 5.80
S 49,–

Witzig, witzig (0507) Von Erich Müller, 128 S.,
16 Zeichnungen, kartoniert.
DM/Fr 5.80
S 49,–

Die besten Ärztewitze (0399) Zusammengestellt von
Britta Zorn, 272 S., mit 42 Karikaturen von Ulrich
Fleischhauer, gebunden.
DM/Fr 14.80
S 118,–

Ich lach mich kaputt! Die besten Kinderwitze (0545)
Von Erwin Hannemann, 128 S., 15 Zeichnungen, karto-
niert.
DM/Fr 5.80
S 49,–

Lach mit! Witze für Kinder, gesammelt von Kindern.
(0468) Herausgegeben von Waltraud Pröve, 128 S.,
17 Zeichnungen, kartoniert.
DM/Fr 5.80
S 49,–

Olympische Witze Sportlerwitze in Wort und Bild.
(0505) Von Wolfgang Willnat, 112 S., 126 Zeichnungen,
kartoniert.
DM/Fr 5.80
S 49,–

Lach mit den Schlümpfen (0610) Von Peyo, 64 S.,
viele Abbildungen, kartoniert.
DM/Fr 6.80
S 55,–

Die besten Ostfriesenwitze (0495) Herausgegeben
von Onno Freese, 112 S., 17 Zeichnungen, kartoniert.
DM/Fr 5.80
S 49,–

Die besten Tierwitze (0496) Herausgegeben von
Peter Hartlaub und Silvia Pappe, 112 S., 25 Zeichnun-
gen, kartoniert.
DM/Fr 5.80
S 49,–

Herrenwitze (0589) Von Georg Wilhelm, ca. 112 S.,
11 Zeichnungen, kartoniert.
DM/Fr 5.80
S 49,–

Falken-Handbuch Bridge Von den Grundregeln zum
Turniersport. (4092) Von Wolfgang Voigt und Karl Ritz,
276 S., 792 Zeichnungen, gebunden.
DM/Fr 39,–
S 312,–

Spielend Bridge lernen (2012) Von Josef Weiss, 108
S., kartoniert.
DM/Fr 7.80
S 65,–

Spieltechnik im Bridge (2004) Victor Mollo und Nico
Gardener, deutsche Adaption von Dirk Schröder,
216 S., kartoniert.
DM/Fr 16.80
S 134,–

Besser Bridge spielen Reiztechnik, Spielverlauf und
Gegenspiel. (2026) Von Josef Weiss, 143 S., mit vielen
Diagrammen, kartoniert.
DM/Fr 14.80
S 118,–

Alles über Pokern Regeln und Tricks. (2024) Von
Claus D. Grupp, 120 S., 29 Kartenbilder, kartoniert.
DM/Fr 8.80
S 70,–

Romeé und Canasta in allen Variationen. (2025) Von
Claus D. Grupp, 124 S., 2 Zeichnungen, kartoniert.
DM/Fr 9.80
S 78,–

**Schafkopf, Doppelkopf, Binokel, Cego, Gaigel, Jaß,
Tarock und andere „Lokalspiele".** (2015) Von Claus D.
Grupp, 152 S., kartoniert.
DM/Fr 9.80
S 78,–

Gesellschaftsspiele für drinnen und draußen. (2006) Von Heinz Görz, 128 S., kartoniert. — DM/Fr 6.80 / S 55,–

Spielen mit Rudi Carell 113 Spiele für Party und Familie. (2014) Von Rudi Carell, 160 S., 50 Abbildungen, gebunden. — DM/Fr 9.80 / S 78,–

Spiele für Theke und Stammtisch (2021) Von Claus D. Grupp, 104 S., 27 Zeichnungen, kartoniert. — DM/Fr 6.80 / S 55,–

Roulette richtig gespielt Systemspiele, die Vermögen brachten. (0121) Von M. Jung, 96 S., zahlreiche Tabellen, kartoniert. — DM/Fr 6.80 / S 55,–

Würfelspiele für jung und alt. (2007) Von Friedrich Puss, 112 S., kartoniert. — DM/Fr 7.80 / S 65,–

Mini-Spiele für unterwegs und überall. (2016) Von Irmgard Wolter, 152 S., kartoniert. — DM/Fr 9.80 / S 78,–

Backgammon für Anfänger und Könner. (2008) Von G.W. Fink und G. Fuchs, 116 S., 41 Abbildungen, kartoniert. — DM/Fr 9.80 / S 78,–

Dame Das Brettspiel in allen Variationen. (2028) Von Claus D. Grupp, 104 S., viele Diagramme, kartoniert. — DM/Fr 9.80 / S 78,–

Das japanische Brettspiel GO (2020) Von Winfried Dörholt, 104 S., 182 Diagramme, kartoniert. — DM/Fr 9.80 / S 78,–

Das Skatspiel Eine Fibel für Anfänger. (0206) Von Karl Lehnhoff, überarbeitet von P.A. Höfges, 96 S., kartoniert. — DM/Fr 5.80 / S 49,–

Alles über Skat (2005) Von Günter Kirschbach, 144 S., kartoniert. — DM/Fr 8.80 / S 70,–

Patiencen in Wort und Bild. (2003) Von Irmgard Wolter, 136 S., kartoniert. — DM/Fr 7.80 / S 65,–

Kartentricks (2010) Von T.A. Rosee, 80 S., 13 Zeichnungen, kartoniert. — DM/Fr 6.80 / S 55,–

Neue Kartentricks (2027) Von Klaus Pankow, 104 S., 20 Abbildungen, kartoniert. — DM/Fr 7.80 / S 65,–

Mah-Jongg Das chinesische Glücks-, Kombinations- und Gesellschaftsspiel. (2030) Von Ursula Eschenbach, 80 S., 30 s/w-Fotos, 5 Zeichnungen, kartoniert. — DM/Fr 9.80 / S 78,–

Falken-Handbuch **Zaubern** Über 400 verblüffende Tricks. (4063) Von Friedrich Stutz, 368 S., über 1200 Zeichnungen, gebunden. — DM/Fr 29.80 / S 238,–

Zaubertricks Das große Buch der Magie. (0282) Von Jochen Zmeck, 244 S., 113 Abbildungen, kartoniert. — DM/Fr 14.80 / S 118,–

Zaubern einfach – aber verblüffend. (2018) Von Dieter Bouch, 84 S., mit Zeichnungen, kartoniert. — DM/Fr 6.80 / S 55,–

So gewinnt man gegen Video und Computerspiele (0644) Von C. Kerler, 160 S., 25 Zeichnungen, 21 s/w-Fotos, kartoniert. — DM/Fr 6.80 / S 55,–

Kinderbeschäftigung

Punkt, Punkt, Komma, Strich (0564) Zeichenstunden für Kinder. Von Hans Witzig, 144 S., über 250 Zeichnungen, kartoniert. — DM/Fr 6.80 / S 55,–

Einmal grad und einmal krumm Zeichenstunden für Kinder. (0599) Von Hans Witzig, 144 S., 363 Abbildungen, kartoniert. — DM/Fr 6.80 / S 55,–

Scherzfragen, Drudel und Blödeleien gesammelt von Kindern. (0506) Herausgegeben von Waltraud Pröve, 112 S., 57 Zeichnungen, kartoniert. — DM/Fr 5.80 / S 49,–

Kartenspiele für Kinder (0533) Von Claus D. Grupp, 136 S., 24 Abbildungen, kartoniert. — DM/Fr 6.80 / S 55,–

Kinder lernen spielend backen (5110) Von Margrit Gutta, 64 S., 50 Farbfotos, Pappband. — DM/Fr 12.80 / S 98,–

Kinder lernen spielend kochen (5096) Von Margrit Gutta, 64 S., 45 Farbfotos, Pappband. — DM/Fr 12.80 / S 98,–

Lirum, Larum, Löffelstiel Ein Kinder-Kochkurs. (5007) Von Ingeborg Becker, 64 S., mit vielen farbigen Abbildungen, Spiralbindung. — DM/Fr 9.80 / S 78,–

Kinderspiele die Spaß machen. (2009) Von Helen Müller-Stein, 112 S., 28 Abbildungen, kartoniert. — DM/Fr 6.80 / S 55,–

Spiele für Kleinkinder (2011) Von Dieter Kellermann, 80 S., kartoniert. — DM/Fr 5.80 / S 49,–

Kinderfeste daheim und in Gruppen. (4033) Von Gerda Blecher, 240 S., 320 Abbildungen, gebunden. — DM/Fr 24.80 / S 198,–

Kindergeburtstag Vorbereitung, Spiel und Spaß. (0287) Von Dr. Ilse Obrig, 104 S., 40 Abbildungen, 11 Zeichnungen, 9 Lieder mit Noten, kartoniert. — DM/Fr 5.80 / S 49,–

Kasperletheater Spieltexte und Spielanleitungen · Basteltips für Theater und Puppen. (0641) Von U. Lietz, 136 S., 4 Farbtafeln, 12 s/w-Fotos, 39 Zeichnungen, kartoniert. — DM/Fr 8.80 / S 70,–

Tipps und Tapps Maschinenschreib-Fibel für Kinder. (0274) Von Hanns Kaus, 48 S., farbige Abbildungen, kartoniert. — DM/Fr 5.80 / S 49,–

Rat und Wissen für die ganze Familie

Advent und Weihnachten Basteln – Backen – Schmücken – Feiern. (4067) Von Margrit Gutta, Hanne Hangleiter, Felicitas Buttig, Ingeborg Rathmann, Gabriele Vocke, 152 S., 15 Farbtafeln, zahlreiche Abbildungen, kartoniert. — DM/Fr 12.80 / S 98,–

Alterssicherung Vorsorge nach Maß. Renten-Versicherungen – Geld und Wertanlagen. (0532) Von Johannes Beuthner, 224 S., kartoniert. — DM/Fr 16.80 / S 134,–

Die neue Lebenshilfe **Biorhythmik** Höhen und Tiefen der persönlichen Lebenskurven vorausberechnen und danach handeln. (0458) Von Walter A. Appel, 157 S., 63 Zeichnungen, Pappband. — DM/Fr 9.80 / S 78,–

So deutet man Träume Die Bildersprache des Unbewußten. (0444) Von Georg Haddenbach, 160 S., Pappband. — DM/Fr 9.80 / S 78,–

Sexualberatung (0402) Von Dr. Marianne Röhl, 168 S., 8 Farbtafeln, 17 Zeichnungen, Pappband. — DM/Fr 19.80 / S 158,–

Umgangsformen heute Die Empfehlungen des Fachausschusses für Umgangsformen. (4015) 282 S., 160 s/w-Fotos und 25 Zeichnungen, gebunden. — DM/Fr 29.80 / S 238,–

Vorbereitung auf die Geburt Schwangerschaftsgymnastik, Atmung, Rückbildungsgymnastik. (0251) Von Sabine Buchholz, 112 S., 98 s/w-Fotos, kartoniert. — DM/Fr 6.80 / S 55,–

Das Babybuch Pflege · Ernährung · Entwicklung. (0531) Von Annelore Burkert, 136 S., 8 Farbtafeln, zahlreiche s/w-Fotos, kartoniert. — DM/Fr 12.80 / S 98,–

Wenn Sie ein Kind bekommen (4003) Von Ursula Klamroth, 240 S., 86 s/w-Fotos, 30 Zeichnungen, gebunden. — DM/Fr 19.80 / S 158,–

Babys lernen schwimmen (0497) Von Jean Fouace, 96 S., 46 Abbildungen, kartoniert. — DM/Fr 9.80 / S 78,–

Endlich 18 und nun? Rechte und Pflichten mit der Volljährigkeit. (0646) Von C. Spahn, 224 S., 27 Zeichnungen, kartoniert. — DM/Fr 12.80 / S 98,–

Scheidung und Unterhalt nach dem neuen Eherecht. (0403) Von Rechtsanwalt H.T. Drewes, 109 S., mit Kosten- und Unterhaltstabellen, kartoniert. — DM/Fr 7.80 / S 65,–

Mietrecht Leitfaden für Mieter und Vermieter. (0479) Von Johannes Beuthner, 196 S., kartoniert. — DM/Fr 12.80 / S 98,–

Arbeitsrecht Praktischer Ratgeber für Arbeitnehmer und Arbeitgeber. (0594) Von Johannes Beuthner, ca. 192 S., kartoniert. — DM/Fr 16.80 / S 134,–

Wie soll es heißen? (0211) Von D. Köhr, 136 S., kartoniert. — DM/Fr 5.80 / S 49,–

Warum bekommen wir kein Kind? (0566) Von Dr. med. Johann Klahn, ca. 112 S., viele Zeichnungen, kartoniert. Voraussichtl. Erscheinungstermin August '83. — ca.* DM/Fr 8.80 / S 70,–

So wird das Wetter (0569) Von Joseph Braun, 144 S., 46 s/w-Fotos, 6 Zeichnungen, kartoniert. — DM/Fr 9.80 / S 78,–

Haus oder Eigentumswohnung Planung – Finanzierung – Baublauf. (4070) Von Rainer Wolff, 352 S., 16 Farbtafeln, 237 Zeichnungen und Grafiken, gebunden. — DM/Fr 39,– / S 312,–